新百年再出发
——2012—2021年的河南大学

河南大学校史编写组 编

河南大学出版社
·郑州·

图书在版编目(CIP)数据

新百年再出发：2012—2021年的河南大学 / 河南大学校史编写组编. -- 郑州：河南大学出版社，2022.6
ISBN 978-7-5649-5204-4

Ⅰ.①新… Ⅱ.①河… Ⅲ.①河南大学－校史－2012－2021 Ⅳ.①G649.286.13

中国版本图书馆CIP数据核字(2022)第114055号

责任编辑：纪庆芳
责任校对：时　娇
封面设计：马　龙

出　版	河南大学出版社
	地址：郑州市郑东新区商务外环中华大厦2401号　邮编：450046
	电话：0371－86059701(营销部)　　网址：hupress.henu.edu.cn
排　版	河南大学出版社设计排版部
印　刷	河南瑞之光印刷股份有限公司
版　次	2022年8月第1版　　印　次　2022年8月第1次印刷
开　本	787 mm×1092 mm　1/16　　印　张　21
字　数	452千字　　插　页　12
定　价	68.00元

(本书如有印装质量问题，请与河南大学出版社营销部联系调换)

Henan University 河南大学

明伦校区大礼堂

金明校区琴键楼

郑州校区友兰学堂

2021年9月25日,河南大学郑州校区正式启用

2019年12月20日,河南大学深圳研究院正式成立

2021年7月13日,河南大学三亚研究院揭牌

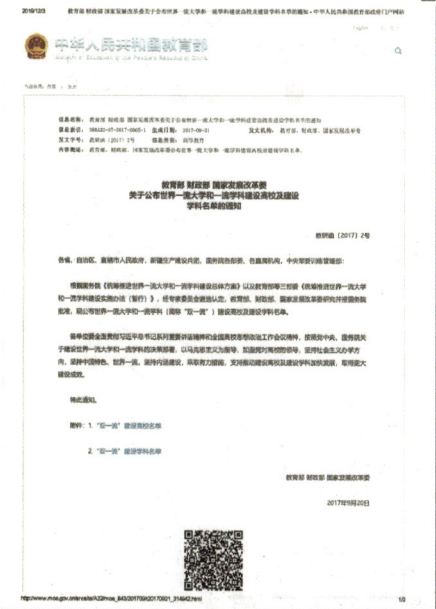

2017年9月21日,河南大学入选"双一流"建设高校名单,生物学科入选一流建设学科名单

2017年9月25日,学校召开庆祝建校105周年暨学科建设工作会

2017年9月25日,学校举办"感动河大人物"颁奖典礼

2012年9月25日，河南大学建校100周年庆祝大会隆重举行

2020年1月16日，河南大学第十一次党代会开幕

2018年12月22日，学校举办庆祝改革开放40周年文艺晚会

2019年4月25日，学校举行庆祝新中国成立70周年教职工合唱比赛决赛

2021年6月30日，学校召开庆祝中国共产党成立100周年大会

河南大學 HENAN UNIVERSITY

宋纯鹏教授课题组荣获2012年度国家自然科学二等奖

张治军教授科研团队获2019年度国家科学技术发明二等奖

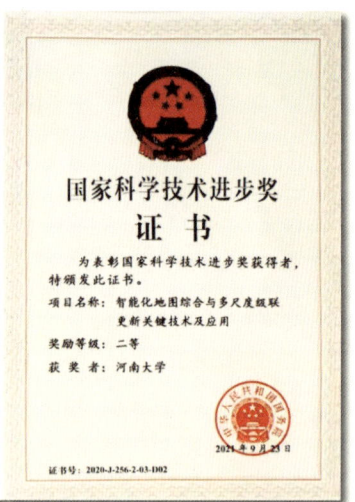

王家耀院士领衔的团队研究项目荣获2020年度国家科技进步二等奖

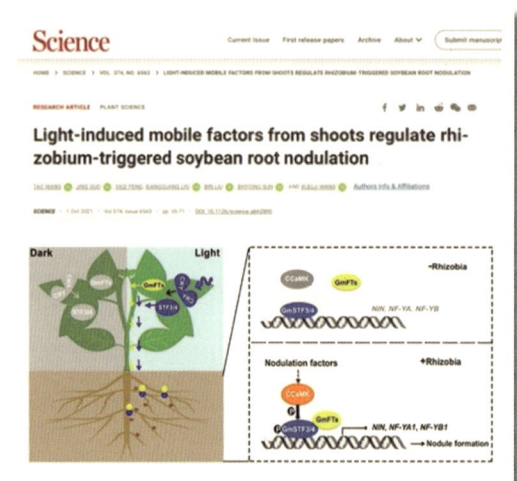

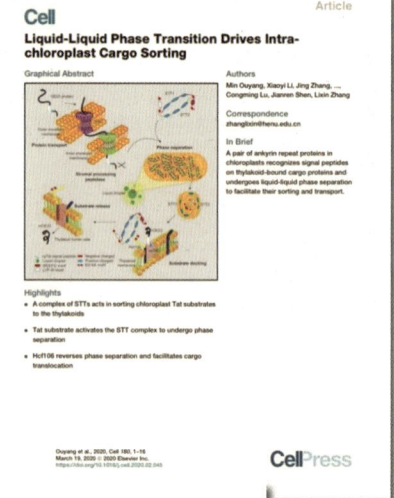

王学路、张立新、王伟等科研团队在国际顶级期刊发表重要成果

2019年6月26日，学校省部共建作物逆境适应与改良国家重点实验室正式投入使用

2016年10月26日，河南大学与河南省人民医院合作签约暨河南大学医学院揭牌仪式举行

2019年5月16日，河南省高校首家文化传承与创新研究中心在我校揭牌

2018年10月，教育部本科教学审核评估专家组进驻我校开展评估

2018年4月，留学生参加学校春季运动会

2013年12月24日,学校举办"纪念河南大学校友马可诞辰95周年——人民音乐家马可作品音乐会"

2019年11月,多媒体音画剧《星空》在教育部和北京师范大学演出

2018年9月15日,河南大学抗战办学遗址纪念碑揭牌仪式在嵩县举行

2019年9月11日,学校党委书记卢克平会见英国牛津大学常务副校长简·肖(Jane Shaw)一行

2019年11月2日,诺贝尔奖得主约阿希姆·弗兰克(Joachim Frank)教授受聘为河南大学国际学术委员会主席、特聘教授

2020年1月26日，由河南大学淮河医院、第一附属医院52名医务人员组成的医疗队驰援武汉

2020年9月8日，河南大学抗体药物开发技术国家地方联合工程实验室荣获"全国抗击新冠肺炎疫情先进集体"称号

2022年4月26日，河南大学开封研究院揭牌

2019年4月23日，河南大学郑州校区南大门落成典礼暨向阳基金捐赠仪式举行

2021年4月5日，深圳东方港湾投资管理股份有限公司向河南大学教育发展基金会捐赠仪式举行

序　言

卢克平　宋纯鹏

滚滚黄河水,奔流东去,荡气回肠,塑造了中原大地的金色平原。智慧勤劳的人民在此创造了华夏文明,照亮东方,闪耀世界。

这是一片孕育灿烂文化的神奇土地。5000年中华文明在此发祥,绵延悠长,成为人类文明的重要组成部分。

这是一片孕育儒家教育思想的土地。2000年前,"大学之道,在明明德,在亲民,在止于至善"这一思想经典,阐明教育之真谛;1000年前,"为天地立心,为生民立命,为往圣继绝学,为万世开太平"这一哲学理念,阐扬教育之根本。

这是一片孕育新式教育萌芽的土地。110年前,河南大学前身——河南留学欧美预备学校,沐浴着辛亥革命的新思想、新文化,汇聚河南贡院、河南大学堂等文脉渊源,继承中原文化的血脉,开启新式教育,传播现代文明。

"嵩岳苍苍,河水泱泱,中原文化悠且长。济济多士,风雨一堂,继往开来扬辉光……"这首校歌是河南大学扎根中原大地的真实写照,其雄浑激昂的旋律激励着河大人自强不息、百折不挠,继往开来、再创辉煌。

今天,我们迎来了河大110年华诞。百年庆典时,学校认真总结历史,阐释"河大精神",重塑名校之魂。2012年,恰逢盛世,学校开启新的百年征程。2017年,我国进入新时代,国运昌隆,启幕"双一流"建设,乃党之大计、国之大政。同年,学校进入"双一流"建设高校行列,为未来发展开辟新的历史机遇。在一流大学建设的新征程上,学校追求卓越,续写华章,由此走出了一条凝聚中原风格的办学之路,取得了一个又一个可载入史册的办学成就,实现了具有里程碑意义的身份蜕变。这是一段凝心聚力、砥砺前行的卓绝奋斗史,也是一段凝神聚气、抒写情怀的精神升华史。为此,我们编撰了这本校史,记录了2012年以来学校的发展历程,铭刻着当代河大人的脚步和心声。

一、振兴之路——赓续百年初心

在中原大地百余年历史上,始终闪耀着一颗中国高等教育的明星——河南大学。她扎根于此,见证着这片土地的历史进程,历经磨难,一度辉煌;虽屡罹逆境,但初心不渝,默默前行,坚定地走出一条振兴之路。

扎根中原,百年记忆。诞生之初,创校先贤冲破思想禁锢,开启新式教育,旨在培养人才,惠泽中原,融入民族解放大潮,播撒现代文明。

"所谓大学者,非谓有大楼之谓也,有大师之谓也。"只有名师荟萃的大学,才能创办真正意义上的名校。或许是创校时期确立的"海纳百川、广揽名师"办学思想,或许是机缘巧合,一大批学贯中西的学者曾在此执教兴学,成就河大辉煌。一批学科开山祖师如范文澜、罗章龙、李先闻、涂治、冯景兰、汪敬熙、杜元载、郭绍虞……云集校园,开学科先河,奠学科基础。冯友兰的巨著终成中国学术经典,其哲学思想影响深远,被誉为现代"新儒家";范文澜25年心血浇灌的通史著作,成为20世纪中国史学发展的重要里程碑;著名甲骨文、考古学专家董作宾,奠定学校在甲骨学研究和考古领域的权威地位;等等。一批学科享誉国内外学术界,取得了学校1942年荣升国立大学的卓越成就。

中原大地100年来的"光荣与梦想"无不与河大有着直接或间接的渊源。在中原大地文化、科学和技术的发展进程中,总有河大百年传奇的烙印。作为近现代民族栋梁之摇篮,秉志、侯镜如、袁宝华、邓拓、杨廷宝、高济宇、姚雪垠、周而复、马可、赵九章等一大批杰出校友代表,为民族文化和科技事业发展做出突出贡献。1921年中国大地上开天辟地的大事变是中国共产党的诞生,而在20世纪20年代,赵毅敏、于秀民、周邦彩、王实味、漆德玮等一大批学子成为中国共产党早期的优秀党员和革命家,为这所大学植入了红色基因。

与家弦户诵、誉满天下的文科学者相比,河大的理工医农等学科的学者也毫不逊色。曾在河南大学堂接受教育的秉志是我国现代生物学的奠基人,被喻为中国生物科学事业当之无愧的一代宗师;1922级校友赵九章是我国现代气象学奠基人之一,是我国空间科学事业的开创者,被追授"两弹一星"功勋奖章;1932年初受聘于农学院的李先闻院士,是我国著名作物育种学家和细胞遗传学家,是在国际上享有盛誉的植物细胞遗传学家,中国植物细胞遗传学的奠基人;1933年毕业于医学院的张劲,以他在医学、药学领域里游刃有余的博学,为青霉素的发明与研制做出了不可或缺的贡献,并以辉煌的业绩成为早期太平洋地区医学会仅有的4名华人会员之一。

由于其办学成果和著名学者声名远扬的逸闻趣事,西南联大"敌后办学"成为中国近代教育史上脍炙人口的经典篇章,而河大的八年抗战"敌前办学",确实声名与其成果和影响力不够相称。我们曾经称其为"小长征",信阳鸡公山、南阳镇平、洛阳嵩县,三省交界的荆紫关、陕西宝鸡、汉中等地,都留下了河大辗转迁徙、颠沛流离的流亡足迹,但河大人矢志不渝、初心不移,办学兴校育人,教学科研不辍,赓续中华文明,播撒智慧星火,为中国抗战时期的高等教育写下了悲壮而又自豪的一页。

河大最为重要的贡献是新中国成立之初,服务国家需求,折枝成林,破茧成蝶,其农学、医学、理学和工学相继在中原、华中等不同地区或独立建校,或成为其他大学骨干学科,孕育和衍生了一批大学,为百废待兴的新中国高等教育做出了卓越贡献。

一所大学的文化决定其品质,是这所大学的精髓和特色。河大的优势是她独特的文化。千年铁塔、贡院旧址、明清城墙、科举制度终结地、中西合璧的近现代建筑群、诸子百家的典藏精品和艺术经典,还有那些兼及自然与人文、历史与现实的温情传说和演义,以及一代代学人塑造的学风、学统、校训和校歌,承载了历史与记忆,见证了时代的变迁,成为丰富的文化资源,显示出强大的文化力量,这些更是这所大学最为宝贵的财富。

春潮涌动,孕育新机。改革开放是决定当代中国命运的重要抉择,也是决定实现中华民族伟大复兴的关键一步,给社会主义中国注入了新的生机、活力和希望,创造了社会主义中国发展史上最为辉煌的成就。

学运与国运相牵。1977年恢复高考震撼了整个中国大地,炸响了改革开放的第一声春雷,中国高等教育迎来了又一个春天。改革开放以后,尊重知识、尊重人才成为时代最强音,科教兴国逐步确立为党和国家的发展战略。在中华民族复兴之路上,河大顺势应时,将自身命运融入时代大潮,奏响了百年名校振兴的强劲音符。

改革开放后,恢复河南大学校名,重构综合性大学建制,不仅成为海内外校友的夙愿和社会各界人士的共识,同时也是加快河南教育事业发展、培养更多人才的战略需求。在那春潮涌动的年代,一批河大人怀揣对母校的无限眷恋和对未来的向往,思考学校前途命运,谋划河大未来发展。在省委省政府主要领导支持下,河大人审时度势,经过多方努力,1984年5月,我校恢复河南大学校名,时任中共中央总书记胡耀邦同志亲笔题写了"河南大学"校名。这对于蓄势待发、渴求发展的河南大学来说,犹如久旱逢甘霖,受教育春风沐浴,重获生机与希望。

校名恢复看似简单的事件,其实显示出那个思想、学科重建和革新的年代,河大人对大学发展和人才培养思考的逻辑起点,以及对教育发展、历史文化的视野和谋略。正是确立了这样的战略,通过务实操作,发挥老校潜力,扩大与国内外高校的学术交流与合作,发展新兴和边缘学科,体现了大学曾经的意蕴和韧性。通过学科裂变,综合性大学的雏形渐出。政治教育系演变而成了哲学、经济、管理和教育等学科门类。原来分散在各个系科教师队伍的基础和思想,使建筑、生物、计算机等学科应运而生。通过三校合并,形成了医学和药学学科发展基础。至此,学校形成了门类齐全的综合性大学学科基础。

最为震撼的壮举是河大为未来培养的这些学科的师资队伍,彰显出当时学校管理者的远见卓识和战略眼光。20世纪80年代初,学校遴选一批即将毕业的优秀本科生,相继送到北京等地著名高校进行培养,后来发展成为新建学科教师队伍的中坚力量。1986年起,选拔4批近100名学科带头人进行重点培养,直至实施"跨世纪优秀学术群体"选拔和培养工程,一批优秀学者脱颖而出,支撑河大相当长一个时期的学科发展。同时,引进物理学家朱自强、语言学和翻译学家张今、数学家刘亚星、"两弹一星"元勋党鸿辛等一大批杰出人才,为学科发展奠定基础。

欣逢盛世,再续荣光。在高等教育发展的节点上,将河大发展置于教育史、思想史和学术史的脉络中进行考察,引导人们走向历史深处,并思考若干重大问题,以史为鉴;历届省委、省政府尤其是其主要领导者支持引领河大发展的远见卓识和坚定信念,与河大实现百年名校振兴的不懈追求大道同行,形成合力。一批河大人用信念和热忱支撑起这片天地,共同谱写河大快速发展的时代华章。

1993年,为弥补当时财力不足,河南省教育主管部门印发《河南大学综合改革试点的十一条政策》,支持河大适应市场经济需要,调整专业设置和招生培养方式,总体上对学校改革、成果转化和开放办学起到了积极的推动作用,但是不可否认,这在一定程度上影响了教师队伍学术水平、学术追求的提升。

20世纪90年代,为迎接世界新技术革命的挑战,党中央、国务院推出"211工程",集中中央和地方等各方面的力量办好100所左右重点大学,使中国高等教育发生了根本性变化。后来,为保证区域均衡,"211工程"对省属院校实行"一省一校"政策。由于众所周知的原因,虽经过艰辛努力,但受政策限制,河大始终无缘进入"211工程"建设行列。省委、省政府决定比照"211工程"项目在建设资金方面给予河大重点扶持。

坚忍不拔、愈挫愈奋的精神早已融入了河大人的骨髓,每到学校发展的关键时刻,总有一种信念和力量在支撑着这所大学,让我们在夹缝中不断探寻一丝光亮,不言放弃,坚毅前行。失去"211工程"的历史机遇,学校争取国家层面支持的脚步从未停歇。为逐步缩小东西部高等教育差距,促进高等教育协调可持续发展,2004年,国家决定与中西部无教育部直属高校的省份共建一所地方高校,这就是省部共建高校的由来。政策天平又一次失衡,学校为此做了艰苦卓绝和感天动地的努力,在时任省委省政府主要领导强力推动下,直到2008年,学校才进入省部共建高校行列。应该说省部共建对于我们获取政策支持、信息和与全国高校的交流,提升学校发展信心,保证学校办学定位、健康和稳定发展,都收到很好的效果。遗憾的是这只是教育部和地方政府共建,而财政部没有专项的资金支持,使得其作用打了折扣。

1998年启动的"985工程"和本世纪初综合性大学合并,从根本上改变了我国高等教育的格局,快速带动了一批大学的实力和影响力在国际上迅速提升。这个时期高等教育区域差距进一步拉大。随着我省经济总量的增长,人民对于享受优质高等教育的要求愈加强烈。学校为进入"211工程"不言放弃的精神、跌跌撞撞进入省部共建的举措,深得省委和省政府的强力支持,为了弥补这些工作的缺憾和从河南省教育布局战略考虑,2011年,省政府印发《百年名校河南大学振兴计划(2011—2020年)》,坚持"一条主线、两大突破、五大战略"的工作思路:以高水平大学建设为主线,努力实现河南大学核心竞争力和服务中原崛起能力的重大突破,确立质量立校、学科强校、人才兴校、开放带动、依法治校的发展战略,实现百年名校全面振兴。

进入新百年,河大又一次处在我国高等教育的调整和变革关键时期。实现百年名校振兴的信念和追求,已根植于河大人的灵魂深处,面对新时代我国发展新的历史方位,学校将事业发展深度融入中原地区发展和实现中华民族伟大复兴的浩瀚浪潮,走出了一条地方大学特色发展之路。虽历经艰辛,但成就非凡。

在贯彻百年名校振兴计划过程中,推动学校国际化发展战略。在省委省政府支持下,河大在郑东新区贾鲁河北岸,奠基了新的校区,这是新百年起始最主要的举措,河大为未来的发展埋下了一个新的战略支点。

为解决高等教育尤其是优质高等教育资源布局不协调、不均衡问题,2011年教育部启动实施"中西部高等教育振兴计划"。2012年9月7日,教育部、财政部召开通气会,仍然按照"一省一校"的原则,启动中西部高校综合实力提升工程,塑造了后来"部省合建"高校的雏形。当时,刚完成百年庆典的河大又一次痛失了机遇。尽管有"百年名校振兴计划",处在这个时期,河大依旧不得不面对来自既定格局和政策的残酷现实的挑战,只有持续不断博弈,才能获得艰难的发展。在经过一番努力仍然未果之后,省委、省政府决定按照"提升工程"的经费标准,同等支持河大发展。

一所大学的精神只有在其发展的关键节点上才能体现得淋漓尽致,这是对所谓"百折不挠,自强不息"精神的最好诠释。进入新时代,党中央启动高等教育"双一流"建设战略,这是建设高等教育强国重大战略部署,事关国家核心竞争力和现代化目标的实现。面对新的发展机遇,河大涌动一种渴望发展的强烈欲望,从上到下不断表达其强烈诉求。省委省政府主要领导展现强烈的历史担当和实事求是的谋划。2017年9月,特别幸运的是生物学学科入选一流学科,从而河大进入国家"双一流"建设高校行列,标志着河大进入新的发展阶段。2021年9月是属于河大的金秋时节、荣耀时刻,9月9日、17日,省委书记楼阳生同志两次密集视察河大,解决学校发展关键问题,提出"双航母"战略,河大又一次迎来了前所未有、千载难逢的发展机遇;9月25日,郑州校区顺利启用,意味着河大重返省会办学,向着百年名校振兴的宏伟目标阔步前行。

  长风破浪会有时,直挂云帆济沧海。至此,缺乏中央支持的省立层次、单一的师范办学性质、以文科为特色的办学基础、非省会的地理位置等曾经制约学校发展的要素,被逐一化解,为学校未来发展奠定了坚实基础。纵然一流大学建设初露端倪,但是事实上的差距仍然巨大,河大面临的不是"跑马圈地"的局面,而是"披荆斩棘"的现实。我们这代人,尤其是河大后来的建设者,一定要保持清醒的认识。

二、新时期河大精神——艰苦创业无私奉献

  "前瞻开放、面向世界,坚持真理、追求进步,百折不挠、自强不息,兼容并包、海纳百川,不事浮华、严谨朴实"的河大精神,是河大品格的象征,是河大文化的标志,是时代赋予河大的精神财富。这种精神像小麦一样赡足万类,像棉花一样衣被天下,像大豆一样兼容并包;这种精神早已融入河大的基因,历久弥坚,润物无声,并伴随着时代的步伐一脉相承地延伸和拓展它的内涵。

  艰苦创业、无私奉献,是新时期"河大精神"的时代内涵。它既继承了"百折不挠、自强不息"的灵魂,又汲取了新时期文化的精髓。全体河大人依靠这种精神,守土有责,不断推进学校各项事业艰难前行。

  1984年,恢复河南大学校名,点燃了每个河大人干事创业的激情。重塑学科体系,成为全体河大人的追求与梦想。艰苦创业、无私奉献,体现在学校从师范到综合性大学,以传统的人文社会学科基础和工作方法,创办理工农医等学科,这条路子走得极其辛苦。从本科生教育到硕士研究生和博士研究生教育,学校学科门类逐渐完善,与综合性大学相适应的学科体系基本形成。一代又一代的河大人在朴素的工作岗位上,默默坚守和奉献,心中有那份理想和期盼,洋溢出那种不气馁、不动摇的精神。李润田、周守正、张今、吴祖谋、朱绍侯、朱自强、任

访秋等一大批才华横溢、学术精湛的教师在条件极其简陋的情况下,淡泊名利,远离喧嚣,在自己的学术领域深耕细作、笃行致远,是这个时期的优秀代表。通过十几年的持续努力,学校在办学格局上,经历了以文科为主的师范教育,到以文理学科为主,再到理工农医多学科初见端倪,成功实现转型,完成了学科的三级嬗变。

艰苦创业、无私奉献,体现在我们规模和体量的增加过程中两次开拓新校区建设。进入新世纪,随着办学规模的扩大,学校自我加压,举贷发展。依据边建设、边使用、边完善、边拓展思路,在开封西区一片风沙的土地上,金明校区拔地而起。进入新百年,成功谋划郑州校区建设,是在国家金融治理、学校负债繁重的背景下,自筹资金,日积月累,以蚂蚁搬家的精神,实现了战略跨越。

进入新世纪,二次创业、重铸辉煌成为学校的时代主旋律,重返高等教育"国家队"成为新时期河大人坚持不懈努力的方向、锲而不舍奋进的动力。面对学校影响力衰落、政策限制、偏安一隅的思想等多种困难,唯有迎难而上,以孙培新、张秉义、王文金、关爱和、娄源功为代表的一批河大人,通过各种渠道讲述河大故事、传播河大声音、展示河大形象、诉说河大情怀,依靠这种信念和这份坚毅,支撑着河南大学披荆斩棘、稳步前行,并得到社会各界的广泛认可和鼎力支持,奠定了河大向更高水平、更高层次办学的根基,是新时期河大人艰苦创业的充分印证,折射出这所大学永不服输、坚忍不拔的独特气质。

为不断满足民众对优质高等教育的需求,筹措社会资源,支持学校发展,学校与民生证券、河南报业集团等在不断追随政策演变的同时,创办了民生学院。与美国、澳大利亚、德国等国高校,开拓中外合作办学的项目和机构。这些都是白手起家的建设成果,积跬步,成千里,形成了良好的社会效益和经济效益,为学校的艰苦创业开辟了新路径。

汇聚优秀人才、追求学术真谛、提升学科实力是新时期学校发展的基石。以王家耀、王巍、王立群、程民生、耿明斋、张治军、李小建等为代表的科学家和杰出学者,以发展学术为己任,搭建实验平台,撰写学术经典,传播学术思想,播撒科学种子,诠释着甘于寂寞、乐于奉献的优秀品格,彰显着严谨治学、精益求精的科学精神。在他们的艰辛探索下,很快形成了具有河大气质的学术文化,奠定了学科发展基础,在全国乃至国际学术界崭露头角,持续扩大学术影响力和竞争力。每一个节点都有感人的故事和传说。黄河文明中心创建和整合,延续着河大文脉,体现出人文社科多学科相互支撑、彼此扶持的学术境界。"一个课题、两位老师、三间房子"演绎着一流学科发展的艰辛故事;纳米材料实验平台扎根太行山下,晴天一身汗,雨天一身泥,数十年如一日的创业经历,终将成为科技创新发展的经典案例;只身徒手从企业改制到著名智库的中原发展研究院,调整学术方向并加强合作。学校率先在全省高校建设国家重点实验室,实现国家三大奖全覆盖,谋划建设深圳研究院、三亚研究院,以及多年来连续取得的学术发展成就等,是新时期全体河大人无私奉献、艰苦创业最好的见证。

105年校庆时,23位教师成为改革开放以来感动河大人物,他们为学校事业发展、文化传承、社会声誉提升做出突出贡献。马佩、王汉澜、刘炳善、李丙寅、任访秋、佟培基、李申申、吴雪莉、黄魁梧、蔡兴元、吴博亚等,他们既朴素平凡,又感天动地超越现实。除此之外,还有一大批教师体现艰苦创业、无私奉献的精髓,关爱和教授从留校那一刻起,直至成为学校的主要领导,几十年两地分居,坚守学校事业。黄亚彬教授从美国学成归来,面对病魔缠身,发出再为河大奋斗十年的凄婉独白;王渊旭教授在争取平台的答辩现场,病魔凶险而至,在生命的最后一刻仍在参加学术交流;两次教学评估和审核评估,一大批默默无闻的教师群体,无私奉献,坚守育人岗位……

经过几代河大人的长期坚守和不懈努力,2017年9月,河大终于进入国家首批"双一流"建设高校行列,实现了全体河大人梦寐以求的世纪梦想,取得了办学历史上具有里程碑意义的攀升。2021年9月25日,郑州校区正式启用,从当初的谋划布局到后来的施工建设再到顺利入驻,演绎了一个个艰辛而曲折的故事,成为实现百年名校振兴、建设世界一流大学的远非空间意义的跨越。这些都是我们奋斗的成果、创业的成果、奉献的成果,既是实至名归,又是众望所归,体现着党和政府的关爱与支持,凝聚着全体河大人的智慧和力量。

三、独辟发展路径——中国特色、世界一流、中原风格

"中国特色、世界一流、中原风格"是新时代河南大学的办学定位。"中国特色、世界一流"是中国高水平大学建设的目标方向,是"双一流"建设的本质要求。"中原风格"是河南大学朴实而优雅的气质,是在长期办学实践中逐渐沉淀下来的高贵品质,并随着岁月的洗礼而不断丰富和发展,体现了学校厚重的文化底蕴和鲜亮的精神底色,彰显着学校的教育使命和社会责任。

"中原风格"在于她的文化根脉。中原文化是中华文化的根脉,源远流长,博大精深,哺育着世代炎黄子孙,造就了华夏民族独有的文化底色,赋予了河南大学独特的气质和品格。建校之初,河南贡院、河南大学堂的文脉融入预校,传统文化在此得以延续。河南贡院是中国千年科举终结之地,多少圣贤志士在此挥墨撰文、揭榜中举,多少文人墨客在此汇聚,留下旷世佳作,其文化气息之浓郁、文化底蕴之厚重,放眼全国,实不多见。校园北部,千年铁塔矗立;校园周围,被

明清古城墙环抱，共同见证着河大的历史变迁；百年学府和千年古城交相辉映、相得益彰，在历史的交汇融合中，彼此汲取文化精粹，让河大独具北宋文化的风骨和气度。典雅厚重的近代建筑群，与曲径通幽、亭台轩榭的校园风格一道，让河南大学呈现出历史的厚重感和深邃的年代感，在中原大地上显得颇具特色、独树一帜，散发出中原文化的无限魅力。

"中原风格"在于她的历史贡献。河南大学是中原大地成立最早的现代大学。诞生之初，她就扎根中原大地，像一粒种子，成参天大树，在此开枝散叶，温柔时光；像一个火苗，成一束光簇，在此点亮希望，普照大地。首任校长林伯襄先生提出的"以教育致国家于富强，以科学开发民智"的立校之本，向世人昭示学校的办学初心和使命。在抗战最艰险的岁月里，她辗转中原多地，扎根山涧田野，用鲜血和生命续存中原教育火种，赓续中原文化命脉，播撒科学文明，完成了中国高等教育史上可歌可泣的伟大壮举。建国初期，从国内调整到省内调整，她响应国家号召，忍痛割爱，折枝成林，部分学科留在了中原大地，学脉延伸至多所大学，被喻为"生产大学的大学"，为中国高等教育做出了不可磨灭的贡献。建校110年来，河南大学培养了60余万名人才，校友遍布全球，但大多根植于中原这片沃土，在此安身立命，默默耕耘，贡献智慧，为中原地区各项事业发展做出了突出成就。

"中原风格"在于她的内涵气质。师生造就一所大学的内涵，代表一所大学的气质。长期以来，一大批学者根植中原沃土，以弘扬中原文化、推动科技进步为崇高使命，彰显中原学者风范。樊粹庭一生致力于传承弘扬戏曲文化，被称为"现代豫剧之父"；尹达、石璋如等对安阳殷墟的甲骨文研究贡献卓越；任访秋在中国近现代文学史学术研究方面成就卓著，被誉为我国近现代文学研究学科的拓荒者与奠基人；张振犁在中原神话研究方面取得令人瞩目的成绩；周守正在《资本论》方面的研究奠定了其在业界的权威地位；刘炳善在外国文学方面具有高深学术造诣，刘葆庆成为河南最早的小麦优良品种育种的开拓者等等，彰显出河大学者的中原情怀和河大担当。至今，仍有一批学者持续在黄河文明、唐宋文化、中原发展、逆境作物等领域潜心研究，延续着河大学者的中原情缘。河大毕业生被誉为"铁塔牌"学子。受河大文化的浸润和滋养，他们在潜移默化中被塑造成为一个个具有河大印记的国之栋梁。他们立足各个领域，千年铁塔之刚毅、明清城墙之稳健、近代建筑之优雅、历代学者之睿智，在其身上体现得淋漓尽致，备受社会赞誉，成为一张张靓丽的名片，遍及各行各业，深刻诠释着河大学子的气质和风骨。

"中原风格"在于她的时代使命。河南大学坐落在中原腹地、黄河之滨，见证着河南的沧桑巨变,以自己的情怀和担当融入河南的宏伟大业中,凭自己的智慧和力量支撑中原经济发展、社会进步、科技创新和文化传承,成为谱写新时代中原更加出彩绚丽篇章的见证者、推动者和贡献者。新时代,破解河南高等教育发展困境,办好河南大学,既是党和政府的重托,也是亿万河南人民的热切期盼。她承载着河南学子在家门口上"好大学"的希望,肩负着在中原大地"起高峰"的时代使命。在古老厚重而又充满生机的中原大地上,她责任重大,使命所在;服务中原,职责所系。

四、擘画未来蓝图——实现百年名校振兴

更美的风景永远在前方,追梦者的脚步永不停歇。河南省委提出"两个确保"、实施"十大战略",把创新摆在发展的逻辑起点,将"创新驱动、科教兴省、人才强省战略"摆在"十大战略"之首,并提出打造高等教育"双航母"、建设全国创新高地等一系列战略举措。河南大学迎来了前所未有、百年不遇的发展机遇,正处于历史上最好的发展阶段。

到21世纪中叶,建成具有重大国际影响力的世界一流大学,成为河南大学新的发展战略目标。面对国内外竞争日益激烈的严峻形势,学校不进则退、慢进亦退、不创新必退,形势所迫,压力所在;政策支持力度不断加大,郑州校区正式启用,"三区两院"办学格局的形成,各项办学指标持续向好,建设世界一流大学的基本框架已经形成,这是我们的底气所在。如何以前瞻30年的战略眼光系统谋划学校发展问题,总结历史经验,借鉴先进模式,推动学校事业快速健康发展,实现既定的战略目标,是我们面临的必须回答的时代考卷。

我们要认真贯彻国家关于"双一流"建设的战略决策,深入落实省委、省政府关于高等教育"双航母"的部署要求,锚定"实现百年名校振兴、建设世界一流大学"的目标定位,以国际视野、战略眼光和系统思维谋划河大未来发展问题。要长期坚持"中国特色、世界一流、中原风格"的发展道路,按照"一条主线、三个根本、六个一流、六项工程"的发展思路,坚持立德树人根本任务,筑牢河大办学之根本;实施"111"人才强校工程等重大战略举措,营造宽松的人才氛围,让河大成为大师云集、群英荟萃的圣地;坚持开放办学,重塑学科体系,优化学术发展环境,构建"湖河湾"实验室体系,深度融入国家战略科技力量,提升学术影响力和竞争力;延续河大文脉,保持河大文化的特色和生命力,让其在中原大地薪火相传,生生不息;发挥学科特长,尊重世界文明和文化的多样性,开展文化研究交流,促进不同文明交流、互鉴、融合,推动人类社会不断发展进步;加快建好郑州校区,将其打造成为具有较大国际影响力的研究型校区,成为学校长远

发展的动力引擎。未来要以提升一流大学建设能力为先导,整合各种信息、资源渠道,不断培养和聚集一流人才,进行开创性的开拓,推进学科前沿部署,带动学校整体提升。

  一代人有一代人的使命,一代人有一代人的长征。回首过往,我们没有辜负时代赋予的重任;展望未来,我们有底气作出宣誓:未来的河大将是一幅精美绝伦的画卷,呈现在世界高等教育的版图上。她是英才辈出、名家汇聚的学术殿堂,世界优秀学子慕名而来,全球学术精英在此交汇;她是河南高等教育的翘楚,闪耀中原,照亮神州,璀璨全球,这艘"航母"凭借其强劲的动力,乘风破浪,驶向远方;她是文化传承创新高地,世界文明、华夏文明、中原文化在此融汇,是思想的宝库、文化的圣地、精神的家园,必定铸就一座筑牢国家灵魂、永续民族血脉、延续中原文脉的不朽丰碑。

昂首奋进新征程　接续奋斗谱华章(代序)

张锁江

河南大学是一所历史悠久、享有盛誉的大学,在一个多世纪的发展历程中,走过了一条艰难曲折、奋斗不止的圆梦之路。尤其是近年来,全体河大人戮力同心、奋发向上,学校发生了翻天覆地的变化,取得了具有里程碑意义的成就,开启了百年名校振兴的新篇章。

实现百年名校振兴、建设一流大学是河大人的共同梦想,是省委、省政府和社会各界赋予河大的历史使命,更是广大河南人民和百万莘莘学子对高质量教育的殷切期盼。面临"双航母"战略这一千载难逢的发展机遇,如何以前瞻30年的战略眼光,在中原大地探索出一条研究型综合性一流大学的发展新路,是我们面临的重大挑战,更是我们必须回答的历史问卷。

提高政治站位,凝聚广泛共识,锚定研究型综合性一流大学发展目标不动摇。将"双一流"建设作为一项重要的政治任务,以强烈的责任感和使命感,面向国家和河南经济社会发展的重大需求,紧扣时代脉搏,不断解放思想、开拓创新、团结协作、担当实干,坚定不移地打造河南高等教育"双航母"。

坚持立德树人,牢记为党育人、为国育才使命,构建高水平人才培养体系。将通识教育与专业教育相结合、科学教育与人文教育相结合、知识学习与研究实践相结合,促进学生跨专业、跨学科学习成长。建立专业综合评价和动态调整机制,形成高水平专业体系和课程体系。深化人才培养模式改革,推进科教协同育人,探索本、硕、博贯通式培养模式,培养更多创造性、复合型、高水平人才。

创新体制机制,探索办学新路,打造"学院—研究院—基地"一体化创新链条和模式。"学院—研究院—基地"三位一体、相互支撑,形成张弛有度、互补发展的良性循环新格局。突出学院主体地位,鼓励跨学科交叉创新,理顺各类关系,构建教育教学和科技创新相互促进、融合发展的新型组织体系;循序渐进推进改革,充分释放办学活力。

以人才带学科,大力引进和培育人才团队,实施分类评价,激发创新活力。

把人才团队建设作为重中之重,坚持引育并举,构建学科建设与人才队伍建设有机结合的机制。探索实施人事制度改革、分类评价机制和绩效考核管理制度,激发现有人才活力。探索预聘—长聘制度,大幅度扩大专职科研队伍和博士后规模,切实提高科研水平和核心竞争力。

以任务带学科,积极争取国家及省部级重大任务,促进重大产出。主动对接国家和区域重大战略需求,坚持"四个面向",聚焦重大科学问题、卡脖子科技难题和重大民生问题,承担更多国家和区域重大科研任务,产出标志性重大创新成果,努力实现科研项目数量和经费总量显著增长。

积极提升教学和科研条件,在国家科研体系重组中争先机,构建协同创新发展的大平台和大格局。注重学科协调发展、特色发展,推动学科交叉和资源整合,加快新兴学科建设,重塑学科体系。郑州校区要深度融入郑州大都市圈,借鉴先进办学经验和发展模式,将其建成国际一流研究型校区。围绕国家重大战略需求,布局建设一批国家级创新平台,努力成为国家战略科技力量的重要支撑。

坚持目标导向,加强绩效考核,切实提升综合治理水平。围绕学校的战略定位和未来五年的总体目标,坚持目标清、可考核、能干成、有成效,明晰发展目标,细化具体指标,任务到岗、责任到人。建立监督检查和考核机制,强化考核结果运用,切实推进各项目标任务落实落细。

加强文化建设,凝聚发展活力,努力营造宁静平和、奋发向上的一流学术生态和文化氛围。牢固树立"以师生为中心"的发展理念,深入调查研究、广泛听取意见,做好广大师生的勤务员、贴心人。遵循教育和科研规律,强化基础教育,加强原始创新,营造鼓励创新、宽容失败、潜心致远、笃实淡定的学术氛围。坚定信念、坚守理想,勇于担当、主动作为,共同汇聚成推动学校高质量发展的磅礴力量。

河南大学即将迎来建校110周年校庆。新蓝图已经绘就,新征程即将起航。我坚信,在校党委的统一领导下,坚持开放办校、创新兴校、学科立校、人才强校,全校上下齐心协力、攻坚克难,努力推动学校各项事业迈上新台阶、开创新局面,百年名校振兴的河大梦一定能够实现!

(在2022年6月24日学校工作会议上的讲话摘要)

目 录

序言 ·· 卢克平　宋纯鹏(1)
昂首奋进新征程　接续奋斗谱华章(代序) ························ 张锁江(1)
序篇　百年回顾 ··· (1)
　　第一节　中原文脉源远流长 ·· (1)
　　第二节　前瞻开放新学兴起 ·· (6)
　　第三节　自强不息追求卓越 ·· (9)
　　第四节　折枝成林转型发展 ··· (15)
　　第五节　恢复校名砥砺奋进 ··· (17)
　　第六节　百年辉煌校庆盛典 ··· (20)
第一章　名校振兴 ·· (26)
　　第一节　国内一流高校的建设 ··· (26)
　　第二节　"双一流"高校的创建 ··· (32)
　　第三节　建设世界一流高校的宏图 ····································· (41)
第二章　教师队伍 ·· (57)
　　第一节　发展规划与制度建设 ··· (57)
　　第二节　高层次人才队伍建设 ··· (64)
　　第三节　青年英才与学术团队培育 ····································· (69)
　　第四节　师德师风建设 ··· (74)
第三章　学科发展 ·· (81)
　　第一节　一流学科创建之路 ··· (81)
　　第二节　重点和优势特色学科建设 ····································· (88)
　　第三节　生物学一流学科建设 ··· (93)
　　第四节　学科的交叉和融合 ··· (98)
　　第五节　"双一流"学科建设成果 ····································· (102)

1

第四章 教学管理 (107)
 第一节 完善教学管理制度 (107)
 第二节 重视教学质量管理 (110)
 第三节 创新教学内容与方法 (114)
 第四节 优化本科专业结构 (118)
 第五节 提升教学管理水平 (121)

第五章 科学研究 (127)
 第一节 营造科研氛围 (127)
 第二节 建设科研平台 (132)
 第三节 提升科研水平 (142)

第六章 学生培养 (152)
 第一节 本科生培养 (152)
 第二节 研究生培养 (165)
 第三节 留学生培养 (172)
 第四节 成教生培养 (176)

第七章 国际合作 (179)
 第一节 创新外事工作机制 (179)
 第二节 国际合作交流成果 (181)
 第三节 重视对外交往活动 (190)
 第四节 与港澳台地区的交流 (196)

第八章 社会服务 (200)
 第一节 构建服务社会的平台 (200)
 第二节 科研创新助力社会发展 (209)
 第三节 社会培训与扶贫抗疫 (215)

第九章 文化建设 (223)
 第一节 弘扬中华优秀文化 (223)
 第二节 传承"河大精神" (234)
 第三节 培育校友文化 (240)

第十章 基本保障 (245)
 第一节 教学科研保障体系 (245)
 第二节 后勤管理与服务 (259)
 第三节 校区与住宅建设 (264)
 第四节 资金筹措与管理 (268)
 第五节 医疗保障与基础教育 (274)

第十一章　党的建设 …………………………………………………………（280）
　　第一节　思想政治建设与宣传工作 ………………………………………（280）
　　第二节　干部队伍与组织建设 ……………………………………………（286）
　　第三节　党风廉政与纪检监察 ……………………………………………（289）
　　第四节　统一战线与离退休工作 …………………………………………（294）
　　第五节　工会与共青团工作 ………………………………………………（303）
附录 ………………………………………………………………………………（311）
　　一、河南大学历史沿革示意图 ……………………………………………（311）
　　二、河南大学历任党组织主要负责人 ……………………………………（312）
　　三、河南大学历任校长 ……………………………………………………（313）
后记 ……………………………………………………………………………（315）

序篇　百年回顾

1912年9月,中原古城开封东北隅原河南贡院旧址上,一所新型学校——河南留学欧美预备学校诞生了。这所开启了河南现代教育、旨在强省强邦的学校,十年时间培养了大批国家栋梁之材,并成为河南新文化、新思想的发源地。1922年中州大学在留学欧美预备学校基础上成立,使河南进入了正规高等教育的时代。1927年学校改称国立开封中山大学(国立第五中山大学)、河南中山大学,1930年又改为省立河南大学,1942年成为国立河南大学,1953年改名河南师范学院,1956年改为开封师范学院,1979年改称河南师范大学,1984年恢复河南大学名称。至2012年,河南大学已经走过了100年的征程。一个世纪以来,河南大学一代又一代学人,高擎科学、民主和爱国主义的旗帜,以"前瞻开放、面向世界,坚持真理、追求进步,百折不挠、自强不息,兼容并包、海纳百川,不事浮华、严谨朴实"的精神,严守"明德新民、止于至善"的校训,潜心为国育才,勇克科研难关,在人才培养、科学研究、社会服务、文化传承创新、国际合作交流等方面为国家的建设和民族的复兴做出了卓越的贡献。

第一节　中原文脉源远流长

一、河南贡院

黄河,中华民族的母亲河;河南,华夏文明的诞生地;开封,世界闻名的八朝古都。

素有"九州腹地、十省通衢"之称的河南,历史悠久,人杰地灵,文化底蕴深厚。

这里是中华民族的孕育之地,有巢氏、燧人氏、伏羲氏先后在这里生活建都;这里是华夏文明的肇始之地,轩辕黄帝在这里建功立业;这里是元典思想的诞生之地,河图、洛书、八卦、五行在这里出现,道家、墨家、法家思想在这里成熟;这里是古代科技发展的中心,造纸术、活字印刷术、火药均在这里发明;这里是文学艺术的昌盛之地,从《尚书》《诗经》到唐诗、宋词,国内一流文学家灿若群星。贾湖文化遗址证明,约9000年前新石器时代早期的人们就已创五声、酿美酒;殷墟宫殿遗址昭示,3000多年前的先民,就创造出了系统的文字、灿烂的文化。这里是商圣范蠡、医圣张仲景、科圣张衡、字圣许慎、诗圣杜甫、画圣吴道子和思想家老子、庄子、墨子、列子等的故乡。从夏商周三代到隋唐宋,这里是中国历史发展演变的中心,24个王朝在河南建都,中国八大古都河南占有其四;国家重点文物保护单位,河南共有420处;世界文化遗产,河南有5处,为全国第一。

国家历史文化名城、八朝古都开封迄今已有4 100余年建城史。从夏代以老丘(开封城东北40里)为都,到战国时魏惠王迁都大梁,五代的后梁、后晋、后汉、后周以及北宋和金先后都此。公元960年,赵匡胤发动陈桥兵变,取代后周,在此建立大宋王朝。经过数十年的发展,东京逐渐成为全国的政治、经济、商业、文化中心,人口逾百万,货物集南北,富甲天下,名满全球。

作为全国的文化中心,当时的东京设有国家的最高学府——太学,贡士最多时达到3 800人;全国最大的藏书地——崇文院藏书多达3万余册;欧阳修、梅尧臣、苏轼、苏舜钦、曾巩、王安石、柳永、周邦彦等一大批文人、学者汇集于此,创作了大量流芳后世的诗词文章;翰林图画院荟萃了全国的绘画大师,传世画作多成精品,张择端的《清明上河图》即杰出的代表。

书院是我国古代学校教育的一种重要形式,它开启于唐,发展于宋,兴盛于明清。大梁书院是开封成立最早的书院,原名丽泽书院。1461年(明天顺五年)由提学副使刘昌所办,地在开封南熏门内蔡河北岸。至清朝末年,设在开封的书院除了大梁书院外,还有游梁书院、明道书院、彝山书院、信陵书院和瓣香书院等。

开封城墙是国内第二大古代城垣建筑。公元前365年,魏惠王从安邑迁都大梁,并大规模营建大梁城。此后朝代更迭,沧海桑田,开封城墙历经战乱和黄河水患,数次淹埋,数次重修,至今仍巍然屹立。城墙内的东北隅,从955年(后周显德二年)世宗柴荣下诏建立全国教育的最高领导机关——国子监之后,逐渐成为对中国影响深远的文化圣地。989年(北宋端拱二年),这里成为国家最高学府的所在地和举行科举考试的临时场地;1049年,开宝寺塔(铁塔)开建。1102—1106年间,礼部在铁塔之南正式兴建了贡院。金代建都开封后,仍设国子监于此。元朝建都北京,1279年,将此地改为河南贡院。明朝初年,河南贡院一度迁至浚仪街元朝旧臣竺贞的故宅,后又迁往城西南角与旧巨盈库。至明末,因黄河水患严重,竟将贡院远迁至河南辉县苏门山。清顺治时,开始将城西北原明朝周王府权作考试场所。原贡院因久不使用,大部倾颓。

1731年(清雍正九年),河南总督田文镜因周王府地势低洼,常有积水,重新选择宋开宝寺塔南原址改建河南贡院。堂屋所建皆依旧制,原建筑中能用的材料拆下后用于新建,不能用的屋舍全部拆除重建。当年9月27日动工,次年5月12日竣工,用银25 556两。改建后,考场增至9 000间,大门前两坊间的道路大大拓宽,整个建筑宏伟壮观。由于河南考生众多,号舍仍不敷应用。1829年,河南巡抚崇庆杨公捐资扩建至11 866间。

1841年夏,黄河决口,洪水汹涌,直逼开封城墙。为抗击洪水,人们在城内广搜砖石,装入袋中,用以堵水。砖石用尽而水仍不退,无奈只好拆除离城墙较近的贡院建筑,得砖数百万块,开封城墙方得保全。水患既去,清政府于次年重修河南贡院。作为河南省乡试的考场,为了满足选拔人才的需要,此次重修非常讲究。除原至公堂、誊录所完好无损未再修建,其他建筑皆为重建。据《重修河南贡院记》所载,"通计前后所修,为号万有一千八百六十有六间,为屋百有九十有九间;为费白金,以两计者七万三千三百有奇"。1843年4月竣工后的贡院,北邻宋代铁塔,东依明代城墙,西傍惠济河,南至明伦街,占地37万平方米。其房舍"鳞次栉比,万厦一新"。因其规模宏大,得与北京顺天贡院、南京江南贡院、广州两广贡院并称全国四大贡院。

由于北京顺天贡院被八国联军焚毁,1903年、1904年的全国会试改在开封河南贡院举行。这是中国最后两次科举考试,河南贡院就此成为中国科举考试的终结地。1912年,河南留学欧美预备学校在河南贡院原址成立,1922年该校改建为中州大学,几经演变,成为如今的河南大学。已有近千年历史的河南贡院,是河南大学这棵参天大树成长的沃土;这里氤氲着的浓厚文化气息,滋养了一代又一代的河南大学人。

二、河南大学堂

1898年6月11日开始实施的戊戌变法,在提出一系列政治改革举措的同时,倡导废除八股,改试策论,开设新式学堂,提倡西学。变法失败后,八国联军于1900年8月14日攻入北京。8月15日凌晨,慈禧太后带着光绪皇帝,慌慌张张地离开皇宫,离开北京,一路西去,到达陕西西安。

1901年3月19日,迫于国内不断高涨的改革呼声,慈禧太后下诏变法,正式开始实行新政;8月,两江总督刘坤一、湖广总督张之洞为代表的一批重臣,两次会奏变法,希望朝廷在全国兴办学堂,培育新政所需人才。9月14日,慈禧下旨:"除京师已设大学堂应行切实整顿外,著各省所有书院于省城均改大学堂,各府厅直隶州均设中学堂,各州县改设小学堂,并多设蒙养学堂。"

1901年11月25日,慈禧太后与光绪帝回銮返京途经开封,阅山东巡抚袁世凯《改设学堂酌拟试办章程折》后,当即下诏:"政务处奏请饬各省速办学堂等语,……着政务处即将该署督原奏并单开章程通行各省,立即仿照举办。"时任河南巡抚锡良面受诏命,立即着手筹办新学事宜。1902年初,各省纷纷以原有书院为基础,改办成为大学堂。河南巡抚锡良与学政林开谟是年3月7日具折上奏清廷,陈述河南大学堂筹备事宜:"拟将省城大学堂从速建立,以为之倡。惟省中旧有书院数处皆地基狭隘,难于改设,……现已择定开封游击衙署改设学堂。"3月25日接到慈禧、光绪同意开办的朱批上谕,7月6日,河南大学堂正式开学。河南布政使延祉、候补道台胡翔林、张楷担任学堂总办,候补知县徐仁录担任监督,前刑部主事孙葆田任总教习,候补知府寿廷任总稽查。"额定学生200名,内附客籍五分之一,聘总教习一人,中、西教习12人,以资训迪。"校址在前营门游击衙署。

河南大学堂的创立,是河南正式开展近代新型学堂教育的标志。河南大学堂分备斋、正斋、专斋。"备斋习浅近之学,如各州县小学堂办法,两年毕业;正斋习普通之学,如各府直隶州中学学堂办法,四年毕业;专斋习专门之学,豫省仿办之初,规模草创,各属中学学堂未立,无由递升。只得慎选品行端谨、中学有根柢者,考取入学。公立正备两斋,由浅近而渐习普通。"开办之初,其教学内容仍然是"以四书五经纲常大义为主,以历代史鉴及国外政治艺学为辅"。

河南大学堂成立不久,湖广督臣张之洞会同管学大臣,遵旨厘定新式学堂教育方案,发布《钦定学堂章程》,规定"今定省会所设学堂曰高等学堂"。1903年,全国除京师大学堂、山西大学堂因有特殊情形继续存在外,其余各省大学堂一律改为省立高等学堂。河南大学堂遵命改称为河南高等学堂,等级也降格而相当于大学预科,名额250人,年经费银2.84万两。更名后,学堂"裁总办、总教习等职,专责监督一人办理"。河南大学堂的监督徐仁录续任河南高等学堂监督。

徐仁录之后,顾家相、启绥先后继任监督,但都时间很短。1906年9月15日,同治甲子科举人、时任河南巡抚张人骏上奏,举荐王安澜充膺河南高等学堂监督。1908年王安澜请调回京供职,河南高等学堂监督相继由刘盥训、毕太昌、张坤担任。至1907年时,河南高等学堂聘任的教职员毕业于中外大学者越来越多,打破了原有的以官绅儒士为主的格局,西学教学内容更多。"此校之成为一现代学校,自此年始也。"

1905年,因河南高等学堂中的客籍学生多系官僚和外地官家子弟,与省籍学生常有冲突,并且这时学部已有明文规定,客籍学堂可以单独设立,于是河南高等学堂分立出"豫南客籍高等学堂",以开封老府门信陵君祠改建。

1907年，为适应立宪救国急需培养大批法律和行政人才的需要，在有识之士的积极呼吁下，河南巡抚林邵年奏准朝廷，在开封三圣街创办了河南法政学堂，并奏请钦派在日本东京大学专攻法律毕业归国的翰林院编修陈国祥为监督，所聘教授如周兆沅、李怀亮、贺邵章等也都毕业于日本高等法律专业，且多为国文饱学之士。学校设讲习科，主要训练官吏，一年半毕业；别科学制三年，毕业后可任司法官。该校培养了一批法律人才，是河南司法教育之发端。1912年2月，河南省高等巡警学堂奉命裁撤，并入法政学堂。次年1月，中华民国教育部令学校名称改为河南公立第一法政专门学校。1914年8月，河南省第二法政专门学校和豫北公立法政学校奉令裁撤并入后，奉部令将校名改为河南公立法政专门学校。1927年，该校并入河南中山大学，成为中山大学法科，1930年成为河南大学法学院。

1911年，辛亥革命推翻了清政府的统治，结束了几千年的封建帝制。1912年1月，中华民国临时政府颁布了《普通教育暂行办法》，规定"从前各项学堂均改称为学校"，河南高等学堂依例改称"河南高等学校"。当年10月，又公布了《大学令》，其第二十条规定："大学预科须附设于大学，不得独立。"由于河南高等学校实际上属于预科性质，只能如其他各省同类高等学校一样，或停办，或改办。时任河南高等学校校长时经训根据河南农业发达、土地肥沃、蚕桑谷植在在相宜的省情和民生发展的需要，向河南提学司提议，将高等学校改办为农业专门学校。该提议获得河南提学使陈善同和河南都督张镇芳的支持，张以"陆军上将衔河南都督"的名义，于11月3日具文咨请中华民国教育部查照立案，11月15日由民国教育总长范源濂、次长董鸿祎、司长林棨共同签署公文，河南"高等学校改办公立农业专门学校并安置旧有各生办法，应准立案"。1913年1月，学校开始发布招生广告；4至5月，正式招录农、林两科学生各80人；5月12日，河南公立农业专门学校在河南高等学校原址举行了隆重的开学典礼。次年，校址移往开封城东南郊繁塔寺中州公学。原河南高等学校的中等教育部分在原址成立河南省立第一中学，后来改为开封高中。1927年，河南公立农业专门学校并入河南中山大学，成为河南中山大学的农科，1930年成为河南大学的农学院。

1902年成立的河南大学堂，为当时的河南教育吹进了一股清新之气，对河南现代高等教育产生了重要的影响，催生了河南留学欧美预备学校；她培养的学生秉志、李敬斋、傅铜、张鸿烈、王毅斋等后来成为河南大学的重要办学人；河南高等学校的校址前营门游击衙署，后来成为开封医学高等专科学校的校址，2000年该校并入河南大学，现在仍是河南大学第一附属医院所在地；由河南高等学堂分立出来的"豫南客籍高等学堂"设在开封老府门的信陵君祠，后来成为开封师范高等专科学校，该校2000年并入河南大学，一度成为河南大学艺术附中和河南大学成人教育学院所在地；1912年由河南高等学校改办的河南省立第一中学(今开封高中)在

20世纪50年代曾是河南大学的附属中学;由河南高等学校改办的河南公立农业专门学校1927年与公立法政专门学校并入由中州大学改名的国立开封中山大学。河南大学堂对留学欧美预备学校的影响以及她与河南大学的这些客观联系,证明三者之间具有文脉上的渊源关系。

第二节　前瞻开放新学兴起

一、河南留学欧美预备学校

　　1912年春,河南教育界的有识之士有感于当时由新式学堂改建的专门学校还无法摆脱原有的教育模式,社会经济的发展有赖于引进西方的科学技术和思想,遂生开办留学欧美预备学校的设想。河南教育总会会长、教育司司长李时灿,提学使陈善同,省学务公所议员王敬芳,教育司科长林伯襄等进步之士上书省府,力陈效法欧美兴办新学之必要,倡议效法欧美,引进西方科学文化,谋富国利民之道。四位提倡新学的河南教育界知名人士的倡议很快引起了社会的反响。4月27日,开封《大中民报》刊载了"欧美留学预备科将办"的消息。4月29日,由王敬芳主笔,林维镐、林伯襄、刘鸣晟、王敬芳、龚肃健、房瓒先、王印川、万鸿图、刘名勋为发起人的"筹备留学欧美预备学校公启"在《大中民报》第1版刊发。公启中说,"共和成立,民国肇基,举国自由,中州独后,河南之不若人甚矣";应"图根本之救治法","非多遣留学欧美,以造就真才不可";"河南各中学迟钝、腐靡,不足养成留学资格","即名高等学校者,按其实际,亦难言之","此预备学校所以不能不专设也"。

　　时任河南都督张镇芳顺应民意,咨河南省临时议会议定,决定建立留学欧美预备学校,为派遣留学生打基础。校址选在原河南贡院。省教育司科长林伯襄虽然没有留过学,但他热爱教育、热衷留学,曾在河南优级师范学堂、中国公学读书,是李时灿、王敬芳的学生,是陈善同的同乡,其叔父林维镐又是河南名绅。他内有振兴教育的使命感,外有开展工作的便利资源,因此被陈善同推荐为留学欧美预备学校校长。林伯襄之后,丁德合、李敬斋、张鸿烈先后继任校长。

　　从河南贡院到留学欧美预备学校,是一个新旧转移、进化蝶变的历史过程。留学欧美预备学校的建立是河南教育里程碑性的事件,带动了河南教育的跨越式发展。

　　河南留学欧美预备学校以引进西方科学文化、谋富国利民之道为目的,以培养留学欧美预备人才为宗旨。从1912年9月开学至1923年,共招收学生7届10班662人,毕业5届7班286人。毕业生中到美、法、德、比、日、俄等国留学者有91人(其中获学士学位者16人,获硕士学位者9人,获博士学位者24人),在国内各大学就读者143人。他们后来都成了国内外各行各业的骨干人才。著名的有中国化学会总干事高济宇院士、中国建筑学会理事长杨廷宝院士、中国地质学会副理事长张伯声院士、"中国卫星之父"赵九章院士、中国营养学奠基人万昕;有航空专家刘敬宜、丁离卿、王伯修,电力专家郭克悌,水利专家朱光彩、宋涤、杨乃俊,矿业专家鲁循然,化工专家吴沆;有医学家梁之彦、张静吾、阎仲彝、鲁章甫、郭鑫斋、孙祥正、李士伟;有农学家王陵南、万晋、冯紫岗、李荫桢,生物学家武兆发、曲仲湘、郝象吾,化学家李俊甫;有经济学家刘潇然、朱象程,政治学家张纯明,历史学家韩儒林,教育学家郑若谷,翻译家郭麟阁,文学家王实味;有军政要员侯镜如、赵毅敏、杨放之、武剑西、丁作韶,革命烈士周邦彩、黄志忠、尚芳、陈育生等。在当时国内很多省份类似的留学预备学校中,河南留学欧美预备学校成就斐然。

二、中州大学

20世纪20年代初,河南虽有河南法政专门学校、河南农业专门学校、河南第一师范学校(又名河南高师、开封一师)、福中矿务专门学校(原焦作路矿学堂)等高等学校,但都无大学之名。河南的有识之士意识到创办大学的紧迫性,认为若再不创办,将落后于他省。在这些人的倡议下,"河南省立大学"的创办提上了议程。但由于连年军阀混战,河南财力被征作军费,没有资金投入教育。

1922年,在河南督军冯玉祥与河南籍同盟会会员凌钺,以及留学欧美预备学校校长张鸿烈等人的努力下,省长张凤台同意设立河南教育专款。

1922年9月9日,应河南督军冯玉祥、省长张凤台之请,梁启超到达开封,9月13日在马道街模范讲演社做了题为"对于河南教育之三希望"的演讲,发出了"河南现在要紧筹办一个最高学府","唯他省似尚可缓,可以代表我国五千年文化之河南,则万不可缓"之创办大学的疾呼。为了支持在河南创办大学,冯玉祥把前河南督军赵倜的财产充公,其中4万元开办工厂,剩下的几十万元划作教育经费,12万元为大学的筹办基金。省议会任命张鸿烈做筹办专员,张鸿烈、李敬斋、王敬芳、张嘉谋为常务董事,黄炎培、张伯苓、邹秉文、张藻为名誉董事。按原来的计划,拟合并河南留学欧美预备学校、河南法政专门学校、河南农业专门学校,共同组建为河南大学。因后两校反对,张鸿烈以河南留学欧美预备学校原有的师资、设备为基础,扩建为大学文科、理科。

因为冯玉祥收缴赵倜财产时,曾电请北京政府将收缴财产作为"中州大学基金",并记录在案,所以原来拟定的"河南大学"校名在北京方面无法通过。因此,学校最终被定名为"中州大学"。1922年11月,河南省议会正式任命张鸿烈为中州大学校长。1923年3月3日,中州大学正式开学。8月,招收的第一批120名学生入学。张鸿烈聘请河南高等学堂的同学李敬斋任校务主任,好友冯友兰任文科主任,同乡曹理卿为理科主任。

中州大学文科首设哲学系、国文学系,次年增设教育学系,1925年又增设历史学系。理科首设化学系、生物学系、地质学系、数理学系。

中州大学虽然创建于战乱年代,办学经费也不充裕,但学校千方百计延揽名师,冯友兰、郭绍虞、张震东、郭须静、董作宾、汪敬熙、李燕亭、冯景兰、王箴、余泽兰、王陵南、万康民、安石如、牛实甫、丘崇岳、嵇文甫等知名学者纷纷加盟。各系所设课程内容新、选修多,各有特点;所有学生实行学分制,严格实行学籍管理和奖惩制度,频繁举办学术讲座,积极改善办学条件,使学校的教学保持了较高的水平。1926年,学校开始研究生教育,樊粹庭成为首届研究生。他于1929年毕业,成为河南高校培养出的第一位硕士,后成为著名的豫剧作家、改革家和教育家,被称为"现代豫剧之父"。在当时大革命浪潮的推动下,中国共产党在学校建立了党支部。此后,进步思想在学生中广为传播。1925年6月,中州大学师生在学校地下党组织的领导下,组织了大规模的罢课和游行活动,声援上海五卅工人运动,掀开了河南大学革命运动史上光辉的一页。1925年7月,中共北方区委总负责人李大钊在六号楼做了"大英帝国主义者侵略中国史"的演讲,在师生中产生了广泛而深远的影响。

三、河南中山大学

1927年6月,南方国民党军队北上讨伐北洋政府,在开封成立了国民党中央政治委员会开封政治分会,管辖河南、陕西、甘肃三省国民党党务。河南省政府在开封成立,冯玉祥任河南省主席。北伐军进占各地后相继成立了第一中山大学(原广东大学,今中山大学)、第二中山大学(今武汉大学)、第三中山大学(今浙江大学)、第四中山大学(今南京大学)。国民党中央政治委员会开封政治分会部分委员提议,在开封筹设"国立开封中山大学"(依序又称"国立第五中山大学"),成立了由徐谦、顾孟余、薛笃弼、凌勉之、李静禅等组成的筹备委员会。建校方案是以原中州大学为基础,把河南法政专门学校、河南农业专门学校合并于内,以徐谦为校长。由于战乱,此时的法政专门学校、农业专门学校师生四散,教学停止,所以不再像以前那样反对,三校合并得以顺利进行。

此时,国民党内因为各派争建新政权而一片混乱,无暇顾及开封中山大学的筹建,徐谦又被蒋介石、汪精卫排挤下野,建校工作暂时搁浅。河南方面担心贻误时机,使建校成为泡影,遂另谋良策,于当年7月决定舍弃"国立"名号,将筹建中的"国立开封中山大学"改为省立"河南中山大学"。1927年11月28日,省立"河南中山大学"正式开课,校长仍由张鸿烈担任,凌冰、查良钊、邓萃英、黄际遇、张仲鲁先后接任。除原设文科、理科外,并入的法政专门学校设为法科,并入的农业专门学校设为农科,1928年又增设医科。1929年8月依政府新颁布的大学规程,各科分别改称文学院、理学院、法学院、农学院、医学院。

学校改名为河南中山大学后,非常重视教师队伍的建设,除原有的教师之外,又聘请了许多学有专精、名重宇内的专家、教授到校任教,如吴家镇、张子岱、霍树成、黄敦慈、杜秀生、王显汉、吴德培、孙绳武、赵国彦、郭鑫斋、涂公遂、胡石青、杨亮功、高亨、郑若谷、张维华、王希和、牟润孙、萧承慎、邹宗彦、刘理惠、霍渠庭、薛承莱、齐协寅、武季谦、陈显国、路葆清、鲁章甫、单德广、阎仲彝、张静吾、胡绩、谢吾卿等,使得学校的教学始终保持在较高的水平。学校为了开阔学生知识视野,培养学生的实际能力,一方面经常邀请国内知名学者如董作宾、傅斯年等到校讲演或做学术报告,一方面组织学生直接参与安阳殷墟的考古发掘与研究工作,同时坚持出版学术刊物,丰富学生的校园文化生活,努力保持教学科研活动的正常进行。

1927年,蒋介石制造了四一二反革命政变,汪精卫也公开叛变革命,大革命转入低潮。作为河南学生运动中心的河南中山大学,进步师生也遭到了残酷的镇压,不少进步学生被逮捕。但他们并没有屈服于反动势力的淫威,坚持在中共地下党组织的领导下继续斗争。他们创办了《霜剑》周刊,宣传革命思想;被逮捕的党、团员学生在狱中同敌人进行了顽强的斗争,体现了河南大学坚持真理、追求进步的革命精神。

第三节　自强不息追求卓越

一、省立河南大学

1930年8月,河南中山大学校务会议决定,将河南中山大学改名为"河南大学",呈请河南省政府核示。9月7日,河南省第三届议会议决,批准将河南中山大学改名为"河南大学"。9月13日,河南省政府颁发河南大学印章及校长职章,自此,学校终于用上了1922年筹建大学时就计划使用的名称"河南大学",校长仍由张仲鲁担任。其后赵新吾、李敬斋、许心武相继接任校长。1933年8月,许心武辞任之后，张仲鲁第二次出任河南大学校长，其后又有杜俊、杨震文、刘季洪、王广庆先后接任。学校下设文学、理学、法学、农学、医学5个学院。文学院有国文学系、英文学系、史学系、教育学系、社会学系，理学院有算学系、物理学系、化学系、生物学系，法学院有政治学系、法律学系、经济学系，农学院有农艺学系、园艺学系、林学系、畜牧学系，医学院不分系。

在河南大学正式开学之日，张仲鲁校长在露天广场发表了热情洋溢的讲话，宣布了河南大学的五年发展规划，决心使学校再上一个新台阶，得到了师生的一致拥护。许心武接任校长后，大力引进高水平的教师，想方设法提高教授们的生活待遇，罗廷光、萧一山、沈子善、李廉方、范文澜、邵次公、缪钺、毛礼锐、姜亮夫、刘盼遂、邰爽秋、朱芳圃、张邃青、林一民、李燕亭、陈作钧、郝象吾、王毅斋、罗章龙、熊伯履、邹次硕、涂治、彭谦、李先闻、黄以仁、王直青、李瑜如、生明、饶孟侃等一大批知名学者纷纷来校执教。一时河南大学名师云集，在国内的影响力大大提升。

为了提高教学科研和管理水平，学校逐步完善教学管理机制，成立了出版委员会、图书委员会、体育委员会、招生委员会、奖学金委员会、学生生活指导委员会、职业介绍委员会，健全了关于成绩考核、学籍管理、奖励、学生管理等方面的规章制度，鼓励成立学生社团，积极创办学术刊物，举办学术讲座，组织学生参加科研实践，使学校的教学科研水平得到了快速发展。

1933年，李廉方就任河南大学文学院院长后，创立了开封教育实验园区。在小学教育阶段，取消初小与高小的阶段划分，将初小后期的教学方式继续延伸，仍以大量阅读为主，适当增加特殊练习的分量，其中包括数学与写作，以使学生在四年之内，各科知识达到当时高小的水平。实验取得了预期的效果，引起了社会的广泛重视。

省立时期的河南大学非常重视科学研究与社会经济建设的需要相结合，努力使科学研究的成果直接服务于社会的发展。文学院与中央研究院合作，参与了包括安阳殷墟、汲县山彪镇、辉县在内的考古发掘活动，为中国考古事业做出了很大贡献；参加编纂河南省新通志的工作，完成河南省新通志稿多篇。农学院开展了农业作物病虫害研究、棉花种植研究、小麦大豆生产研究、森林治水与水土保持研究，并到农村开展推广、服务和社会指导工作，直接促进了河南省的农业生产活动。医学院重点开展了对黑热病等的病理和防治方法的研究，效果都很显著。在如豆的油灯下，张长弓教授写出《鼓子曲言》，搜集整理出珍贵的《鼓子曲存》一辑；陈梓北发明了当时全国首创的"陈氏乐尺"；樊映川撰写的《高等数学讲义》，先后出版发行近千万册；刘葆庆培育的小麦良种，使当地小麦增产15%。

省立河南大学成立的第二年，日寇侵占东北三省。有着光荣爱国传统的河南大学师生，成立了抗日救国会，同仇敌忾，奋起投入抗日救亡运动的洪流。许心武校长亲自带领教授们前往省政府和国民党省党部请愿,学生积极组织劳军募捐,派出代表赶赴南京,出席全国抗日救国学生联合会代表大会。1935年12月,北平学生发动了"一二·九"爱国运动,河大师生发出强烈呼吁,声援北平学生。12月23日宣布罢课,举行示威游行,痛斥北洋军阀丧权辱国的罪恶行径。26日,数千学生奔向火车站,在数九寒天横卧路轨,坚持斗争四天四夜,并赶赴北平天安门广场,高喊"反对卖国求荣"等口号,表现出强烈的爱国精神,以实际行动捍卫国家主权和民族尊严。1937年七七事变,标志着抗日战争全面爆发,在中国共产党的领导下,河南大学教师创办了抗日救亡刊物《风雨》周刊,宣传指导河南的抗日救亡运动;成立了"开封学生农村救亡团",上街演出,唤起民众的抗日热情;组织了大众剧社、怒吼歌咏队,公演抗日剧目和抗日歌曲。马可领导的怒吼歌咏队深入农村宣传抗日,他创作的《游击战歌》《伏牛山下》等歌曲激发了人们的抗战热情,产生了广泛的影响。河大师生还组织了"抗战训练班农村服务团",为抗战训练人才,其学员一部分加入中共领导的抗日武装,一部分奔赴延安,走上了革命道路。1941年10月,深受师生爱戴的文学院院长嵇文甫教授遭到国民党当局的逮捕,次年3月才被释放。

　　1937年12月,日寇铁蹄践踏黄河流域,豫东、豫北相继沦陷,省城开封危在旦夕,河南大学被迫南迁到鸡公山(文、理、法三院)和镇平(农、医两院)。1938年8月,刘季洪辞去校长职务。10月,王广庆出任河南大学校长,将在鸡公山的文、理、法三个学院迁至镇平,与农学院、医学院会合。

　　1939年5月,日寇进攻新野、唐河,镇平危急。河大师生员工在王广庆校长的率领下,再次踏上播迁之路。他们徒步北越伏牛,经方城、叶县、宝丰、过临汝、伊阳(今汝阳)、伊川,行程600余里,抵达河南嵩县县城。经校务委员会研究决定,医学院留在嵩县县城,校本部和文、理、农三学院(法学院各系已合为经济系,并入文学院)继续前进,到嵩县县城西边70余里万山盘亘、淡烟疏林的潭头小镇落脚(潭头当时隶属嵩县,今属栾川县)。在当地百姓的支持下,师生们分散住在潭头和周围十几个村庄的百姓家中,山道上青衣长衫、蹒跚而行的羸弱书生和满腹经纶的教授们,与当地群众共饮一缸水,同吃粗粮饭,开始了艰难的办学历程。

　　1940年,抗日战争到了最艰苦的阶段,河南大学决定创作《河南大学校歌》,利用歌曲的形式,通过广大师生的传唱,在阴霾的天空和血腥的环境中竖起河南大学的猎猎战旗,以鼓舞师生的抗战斗志,弘扬学术传统。已经创作了《献给祖国》《走出象牙之塔》等抗战歌曲的时任文学院院长嵇文甫教授不负众望,很快创作出了歌词:"嵩岳苍苍,河水泱泱,中原文化悠且长。济济多士,风雨一堂,继往开来扬辉光。四郊多垒,国仇难忘,三民是式,四维允张,猗欤吾校永无疆。"(2002年9月,在建校90周年之际,学校决定将原歌词中的"三民"与"四维"改作"民主"与"科学"。)1940年8月,刚到河南大学教育系任教的陈梓北教授,怀着抗日救亡的满腔热忱和对祖国、对母校的热爱谱了曲。校歌的歌词既表达了"国仇难忘"的愤恨,又表达了以中原文化继承者自任的"济济多士"那"继往开来"的坚定志向。配上激情澎湃的曲子,《河南大学校歌》很快便回响在伏牛山麓、伊水河畔,从此成为河南大学凝聚思想、催人奋进的号角。

二、国立河南大学

河南大学自成立以来,广揽人才,自强图新,办学质量不断提高。学校领导、社会各界人士多有动议,提出了要把学校改成国立的设想。迁至潭头之后,虽然办学条件十分艰苦,但学校的师资力量、教学设备、教学质量、科学研究等都保持了较高的水平。1941年夏,学校再次提出改为国立的申请,提交了相关材料。经多方努力,1942年3月10日,国民政府行政院第554次会议通过了将省立河南大学改为"国立河南大学"的决议。1942年7月1日,全校师生在潭头举行了隆重的"国立河南大学"命名挂牌仪式。国立河南大学校长仍由原省立河南大学校长王广庆担任。

改为国立以后的河南大学,办学经费有了保障。学校抓住这个机遇,克服各种困难,积极延揽名师,想方设法留住现有教师,灵活组织教学,严格教学管理,使教学质量得到了保证。其间教育部考绩,河南大学上课总时数为全国之冠。

在当时艰苦的条件下,广大教师积极开展科学研究,结合当地实际,采集植物标本,调查当地农林资源,为当地培育棉花优良品种,帮助当地群众防治小麦病虫害,对当地的历史、文化、方言、风俗等进行社会调查,因陋就简进行理科实验,在著书立说的同时,指导学生的学术活动,取得了很多成果。1943年,文史系学生宋景昌参加全国论文写作比赛,其论文《全民皆兵论》荣获金奖;文史系段凌辰教授《选学丛说》参加教育部优秀论著评选,经教育部学术审议委员会审议,获教育部学术著作奖。1944年,经国民政府教育部综合评估,河南大学的教学、科研及学生学籍管理的成绩位居全国国立大学前列,在中国抗战时期的高等教育史上写下了值得自豪的一页。

1944年5月10日,日寇进犯嵩县;16日,日军攻入潭头,羁留的河大部分师生惨遭日军突袭,逃亡中的教授、家属及学生共有9人牺牲,20余人被俘。为纪念在潭头蒙难的师生,全校师生素食一日,以资追悼,并把这天定为"河南大学校难纪念日"。此后大部分师生经长途跋涉陆续到达豫鄂陕交界处的淅川县荆紫关,对时局感到痛心的王广庆决意辞职。1944年10月,张仲鲁再次接任校长。1945年3月,日寇发动了豫南鄂北战役,由于荆紫关安全没有保障,教研条件简陋,信息交通不畅,河南大学难以存留,只得继续西迁陕西。先至西安,后到宝鸡,暂时安身。

在抗日战争期间,全国 108 所高校,受日军破坏或轰炸者达 91 所,25 所高校被迫停办。与日寇正面遭遇的河南大学在潭头坚持兴办教育,创办医疗机构,传播文化知识,服务山区群众,用生命和鲜血谱写了一首教育救国、文化抗战的壮丽史诗。其不屈的意志、不死的精神,已化为河南大学百折不挠的精神底色。

1945 年 6 月,张仲鲁辞去校长职务,由田培林担任校长。两个月后,日寇投降。12 月底,河南大学师生从宝鸡迁回开封,8 年的抗战办学终于结束。经过 3 个月的整修准备,1946 年 3 月,复员后的河南大学准时开学,同时恢复了法学院,新建了工学院。不久,国立黄河流域水利工程专科学校并入工学院。到 1947 年底,学校共有文、理、农、法、医、工 6 个学院 16 个系(医学院不分系),教职工 500 余人,在校生 2 000 多人,成为华中地区院系最多、校园规模最大的学校。

1946 年 11 月,田培林升任教育部次长,历史学家姚从吾接任河南大学校长,12 月到校视事。1947 年春,河南大学为声援"五二〇"民主爱国运动,集体罢课,游行示威,提出"反饥饿、反内战、反迫害"的口号,汇入爱国民主运动的洪流,遭到反动当局镇压,先后有 91 位包括河大学生在内的进步青年被捕,受党组织派遣的在校生朱侠、杨怀伸、查禄鑫等惨遭杀害,新中国成立后被追认为革命烈士。"五二〇"运动开辟了解放战争第二战场,强烈冲击着国民党反动统治,为党组织在国统区第二战场的斗争培养锻炼了大批骨干力量。1948 年 6 月,开封第一次解放前夕,南京政府教育部命令河南大学迁往苏州。10 月 10 日,学校在苏州大致安置就绪,各学院陆续复课。12 月,姚从吾辞职,校务暂由郝象吾、马非百、张静吾组成的 3 人小组负责;1949 年 3 月,3 人小组辞职,又成立了一个由方镇中、郭暄、杨震华为常务委员的 7 人小组暂理校务。

中国人民解放军首次攻克河南省会开封后,大部分河南大学师生陆续南迁苏州,留在开封的河大师生纷纷要求投奔解放区参军、参战。1948 年 6 月 24 日,解放军华野文工团团长康茅召到开封《中国时报》社接洽文印事宜,《中国时报》社社长郭海长向他正式传递河南大学进步师生到解放区工作的要求。康茅召当即请示了刘伯承、邓小平、陈毅等领导同志,首长们立即表示同意。陈毅高兴地说:"欢迎!河南大学都搬去我们也欢迎。"并命康茅召尽快安排。于是,河南大学著名教授嵇文甫、李俊甫、罗绳武、王毅斋、赵丽生、苏金伞以及《中国时报》社总编辑刘国明等 79 位同志,分乘解放军的两辆汽车,于 6 月 29 日抵达中共中央中原局所在地——宝丰解放区,新华社随即向全国播发了题为《人心所向——开封文化教育界名流一行到达解放区》的通讯报道。7 月 9 日,以河大学生为主的 287 名开封进步青年也步行到达宝丰。刘伯承司令员对师生们表示热烈欢迎,中原局随即做出决定,以河南大学为主的这批进步师生为基础,筹建中原解放区人民革命大学——中原大学。

1948 年 7 月 10 日,经中共中央批准,开始筹建中原大学。陈毅担任筹备委员会主任委员,中原军区副政委刘子久,河南大学教授嵇文甫、王毅斋任副主任委员,设校址于宝丰县大白庄。8月2日,全校师生500余人参加了庆祝中国人民解放军建军21周年纪念大会,刘伯承司令员在会上隆重宣布中原大学正式成立,校长由原河南大学教授范文澜担任。同年12月,范文澜调任北方大学校长,潘梓年接任中原大学校长。随着学生数量的迅速增加,学校搬入宝丰县城,但校舍仍不敷用。中原局决定另辟新的校址,遂派嵇文甫、张柏园、刘介愚等30余位同志赴汴考察,最后做出决定:中原大学整体搬迁至开封河南大学原址办学。12月10日,2000余名师生员工全部搬迁完毕。

1949年4月,百万大军挥师江南,全国即将解放。为配合这一战略行动,在苏州的河大250名热血男儿组成南下工作团开赴江南解放区,为全国解放事业输送了一支干部队伍。1949年4月27日,苏州解放。苏州军管会主任韦国清给河大发放维持费,安定师生情绪,帮助学校恢复秩序。河南大学师生掀起了参加革命的热潮,仅加入解放军第10兵团的同学就达300多人。5月,中共中央中原局决定中原大学搬至武汉办学。6月,河南省人民政府主席吴芝圃派人迎接河大师生返回开封。7月,河南大学1200余名师生从苏州回汴。经中共中央中原局和中原临时人民政府同意,新成立的中共河南省委与河南省人民政府正式决定,中原大学医学院、教育系师训班共500余人和河南行政学院400余人加入河南大学,由省人民政府主席吴芝圃任校长,张柏园、嵇文甫任副校长。1949年8月12日,中原大学行政、财经、文艺、新闻4个系的800余名干部、学员离开河南大学南迁武汉。中原大学在河南大学校址办学时间共计9个月,共结业学员4932名,这些高级专门人才,为中原解放区的革命和建设、为解放战争的全面胜利做出了重要贡献。

1950年5月27日,学校在大礼堂隆重召开大会,宣告中国共产党河南大学党的组织正式公开,标志着河南大学真正回到了共产党领导下人民当家作主的新时代。

河南大学改为国立,进入中国高等教育的国家队行列,在贫瘠山区办学条件艰苦、日寇铁蹄践踏、血雨腥风的生存环境下,创造了辉煌的教学科研成就,铸就了百折不挠、自强不息的河大精神,是学校创建之后达到的历史顶峰。

第四节　折枝成林转型发展

一、河南师范学院

1952年7月,为了适应经济建设的需要,国家开始对高等学校进行调整。河南大学农学院独立设置为"河南农学院"(今河南农业大学),医学院独立设置为"河南医学院"(1984年改称河南医科大学,2000年与郑州大学合并)。1953年,教育部再次以河南大学为重点,对中南区的院系和专业进行调整。河南大学水利系调往武汉大学水利系,财经系调往武汉中原大学(后并入中南财经学院),畜牧兽医系调往江西农学院,植物病虫害系调入武汉华中农学院,行政学院独立为"河南行政学院"。

1953年8月6日,政务院文教委员会和中央人民政府教育部决定,河南大学留下的系科全部改为师范性质,学校名称改为"河南师范学院";平原省撤销,"平原师范学院"并入河南师范学院,称为"河南师范学院二院",学校师范性质的改制工作完成。嵇文甫继续担任院长,赵纪彬担任副院长,郭晓棠任党委书记兼副院长。

在党委的领导下,学校完善了领导体制,健全了运行机制,通过大量深入细致的思想工作,使广大师生正确认识学校系科的拆分和转变学校教育性质的重要性,认真学习苏联的教育理论和实践经验,连续四年在教学计划、教学内容、课程体系、培养目标、教学方法、师资培训、教材建设等方面,突出师范教育的特点,进行全面的改革。

1955年8月16日,中华人民共和国教育部、中共河南省委、省人民政府决定对河南师范学院继续进行调整,将二院的中文、历史、地理、俄语4个系科并入本部,本部的数学、物理、化学3个系科并入二院。至此,原来拥有文、理、农、法、医、工等6个学院的综合性的国立河南大学变成了只剩中文、历史、地理、外语4个系的师范院校。

二、开封师范学院

1956年8月,国务院决定嵇文甫调任新建的郑州大学校长,任命赵纪彬为河南师范学院代院长。11月,教育部决定,河南师范学院本部定名为"开封师范学院",专办文科;二院定名为"新乡师范学院",专办理科。赵纪彬任开封师范学院院长,郭晓棠任党委书记兼副院长。

1959年,经中央人民政府批准,省委、省政府决定将开封师范专科学校并入开封师范学院,学校除原有的4个系外,又新增数学、物理、化学、生物4个系。院长、党委书记不变,曲乃生任党委副书记兼副院长,赵文山任副书记,杨纪高任副院长。

1962年7月,经国务院同意,省委、省政府把设在郑州的河南艺术学院、河南体育学院并入开封师范学院,将郑州大学地理系并入开封师范学院地理系,开封师范学院生物系并入新乡师范学院生物系。

1966年5月,"文化大革命"开始,学校暂停招生。虽然教学秩序被打乱,但广大教师内心深知教育的春天迟早会来,学术的研究不能停滞。他们白天不得不应付各种政治活动,晚上争分夺秒潜心科学研究,默默地积蓄力量,聚集元气,在教学秩序恢复之后,迅速焕发了学术的青春。1972年9月,学校开始招收工农兵学员。到1976年,共招收5届。1975年,在信阳创办了"开封师范学院信阳分院",1978年经国务院批准为本科建制并改为信阳师范学院。1978年3月,全国恢复高考制度后招收的第一届学生入校。当年,学校开始招收硕士研究生。

三、河南师范大学

1978年12月,中共中央在十一届三中全会上,做出了"把全党、全国的工作重点转移到社会主义现代化建设上来"的战略决策。1979年8月26日,中共河南省委、河南省人民政府报请教育部同意,决定将开封师范学院改名为"河南师范大学",其培养目标是中等学校师资和高等院校部分基础课师资。李林担任校党委书记兼校长。

更名为河南师范大学之后,校党委、校行政根据新中国成立后学校的办学实践,全面总结经验,探讨办学规律,对学校各方面的工作进行了改进。

在教学方面,制定了新的教学计划,对培养目标、时间安排、课程设置、教学环节等作了新的规定;加强教材建设,本校教师担任主编、副主编的教材,有的成为全国通用教材,很多被全国其他院校所采用;完善学籍管理,加强教学质量检查,使全校的教学质量有了明显提高。

在科研方面,进一步明确科学研究的方向和指导思想,加大科学研究机构的建设力度,建立了中国古代文学、古代汉语、日本史、逻辑学等25个研究室和古籍整理、教育科学两个研究所,积极开展学术交流活动,产出了一大批较高水平的科研成果。

在人才培养方面,国家于1981年开始实施学位制度,学校成为国务院首批核准招收研究生的高等学校之一。到1983年,共有11个专业获批拥有硕士学位授予权,涵盖文、史、哲、经、理、教育6个学科31个研究方向。

1980年9月,经河南省人民政府、开封市人民政府批准,报国家教育部备案,成立河南师范大学分校。1984年改称河南大学分校,1985年改为河南大学开封市走读大学,1987年独立为开封大学。

从1953年到1984年,河南大学经历了31年的师范教育时期。在学校规模缩至最小时,河大人没有气馁,咬紧牙关,自强不息,坚持发展。到1984年,拥有中文、历史、地理、政治、外语(英语、俄语)、数学、物理、化学、体育、艺术(音乐、美术)、教育共11个系13个专业,在校生达4 100人,校舍建筑总面积达到21万平方米,学校的规模上了一个新的台阶。学校培养的学生,除了少部分从政,大部分充实到了河南省各级教育部门,为河南省教育事业的发展做出了巨大的贡献。

第五节　恢复校名砥砺奋进

1982年2月,省委任命韩靖琦为学校党委书记,李润田为校长。新的学校领导班子组建完成后,为了促进学校更快发展,提出了争取恢复"河南大学"校名、增设短缺专业、扩大招生规模、更多培养建设人才的思路,并得到了省委、省政府主要领导的支持。1984年2月21日,校党委正式向河南省委报送了"关于将河南师范大学改名为河南大学的请示";4月6日,省委常委会研究同意;4月18日,河南省教育厅将有关决定报国家教育部备案;5月15日,国家教育部通知河南省教育厅,对河南师范大学恢复河南大学校名准予备案。中共中央总书记胡耀邦亲笔题写了"河南大学"校名。1984年5月20日,校党委宣布,学校正式恢复"河南大学"名称,全校师生员工和国内外校友无不欢欣鼓舞。从此,河南大学的历史掀开了新的一页。

学校恢复河南大学校名时,河南省委对学校提出了"进一步加强对师生员工的思想政治工作,全面贯彻党的教育方针,发扬老校的革命传统和优良学风,把学校办成教学、科研中心,为向国家输送更多更好的社会主义建设人才,为开创国家高等教育事业的新局面作出更大的贡献"的要求。学校确立了"按照河南四化建设的需要,尽快改变学校性质,把河南大学办成更加适应四化建设需要、具有相当规模和较高水平的综合性大学"的奋斗目标,坚持"继续巩固和扩大现有文、理科优势,大力发展应用学科,努力办好社会急需的特殊学科,适当发展工科"的工作方针。到2000年,学校已拥有文学、史学、哲学、经济学、管理学、法学、教育学、理学、工学、医学共10大学科门类,本科专业达到59个,师范专业比重下降到20%以下,硕士学位点34个,成为博士学位授予单位,初步形成综合性大学的学科框架与专业体系,完成了由师范院校向综合性大学的转变。

1991年8月,王才安、靳德行分别接任校党委书记和校长。1995年6月,靳德行校长赴德国考察归国途中因病殉职。1996年5月,肖新生接任校党委书记,王文金接任校长。1997年8月,孙培新接任校党委书记。

1997年出版的《中国高等教育评估》发布了1995年教育部中国大学排行榜。这是迄今唯一一次教育部对大学进行排名。当时全国大范围合校还没有进行,河南大学在总排名中位列所有高校的第59名,在师范院校中,排在东北师大、华东师大、北京师大、华中师大之后,位列第5名,充分显示了学校的整体实力。

2000年7月,根据党中央、国务院关于高校管理体制改革精神和第三次全国教育工作会议精神,教育部下发了《关于同意河南大学、开封医学高等专科学校、开封师范高等专科学校合并组建新的河南大学的通知》。7月10日,中共河南省委、河南省人民政府在河南省人民会堂为新的河南大学举行了隆重的成立大会。省党政军领导到会祝贺,李克强省长发表了重要讲话。

2001年9月,关爱和接替王文金任校长兼校党委副书记;2003年,张秉义接替孙培新任校党委书记;2008年7月,关爱和接替张秉义任校党委书记并兼任校长。

新的河南大学组建完成后,学校研究确立了"发挥学科建设的导向作用,进一步完善以文理学科为基础、多学科协调发展的格局,加强新兴学科、交叉学科建设,使若干特色和优势学科达到全国一流水平"的发展目标,加快了综合性高水平大学建设的进程。2007年10月,河南大学顺利通过了教育部本科教学水平评估,其中19项指标有18项达到A级,被评为优秀等级。

2008年10月17日,河南省人民政府、教育部共建河南大学协议签字仪式在河南省人民会堂隆重举行,教育部部长周济,河南省委副书记、代省长郭庚茂分别代表教育部和河南省签署了共建协议并先后发表重要讲话。至此,河南大学开始实行以河南省为主管理、教育部政策支持的共建模式,为高水平综合性大学的建设搭建了更高的平台。

2009年2月,关爱和不再兼任校长,娄源功接任河南大学校长。

2011年5月,河南省人民政府印发了《百年名校河南大学振兴计划(2011—2020年)》,将河南大学的建设和发展纳入全省经济社会发展总体规划,将学校按照"211工程"建设目标、优质学科按照"985工程"创新平台的标准进行重点创建,优化发展。2011年9月28日,国务院颁布了《关于支持河南省加快建设中原经济区的指导意见》,明确指出,加快高水平大学和重点学科建设,支持河南大学创建国内一流大学,将符合条件的高校纳入"中西部高等教育振兴计划"。这是国家从中原经济区建设的角度对河南大学提出的发展目标和发展要求,符合国家区域经济布局发展的需要,符合中原父老乡亲对根植中原文化沃土的高等教育资源的期盼,也符合河南大学高水平大学建设的实际。

到2011年底,学校共有文、史、哲、经、管、法、理、工、医、农、教育、艺术等12大学科门类,87个本科专业,35个学院(部),34个重点实验室(工程中心),其中国家重点实验室1个(棉花生物重点实验室),省部共建教育部重点实验室2个(特种功能材料重点实验室、植物逆境生物学重点实验室),教育部工程研究中心1个(节能减阻添加剂工程研究中心)。学校建设了汉语言文学、英语、地理科学、教育学、经济学、生物科学、化学、体育教育、历史学、计算机科学与技术、应用心理学、信息与计算科学、民族传统体育、编辑出版学、绘画、音乐表演、音乐学、思想政治教育等一批优势名牌专业。其中汉语言文学、英语、地理科学、教育学、经济学、生物科学、化学、体育教育、历史学等9个专业被评为国家级特色专业建设点,在国内产生了一定的影响。教育部黄河文明与可持续发展研究中心、数字化模拟系统、中原发展研究院等先后落户河南大学,宋文化、黄河学、中原经济研究等方面成果显著,以国家重点实验室、教育部重点实验室、省级重点实验室和工程技术研究中心等为核心的重点实验室和工程中心平台体系已经形成,有力推动了河南大学在中原经济区建设中发挥更大的作用。

新世纪的前十年,是河南大学在建设高水平综合性大学的道路上大踏步前进、跨越式发展、取得丰硕成果的十年。学科建设突飞猛进,博士学位授权点从只有3个二级学科发展到12个一级学科,并有10个博士后科研流动站;硕士学位授权一级学科发展到42个,还有18种专业硕士学位授权学科。教师队伍建设成效显著,全校在职教职工4 235人,其中双聘院士12人,正高职称389人,副高职称1 096人。招生规模再创新高,2011年招收新生20 107人,其中博士生66人,硕士生1 958人,普招生9 812人,成教生8 271人。截至2011年底,各类在校生总计60 368人,其中博士生183人,硕士生5 569人,普招生37 307人,留学生92人,成教生17 217人。

建校百年来,河南大学严守"明德新民、止于至善"的校训,在一代代学人的精心铸造下,逐渐形成了"团结、勤奋、严谨、朴实"的优良校风和"前瞻开放、面向世界,坚持真理、追求进步,百折不挠、自强不息,兼容并包、海纳百川,不事浮华、严谨朴实"的河大精神,在推动社会发展、科技进步、经济建设和教育振兴的过程中实现着自身的价值。100年的河南大学史,就是一部艰苦奋斗的创业史,就是一部可歌可泣的河南现代教育史。

第六节 百年辉煌校庆盛典

一、校庆工作的筹备

2012年9月25日,是历经坎坷而百折不挠的河南大学的百岁生日。为了全面总结学校的建设成就和办学历史,进一步扩大学校的社会影响力,增强广大教职员工的凝聚力,增进海内外广大校友对学校的感情,推动学校建设高水平大学的进程,学校决定隆重举行百年校庆活动。经过认真研究,校党委在2010年9月25日制定并发布了《河南大学100周年校庆筹备工作方案》,拉开了河南大学建校100周年校庆活动的序幕。

方案首先确定了筹备工作的总体思路。明确了校庆的主题为"弘扬传统,展示成就,汇聚力量,再创辉煌"。筹备工作的指导思想是:深入贯彻落实科学发展观,适应省部共建后新的发展形势需要,通过校庆筹备工作和开展系列庆祝活动,进一步弘扬和传承建校100年来积淀的深厚文化底蕴,充分展示学校的历史成就和办学成果,提升学校的办学实力和社会影响力,团结全校师生员工和海内外校友,凝聚社会各方面力量,共同为建设高水平大学而努力。同时还提出了"隆重、务实、节俭、有序"的校庆活动原则。

筹备工作方案还明确了"河南大学100周年校庆筹备工作委员会"的组成。校党委书记关爱和、校长娄源功担任筹委会主任。筹委会下设9个工作机构,每个机构由一位校领导主管,设一位主任,明确若干个责任单位及具体职责。

2011年9月25日,在100周年校庆倒计时一周年之际,学校以"聚首河南大学,共襄百年盛典"为题,在《光明日报》刊发了《河南大学100周年校庆公告》,同时宣布了河南大学教育基金会的成立和河南大学校庆捐赠项目。公告发布的消息引起了海内外广大校友的高度关注,香港金利来集团、超越集团、郑州居易国际集团、河南兴亚集团等省内外著名企业、知名人士和河南大学部分校友,与学校达成捐赠意向金额达1.2亿元。百年校庆网站正式启动,校友信息、校史资料开始收集,校庆标识开始设计。2012年2月28日,最终确定由香港、澳门区旗、区徽最高设计奖获得者、著名艺术设计家、校友肖红教授与艺术学院李建设教授合作完成的作品作为学校百年校庆标识图案。

2012年8月16日,学校又正式发布《河南大学100周年校庆工作方案》。确定了校庆工作的总体要求,调整了"河南大学100周年校庆筹备工作委员会"组成人员。2012年9月17日,为进一步扎实做好有关工作,圆满完成校庆期间各项工作任务,校党委、校行政联合下发了《关于成立100周年校庆指挥部的通知》。宣布百年校庆工作正式转入具体组织实施阶段。

二、校庆活动的举行

嵩岳苍苍,河水泱泱。百年河大,世纪辉煌。

2012年9月25日,河南现代高等教育的开启者河南大学迎来了建校100周年的盛典。这一天,花团锦簇,流金叠翠,整个河大校园变成了欢乐的海洋。5 000多名河南大学的校友、国家和省的各级领导、全国各高校的贵宾与5万多名河大师生欢聚在彩旗飘扬的河南大学校园。

当天上午,河南大学建校100周年庆祝大会在河南大学大礼堂隆重举行。来自五湖四海的嘉宾、校友齐聚一堂,共同庆祝河南大学建校100周年。中共中央政治局常委、国务院总理温家宝为学校亲笔题词:"办好河南大学 振兴中原教育"。中共中央政治局常委、全国政协主席贾庆林,中共中央政治局常委李长春,中共中央政治局常委、国务院副总理李克强,中共中央政治局委员刘云山,中共中央政治局委员、国务委员刘延东,中央军委委员、国务委员兼国防部长梁光烈上将,以及路甬祥、韩启德、陈奎元、厉无畏、陈宗兴等党和国家领导人给学校发来题词和贺信,中国科学院、中国社科院、清华大学、南京大学、浙江大学、复旦大学、中国科技大学、国防科技大学等70多个国内友好单位和兄弟高校,也发来了贺信,向学校全体师生员工和海内外校友表示热烈祝贺。

全国人大常委会副委员长、民盟中央主席蒋树声,中共河南省委书记、省人大常委会主任卢展工,中共河南省委副书记、河南省人民政府省长郭庚茂,教育部副部长顾海良,全国政协教科文卫体委员会副主任、河南省政协原主席王全书,中共河南省委常委、省委秘书长刘春良,河南省人大常委会副主任、民盟河南省委主委储亚平,河南省人大常委会副主任蒋笃运,河南省人民政府副省长徐济超、张广智,河南省政协副主席孔玉芳,河南省政协副主席、民革河南省委主委李英杰,河南省政协副主席、民建河南省委主委龚立群,河南省政协副主席、省工商联主席梁静,全国政协常委、河南省政协副主席、农工党河南省委主委高体健,河南省政协副主席、九三学社河南省委主委张亚忠,以及国家和省直有关部门领导、河南省各省辖市领导、国内兄弟高校领导、参加世界大学校长论坛的国外友好学校代表,社会各界友好单位代表、企业家代表等出席河南大学建校100周年庆祝大会。

河南大学各地校友会负责人、海内外校友代表、师生代表和各级新闻媒体记者,也参加了庆祝大会。

上午10时整,庆祝大会在庄严的国歌声中开始。大会由校党委书记关爱和主持。中共河南省委常委、省委秘书长刘春良宣读温家宝、贾庆林、李长春、李克强的题词和贺信。河南省人民政府副省长徐济超宣读刘云山、刘延东、梁光烈的贺信和题词。

校长娄源功发表了热情洋溢的致辞,他代表学校向莅临大会的各位领导、各位来宾、各位校友,表示热烈的欢迎。在回顾河大百年来的风雨历程时,娄源功说,诞生在辛亥革命胜利的曙光里,成长在中华民族复兴进程中,河南大学历经百年沧桑,成就世纪辉煌,形成了自强不息的大学精神,见证了现代教育的伟大历程,培养了治国兴邦的栋梁之材,奠定了开放办学的优良传统,铸就了爱国奉献的历史丰碑。百年华诞,是河南大学发展的里程碑,更是迈向未来的新起点。我们要认真总结历史经验,深刻反思问题和不足,紧紧围绕创建国内一流大学的奋斗目标,不断取得事业发展的重大突破,实现百年名校全面振兴,把河南大学办成一所让党和政府满意、令中原人民自豪的一流大学!

兄弟高校代表武汉大学校长李晓红院士,国外友好学校代表世界大学校长联合会主席尼尔金博士、美国加利福尼亚州立大学校长金亚历山大博士、澳大利亚维多利亚大学董事会主席乔治帕帕斯先后致辞,衷心祝愿河南大学百年校庆圆满成功,祝愿河南大学繁荣昌盛,再铸辉煌!

河南大学澳大利亚校友会会长刘钢军、台湾校友代表管守严、人民日报驻联合国分社社长席来旺先后代表校友致辞,祝愿母校早日建成国内一流大学,加快国际化步伐,再创历史辉煌!

文学院教授、《百家讲坛》著名主讲人王立群,校学生会主席王振同学分别代表师生发言,共同祝愿百年校庆活动圆满成功,祝愿河南大学的明天更加辉煌美好!

教育部副部长顾海良代表教育部讲话,他说,在长达一个世纪的发展历程中,河南大学始终秉承"明德新民、止于至善"的校训精神,植根中原文化沃土,艰苦奋斗,开拓进取,积淀了深厚的文化底蕴,形成了团结、勤奋、严谨、朴实的优良传统,为国家经济社会发展培养了一大批德才兼备的优秀人才,取得了一系列科研成果。希望河南大学以100周年校庆为契机,坚持内涵发展,突出办学特色,不断提高教育教学质量和办学水平,努力把河南大学建设成为国家中部地区高素质人才培养、高水平科学研究、高质量社会服务和中华文化传承创新的重要基地,为实施科教兴国战略和人才强国战略做出新的更大贡献。

郭庚茂代表中共河南省委、省人民政府向全校师生员工和海内外校友表示热烈的祝贺!郭庚茂高度评价了河南大学的辉煌历程。他说,河南大学是国家为数不多的百年老校,开创了河南省现代高等教育的先河。100年来,河南大学不断追求进步、报效国家;奋勇走在时代前列,始终与祖国同呼吸、共命运;培育了数以十万计的优秀人才,产生了众多政坛精英和学术大家,已经成为国家有重要影响的综合性大学。希望河南大学加快建设国内一流大学步伐,早日实现百年名校振兴的宏伟目标。

蒋树声发表重要讲话。他热情洋溢地说,河南大学是一所老校,也是一所有着爱国革命传统和追求科学进步的名校。100年来,河南大学为推动社会进步不懈努力,为国家培养了一大批优秀人才,也为国家高等教育做出了重要贡献,有着重要的地位和作用。希望河南大学一定要以提升人才培养水平为核心,以增强科学研究能力为关键,以服务经济社会发展为导向,以实现文化传承创新为己任,坚持走内涵式发展道路,实现由"大"到"强"的历史跨越。

关爱和在主持庆祝大会时说,建校100周年庆祝大会是河南大学发展史上承前启后、继往开来的历史性会议。回顾河南大学百年历程,我们倍感自豪和骄傲;展望河南大学美好明天,我们充满信心和力量。温家宝总理等党和国家领导人的题词、贺信,以及蒋树声副委员长、顾海良副部长、郭庚茂省长的讲话,情真意切,语重心长,对河南大学的发展寄予了殷切期望,提出了明确要求。把河南大学建设成国内一流大学,不仅是党中央、国务院的要求,也是河南省委省政府和全省人民的嘱托,更是河南大学广大师生和校友的心愿。我们一定以百年校庆为契机,继承优良传统,坚持科学发展,加快高水平大学建设步伐,努力办好河南大学,振兴中原教育,为实现中原崛起和民族复兴做出新的更大贡献。伟大的祖国繁荣昌盛,崛起的中原前程似锦,河南大学的明天也必将更加灿烂辉煌!

11时30分,全体校友和师生起立,唱起了河南大学校歌:"嵩岳苍苍,河水泱泱,中原文化悠且长。济济多士,风雨一堂,继往开来扬辉光……"通过河南卫视、人民网等媒体面向全球直播的河南大学建校100周年庆祝大会在雄壮、激昂的歌声中落下了帷幕。

根据校庆指挥部的部署,在全力办好"河南大学建校100周年庆祝大会"的同时,利用广大校友回校、全国各高校贵宾和各级领导来校参加校庆活动的时机,学校从9月9日开始,组织开展了丰富多彩的系列活动。

9月16日晚,由中央电视台历时5个月拍摄制作的学校校史纪录片《烽火育才记》在CCTV-10《探索发现》栏目播出。学校师生通过电视、互联网及校园大屏幕纷纷收看。河南电视台《对话中原》栏目为学校录制了专题节目"百年河大,世纪辉煌"。9月17日,该专题在河南电视台演播厅录制完毕,学校党委书记关爱和、校长娄源功与百家讲坛主讲人王立群、长江学者万师强、知名作家孟宪明等做客河南电视台,畅谈河南大学的百年发展故事。9月19日,校党委书记关爱和应邀做客河南电台新闻广播《直播河南》每周三特别节目《657会客厅》,就河南大学百年发展历程、百年校庆筹备情况,以及学校的办学规模、学科建设、教师队伍、发展蓝图等方面的情况,向广大听众进行了详细的解读。

9月9日,"河南大学郑州校友会向母校百年华诞捐赠暨《百年杰出校友造像图卷》开展仪式"在艺术学院举行。9月11日,校长娄源功一行专程赴京看望了刚刚出访归来的校友、国务委员兼国防部长梁光烈上将,转达了母校师生的问候并邀请他9月25日回母校共襄盛典。9月16日,河南大学信阳校友会成立大会暨第一次会员代表大会在信阳市阳光宾馆举行,副校长邢勇在校友工作办公室工作人员陪同下出席了大会。信阳市人大常委会党组书记姚铁璜、信阳师院党委书记孙宏典、信阳师院院长卢克平等100多名校友代表参加了大会。9月17日,河北省政协主席、开封市原市长、校友付志方为庆祝母校百年华诞,委托河北人民出版社专程给学校送来了价值5.5万元的图书。9月22日,中共河南省委原常委、省人大常委会原副主任侯志英,中共河南省委原常委、省政府原常务副省长胡悌云,省人大常委会原副主任马宪章等省直机关与郑州市部分老校友满怀喜悦的心情返回母校,并通过捐赠书画作品的形式向母校百岁生日献礼。9月22日,学校在金明校区隆重举行建校100周年捐赠仪式。企业家代表、社会爱心人士与海内外校友纷纷慷慨解囊,签约捐赠、合作、共建项目以及达成合作意向项目共80多项,涉及总金额逾1.5亿元人民币。

9月12日,为庆祝建校100周年,河南大学"魅力河大"教职工书画摄影作品展开幕式在艺术学院举行。9月18日,由河南大学出版社主办的"河大出版杯"诵读校史知识问答活动暨百年校史图书捐赠仪式在明伦校区举行。9月21日,学校"校训走廊"石刻园正式开园,共展出100件石刻作品,作品取自校友孟云飞发起的"百名书法家百幅作品贺河南大学百年华诞"活动中的书法作品,并得到著名书法家刘艺、张改琴、张铜彦、刘普选等的积极响应。9月24日,《河南大学建校一百周年》个性化邮票暨藏书票首发式在学校明伦校区大礼堂广场举行。省邮资票品管理局局长闫贵臻、学校百年校庆个性化邮票设计者刘钊、校党委常务副书记梁晓夏等出席。9月24日,知名校友邓拓的纪念碑揭幕仪式在明伦校区博雅楼北门举行。邓拓先生的家属受邀参加了揭幕仪式。校长娄源功、校党委副书记王凌等出席仪式。

9月21日晚,由上海交响乐团常任指挥、学校客座教授张洁敏执棒,学校交响乐团参演的百年校庆交响音乐会在河南省艺术中心音乐厅隆重举行。9月23日晚,由艺术学院承办的学校百年校庆声乐专场音乐会在艺术学院音乐厅隆重举行,众多师生一起观看了演出。9月25日晚,全体河大人的目光聚焦在金明校区明德广场,节目全部由河大师生自编、自导、自演的"猗欤吾校永无疆——河南大学建校100周年庆典晚会"在此隆重举行。出席百年校庆庆典的领导、嘉宾,广大校友,学校离退休领导与现任领导班子全体成员和万余名师生聚集一堂,共襄盛会,同贺河南大学百年华诞。整台晚会分为"明德篇""新民篇""至善篇"三个篇章,取自河南大学校训"明德新民、止于至善"。晚会将交响音画、歌、舞、情景表演、朗诵等艺术形式融为一体,再现了河南大学一百年风雨历程中的重大事件、曲折发展、历史变迁。娄玉舟、钟倩、林泉、陈静、栗江豪、吕新艳等6名不同年级的河大校友、学生担纲晚会主持。晚会结束时,全体校领导登台,全场起立,齐唱《河南大学校歌》,歌声雷动,晚会气氛达到高潮。

校庆期间还开展了形式多样的学术活动。9月11日,由河南大学出版社、《河南大学报》编辑部、《河南大学学报》编辑部、《史学月刊》编辑部共同主办的河南新闻出版界校友"喜迎河大百年校庆共谋出版产业发展"研讨会,在河南大学文化出版产业郑州基地隆重召开。来自全省新闻出版战线的校友齐聚一堂,共同探讨出版行业的前景和河南大学出版社的发展思路问题。学校副校长宋纯鹏出席了研讨会。9月15日,由中国企业管理研究会、蒋一苇企业改革与发展学术基金和学校主办,工商管理学院承办的"管理学百年与中国管理学创新"学术研讨会暨中国企业管理研究会2012年年会在学校金明校区举行。全国人大常委、中国社会科学院经济学部主任、中国企业管理研究会会长陈佳贵,学校校长娄源功及300多位专家学者出席会议。9月18日晚,由土木建筑学院主办、作为学校百年校庆系列学术活动之一的何镜堂院士学术报告会在金明校区举行。9月23日,由土木建筑学院承办的百年校庆系列学术报告——孙钧院士报告会在金明校区举行。9月24日,由世界大学校长联合会(IAUP)与亚太大学联合会(AUAP)联合主办、河南大学承办的"IAUP暨AUAP高等教育国际化论坛"在开封开元名都大酒店隆重举行。来自国内外17个国家和地区的40余所知名大学的校长、专家学者等70余人汇聚一堂,围绕"协同创新、共享未来"这一主题对高等教育的国际化发展展开讨论。河南省人民政府副省长徐济超、IAUP主席Neal King、AUAP主席Prasart Suebka、学校校长娄源功、国家外专局教科文卫专家司司长夏兵、国家外专局科教文卫司副司长雷风云、学校副校长宋纯鹏等在主席台就座。开幕式由宋纯鹏主持。9月26日上午,由特种功能材料重点实验室承办的百年校庆院士系列学术报告——邹广田院士报告会在金明校区举行。

100周年校庆庆典及校庆系列活动的成功举行,扩大了学校在全国乃至全世界的影响,更坚定了全校师生建设一流高校的决心和信心,标志着河南大学迈上了新百年的征程。

第一章　名校振兴

2012年,沐浴着中国共产党第十八次全国代表大会的春风,中国社会主义建设进入新的阶段,河南大学也踏上了新百年的奋斗征程。十年来,在党中央的关怀,河南省委、省政府领导及全省人民的支持下,河南大学党委深入贯彻执行党的十八大、十九大会议精神,举行了第十、第十一次党代会,制定了服务国家现代化建设、瞄准世界一流、坚持"中国特色、世界一流、中原风格"的百年名校振兴战略,带领全校师生员工,继承百折不挠、自强不息的优良传统,发扬无私奉献、艰苦创业的新时期河大精神,团结一心,负重前行,使河南大学于2017年顺利进入国家"双一流"建设高校行列。制定并实施了《河南大学综合改革方案》《世界一流学科高校建设方案》,在人才培养、科学研究、社会服务、文化传承、国际交流与合作等各方面实现了跨越式的发展,取得了令人瞩目的成绩;修订了《河南大学章程》,制定了《"十四五"事业发展规划和二〇三五年远景目标纲要》,为河南大学的未来擘画了宏伟的发展蓝图;河南省高等教育"双航母"战略的实施,更为河南大学的未来发展奠定了坚实的基础。

第一节　国内一流高校的建设

一、国家和省对学校的支持

1942年国立河南大学命名,使河南大学进入教育的国家队行列。但这项桂冠只保留了十年。1952年院系调整后,河南大学由一所拥有文、理、农、法、工、医6个学院的国立综合性大学逐渐沦落为只剩中文、历史、地理、外语4个系的省属师范院校。其后几度分合,终于在1984年恢复了"河南大学"校名。但学校的省立层次、师范性质、文科特色、非省会的地理位置使得其综合实力已远远落后于国内的先进高校。自强不息的河南大学人并没有丧失信心,自甘沉沦。一代又一代的河南大学人顽强奋进,开始了振兴百年名校、重返教育国家队的征程。

长期以来,河南大学的发展始终得到省委、省政府的大力支持和全省人民的厚爱。历届省党政领导都多次到校视察指导工作,对学校的学科发展、人才培养、基本建设以及党的建设等工作给予了许多具体的指示,一直把河南大学作为全省重点建设的高校之一。1993年5月,经省政府同意,省教育厅确定河南大学为河南省高校综合改革试点,下发了《关于河南大学综合改革试点的十一条政策》,将部分办学自主权下放给学校,推动了学校的各项改革。2001年4月,省政府下发了《关于同意河南大学按照"211工程"建设项目要求进行建设的通知》,开始比照"211工程"学校,在政策、资金、新校区建设等方面给予河南大学重点扶持。

2011年10月26日举行的河南省第九次党代会重申了把河南大学建设成为全国一流大学的战略决策。在《河南省国民经济和社会发展第十一个五年规划》中,又进一步明确了"把河南大学建成全国一流高校"的建设目标。

2008年10月17日,河南省人民政府、教育部在河南省人民会堂举行了共建河南大学签字仪式。从此河南大学成为省部共建大学。

2011年5月,省政府正式颁布实施《百年名校河南大学振兴计划(2011—2020年)》。计划中阐述了振兴河南大学的重要意义,确定了振兴河南大学的发展目标:在人才培养方面,进一步扩大办学规模,优化人才培养结构,提高人才培养质量,稳定本科生规模,进一步扩大研究生、留学生规模;在学科建设方面,坚持以重点学科建设为核心,努力实现学科的高层次突破和跨越式发展;在科学研究方面,进一步优化资源配置,使一级博士学位、硕士学位授权点和专业性博士学位、硕士学位授权点继续增长,布局更加合理;在教师队伍建设方面,坚持培养和引进相结合,打造高水平教师队伍,着力培养和引进院士、兼职院士、海外高层次人才、国家杰出青年基金获得者等;在国际化教育方面,大力推进中外合作办学,努力提高办学的国际化水平,建成河南大学国际学院(郑州校区)。

2012年,省政府将河南大学纳入"中西部高校基础能力建设工程",同时比照"中西部高校综合实力提升工程"建设标准,投入4.5亿元支持河南大学发展。《国务院关于支持河南省加快建设中原经济区的指导意见》、河南省第十次党代会和河南省"十三五"规划都明确提出,支持河南大学创建一流大学。

二、国内一流高校建设的举措

为切实保障创建国内一流大学战略的实施,学校举行了中国共产党河南大学第十次代表大会,描画了学校发展的宏伟蓝图;先后进行了《河南大学章程》的修订、"十三五"事业发展规划和《河南大学综合改革方案》的编制等,为学校的发展确定了行动纲领。

中国共产党河南大学第十次代表大会于2014年12月27日举行。在开幕式上,校党委书记关爱和做了《深化综合改革,提高教育质量,为建设高水平大学而努力奋斗》的报告。报告总结了第九次党代会以来学校事业发展取得的巨大成绩。战略谋划推动重大突破,人才培养质量稳步提高,科研创新能力不断增强,学科建设内涵持续深化,教师队伍建设明显加强,社会服务水平不断提高,对外交流合作日益扩大,内部治理体系不断完善,办学条件明显改善,党的建设全面加强。五年办学实践中积累的宝贵经验是,必须解放思想创新发展,必须保持定力特色发展,必须以人为本聚力发展,必须实事求是务实发展,必须加强党建保障发展。报告确立了河南大学"国家一流、区域引领、中原风格"的高水平大学发展道路。指出建设高水平大学,要坚持道路自信、理论自信、制度自信,必须瞄准国家一流,必须坚持区域引领,必须突出中原风格。同时,报告还提出了学校建设高水平大学的九大任务:一是建立现代大学制度,完善大学治理体系;二是深化教育教学改革,创新人才培养模式;三是深化学科建设机制改革,优化学科结构;四是深化人事分配制度改革,激发干事创业活力;五是深化科研管理体制改革,探索协同创新模式;六是加快国际交流合作步伐,提升开放办学水平;七是改善办学条件,提高支撑保障水平;八是深化管理体制改革,提高管理服务效能;九是全面提高党的建设科学化水平,为改革发展提供坚强保障。大会号召全校师生员工,以中国特色社会主义理论体系为指导,认真学习党的十八大会议精神,胸怀全局,凝心聚力,脚踏实地,扎扎实实地把学校党代会描绘的宏伟蓝图化为美好的现实,奋力开创河南大学事业发展的新局面。

科学的规划具有深邃的前瞻性、科学的指导性、明确的操作性、鲜明的指示性,是实现事业发展的重要前提和基础,是实施战略管理的重要手段。"十三五"时期是河南大学发展历史上非常重要的五年。河南大学"十三五"规划的编制于2015年启动。为了保证编制工作的顺利进行,学校成立了由党委书记、校长任组长,全体校领导参加的规划编制工作领导小组,研究制定了《河南大学"十三五"规划编制工作方案》,明确了规划编制工作的指导思想、组织领导、主要任务、进度安排和保障措施等,提出了"立足当前与谋划长远相结合、战略目标与定量指标相结合、重点突破与全面发展相结合、学校主导与师生参与相结合"的工作要求。编制工作经历了学习调研、动员部署、论证起草、征求意见、审议等阶段。党委常委会多次听取规划编制工作汇报,并最终审定了规划(草案)文本。

"十三五"规划文本在结构上分为四个部分。第一部分简要回顾总结了"十二五"时期主要建设成效,深入剖析了存在的问题与不足,分析了"十三五"面临的机遇与挑战;第二部分明确了"十三五"时期学校改革发展的指导思想、学校中长期奋斗目标、"十三五"发展目标以及与之相匹配的发展战略;第三部分"十三五"期间改革发展的重点任务,是规划文本的主体部分。重点任务从教师队伍建设、学科建设、教育教学、科研创新、国际交流与合作、治理与支撑服务体系、文化建设等七个方面展开,同时按照有关要求,将加强和改进党的建设作为规划内容纳入重点任务。第四部分是组织实施,从加强组织领导、加强统筹兼顾、加强检查评估和加强宣传动员等方面强化规划的实施保障,确保目标任务顺利完成。

规划的制定充分考虑了国家高等教育的发展趋势和河南大学的办学现状,充分考虑了目标设定和路径选择的科学匹配,充分考虑了与综合改革方案、"双一流"建设的有机结合。在内容上努力体现全面部署与重点突破相结合的原则,形成"人才"为重点、"学科"为牵引、"教学"为基础、"科研"为引领、"开放"为突破、"管理"为支撑、"文化"为纽带、"党建"为保障的规划任务体系,其中将教师队伍建设作为撬动"十三五"改革发展的核心因素摆在突出的位置,将学科建设作为汇聚一流人才、培养一流学生、产出一流成果、提供一流服务的综合性平台提到了新的高度。对重点任务的阐释立足于"定思路、定方向、定目标(指标)",以更好体现"规划"和"纲要"的特点。

2016年底,学校邀请教育部专家根据《教育部直属高校"十三五"规划评价指标体系》对学校规划文本进行评审并提出修改意见,在此基础上向全校师生广泛征求意见,对文本进行进一步修改完善。2017年8月1日,《河南大学"十三五"事业发展规划》印发全校。

中共十八大以来,中国的改革进入攻坚期和深水区,全面推进和深化综合改革成为时代主旋律。十八大和十八届三中全会对全面深化改革做出重大部署,提出"深化教育领域综合改革"的总体要求,明确教育改革的攻坚方向和重点举措,对进一步推进教育事业的科学发展、努力办好人民满意的教育,具有极为重要的指导意义。教育部2014年开展了"两校一市"教育综合改革试点。河南省启动了"一市四县两校"教育综合改革试点,"一市"即济源市,"四县"即新安、新县、新郑、兰考,"两校"即郑州大学、河南大学。河南大学被确定为河南省综合改革试点单位后,校党委、校行政高度重视,认真学习贯彻国家和教育部有关文件精神,于2015年4月9日下发《关于成立综合改革领导小组的通知》,启动综合改革方案编制工作。经研究设立28项河南大学综合改革调研课题,找准制约学校高水平发展的深层次关键问题,提出具有前瞻性、针对性、创新性和可行性的政策建议,为编制学校高水平的综合改革方案提供高质量的前期调研成果。

《河南大学综合改革方案》分三章二十二条。"总体思路"由改革背景、指导思想、改革目标三部分组成。分析了学校综合改革面临的形势、需要重点解决的问题,提出了学校综合改革的指导思想和必须遵循的原则,指出了综合改革的主要目标和创新发展、改革发展、协调发展、开放发展、可持续发展的发展理念。明确以建立具有河南大学特色的现代大学制度,推进学校治理结构与治理能力现代化为总体目标。坚持以人才培养、立德树人为根本使命,加快内涵建设与特色发展,全面深化综合改革,全面提升育人质量,全面落实目标责任,全面发力重点突破,打造"育人高地、集聚高地、创新高地、服务高地",努力成为河南高等教育深化改革的先导者、示范者、引领者。到2020年左右,人才培养、科学研究、社会服务、文化传承与创新整体水平全面提升,学校进入中西部高等学校综合实力提升工程建设行列,主要办学指标和整体实力初步达到国家一流大学水平,学校综合实力排名进入全国前60名。在全国高等教育体系中的地位得到较大幅度提升;到本世纪中叶,主要办学指标和整体实力达到国家一流大学水平。

改革的主要任务与改革举措主要由实施"学科建设三大战略"、打造"区域引领四大高地"、推进"大学治理三大工程"三部分组成。概括起来就是"12343"综合改革体系。"1"是坚持高水平大学建设这条主线不动摇。"2"是在加快高水平大学建设的目标和基本办学思路下,继续实现学校核心竞争力的重大突破,实现服务河南社会发展、服务区域经济社会发展能力的突破。"3"是集中优势资源,加大支持力度,实施优势学科冲顶、特色学科振兴、新兴学科跨越三大学科发展战略。"4"是打造创新人才培养高地、科学研究创新高地、国际合作高地、文化建设高地四大高地。"3"是深化综合改革,建设高水平大学,推进现代化管理、高层次人才队伍建设、基础条件提升"大学治理三大工程"建设。提出的八大举措,一是深化治理结构改革,完善现代大学制度;二是深化人事制度改革,打造高水平教师队伍;三是深化教育教学改革,全面提高人才培养质量;四是深化学科建设机制改革,全面提高学科建设水平;五是深化科研管理体制改革,不断提升自主创新能力;六是改革资源配置方式,提高资源利用效益;七是提升国际化办学水平,实施五大战略,完善三种联动机制,继续坚持"开放带动战略",创新国际教育管理模式,整合国际教育资源;八是加强党的建设,确保改革发展正确方向。

2016年4月,根据省教育厅相关部门修改意见,对《河南大学综合改革方案》进行了修改,并正式上报省教育厅。

三、国内一流高校建设的成果

河南大学第十次党代会确定的"国家一流、区域引领、中原风格"发展道路,极大地激发了广大教职员工的积极性。在省委、省政府的正确领导和有关部门的大力支持下,学校领导班子高度重视自身建设,坚持带好头、尽好责、领对路,不断提高办学能力,领导班子整体效能充分发挥,为学校改革发展提供有力保障。学校把发展作为第一要务,坚持质量导向,突出内涵建设,深化改革创新,破解发展难题,国内一流高校建设不断取得新的成就,学校综合实力和核心竞争力不断提升。

人才培养质量稳步提高。获批"现代网络技术"省级实验教学示范中心和医学省级虚拟仿真实验教学中心。获批国家级、省级教学工程16项,省级教学成果奖15项。获批国家级在线开放课程1门、省级在线开放课程5门。遴选121门课程进行学业成绩过程性评价试点。建筑学专业顺利通过国家专业认证。全面实施人才培养模式"明德计划"和"卓越系列计划"。实施研究生教育改革项目。开展两个批次共53个专业的评估工作。深入推进与"两院"、国科大合作培养研究生;与美国、日本等国家的高校联合培养研究生,推进研究生教育国际化。

科学研究实力持续提升。获批国家社科基金项目38项、国家自然科学基金项目102项。棉花生物学国家重点实验室通过科技部评估,植物逆境生物学重点实验室通过教育部评估。获批抗体药物开发技术国家地方联合工程实验室。自然科学方面发表SCI论文510余篇,EI收录80余篇;出版科技著作40部;获得教育部高等学校科学研究优秀成果奖(科学技术)二等奖1项,河南省科技进步奖8项。社会科学方面在CCSCI源期刊上发表论文450余篇,出版著作200余部,获省部级以上社科成果奖45项。申报专利112项,授权专利78项,其中发明专利67项。入选中原学者1人、省科技创新杰出人才1人、省高校科技创新团队4个、省高校社科创新团队2个,省高校科技创新人才自然科学类7人、人文社科类4人。与北京大学等签署合作共建协议,推动"黄河文明传承与现代文明建设"研究。中原发展研究院入选中国智库索引(CTTI)。《史学月刊》荣获"2015中国国际影响力优秀学术期刊"和全国"百强期刊",获得全国哲学社会科学规划办公室资助。

学科建设稳步推进。认真落实河南省优势特色学科建设工程一期建设学科各项建设任务,积极组织开展省教育厅第八批省级重点学科总结验收工作。在开展博士学位授权点自我评估的基础上,对30个硕士学位授权一级学科和未获硕士学位一级授权的6个硕士二级学科开展评估,为迎接国家抽评、促进质量提升奠定基础。参加国务院教育督导委员会办公室在法律、教育、工商管理、公共管理、会计、艺术(音乐)6个专业学位类别水平评估。组织42个一级学科全部参评教育部学位中心进行的第四轮一级学科整体水平评估。主动适应国家医疗卫生体制改革的新需要,积极推进学校医学教育管理体制改革,与省人民医院合作成立新的河南大学医学院,使医学学科成为学校发展的战略重点、新的增长点和重要支撑点。

教师队伍建设不断加强。制定实施《河南大学杰出人才特区支持计划》,引进国家杰出青年科学基金获得者1人、中科院"百人计划"人选1人、省特聘教授1人。入选国家"千人计划"青年项目1人。获批享受国务院政府特殊津贴人员3人、省优秀专家5人、省学术技术带头人4人,享受省政府特殊津贴人员2人。受聘上岗省特聘(讲座)教授4人、黄河学者9人、校特聘教授26人。入选省高校青年骨干教师资助计划18人、省教育厅学术技术带头人11人。聘任讲座教授和课程教授20人,客座教授和兼职教授16人,教育部等六部委实施的"双千计划"人员3人,新增博士120余人。

对外交流合作继续拓展。获批"作物逆境生物学创新引智基地"。迈阿密学院揭牌成立,招收第一届学生。引进维多利亚大学学位有关工作进展顺利。与俄罗斯莫斯科大学等10所境外高校签署合作协议。获批国家外专局高端专家项目10项、国家"教科文卫重点引智项目"2项、科技部"亚非青年科学家项目"2项、省外国专家局"国际人才合作项目"5项。选派240名教师赴国(境)外进行科研合作、学术交流等。开展学生交流项目,选派研究生、本科生赴国(境)外进行为期一学期以上的研修学习。聘请长期外籍教师77名,短期外国专家164人次。获批河南省国际联合实验室3个。与商丘、济源等地市签署全面战略合作协议,与有关地市合作进展顺利。

综合保障能力进一步增强。按照"量入为出,收支平衡"总体原则,科学编制预算。支出结构不断优化,财力持续向民生保障工程和高水平大学建设项目倾斜。大力推进龙子湖校区建设和数字化校园建设。开展家属区环境综合治理,师生工作、学习、生活条件进一步改善。

第二节 "双一流"高校的创建

一、国家"双一流"建设的重大决策

国家高等教育经历了几个发展阶段。最早的是"重点大学"建设阶段,把国家有限的教育资源重点投入到基础较好、教学科研实力较强的高校,促进这些学校的

快速发展。到1978年共有88所学校成为全国重点大学。其后是分别启动于1995年和1998年的"211工程""985工程"建设时期,第三个阶段就是2015年开始的"双一流"建设时期。

高等教育的发展是一个国家经济社会发展的前提。20世纪90年代初,为了加快国家高等教育改革的步伐,迅速提高高等教育的质量,国家先后实施了"211工程"和"985工程"。早在1993年2月,中共中央、国务院印发《中国教育改革和发展纲要》,就提出要在21世纪初"集中中央和地方等各方面的力量办好100所左右重点大学和一批重点学科、专业,使其在教育质量、科学研究和管理方面,达到世界较高水平"。这就是1995年"211工程"的建设目标。1998年5月4日,江泽民同志在北京大学百年校庆时发表重要讲话,提出"为了实现现代化,国家要有若干所具有世界先进水平的一流大学"。建设世界一流大学成为党中央提出的重大战略构想,清华大学、北京大学、中国科技大学、南京大学、复旦大学等全国34所高校成为国家重点支持创建的高水平大学,简称"985工程"。

1999年1月,国务院批转教育部《面向21世纪教育振兴行动计划》,提出经过10—20年的建设,争取若干所大学和一批重点学科进入世界一流水平。

2010年,中共中央、国务院发布《中长期教育改革发展规划纲要(2010—2020)》,再次提出加快建设一流大学和一流学科。以重点学科建设为基础,继续实施"985工程"和优势学科创新平台建设,继续实施"211工程"和启动特色重点学科项目;若干所大学达到或接近世界一流大学水平,高等教育国际竞争力显著增强;加快创建世界一流大学和高水平大学的步伐,培养一批拔尖创新人才,形成一批世界一流学科,产生一批国际领先的原创性成果,为提升国家综合国力贡献力量。

"211""985"工程实施近20年,进入两项工程建设的高校,在国家人力、财力的支持下,在学科建设、人才培养和引进、科学研究等方面取得了很大的成绩。但"211""985"工程身份固化、竞争缺失、区域设置不协调等发展中的诸多矛盾和问题逐渐显现,制约了高等教育的进一步发展。为继续深化国家的高等教育改革,党中央审时度势,适时提出实施"双一流"建设,使不断改革并且促使建设世界一流大学和一流学科的目标更加明确,改革的重心和任务更加清晰,高等教育领域的发展路径更加科学合理。

2015年10月,国务院印发《统筹推进世界一流大学和一流学科建设总体方案》,提出坚持以中国特色、世界一流为核心,以立德树人为根本,以支撑创新驱动发展战略、服务经济社会发展方向为导向,加快建成一批世界一流大学和一流学科,提升国家高等教育综合实力和国际竞争力,为实现"两个一百年"奋斗目标和中华民族的伟大复兴提供有力支撑。建设世界一流大学和一流学科的宏伟目标更加明晰。

为贯彻落实《统筹推进世界一流大学和一流学科建设总体方案》和中共中央、国务院关于建设世界一流大学和一流学科的重大战略部署,2017年1月24日,教育部、财政部、国家发展和改革委员会等三部委联合下发了《统筹推进世界一流大学和一流学科建设实施办法(暂行)》,正式启动"双一流"建设工作,开始了高等教育领域又一次重大改革。

二、挺进"双一流"建设高校行列

1984年学校恢复河南大学校名,为学校的发展带来了新的机遇。学校领导多次与省委省政府沟通,希望省里能够把河南大学作为重点大学向教育部推荐,但愿望没有实现。"211工程"启动以后,学校领导又希望省里把河南大学列入其中。但省委省政府考虑到国家遴选"211"学校的原则是一部一校、一省一校,省里重点推出的是区位优势明显的郑州大学,河南大学不在河南省推荐之列。郑州大学于1996年入列"211工程"后,河南大学没有放弃进入国家"211工程"重点建设行列的追求,一方面继续论证进入"211工程"建设行列的可行性,并于1999年5月初步完成了《河南大学211工程重点建设项目可行性论证报告》,另一方面向省委省政府及教育部继续表达这种诉求。2001年3月,学校提交了《河南大学211工程重点建设项目可行性论证报告》,提出了建设文学等7个学科和润滑与功能材料实验室、分子与细胞生物技术实验室、光子学与光电子技术实验室等3个实验室的建设方案。2001年4月18日,河南省人民政府给省计委、财政厅、教育厅下发《关于同意河南大学按照国家"211工程"建设项目要求进行建设的通知》,决定在"十五"期间按照国家"211工程"建设项目有关要求对河南大学进行规划建设。

2002年11月12日,河南省人民政府向当时的国家计委发函,申请将河南大学列为"211工程"建设学校。国家计委社会发展司在2003年2月,针对河南大学进入"211工程"建设学校的事情,作了研究。2004年河南省人民政府再次向国家计委、教育部、财政部致函,提出将河南大学列为"211工程"建设学校,仍然没有结果。2009年10月,袁贵仁接替周济担任教育部部长之后,很快宣布"985""211"工程不再增加新的学校。

2008年,经过艰苦努力,河南省与教育部达成协议,共建河南大学。省部共建之后,河南大学的声誉得到大幅度提升,综合排名迅速提高。此前作为地方大学,与教育部的联系只能通过省部会商一种渠道。成为省部共建高校之后,河南大学可以直接和教育部的直属司联系,并通过他们向教育部其他司局汇报工作,获得相关司局的支持。省部共建后,河南大学与教育部的关系也得到加强。河南大学每年可以参加教育部直属高校咨询会、省部共建高校工作年会,可以及时得到中央和教育部的重大改革信息,为学校发展提供了更高的平台。成为省部共建高校后,河南大学也加强了与国内其他省部共建高校的交往和联系,与这些学校能够相互学习,分享理念,交流体会,相互促进。

2012年中共中央、国务院为了解决高等教育尤其是优质高等教育资源布局不尽合理的现象,决定实施"中西部高等教育振兴计划"。2012年9月7日,教育部、财政部召开通气会,启动"中西部高校综合实力提升工程"(简称"提升工程"),旨在在没有教育部直属高校的省份,重点支持一所本区域内区位优势明显的地方高水平大学,这就是之后"部省合建高校",按照教育部直属高校管理。遗憾的是"提升工程"仍然沿袭了"一省一校"的原则,刚刚完成百年校庆的河南大学做了许多艰苦努力,仍然没有能够入选"提升工程",又一次失去了作为高水平大学发展的机遇。为了弥补政策的缺憾,省委省政府决定按照"提升工程"同等经费支持河南大学发展。

建设世界一流大学和一流学科,是中共中央、国务院作出的重大战略决策,也是中国高等教育领域继"211工程""985工程"之后的又一国家战略。河南大学长期为进入高等教育国家队所作的努力,既推动了学校教学、科研、育人、管理能力的大幅提升,也为进入国家"双一流"建设高校打下了坚实的基础。

2011年9月,《国务院关于支持河南省加快建设中原经济区的指导意见》下发,文件明确提出"加快高水平大学和重点学科建设",支持"河南大学创建国内一流大学",将学校的发展和建设提到了前所未有的高度。

2015年10月,中共中央、国务院又提出《统筹推进世界一流大学和一流学科建设总体方案》,学校党委意识到这是河南大学再次冲击高等教育国家队的绝佳机会,一方面继续关注国家有关"双一流"战略的部署,一方面开始组织人力对国家的"双一流"战略进行研究,制定学校"双一流"建设的举措。

2017年1月24日,教育部、财政部、国家发展和改革委员会三部委联合下发《统筹推进世界一流大学和一流学科建设实施办法(暂行)》,正式启动"双一流"建设工作。1月25日,河南大学落实"双一流"建设举措即上报省教育厅。

2017年2月16日,河南大学"双一流"建设动员会召开。党委书记关爱和、校长娄源功分别作重要讲话。学校成立河南大学"双一流"建设领导小组,并设立几个下辖相关机构。副校长宋纯鹏要求,要深刻领会国家实施"双一流"建设对优化学科布局结构、健全学校学科生态体系、带动学校整体发展所具有的引领作用,以创建工作为契机,分析研究制约学科发展的"瓶颈"问题,加快制定有利于促进学科发展、提高建设水平的制度举措,建立健全学科建设与管理的制度保障机制,为建设高水平大学奠定坚实的学科基础。

2017年4月15日上午,教育部陈宝生部长和李晓红副部长在省长陈润儿的陪同下,视察河南大学,就学校的发展和学科建设进行了指导。

国家设立的世界一流大学和一流学科建设专家委员会,根据国家战略、水平标准、特殊需求等原则,按照高校人才培养、学科水平、办学质量、主要贡献、国际影响力等情况,以学科为基础,确定遴选认定标准,再经过讨论、记名投票,遴选产生"双一流"建设高校建议名单。

2017年6月1日,教育部传真通知学校,河南大学被列入一流学科建设高校,专家委员会遴选出比较优势和特色明显的生物学学科为一流学科,要求学校确定拟建设口径进行建设方案论证。

2017年6月6日,学校接到教育部办公厅《关于编制世界一流大学和一流学科建设方案的通知》以及《编制方案的有关建议》。学校迅疾成立编制方案起草小组。6月16日,《河南大学一流学科建设高校建设方案》初稿完成。内容分为"建设目标""生物学一流学科建设""学校整体建设"三大部分。7月1日,《建设方案》提交给在北京召开的战略科学家论证会进行论证。7月10日,省政府致函教育部、财政部、国家发展和改革委员会,同意《河南大学一流学科建设高校建设方案》,并表示将统筹财力,优化配置,重点倾斜,加大投入,确保专项建设经费,建立河南大学世界一流学科建设工作协调机制和多部门联动机制,及时解决建设过程中的困难和问题。

2017年8月4日,教育部办公厅下发各高校《关于修改完善双一流拟建设高校建设方案的通知》,对河南大学的建设方案给予很好评价,同时也提出了四条修改意见。8月5日,校长娄源功召集有关人员,认真讨论教育部反馈意见。8月9日,完成建设方案的修改并上报教育部。

2017年9月21日,是百年学府河南大学历史上永远值得铭记的日子。这一天,教育部正式公布42所世界一流大学和95所世界一流学科建设高校名单,河南大学入选世界一流学科建设高校,生物学入选一流学科建设名单。2017年9月25日,学校举行庆祝建校105周年暨学科建设工作会。教育部原副部长刘利民出席,党委书记卢克平主持大会,宋纯鹏校长做了《我们从这里再出发》的报告。他指出,在河南省委、省政府正确领导和大力支持下,经过全校师生长期艰苦奋斗和不懈努力,学校终于进入"双一流"建设高校行列,这意味着河南大学在阔别60多年后重新回到了中国高等教育的国家队。这是学校发展历史上又一个重要节点,是学校具有承前启后意义的一次重大历史机遇,是学校发展史上一次可歌可泣的壮举,也是河南高等教育发展史上又一个新的里程碑。对于105周岁的河南大学来说,这是一份弥足珍贵的礼物;对于百折不挠、自强不息的百年学府来说,这是极大的褒扬与鼓励。河南大学从此迈上了建设世界一流大学的新征程。

三、"双一流"建设方案的编制

对于河南大学来说,进入世界一流学科建设高校行列仅仅是一个起点,适应世界一流大学建设的管理体制,加强学校一流学科建设任重道远。为了迅速凝聚共识,加快建设步伐,学校成立了由党委书记、校长任组长的"双一流"建设工作组,很快对《河南大学一流学科建设高校建设方案》进行完善,进一步明确学校的办学定位,制定生物学一流学科建设的具体措施,明确学校整体建设的具体任务。

确立的学校办学定位是,全面贯彻落实习近平总书记系列重要讲话精神和全国高校思想政治工作会议精神,以马克思主义为指导,坚持社会主义办学方向,遵循党的教育方针,增强"四个意识",坚定"四个自信",落实"四个服务",以世界一流学科大学建设为主线,坚持中国特色、世界一流,植根中原大地,面向国家重大战略需求,面向经济社会主战场,面向世界科技发展前沿,实施立德树人工程、学科建设与科研创新工程、社会服务能力提升工程、文化建设工程、高层次人才培育工程、开放办学工程,持续推进全员育人、全过程育人、全方位育人,全面提高人才培养能力和培养质量,全面提升学校的综合实力和核心竞争力,努力把学校建成特色鲜明的综合性、研究型世界一流学科大学,为中国特色社会主义事业培养全面发展的合格建设者和可靠接班人。

建设生物学一流学科的具体措施是,坚持立德树人、创新拔尖人才培养模式,不断深化教学改革,完善人才培养质量保障体系,提升研究生教育质量;加强科学研究平台建设,实施科学研究创新计划,瞄准国家战略需求和国际科技前沿,创新科学研究成果评价体系,在作物遗传改良与逆境适应、全球环境变化与农业生态安全、农业和疾病微生物学及其技术、进化生物学和生物考古等领域取得创新成果;发挥领军人才的引领作用,探索学科交叉,加强学术团队建设,实施青年学科人才培养计划,加强师德师风建设,优化教师队伍结构;落实创新驱动发展战略,提升学科服务区域经济社会能力;加强文化传承与创新,加快国际交流与合作,培养创新型国际化人才,增强学科的国际竞争力。到2020年,科学研究水平要显著提升,生物学学科在教育部学位与研究生教育发展中心评估中排名要提升8—10位,植物学与动物学学科进入ESI前1%,取得一批标志性成果或代表性论著,获得2—3项国家级和省部级奖励;人才培养体系更加完善,本科生、研究生和青年教师国际化培养力度明显提升,获批国家自然科学基金委创新研究群体以及教育部创新团队;平台建设和基础设施明显改善,棉花生物学国家重点实验室运行体制机制更加完善,新建5个科教融合中心(平台),生物学学科教学和研究体系更加完备;生命科学的带动作用有效发挥,生物学学科得到快速发展,在生命科学领域中的核心作用显著增强,带动生态学、环境科学、地理学、医学和药学等学科迅速发展;服务国家需求能力显著增强,解决粮食生产核心区的关键科学和技术问题,为黄淮地区农业可持续发展提供有力的技术和智力支撑;国际影响力明显提升,国际交流和学术活动日益活跃,一些学科带头人与国际一流实验室合作成效明显,更多学术带头人在国际学术组织担任职务,生物学重要学科方向跻身国际前沿领域。

以生物学一流学科建设带动学校的整体发展,是学校一流学科建设的重要指导思想。《河南大学一流学科建设高校建设方案》中明确,要实施"生物学+"一流学科建设计划,强化顶层设计和系统谋划,为优势学科引领发展释放更大空间,为特色学科跨越发展提供充足空间,带动形成一流大学学科生态体系,争取更多学科进入世界一流学科建设行列;破除体制机制障碍,激发动力活力,推动学校建立符合发展建设需要的现代大学制度。为此,《方案》提出了学校2017-2020年落实五大建设任务的政策举措和落实五大改革任务的政策举措。

落实五大建设任务的政策举措,一是强化高层次人才支撑引领作用,引进和培养具有世界一流水平的科学家、领军人才,实施师德师风建设计划,建设一流的教师队伍;二是深化本科教育教学和研究生教育综合改革,加强创新创业教育,完善质量保障体系,培养拔尖创新人才;三是加强学科布局基层设计,提高基础研究和重大问题研究水平,推进科研组织模式创新,加强人文社会科学研究,推进新型高端智库建设,营造宽松的创新环境,大力提升科学研究水平,服务国家重大需求,主动融入国家战略,融入区域发展,融入行业进步;四是加强独具特色的大学文化建设,坚持社会主义核心价值观融入教育教学全过程,推动社会主义先进文化建设,传承创新优秀文化;五是着力推进成果转化,深化产教融合,提高对产业转型升级贡献率,调整学校科技工作政策,优化成果应用转化机制,服务创新驱动发展。

落实五大改革任务的政策举措,一是强化党的领导,坚持和完善党委领导下的校长负责制,加强和改进宣传思想工作,全面提高党的建设科学化水平,强化从严管党治党,履行党委管党治党、办学治校的主体责任。二是完善内部治理结构,建立健全学校章程落实机制,加强学术组织建设,完善学校、学部和基层学术委员会三级学术管理架构,完善民主管理和监督机制,加大党务、校务和信息公开力度,推进"放管服"改革。三是实现关键环节突破,加快推进人才培养模式改革,促进科教协同育人,强化实践育人,推进校所、校企、校地合作;加快推进人事分配制度改革,实施教师分类管理,完善分类评估体系,探索新的薪酬分配激励体系;加快推进科研体制机制的改革,赋予学科在自我管理方面更多的自主权;加快推进学科交叉融合,完善推进学科交叉的组织机制,构建有利于推动学科交叉的管理制度;加快建立资源募集机制,为丰富办学资源、提高办学水平、保证教育质量提供充足的资源保障。四是构建社会参与机制,坚持面向社会依法自主办学,完善与社会合作模式,引入第三方评价机制,开展办学水平、学科专业建设水平、教师职业发展水平、学生德智体美发展水平和就业质量等方面的评估。五是加强与国际知名高校的合作,营造良好的国际化环境,提升国际学术话语权,提高学校的国际化水平。

四、首轮"双一流"高校的建设成绩

学校成为"双一流"建设高校后,河南省委、省政府高度重视,于2018年9月发布了《中共河南省委河南省人民政府关于支持郑州大学河南大学"双一流"建设的若干意见》,明确了河南省"双一流"建设的指导思想、基本原则、主要目标和政策措施。河南省成为国家启动实施"双一流"建设以来,首个由省委省政府联合发文出台支持"双一流"建设的省份。在第一个建设周期内,学校周密部署、精心组织、扎实推进"双一流"学科建设工作,学校整体建设和生物学一流学科建设成果丰硕,全面实现了第一期建设目标。取得的成绩,集中体现在以下几个方面:

拔尖创新人才培养卓有成效。坚持人才培养中心地位,着力深化教育教学改革,不断优化人才培养结构和专业布局,切实提高人才培养能力和质量。生物科学等19个专业入选国家一流本科专业建设点,荣获国家教学成果二等奖2项;分别获批国家级、省级大学生创新创业训练计划项目246项、279项;规划建设网络在线开放课程95门。与中国科学院、中国社会科学院联合培养研究生111人,选派学生到国(境)外学习交流2 831人次。博士研究生招生数量逐年递增,在读博士生684人,与2015年相比增加了94.32%;生物学、教育学、心理学、材料学等4个学科的在校研究生与本科生比例超过1∶1,中国语言文学和地理学的研究生与本科生比例接近1∶1。研究生生源质量稳步提升,报录比由2015年的3.48∶1提高到2020年的4.92∶1。研究生发表高水平学术论文(中科院JCR一区)由2015年的24篇增至2019年的201篇,获得省级以上奖项由2015年的55项增至2019年的330项。

一流教师队伍建设取得重要突破。解放思想,制定实施《杰出人才特区支持计划》等系列人才政策,引进和培养了一批学术领军人才、高水平创新团队和一大批青年英才,高层次人才队伍持续壮大。国家和省部级学术领军人才、学科带头人比2015年增加94人,达到205人;学术骨干比2015年增加142人,达到621人;新进优秀海内外博士727人,总数达到2 138人,具有博士学位的教师比例达到64.4%。建设了11个国内外有重要影响的创新团队。

一流学科建设带动相关学科快速发展。充分发挥综合性大学的多学科优势,大力实施"生物学+"战略,推进环境生态、农业科学、医学、信息科学、材料科学、考古学等相关学科交叉融合,带动了生物医学、纳米生物学、生物信息等学科发展。

新增临床医学、工程学、植物学与动物学、药理学与毒理学4个学科进入ESI全球排名前1‰，总数达到6个，环境科学与生态学、农业科学、社会科学总论等学科发展势头迅猛；自然指数国际排名从2016年的500名之外提高至2020年的第284名，学科国际影响力大幅提升。

科研创新能力持续增强。大力实施创新驱动发展战略，打造高水平科研平台，聚焦重大科学问题与国家和区域重大需求，开展基础研究和技术攻关，促进成果转化，科学研究水平和服务经济社会发展能力显著提升。新增国家及省部级平台46个，其中省部共建作物逆境适应与改良国家重点实验室等国家级平台5个；主持并参与国家重大、重点项目60项，其中自然科学类34项，人文社科类26项；获批国家及省部级科技奖37项，其中国家技术发明二等奖1项；获批教育部及省部级人文社科奖167项。新增创新创业载体9个，产业技术创新联盟5个，产学研合作示范基地12个。签约横向科研项目的经费累计达2.62亿元，实现成果转化产值70.20亿元，授权专利466项，转化重大科技成果15项。

国际合作与交流不断深化。以"中部引领＋国际协同"为战略目标，拓展全球合作伙伴，加快学生国际化培养，促进高水平国际化教师队伍建设，加强科研国际合作，国际化办学水平显著提升。获批"国家作物逆境生物学创新引智基地"，引进国际顶尖人才191人。积极拓展教师国际视野，年均选派教师出国（境）访学研修134人。拥有中外合作办学机构1个、中外合作办学项目9个。新建省部级国际合作联合实验室14个。开展中外联合培养博士合作项目6个、出国（境）特色研修（实习）项目65个，学生年出国（境）人数从2015年的310人增长到2019年的1 125人，学生参与国际交流的广度和深度不断拓展。留学生人数由2015年的277人增加到2019年的809人。

管理体制运行机制日臻完善。围绕"双一流"建设目标任务，明确办学定位、发展路径和关键举措。坚持和完善党委领导下的校长负责制，把党的领导、师生为本和依法治校有机统一起来，不断完善内部治理体系。全面深化综合改革，重点围绕财务管理、人事分配制度、科研管理和资源有偿使用等重点领域关键环节，健全制度规范，优化体制机制，激发办学活力，办学治校能力不断增强。

校市合作务实高效。开封市委、市政府认真落实河南省委、省政府的要求，把河南大学的"双一流"建设视为市里的头等大事来抓。河南大学为了更好地服务于开封市的社会、经济、文化建设，与开封市委、市政府展开了有史以来最密切的合作。建立校市合作机制，市长联系学校，主管市长负责具体工作。成立"市校合作工作推进协调组"，开封市委吉炳伟、侯红、高建军书记和2020年12月刚就任的开封市市长李湘豫，多次亲临河大现场办公，召开工作推进会、座谈会和协调会，就支持学校"双一流"建设的具体工作作出详细部署，推出了一系列具有重大社会影响力的支持举措,办成了涧水河引水连通金明校区水系、明伦校区内顺城路水系、铁塔公园融合水系等一系列大事、实事。河南大学也始终把支持开封市经济、社会、文化的发展当作自己的责任,主动融入开封城市建设和经济社会发展,积极开展科研服务、对口扶贫、系列共建、规划咨询等,让百年名校和千年古城共同焕发新彩。

第三节　建设世界一流高校的宏图

一、第十一次党代会的召开

中国共产党河南大学第十一次代表大会于 2020 年 1 月 16 日召开。这是在中国特色社会主义进入新时代、学校奋力推进"双一流"建设的关键时期召开的一次十分重要的会议。大会的主题是,高举习近平新时代中国特色社会主义思想伟大旗帜,深入学习贯彻党的十九大和全国、全省教育大会精神,不忘初心、牢记使命,紧紧围绕立德树人根本任务,凝聚智慧力量,深化改革创新,推动内涵发展,为加快建设一流大学、实现百年名校振兴而努力奋斗。校党委书记卢克平在开幕式上做了题为"牢记初心使命,坚持内涵发展,为加快建设一流大学而努力奋斗"的报告。

报告首先对第十次党代会以来学校工作和事业发展进行了总结。他说,第十次党代会以来的五年,是学校发展进程中极不平凡的五年。面对全国高等教育事业发展的新形势新要求,面对前所未有的发展机遇和风险挑战,学校党委坚持以习近平新时代中国特色社会主义思想为指导,全面贯彻落实党的十八大、十九大和全国教育大会精神,统揽发展全局,加强战略谋划,推进改革创新,强化内涵建设,把党的领导、党的建设贯穿办学治校全过程,以党的建设高质量推动事业发展高质量,圆满完成第十次党代会提出的目标任务,取得了历史性办学成就,学校事业全面开创新局面。

事业发展实现重大突破。经过长期拼搏奋斗,生物学入选世界一流学科建设学科,学校进入国家"双一流"建设高校行列,取得了办学历史上具有里程碑意义的重大成就,开创了一流大学建设的全新局面。

学科建设水平持续提升。全面实施"双一流"建设方案,把生物学学科放在学校发展的突出位置,实施"生物学+"学科带动发展计划,按照"优化布局、强化优势、突出特色"的基本思路,对学科布局进行动态调整,推动多学科交叉融合,圆满完成一流学科阶段性建设任务。

人才培养质量不断提高。本科教育在人才培养中的中心地位更加稳固,一流本科教育"框架图""路线图"基本确立。深入推进研究生教育体制机制改革,扩大研究生招生规模,完善一级学科培养体系。生源质量和毕业生就业创业质量不断提升,5年共培养57 600余名高素质人才。

科研总体实力显著增强。承担国家重点研发计划项目18项、国家自然科学基金项目460项、国家社会科学基金项目等216项,国家社会科学基金年度项目立项数量连续五年位居全国前20名。获省部级以上科技奖励38项、人文社科成果奖194项。其中,国家技术发明奖二等奖1项,在国家"三大奖"上实现了新的突破。

教师队伍建设成绩斐然。教师队伍总量逐年增长,结构持续优化,质量稳步提高。专任教师中增加博士563人,博士化率提高了14个百分点;590人晋升高级职称,高级职称人数达到1 867人。引进院士、学部委员、长江学者、国家杰青等领军人才28人,培养"万人计划"领军人才、外专千人、青年千人、青年长江、国家优青等高端人才18人,青年长江学者实现河南省零的突破;聘任河南省"百人计划"专家4人,居全省首位;聘任省校特聘(讲座)教授、黄河学者230余人,遴选首批青年英才18人。扎实推进教师队伍国际化,聘任外籍诺贝尔奖得主、外籍院士等42人,长期外籍教师399人。招收博士后研究人员577人,获省级以上资助521人次,博士后数量和质量取得突破。

社会服务能力不断提升。深化与政府、企业等的合作,共建新闻与传播学院、马克思主义学院、知识产权学院,与济源市共建纳米材料产业园,牵头成立河南省时空大数据产业技术研究院,中原发展研究院入选首批"中国智库索引"来源智库名单。扎实开展定点扶贫和深度贫困县结对帮扶等工作,取得明显成效。

国际合作交流成效显著。持续拓展对外合作交流渠道,增加友好学校、机构50个,总数达到169个,涉及35个国家和地区。推进人才培养国际化,派出3 100多名学生赴国(境)外交流研修,留学生人数大幅增长。

内部治理体系不断完善。《河南大学章程》获得教育部核准,成为办学治校总纲领。深入贯彻落实党委领导下的校长负责制,学术委员会、教代会、工代会、学代会等在民主管理中的作用日益凸显,办学效益显著提高。

服务保障条件明显改善。积极与省直有关部门、郑州市、开封市对接沟通,获取更多办学资源,办学环境不断改善。完成省部共建作物逆境适应与改良国家重点实验室大楼建设、供暖设施改造等任务,推进校园基础网络、智慧校园平台、办公自动化等建设,信息化水平日益提高。图书、档案支撑服务能力稳步提升。

师生员工获得感不断增强。教职工收入水平持续提高,教职工住房条件大为改善,附属学校教育教学质量和附属医院医疗服务水平不断提升,学生公寓全部安装空调,师生员工学习、工作、生活的环境和条件持续改善。

党的建设全面加强。坚持把党的政治建设摆在首位,思想建党和制度治党同向发力,党员队伍建设成效显著。"大统战"格局逐步形成,离退休干部工作进一步加强,群团组织作用更加彰显。

思想文化建设成效显著。牢牢掌握党对意识形态工作的领导权,宣传思想工作和阵地建设不断加强,马克思主义办学底色更加鲜亮,校园文明程度显著提高。

全面从严治党卓有成效。学校党委牢牢扛起全面从严治党主体责任,建立和完善管党治党制度体系,认真落实中央八项规定精神,持之以恒正风肃纪,营造了风清气正的政治生态,党风校风学风进一步好转。

报告指出,新时代党和国家赋予学校的光荣使命是,扎根中原大地,建设"中国特色、世界一流、中原风格"的高水平大学,这是对学校第十次党代会提出的"国家一流、区域引领、中原风格"发展目标的继承和发展,是学校在新的历史起点上,结合办学规律和自身实际,对创建一流大学的基本判断和科学把握。

第十一次党代会确立了学校发展的基本思路:把握"一条主线",坚持"三个根本",突出"六个一流",实施"六项工程"。

"一条主线"是:牢牢把握一流大学建设这条主线,体现综合性研究型办学定位,促进学校快速发展和全面振兴。

"三个根本"是:始终坚持把党的领导作为根本保证,始终坚持把立德树人作为根本任务,始终坚持把师生员工作为根本依靠。

"六个一流"是:建设一流学科,形成核心竞争优势;打造一流队伍,增强创新创造动能;产出一流成果,提高科学研究水平;实现一流治理,增强办学治校能力;创造一流环境,完善支撑保障体系;做出一流贡献,服务经济社会发展。

"六项工程"是:一流本科建设工程。对接新工科、新医科、新农科、新文科建设需求,加大一流专业、一流课程和基础学科拔尖学生培养基地建设力度。新兴学科建设工程。抢抓国家重大战略机遇,做强以黄河流域生态保护和高质量发展研究为基础的学科群,加快推进人工智能、生物医学等学科建设,抢占未来学科发展制高点。对外开放办学工程。秉承开放办学传统,面向全球提升国际化水平,面向社会强化服务与支撑,面向校友凝聚支持力量,营造汇聚交融、共生共享的发展大环境。龙子湖校区建设工程。加快建设进度,打造新的人才聚集高地、科研创新高地、文化服务高地、国际合作高地,形成推动一流大学建设新的动力引擎。民生条件改善工程。加强师生员工健康保障体系建设,稳步提高教职工收入待遇,不断改善师生员工学习、工作、生活的环境和条件,把民生工程真正办成民心工程。师德师风建设工程。坚持把师德师风作为评价教师队伍素质的第一标准,将社会主义核心价值观贯穿师德师风建设全过程,强化日常教育督导,加大教师权益保护力度,激励全校教师努力成为"四有"好老师。

建设一流大学，"一条主线"是前进方向，"三个根本"是基本原则，"六个一流"是战略支撑，"六项工程"是未来几年必须着力做好的重要工作。这四个方面是紧密联系、相互贯通、相互作用的有机整体，共同构成新时代学校建设一流大学的基本思路。

校党委号召全校师生员工，突出加强党的政治建设，持续强化思想文化建设，加强基层党组织建设，建设高素质干部队伍，纵深推进全面从严治党，凝聚改革发展智慧力量。带领全校师生员工，全面提升学科建设水平，全面提高人才培养质量，大力提高科学研究水平，着力打造高水平教师队伍，切实增强社会服务能力，推动形成开放办学新格局，加快推进治理体系和治理能力现代化，全面推进办学支撑保障能力建设。以习近平新时代中国特色社会主义思想为指导，不忘初心、牢记使命，攻坚克难、追求卓越，以更加强烈的责任感、使命感，以加倍的努力，把一流大学的梦想变成现实，为新时代中原更加出彩，为实现中华民族伟大复兴，做出新的更大贡献！

二、领导班子的调整

长期以来，河南省委省政府对河南大学的发展高度关注，通过对学校党政领导班子的不断调整，以保证学校各项工作的顺利推进。

2014年9月，张宝明、刘先省、许绍康被河南省委任命为河南大学副校长，同时免去了邢勇的副校长职务，改任邢勇为校党委副书记。11月17日，校党委常务副书记梁晓夏调离河南大学，改任郑州航空工业管理学院党委书记。

2015年5月，党委副书记邢勇调离学校，改任南阳理工学院党委书记。

2016年5月，常务副校长赵国祥改任河南大学党委副书记，孙君健任河南大学副校长。

2017年9月，学校领导届满，省委对校领导班子进行了较大幅度的调整。在9月12日举行的全校领导干部会议上，省委高校工委组干处副处长宋辉宣读了中共河南省委关于学校主要领导职务调整的决定：关爱和不再担任校党委书记，娄源功不再担任校长，王凌、赵国祥不再担任党委副书记，朱恒宽不再担任校工会主席，雷霆不再担任纪委书记。省委任命卢克平任河南大学党委书记，宋纯鹏任河南大学校长，雷霆任河南大学党委副书记，沈洁霞任河南大学工会主席。赵国祥调任河南师范大学党委书记。省委组织部副部长修振环对学校近年来在"国家一流、区域引领、中原风格"的发展道路上取得的办学成就给予了高度评价，对关爱和同志、娄源功同志为河南大学改革发展和河南省高等教育事业发展做出的积极贡献给予充分肯定。他表示，河南大学的发展与成就，是党中央、国务院亲切关怀的结果，是教育部和省委省政府正确领导的结果,也是关爱和、娄源功两位同志多年来带领河南大学领导班子、团结全体师生员工共同奋斗、努力拼搏的结果。

卢克平,1963年生,河南舞钢市人,中共党员,博士,教授,博士生导师。享受国务院政府特殊津贴专家,河南省优秀专家,河南省优秀青年科技专家,全国"双法"学会常务理事,河南省数学学会理事长,河南省"双法"学会理事长。1991年在中国科学院数学研究所获理学博士学位,1993年从中国科技大学博士后流动站出站并任副教授。1993年9月至2001年历任河南大学数学系教师,科研处副处长、处长(1994年晋升为教授),2001年9月至2005年5月任河南大学副校长,2005年5月至2009年2月任河南财政税务高等专科学校校长、党委副书记,2009年2月至2011年12月任河南财政税务高等专科学校党委书记、校长,2011年12月至2014年12月任信阳师范学院院长、党委副书记,2014年12月至2016年12月任信阳师范学院党委书记,2016年12月至2017年9月任河南工程学院党委书记,2017年9月任河南大学党委书记。2019年2月,兼任河南省社会科学界联合会副主席。第十三届全国人大代表,中国共产党河南省第十一届委员会委员。

宋纯鹏,1961年生,博士,教授,博士生导师。曾任中国植物细胞生物学学会副理事长、中国植物生理与植物分子生物学学会副理事长,国家杰出青年基金获得者、国家重点基础研究发展计划("973计划")项目首席科学家。30余年来,坚持在不发达地区、非中心城市的地方大学从事教学和科研工作,在极其困难的条件下,聚集培养了一支优秀科技创新团队。带动河南大学生物学科入选国家"双一流"建设学科,同时实现了国家重点实验室和创新引智基地建设的重大突破,为中原地区生物学科的发展、农业技术进步和人才培养做出了重要贡献。宋纯鹏教授长期从事提高植物水分利用效率(WUE),增强植物抗旱性研究,迄今在 *Nature Plants*、*Nature Communication*、*Plant Cell* 等期刊上发表论文150余篇。入选科睿唯安全球植物与动物科学领域高被引学者。创造性地探讨了植物应答干旱的气孔调节和根系构型形成机制,为解决我国农业可持续发展过程中水分高效利用提供了重要技术路线和理论支撑。荣获国家自然科学奖二等奖、河南省自然科学一等奖和河南省科学技术杰出贡献奖等,被评为全国杰出专业技术人才。

2017年11月,杨中华任河南大学副校长。2018年1月,杨朝阳任河南大学纪委书记、省监察委驻河南大学监察专员,孙功奇任河南大学副校长。4月,免去张宝明的河南大学副校长职务,任命张宝明为河南大学党委副书记。

2020年4月,阚云超任河南大学副校长,王学路被聘为河南大学学术副校长,沈洁霞调任开封文化艺术职业学院院长。6月,谭贞任河南大学副校长(正校级),刘先省调离河南大学,任黄淮学院院长、党委副书记。9月,任命刘志军为河南大学党委副书记、副校长(负责日常行政工作)。

2021年1月,雷霆调任郑州升达经贸管理学院党委书记。2月,冯淑霞任河南大学副校长。

2021年9月,党委副书记、副校长刘志军调任河南工业大学党委书记,傅声雷、张立新被任命为河南大学学术副校长,上海交通大学生物医学工程学院党委书记季波调任河南大学党委副书记。2022年2月,阚云超调任河南科技学院院长。

2022年6月5日上午,河南大学校长聘任仪式在河南大学郑州校区举行。中国科学院院士张锁江受聘担任河南大学校长。张锁江,1964年11月出生于河南林州,1986年毕业于河南大学化学系并获学士学位;1994年毕业于浙江大学化学系并获博士学位;1995年获得日本文部省奖学金并赴日本留学;2010年任中国科学院过程工程研究所所长;2015年当选为中国科学院院士;2017年任中国科学院大学化工学院院长。省委书记楼阳生出席聘任仪式并讲话,省长王凯向张锁江颁发聘书。

三、机构设置的变化

为了更好地适应国家经济社会的发展,推动学校管理的科学化,十年来,学校对原有机构进行了部分调整,并新成立了一些机构。

2012年6月,根据省科技厅《关于批准组建材料摩擦学等12个省级重点实验室的通知》精神,经校党委研究,决定河南大学多酸化学重点实验室行政级别为正处级,挂靠化学化工学院。

2012年12月,校党委决定软件学院、公共计算机教研部合并组建新的软件学院。撤销中共河南大学软件学院总支部委员会、中共河南大学公共计算机教研部总支部委员会,设立中共河南大学软件学院委员会。成立《外文研究》编辑部(副处级)。

2013年5月,经校党委常委会议研究,决定纪委办公室升格为正处级;设立学生资助管理中心(正处级),挂靠学生处;设立心理健康教育与咨询中心(副处级),挂靠学生处;教师教学发展中心更名为教师发展中心,挂靠人事处;撤销"211工程"与省部共建办公室;研究生院(党委研究生工作部)下设正处级的学位办公室、教育管理办公室、学科建设(省部共建)办公室、研究生招生工作办公室、培养办公室和副处级的综合办公室;设立医学部(正处级);撤销中共河南大学欧亚国际学院支部委员会,成立中共河南大学欧亚国际学院委员会;马克思主义研究院挂靠马克思主义学院;后勤服务总公司更名为后勤集团总公司,接待服务中心并入后勤集团总公司,撤销中共河南大学接待服务中心支部委员会。

2013年12月,校党委决定撤销中共河南大学特种材料重点实验室总支部委员会,设立中共河南大学重点科研机构委员会。

2014年2月,学校撤销了基础实验教学中心,原基础实验教学中心普通物理分中心、电工电子分中心调整到物理与电子学院,改为物理与电子学院普通物理实验教学中心、电工电子实验教学中心。原基础实验教学中心基础化学分中心调整到化学化工学院,改为化学化工学院基础化学实验教学中心。6月,网络信息中心更名为信息化管理办公室。9月,数学与信息科学学院更名为数学与统计学院。

2015年5月,工商管理学院更名为商学院。6月,撤销龙子湖校区建设指挥部、龙子湖校区建设融资与项目合作办公室,设立中共河南大学龙子湖校区建设与管理委员会总支部委员会,成立龙子湖校区建设与管理委员会(下设办公室、外联部、工程部、材料部、招标部、融资与项目合作办公室、监督办公室等正处级机构)。7月,成立纳米材料工程研究中心,规格为正处级。10月,研究生院承担的省部共建职责划入发展规划处,不再成立单独工作机构。研究生院学科建设(省部共建)办公室更名为研究生院学科建设办公室。11月,成立医学部筹备组。12月,河南大学附属东京医院恢复河南大学第一附属医院名称,河南大学东京临床学院更名为河南大学第一临床学院。成立濮阳工学院(与濮阳市人民政府合办)。

2016年1月,社会科学研究处独立设置。4月,毕业生就业指导与服务中心更名为就业创业指导中心。9月,成立河南大学迈阿密学院(与美国迈阿密大学合办),规格为正处级。10月,河南大学医院更名为河南大学校医院,撤销高等职业技术学院。12月,成立抗体药物开发技术国家地方联合工程实验室,规格为正处级,挂靠基础医学院。

2016年学校医学学科机构设置发生了重大变化。2000年新的河南大学组建伊始,原开封医学高等专科学校并入河南大学,分别设置了医学院、护理学院、药学院。2016年,为了加快医学学科的发展步伐,河南大学与河南省人民医院签订共建河南大学医学院的协议,河南省人民医院成为河南大学的临床医学院。河南大学重新组建新的医学院。医学院党委书记由副校长刘先省兼任(2018年改由副校长孙君健兼任),省人民医院院长顾建钦任医学院院长。原来的医学院改称基础医学院,护理学院改称护理与健康学院,药学院名称不变,都归属新的医学院。加上2018年成立的口腔医学院和临床医学院(由河南省人民医院、淮河医院、第一附属医院组成),共同形成了河南大学医学学科的新架构。

2017年12月,撤销河南大学文理实验班直属支部委员会,撤销河南大学出版社直属支部委员会,成立河南大学出版社总支部委员会。

2018年,学校撤销了党政办公室,分设党委办公室和校长办公室;撤销科研处和2005年5月成立并于2016年1月独立设置的社会科学研究处,分设科学技术研究院和人文社科研究院;撤销校产办,成立河南大学资产经营有限公司;撤销艺术学院,分设音乐学院、美术学院和公共艺术教研部。新成立党委教师工作部,与人事处合署办公;新成立学科建设处、文化产业与旅游管理学院、材料学院、医学院、临床医学院、口腔医学院;拟新成立生态与资源学院、眼视光学院;新成立机关党工委、龙子湖校区建设与管理委员会党工委、医学院党工委。招生办公室从教务处分离,就业创业指导中心从学生处分离,国有资产管理办公室、招标工作办公室从财务处分离,校友工作与教育发展基金会办公室(校友总会秘书处、教育发展及基金会秘书处)从党政办公室分离,为单独的处级机构。新成立本科教学评估工作办公室,挂靠教务处;教师教学发展中心由人事处调整至教务处;成立海外引智办公室,挂靠国际合作与交流处;成立教师教育学院,挂靠教育科学学院;成立知识产权学院,挂靠法学院。

2019年,学校新成立深圳研究院、武术学院、体育场馆管理中心(副处级,挂靠体育学院)等机构。对3个二级党组织更名:机关党工委更名为机关党委,龙子湖校区建设与管理委员会党工委更名为龙子湖校区建设与管理委员会党总支,医学院党工委更名为医学院党委。

河南大学深圳研究院成立于2019年1月22日,是学校在国家改革开放前沿、经济发展特区设立的面向世界和未来的窗口,设立的目的是围绕学校"双一流"大学建设和深圳市经济社会发展,充分发挥学校的科技和人才优势,搭建高端科研平台,引进一流人才团队,开展原始创新研究,产出自主知识产权成果,加速科技成果转移转化,孵化高新创业企业,培养拔尖创新人才,推动国际交流合作。研究院的设立,既是学校"双一流"战略的重要支撑,同时也是助力深圳市中国特色社会主义先行示范区建设的有力举措。12月11日,深圳市人民政府批复同意河南大学入驻深圳虚拟大学园。12月20日,深圳研究院在深圳市事业单位登记管理局注册成为事业法人单位。

深圳研究院已搭建五大创新平台:河南大学作物逆境适应与改良国家重点实验室深圳基因组所研究中心、河南大学前海现代生命科学研究院、河南大学深圳研究院建筑信息大数据重点实验室、计算机与软件产业技术创新平台、纳米科技学院。同时建立了时空大数据联合创新中心重点实验室。

2020年7月14日,经党委常委会研究决定,成立河南大学人工智能学院,下设党委办公室、行政办公室、教务办公室、研究生与科研工作办公室、团委5个科级机构。成立河南大学创新创业学院,挂靠就业创业指导中心。成立河南大学鲲鹏产业创新学院,挂靠软件学院。

2020年12月8日,校党委研究决定,成立河南大学三亚研究院。12月13日,校党委书记卢克平代表河南大学与海南省教育厅、三亚市人民政府在海口市正式签署战略合作协议,在海南崖州湾科教城设立河南大学三亚研究院,围绕南繁科技、生物育种和人才培养等开展全面合作。2021年7月13日,河南大学三亚研究院与三亚崖州湾科技城管理局合作协议签约暨揭牌仪式在海南三亚崖州湾举行。仪式由河南大学副校长王学路主持,河南大学党委书记卢克平、三亚市人民政府副市长周俊等领导出席仪式。许绍康宣读了三亚市人民政府关于同意成立河南大学三亚研究院的批复、中共河南大学委员会关于成立三亚研究院的通知以及相关人事任命,卢克平、周俊等领导为研究院揭牌,河南大学三亚研究院正式成立,王学路任首任院长。2021年7月21日,在宋纯鹏校长等领导大力推动下,河南大学三亚研究院成为海南省崖州湾种子实验室的理事单位。

设立河南大学三亚研究院,是学校继设立深圳研究院之后,在推进开放办学、服务国家战略方面的又一重大举措,有利于把学校生物学一流学科、拥有两个农业领域国家重点实验室(省部共建作物逆境适应与改良国家重点实验室和棉花生物学国家重点实验室)、河南省地处黄淮海核心区等优势与三亚的南繁和种业科技以及区域和政策等优势有机结合,打造高层次人才引进平台、高端人才培养平台、高水平研究和成果转化平台、国际交流与合作平台,既为学校"双一流"建设提供有力支撑,也为服务国家战略、海南—河南现代农业联动和两地经济社会发展贡献河大力量。

2020年12月14日,党委下发通知,成立河南大学农学院。12月26日,农学院恢复重建成立大会暨现代农业高端论坛在河南大学金明校区隆重举行。河南省农业农村厅、科技厅、教育厅相关领导,中国科学院大学现代农业科学学院、北京大学现代农学院、中国农业大学农学院和生物学院等全国20多所农业院校及河南大学领导和部分教师与学生代表等欢聚一堂,共同见证河南大学农学院重新成立这一历史时刻。

民生学院是河南大学在2003年创建的一所独立学院。2009年,河南大学和国内著名文化传媒企业河南日报报业集团强强联合,开始共同创办该校。2021年2月,经教育部批准,民生学院从河南大学脱离,转设为全日制普通本科高校,更名为河南开封科技传媒学院,成为迄今为止省内民办本科高校中唯一以省域命名的学校。

2021年5月27日,经学校党委常委会会议研究决定,撤销教育科学学院、教师教育学院,撤销中共河南大学教育科学学院委员会,撤销教育科学学院内设机构。成立河南大学教育学部(副校级),设立中共河南大学教育学部委员会。教育学部下设教育学院、心理学院、教师教育学院、基础教育研究院。刘志军副书记、副校长兼任教育学部党委书记、部长(2021年9月刘志军调任河南工业大学党委书记后,校党委常委、副校长孙功奇兼任教育学部党委书记)。成立至善书院,设立中共河南大学至善书院委员会。干部培训中心(河南省干部教育培训中心河南大学分部、河南省高校干部培训中心)不再挂靠党委组织部,保留名称独立设置,撤销干部培训中心内设机构和挂靠远程与继续教育学院的培训中心。远程与继续教育学院更名为继续教育学院,与干部培训中心合署办公,设一个领导班子、一套内设机构。环境与规划学院更名为地理与环境学院。

2021年8月18日,学校党委研究决定,河南大学与吉尔吉斯斯坦民族大学联合举办成立丝绸之路学院,与国际汉学院合署办公。10月20日下午,学院成立典礼暨揭牌仪式采用线上会议的形式在两地两校同时举行。

2021年12月9日,学校党委研究决定,成立河南大学郑州校区学术发展部(正处级);将市校合作领导小组办公室及其职能从发展规划处剥离,独立设置并更名为河南大学国内合作办公室(正处级);成立河南大学科技园管理办公室,与国内合作办公室合署办公;成立河南大学人文社科高等研究院、河南大学交叉学科高等研究院,各设院长1名(由相关校领导兼任),撤销河南大学高等人文研究院,其负责人改聘为河南大学人文社科高等研究院副院长。

至2021年底,学校设置的党政机构和管理部门有:党委办公室、党委组织部(党校、干部培训中心)、党委宣传部(新闻中心)、党委统战部、党委巡察工作办公室、党委教师工作部、党委学生工作部、党委研究生工作部、党委保卫部(人民武装部)、机关党委,校长办公室、发展规划处、学科建设处、教务处、人事处、学生处(学生资助管理中心)、国际合作与交流处(港澳台事务办公室)、实验与设备管理处、审计处、财务处、总务处(后勤集团总公司)、基建处、保卫处、离退休工作处、郑州校区学术发展部、国内合作办公室(科技园管理办公室)。

纪委与群团机构有:纪委(纪委办公室)、校工会、校团委。

教学单位有:文学院、历史文化学院、哲学与管理学院、马克思主义学院、法学院(知识产权学院)、经济学院、商学院、新闻与传播学院、文化产业与旅游管理学院、数学与统计学院、物理与电子学院、化学化工学院、材料学院、计算机与信息工程学院、软件学院、人工智能学院、地理与环境学院、生命科学学院、土木建筑学院、外语学院、体育学院(体委办公室)、武术学院、音乐学院、美术学院、国际教育学院、欧亚国际学院、迈阿密学院、国际汉学院(丝绸之路学院)、大学外语教研部、公共艺术教研部、继续教育学院、濮阳工学院、农学院;医学院,包括基础医学院、临床医学院(河南省人民医院、淮河医院、第一附属医院)、护理与健康学院、药学院、口腔医学院;教育学部,包括教育学院、心理学院、教师教育学院、基础教育研究院。

直属机构、附属单位有:科学技术研究院、人文社科研究院、研究生院、招生办公室、就业创业指导中心、国有资产管理办公室、招标工作办公室、信息化管理办公室、校友工作与教育发展基金会办公室(校友总会秘书处、教育发展基金会秘书处)、河南河大资产经营有限公司、河南大学培训中心、图书馆、档案馆、校史馆、出版社、龙子湖校区建设与管理委员会、郑州校区综合管理办公室、深圳研究院、三亚研究院、《河南大学学报》编辑部、《史学月刊》编辑部、《汉语言文学研究》编辑部、《圣经文学研究》编辑部、《心理研究》编辑部、《数学季刊》编辑部、《化学研究》编辑部、《外文研究》编辑部、*Exploration* 编辑部、淮河医院、第一附属医院、校医院、附属中学、附属小学、幼儿园。（因受编制所限，有些行政管理机构列入直属机构名单）

四、学校章程的修订

现代大学制度是国家教育发展改革面临的新问题，大学章程则是大学现代制度的一个重要体现，是高等学校依法自主办学、实施管理和履行公共职能的基本准则。根据《中华人民共和国教育法》《中华人民共和国高等教育法》等有关法律法规，学校于2009年制定了《河南大学章程》，2010年1月15日河南大学第十六届八次教职工代表大会审议通过后，开始在全校实施。随着学校各项工作的稳步推进，为了更好地落实2014年全国教育工作会议精神，学校启动了《河南大学章程》修订工作。修订后的《河南大学章程》包括序言和正文两部分，其中正文包括总则、职能、人员、组织结构与治理体系、学校与社会、资产经费与后勤、标识和校庆日、附则共8章66条。2015年1月，修订后的《河南大学章程》向全校各单位印发实施。

2017年进入"双一流"建设高校行列之后，在国家和省委、省政府的支持和广大师生的努力下，学校各方面的建设都取得了明显的进步，原来的《河南大学章程》已不适应新形势的需要。2020年11月16日，省教育厅下发《关于做好高等学校章程修改及核准工作的通知》，《河南大学章程》第二次修订工作启动。经过一年的努力，2021年10月，新的《河南大学章程》修订完成。

第二次修订的《河南大学章程》共8章67条。"序言"中河南大学历史沿革的表述增加了"2017年9月，入选国家'双一流'建设高校"；原来的"坚持'国家一流、区域引领、中原风格'的发展道路"修改为"确立'中国特色、世界一流、中原风格'的办学定位"，并移至"总则"中；"总则"中学校法定注册地由"河南省开封市明伦街85号"修改为"河南省郑州市郑东新区明理路北段379号，现有郑州、开封明伦、开封金明共3个校区，在深圳市和三亚市建有研究院"；学校办学总体目标修改为"以习近平新时代中国特色社会主义思想为指导，全面贯彻党的教育方针，坚持社会主义办学方向，坚持立德树人根本任务，培养宽厚基础、创新思维、健全人格、全球视野、家国情怀，德智体美劳全面发展的社会主义建设者和接班人"；学校的职能修改为"积极履行人才培养、科学研究、社会服务、文化传承创新、国际交流合作的职能，依法开展全日制与非全日制高等学历教育"；对学生依法享有的权利和应该履行的义务、中国共产党河南大学纪律检查委员会的职责、各学院(部)的职责、学校教职工代表大会的职责进行了修改;删除了原《章程》中"学校建立党政联席会议制度"的第三十二条和"学校可按照学科门类和发展需要设立学部"的第四十条;增加了"校训""校风""大学精神"三条。

这一版的《河南大学章程》重要的修改和变化有三处。一是更换了学校的法定注册地。学校一百多年来的法定注册地都是学校的诞生地——河南省开封市明伦街85号。自河南省会迁到郑州之后,开封的非省会地位极大地制约了人才的引进和学校的发展。现在注册地更改为"郑州市郑东新区明理路北段379号",并注明"现有郑州、开封明伦、开封金明共3个校区,在深圳市和三亚市建有研究院",意味着从此河南大学形成了"两地三区两院"的办学格局,对河南大学的发展将产生积极的作用。第二个重要的修改就是学校的发展定位。原来的表述是"坚持'国家一流、区域引领、中原风格'的发展道路",现在改成"确立'中国特色、世界一流、中原风格'的办学定位",适应了学校进入"双一流"建设高校的新形势。第三处重要的变化是增加了对校训、校风、大学精神的规定,"校训:明德新民、止于至善","校风:团结、勤奋、严谨、朴实","大学精神:前瞻开放、面向世界,坚持真理、追求进步,百折不挠、自强不息,兼容并包、海纳百川,不事浮华、严谨朴实"。这对于振奋全校教职工生的精神、凝聚人心和促进学校的校园文化建设具有不可替代的作用。

在2021年11月27日召开的河南大学第十八届三次教职工代表大会暨工会会员代表大会上,全体代表通过了第二次修订的《河南大学章程》。

五、"十四五"规划的编制

"十四五"时期是国家由全面建成小康社会向基本实现社会主义现代化迈进的关键时期,也是学校"双一流"建设的第二个五年,因此,做好学校"十四五"规划编制工作对河南大学未来发展意义重大、影响深远。

2020年7月,学校下发《关于做好"十四五"规划编制工作的通知》,成立规划编制领导小组,明确专项规划领导及责任单位,成立"十四五"规划起草小组,以课题形式交由专人研究,并提交研究报告。2020年10月,向省委办公厅提交《河南大学关于我省编制"十四五"规划的建议》。11月初,形成"十四五"规划初稿。

2021年1月,学校举行了"十四五"事业发展规划专家座谈会。2021年2月,学校召开党委常委会,听取《河南大学"十四五"事业发展规划》汇报。2021年4月,学校召开《河南大学"十四五"事业发展规划》征求意见座谈会。与会人员围绕规划编制、人才培养、科学研究、学科建设、"双一流"建设、组织保障、建设指标等内容进行了热烈讨论,提出了修改的意见和建议。

在规划编制和修改的过程中,国家和省、市"十四五"规划建议先后公布,国家和河南省教育事业"十四五"规划也相继推出,第五轮学科评估工作方案、"双一流"建设评价办法、高等教育综合改革实施方案、学校新一轮"双一流"建设方案等系列重大政策、方案密集出台。2021年9月9日和9月17日,省委书记楼阳生同志两次来校调研,提出要打造河南高等教育"双航母",在中原大地上起高峰。10月26日,省第十一次党代会召开,提出锚定"两个确保",建设国家科技创新高地。按照楼阳生书记要求和省第十一次党代会精神,不断把新思想、新精神、新举措融入规划文本,对规划文本再次进行认真修改,最终完成了《河南大学"十四五"事业发展规划和二〇三五年远景目标纲要》(简称《规划和纲要》)文本。

《规划和纲要》的总体思路是:"双一流"引领、多校区联动、高起点定位、高层次突破、高质量发展、高水平创新、高效率执行、加速度转型,全面开启建设世界一流大学的新征程。规划文本共分五章。第一章是"十三五"的基本情况。主要包括"十三五"时期的发展成果,学校发展面临的问题、机遇与挑战。第二章是"十四五"时期的发展蓝图。主要包括指导思想、总体目标和规划思路三个部分,并把"十四五"时期的发展目标以表格呈现,以数据支撑,做到科学、合理、准确。按照省委前瞻30年的要求,总体目标分为2025年目标、2035年目标和本世纪中叶远景目标等三个部分。同时把"十四五"指标体系分解为"结构性指标""显示性指示"和"保障性指标"三部分。结构性指标突出生师比和学生类型、规模,显示性指标突出标志性成果和重大科研平台建设,保障性指标突出校舍面积、科研经费、校外募集资源和捐赠等。第三章是发展任务和举措。这是规划的主体,主要包括人才培养、教师队伍建设、科学研究、学科建设、社会服务、文化建设和开放办学等七大部分。这七大部分,都贯穿了高质量发展的时代主题,并坚持问题导向和目标导向,针对学校"十三五"发展中存在的突出问题,有的放矢,对症下药。拿出具体举措,推动学校实现建设世界一流大学的宏伟目标。第四章是完善保障体系。主要包括:完善党建与思政体系;完善内部治理体系,健全与研究型大学相适应的体制机制;优化资源配置,构建高质量的保障体系。通过这"三大体系"的建设,为学校"十四五"时期各项工作的顺利开展提供有力保障。第五章是实施与评估。主要分为加强组织领导、做好宣传动员、细化责任分工、加强评估检查四个部分。努力改变以往规划落实评估不力的情况,把"十四五"规划细化分解,层层压实责任,与领导年终考核挂钩,与二级单位资源分配挂钩,真正将"十四五"规划落实落地。

2021年11月27日,河南大学第十八届三次教职工代表大会暨工会会员代表大会全体代表表决通过了《河南大学"十四五"事业发展规划和二〇三五年远景目标纲要》。

六、"双航母"战略的启动

2017年,学校进入国家一流学科建设高校行列,揭开了河南大学发展的历史新篇章。经过首轮"双一流"建设,学校事业发展取得了里程碑式的重大突破,综合实力和核心竞争力大幅提升。校党委审时度势,在第十一次党代会上适时提出了建设"中国特色、世界一流、中原风格"高校的战略构想,并写入了第二次修订的《河南大学章程》和《河南大学"十四五"事业发展规划和二〇三五年远景目标纲要》,为全校师生员工指明了前进的方向。

第十一次党代会还确定了河南大学三个阶段的发展目标:

——到2020年,生物学主要学科领域在国内的优势地位凸显,生态环境、生物医学、信息科学、化学等相关学科在国内产生较大影响,其他学科积极融入,特色发展,初步形成相互支撑、交叉融合的学科生态体系。

——到2030年,世界一流学科建设带动学校整体发展取得重要进展,以文、理、医、工为主,多学科协调发展的一流学科体系更加完善,若干重要学科跻身或接近国际先进水平;学校综合实力明显提升,初步形成世界一流大学的学科基础。到本世纪中叶,扎根中原大地,面向国家重大战略,面向经济社会主战场,面向世界科技发展前沿,跻身综合性、研究型、有较大国际影响的世界一流大学行列。

——到本世纪中叶,学校人才培养、科学研究、社会服务和文化传承创新能力全面增强,主要办学指标达到综合性研究型世界一流大学水平,综合实力和办学声誉获得国际认可。

2021年9月9日,在第三十七个教师节来临之际,省委书记楼阳生来到河南大学,调研"双一流"建设工作,看望慰问教学科研一线教师代表。随后,楼阳生主持召开座谈会。卢克平书记和宋纯鹏校长汇报了河南大学发展和"双一流"建设工作情况。

总体概况和建设成效:找定位,坚实学科特色,服务国家现代化建设,瞄准世界一流,坚持"中国特色,世界一流,中原风格"发展思路,办好综合性研究型大学;求特色,以生物学为重点,带动传统学科快速发展;高标准,推动一流学科生物学在培养高素质人才、提高科研创新水平、加强教师队伍建设、服务社会需求、深化国际合作等方面高标准发展;创新局,以生物学学科为基础,突出"逆境生物学"特色,构建"研究方向—学科领域—学科集群"学科体系,提升学科综合实力和国际影响力;聚实力,大力引进和培育国内外高水平人才;强推进,推进学科建设进入快车道,七个学科进入全球ESI世界前1‰;显成效,逆境生物学学科特色凸显,代表性研究成果突出;新突破,多个科研团队做出突出成绩;重传承,在文学、历史、体育、艺术等领域努力传承创新中华优秀文化;成体系,综合性大学的学科基础已经建立,建设综合性研究型世界一流大学的优势更加明显,初步形成现代大学治理体系。

建设目标:2022—2025年是全面建设阶段,建成综合性研究型大学,生物学达到世界一流水平,4—5个学科群处于国内领先;2025—2035年是提速发展阶段,实现百年名校振兴,若干学科跻身或接近世界一流水平;2035—2050年是高质量发展阶段,进入世界一流大学行列,一批学科处于世界一流大学前列。

建设路径:一是集中优势资源,重塑学科体系,快速形成生物学世界一流学科建设基础,形成医学学科新引擎,构筑"黄河学"交叉学科,再造其他基础学科;二是建设国家重大平台(湖河湾实验室体系),包括河南省龙子湖实验室(绿色能源与材料实验室)、河南黄河实验室和崖州湾种业国家实验室;三是构筑一流大学物理空间开封明伦校区、开封金明校区、郑州龙子湖校区、深圳研究院和三亚研究院;四是实施人才强校工程,依托国家和省部级科研平台、交叉学科、高等研究院、人文社科高等研究院,实施卓越人才引领计划、青年英才引育计划、科研队伍扩展计划,打造10个国家创新团队、100个高端人才、1 000个高水平研究人员("111计划")。

重点项目:(1)5重5工3基地——5个国家重点实验室,即棉花生物学国家重点实验室、省部共建作物逆境适应与改良国家重点实验室、地理信息工程国家重点实验室、抗体药物研制国家重点实验室、量子实验室;5个工程中心,即纳米杂化材料应用技术国家地方联合工程研究中心、高效显示与照明技术国家地方联合工程研究中心、抗体药物开发技术国家地方联合工程实验室、国家食用菌加工技术研发专业中心、国家应用数学中心;3个科研基地,即河南大别山森林生态系统国家野外科学观测研究站、黄河文明与可持续发展研究中心教育部人文社科重点研究基地、河南大学济源纳米中试基地。(2)国家创新高地的"河大"贡献。(3)新工科的建设。(4)重大设施和基础科学中心建设。(5)人文社会科学学科振兴体系("6中心")建设——黄河文化研究院、中原发展研究院、高等人文科学研究院、中国社科研究院郑州研究院、河南大学乡村振兴研究院、河南省考古实验室。

听取汇报后,楼阳生就河南省"双一流"建设和高等教育发展,发表了重要讲话。他强调,高等学校要牢记习近平总书记"奋勇争先、更加出彩"的殷殷嘱托,把牢方向、为党育人,勇攀高峰、争创一流,主动对接、服务发展,突出特色、塑造优势,深化改革、激发活力,加强领导、强化保障。省委工作会议明确了"确保高质量建设现代化河南、确保高水平实现现代化河南"的奋斗目标,把"实施创新驱动、科教兴省、人才强省战略"列为"十大战略"之首。这个战略的实施,河大责无旁贷、义不容辞。省委在重视高等教育的基础上,明确提出要在"十四五"期间为郑州大学、河南大学量身定做"双一流"建设实施方案和支持政策。河南要打造高等教育"双航母",努力在中原大地起高峰。要形成郑大、河大并驾齐驱,或者说"双雄""双航母",是完全必要的。"双航母"建设的核心问题就是团队和人才,要引育并举,以用为本。河南大学三个校区的功能定位必须非常清楚,基本的功能定位要明确,本科校区在开封,那郑州就是研究型校区、研究型平台。省里要用充足的资金支持河南大学郑州校区的建设。

2021年9月17日,楼阳生书记对河南大学郑州校区进行考察时,又一次指示,要进一步统一思想、凝聚共识,以更大决心、更大力度,高标准、高水平推进郑州大学、河南大学内涵式高质量发展,打造河南高等教育"双航母",努力在中原大地起高峰。2021年10月26日开幕的中国共产党河南省第十一次代表大会的报告中、2022年河南省《政府工作报告》中都明确,河南省要大力发展高等教育事业,量身定制郑州大学、河南大学"双一流"建设,打造河南高等教育"双航母"。

2022年2月14日,教育部、财政部、国家发展和改革委员会公布第二轮"双一流"建设高校及建设学科名单,河南大学入选第二轮"双一流"建设高校,生物学科入选建设学科。

河南大学发展蓝图已绘就,发展路径很清晰,发展目标已明确,建设任务很具体。全校师生正以时不我待的紧迫感和只争朝夕的奋斗精神,踔厉奋发,笃行不息,抢抓机遇,乘势而上,共同推动学校各项工作出新出彩、行稳致远,以优异成绩和崭新气象迎接学校110周年校庆,创造河南大学更加美好的未来。

第二章　教师队伍

长期以来,学校一直高度重视教师队伍建设,将教师队伍建设与高水平大学建设的实际需求紧密结合,科学制定人才队伍建设规划,认真总结工作经验,分析面临的形势和任务,部署和安排人才重点工作。2013年、2018年先后两次召开人才工作会议,部署人才工作重点。坚持党管人才原则,制定实施《关于全面加强人才工作的意见》,按照"四有"好老师标准,坚持"师德优先、高端引领、增强活力、整体发展"的工作思路,引育并举、以用为主,实施卓越人才引领、优秀青年人才引育、专职科研队伍扩展、管理人才队伍提升等系列人才工程,不断完善教师队伍政策支持体系和职业发展体系,积极探索"杰出人才+团队"的人才聚集和培养模式,以及"一人一策"的外籍专家聘用和管理模式,涌现出一批高层次人才、高水平创新团队和一大批青年英才,与一流大学相匹配的高素质教师队伍初步形成。

第一节　发展规划与制度建设

一、教师队伍发展规划

2011年,为适应经济社会发展对高等教育的需要,推动河南大学实现跨越式发展,河南省人民政府根据《国家中长期教育改革和发展规划纲要(2010—2020年)》制定了《百年名校河南大学振兴计划(2011—2020年)》。在教师队伍发展目标方面提出:坚持培养和引进相结合,打造高水平教师队伍。着力培养和引进院士、兼职院士、海外高层次人才引进计划人员、国家杰出青年基金获得者、长江学者、百千万人才工程国家级人选、中原学者、河南省海外高层次人才引进计划人员、教育部新世纪优秀人才、省特聘教授等,为高水平大学建设提供师资保障。《百年名校河南大学振兴计划(2011—2020年)》为学校教师队伍建设提供了政策支持,指明了发展方向。

以此为指导,学校"十二五"事业发展规划提出教师队伍建设的重点是:实施教师队伍"攀登计划",打造高水平教师队伍。以造就学科带头人、形成创新团队和学术梯队为核心,提高教师的教学水平、科研创新和社会服务能力。实施"杰出人才引进与培养计划""学术创新团队培育计划"和"优秀青年教师后备梯队培育计划",着力延揽和造就以院士为代表的学术大师和领军人物,重点建设一批优秀学术团队,带动一批学科带头人和后备梯队快速成长。

教师队伍建设的具体任务是:打造高层次创新人才队伍,实施"杰出人才引进与培养计划",着力延揽和造就以院士、长江学者、国家杰青为代表的高层次领军人才,以中原学者、省特聘教授为代表的中青年拔尖创新人才,以黄河学者、校特聘教授为代表的优秀中青年学术带头人和学术骨干。抓住国际金融危机带来的人才回流和中央实施海外高层次人才引进计划的机遇,下大力气引进一批具有国际先进水平的学科带头人、学术骨干和高层管理人才。以高层次人才为牵引,以优先发展学科为重点,合理配置资源,为高层次人才搭建干事创业的舞台,为拔尖人才快速成长创造有利条件。

加强中青年骨干教师队伍建设,重点扶持一批40岁以下、具有良好发展潜力的青年骨干教师。实施学历、学位达标制度,至2015年,45岁以下的教师应具有硕士以上学位,具有博士学位人员比例大幅提升。逐步改善教师队伍的学缘结构,自2011年开始,接收毕业生必须有2/3以上来自其他著名高校,至2015年,达到4/5以上;重点招聘海外优秀留学归国人员、国内中青年学术骨干。支持现有教师中非博士人员攻读博士学位。充分利用各级人才支持计划、出国留学支持项目,促进中青年教师提高学术水平。

加强创新团队建设,把学科建设与创新团队建设有机结合起来,针对学科优势明显、科研队伍较完整的创新团队,实施"学术创新团队培育计划",依托重点科研机构,建立高水平的专职科研队伍,组成稳定的科研群体。通过对一批重点学科、重点实验室的规划建设,实现国家级创新团队零的突破,建设一批省部级创新团队。

完善人才工作机制,培育和引进并重,建立相对稳定的骨干层与出入有序的流动层相结合的人才队伍管理模式。加大人才工作在学院目标考核中的权重,逐步加大学院的人事权。从人员、基地、制度三个方面统筹推进队伍建设,确保引进人才扎根学校,发挥作用。采取灵活的用人模式,完善讲座教授、课程教授制度,积极吸纳海内外优秀拔尖创新人才来校从事教学科研工作,促进相关学科快速发展。

加强学生辅导员与实验教师队伍的建设。进一步健全学生辅导员的选聘配备、培养培训、管理考核和职务晋升机制,按照"以专为主、专兼结合、素质优秀、数量充足、结构合理、相对稳定"的辅导员队伍建设目标,推进辅导员队伍专业化、专职化、专家化建设。充分发挥政策导向作用,形成一支实验教学与理论教学队伍互通、满足现代实验教学需要的学术水平高、教学质量好、职称和年龄结构合理的实验教师队伍。

"十二五"事业发展规划制定后,学校多次召开人才工作会议、杰出青年科研人才培育计划工作座谈会等,采取系列措施加强教师队伍建设,取得了显著成效。在此基础上,2016年学校又制定《河南大学"十三五"事业发展规划》和《百年名校河南大学振兴计划》专项——《河南大学教师队伍建设规划(2016—2020)》,对教师队伍建设目标和任务做了进一步的调整。提出到2020年,要打造一支能够支撑创建高水平大学发展目标,由一批学术领军人才领衔,规模适当、素质优良、结构合理、充满活力的高水平教师队伍,构筑服务于国家"四个全面"战略布局,服务于河南省系列国家战略,服务于学校"双一流"建设的人才聚集高地。要继续加强高层次教师队伍建设、强化创新团队建设,优化教师队伍结构。通过实施"杰出人才特区支持计划"和与之相配套的引智工程、青年拔尖人才培养工程、教师队伍建设"攀登计划"和"教师素质提升工程"、人才工作创新工程等来保障教师队伍建设目标的达成。实施"7100计划",重视教师队伍建设过程中"引进来"与"走出去"相结合,在长、短期外籍专家聘用和教师出国(境)研修方面提供政策和资金支持,不断提升教师队伍国际化水平,提升学校国际化办学实力和国际影响力。

2017年,学校入选"双一流"建设高校,在《河南大学一流学科建设高校建设方案》中,将建设一流教师队伍列为五大建设任务之一。新的教师队伍建设规划提出:一是强化高层次人才支撑引领作用。实施"杰出人才特区支持计划",引进和培养具有世界一流水平科学家、领军人才。加大海外拔尖人才的引进力度,加快推进教师队伍国际化进程。二是加大高水平中青年教师和创新团队培育力度。实施"学科带头人提升计划""青年英才培养计划""创新团队建设计划",促进中青年教师脱颖而出。实施新入职青年教师的综合支持计划,发挥一流人才集聚效应。三是实施师德师风建设计划。投入专项资金,加强师德师风建设,引导全校教师以德立身、以德立学、以德施教。把"有理想信念、有道德情操、有扎实知识、有仁爱之心"作为师德师风建设的根本价值导向,建立健全师德师风建设考核考评、监督激励、规范培训、模范引领、环境影响等长效机制,将师德师风内化于心、外化于行,成为先进思想文化的传播者、党执政的坚定支持者,更好担起学生健康成长指导者和引路人的责任。

2018年1月,学校召开人才工作会议,这是学校历史上一次非常重要的人才工作会议,是学校站在"双一流"建设新的历史起点上召开的一次重要会议,对学校今后一个时期的建设和发展具有十分重大的意义。会议以"深入学习贯彻习近平新时代中国特色社会主义思想和党的十九大精神,系统回顾和总结学校人才队伍建设的历史经验,科学分析和把握当前学校人才工作面临的新形势新任务,解放思想、积极谋划,以改革创新精神大力推进人才兴校战略,着力打造一流人才队伍,为建设世界一流学科大学提供坚强人才保障"为主题,既实事求是地总结了学校2013年人才工作会议以来实施"人才兴校"战略所取得的成绩,也客观分析了人才工作中存在的问题,明确了今后一个时期的工作重点与方向。在这次会议上,学校正式启动实施卓越人才引领、优秀青年人才引育、专职科研队伍扩展、管理人才队伍能力提升等人才队伍建设"四大工程",着力打造一流人才队伍,为学校"双一流"建设提供坚强人才保障和智力支持,并就严格落实主体责任、创新人才工作方法、营造良好用人环境等作出安排部署。

2021年,为进一步加强教师队伍建设,推动学校"双一流"建设迈上新台阶,根据学校第十一次党代会精神和《河南大学"十四五"事业发展规划和二〇三五年远景目标规划》,结合教师队伍现状,学校制定了《河南大学教师队伍建设规划(2021—2025年)》,计划到2025年,建立一支师德高尚、数量充足、结构合理、质量优良、富有创新精神,与"双一流"建设相适应的高水平教师队伍,形成有效吸引集聚人才、激发人才创新活力、具有一定竞争力的人才制度体系、人事工作运转体系和信息技术支撑体系。

学校围绕新一轮"双一流"建设任务,确立了"111人才强校工程",明确了人才工作目标:引育10个左右具有国际影响的国家级科技创新团队,汇聚100名左右院士、长江学者、国家杰青等领军人才,依托国家和省部级科研平台、交叉学科高等研究院、人文社科高等研究院建设一支1 000人以上的高水平科研学术骨干队伍。专任教师达到4 000人左右,博士学位获得者达到3 000人左右,博士化率达到72%。持续提升教师队伍质量,更好地推动学校"双一流"建设。

二、教师队伍制度建设

建立健全教师队伍管理机构。为全面提高教师队伍学历水平、业务能力和综合素质,2013年学校设置教师发展中心,挂靠人事处,开展新进教师岗前培训、教育部网络(集中)培训、省专业技术人员继续教育培训、青年教师出国外语培训等多种形式的培训和学习,保证在职教师专业知识和能力及时更新,不断提升教师队伍的整体素质。2018年,为全面加强适应一流大学建设需要的人才工作,校党委印发《关于成立人才工作领导组及工作机构的通知》,成立由校党委书记和校长任组长的人才工作领导组,下设人才工作领导组办公室、高层次人才工作组和党政管理人才工作组,对学校人才工作进行宏观指导和综合协调,确保人才工作各项安排部署落地生根。为统筹推进教师思想政治工作和师德师风建设工作,2018年成立党委教师工作部,负责制定相应的工作计划和考评体系,切实做好教师思想政治理论培训及政治审核、师德把关等工作,建立健全学校教师职业道德规范和师德建设长效机制,进一步完善教师评聘考核体系。为进一步加强高层次人才队伍建设,2019年设立高层次人才办公室,负责高层次人才政策和队伍建设规划制定,高层次人才的引进和培养,以及高层次人才的管理服务工作。

学校一直把教师队伍制度建设作为重要工作。2012年出台《河南大学关于杰出人才待遇的暂行规定》。2013年学校与各学院签署人才队伍建设目标任务书,完善体制机制,切实加强人才队伍建设,并将目标任务书作为单位年度考核的重要依据之一。各单位提出队伍建设的总体目标、年度目标和实施措施,明确任务并负责落实。2016年,结合"十三五"发展规划,学校制定了《河南大学杰出人才特区支持计划》《河南大学黄河学者和特聘教授岗位设置及聘任管理办法》。2017年,为加强博士后队伍建设,学校出台《河南大学博士后管理工作实施办法(试行)》《河南大学师资博士后管理工作实施办法(试行)》;为柔性引进和灵活使用校外高端人才,出台了《河南大学流动编制管理暂行办法》;为落实一流学科建设高校实施方案,推动一流学科建设,加大国家重点实验室和入选"双一流"学科高层次人才队伍建设,学校印发实施《河南大学关于在国家重点实验室和"双一流"建设入选学科设立"高层次人才特区"的通知》。2018年,学校为深入实施人才兴校战略,加快一流学科大学建设步伐,修订《河南大学黄河学者和特聘教授岗位设置及聘任管理办法》,制定出台《河南大学"青年英才计划"暂行办法》;为落实学校人才工作会议精神,实施好科研队伍扩展工程,扩大专职科研队伍规模,制定出台《河南大学重点研究平台专职科研人员管理办法》;为大力引进外籍专家,出台《河南大学外籍专家聘任和管理暂行办法》。2019年,为加强人文社会科学学科建设,制定出台《河南大学人文社会科学"资深教授"聘任管理办法(试行)》;为进一步加强博士后国际交流,拓展博士后国际视野,学校制定了《河南大学博士后国际交流项目实施办法》。2020年,为进一步加强和规范高层次人才考核评价工作,学校出台了《河南大学高层次人才考核实施办法(试行)》。同年,学校修订《河南大学外籍专家聘任和管理暂行办法》,形成更加科学高效的外籍专家引人用人机制。系列制度文件的制定,为教师队伍建设提供了有力保障。

三、人事制度改革

人事制度改革是推动教师队伍建设的重要抓手。2014年,学校组织相关人员赴国内高水平大学进行调研,为拟定适合一流大学要求的人事制度改革方案做好前期准备工作。2015年,按照上级深化综合改革的总体要求和部署,结合学校实际,学校起草了《河南大学人事管理与分配制度改革暂行办法》,在全校范围内广泛征求意见和建议,为新一轮人事制度改革的启动和实施奠定了基础。

学校入选"双一流"建设高校后,为适应高等教育综合改革发展趋势,加快推进"双一流"建设,提升学校综合实力和核心竞争力,学校积极谋划实施新一轮人事制度改革。2018年9月,学校深入开展人事制度改革相关问题的研究,先后赴昆明、重庆、成都、北京、武汉、上海、西安等地的高水平大学进行调研,借鉴国内兄弟高校成功经验,结合学校"双一流"建设实际,提出适应学校实际和发展需求的改革思路。2019年5月,学校启动校院两级财务体制改革,出台了《河南大学学院工作绩效考核实施方案(试行)》,建立学院工作绩效考核评价机制,激发学院办学活力,将学院年度工作分为人才培养、科学研究、教师队伍建设、学科建设、国际化办学、社会服务六大模块,对学院年度工作分类进行绩效考核。5月至9月,在认真学习全国、全省教育大会精神和高校人事制度改革最新文件精神,研究对接校院两级财务管理体制改革、学院工作绩效考核办法的基础上,结合吸收前期调研成果,形成了新一轮人事制度改革文件初稿。新一轮人事制度改革文件主要包括教师分类管理、职称评审、岗位设置、奖励性绩效工资发放、突出成果奖励等方面。2019年9月至2020年6月,学校就有关改革文件在全校各层面广泛征求意见建议,不断进行修改完善。2020年7月至9月,经提交校第五届学术委员会第七次会议审议,校第十八届二次教职工代表大会讨论,校党委常委会议审议通过,学校印发实施《河南大学教师岗位分类设置与管理办法(试行)》《河南大学教师(实验人员)中、高级职称申报、评审条件(试行)》《河南大学岗位设置管理实施办法(试行)》《河南大学绩效工资实施办法(试行)》《河南大学奖励性绩效工资实施细则(试行)》和《河南大学突出成果奖励办法(试行)》等6个文件,有序推进人事制度改革工作。

新一轮人事制度改革的总体思路是:以习近平新时代中国特色社会主义思想为指导,聚焦学校"双一流"建设目标,建立以岗位聘用为核心,以绩效考核为导向,以"放管服"改革为重点的人事制度体系,提高学校人才人事工作的运行效率和服务水平,促进优秀人才脱颖而出,推进教职工队伍协调发展;进一步扩大学院在人事管理和人才队伍建设方面的自主权,在人员总量和人员经费总量控制的基础上,扩大学院在人员选聘、专业技术职务评聘、岗位聘任、考核分配等方面的自主权,有序推进人事管理重心下移,形成与一流大学建设相适应的校院两级人事管理体制和运行机制,为"双一流"建设提供坚强的人才和人事制度保障。

改革的突出特点:一是推进分类管理。适应教师不同发展阶段和不同岗位类型需要,建立不同类别、不同学科教师岗位聘用制度和职称晋升制度,先入轨后晋升,分类、分级制定岗位聘期职责和绩效考核办法。二是强化绩效激励。在保证教职工整体薪酬普遍有所提高的基础上,构建以贡献大小为依据,充分体现多劳多得、优劳优酬的收入分配体系,最大限度地激发教职工的教学、科研、管理、服务潜能。三是推进重心下移。实施学院综合绩效考核,将奖励性绩效工资分配权限和部分岗位管理权限配置在学院,实行学校宏观管理、二级单位自主实施的管理体制,推动学院承担主体责任、发挥主体作用。四是体现动态调整。根据学校"双一流"建设需要,及时启动改革,不断调整优化指标体系和体制机制,在改革中完善,在完善中改革。

改革的基本内容:一是推进教师岗位分类设置与管理。将教师岗位分为教学为主型、教学科研型、科研为主型三类。学校制定聘期岗位基本职责,各单位制定聘期岗位具体职责。分别进行年度和聘期考核,考核结果作为发放绩效工资、晋升、续聘、转岗的重要依据。二是优化完善教师(实验人员)中、高级职称申报、评审条件。按照教学为主型、教学科研型、科研为主型三类分别制定教师高级职称评审条件,各有侧重;增加正高级实验师评审条件;教学科研型高级职称教学科研成果条件按照人文科学、社会科学、自然科学、工程技术科学、医学科学等分别制定。三是开展岗位设置管理。在核准岗位总量内,按照结构比例标准,规范设置各级各类岗位;分级分类制定任职条件和岗位职责,通过公开、平等、竞争、择优的方式,兼顾各类人员结构现状,积极稳妥地做好岗位调整与聘用工作;建立岗位动态调整机制,规范岗位转换,促进人员合理流动。四是推进绩效工资改革。根据学校事业发展和财力状况,逐年加大绩效工资投入,建立绩效工资总量与事业发展相适应的长效机制;扩大二级单位分配自主权,激发二级单位办学活力;调动教职工干事创业积极性,增强人才竞争力;妥善处理公平和效率的关系,逐步理顺校内收入分配秩序。五是实施突出成果奖励。为推动重大科研项目、人才项目、研究平台和高水平、标志性成果的产生,提升学校核心竞争能力,针对在学校教育教学、科学研究、人才团队与队伍建设、学科与平台建设等方面取得突出成绩、做出突出贡献的团队和个人给予不同奖励。

通过新一轮人事制度改革,加上学校2018年人才工作会议确定的各项政策,经过一段时间的实施、完善和优化,同时与校院两级财务体制改革等相互配合、互相支持,学校将逐步形成"特设岗位引领,常规岗位支撑;学院差异化发展,人才分类评价;绩效考核导向,多元薪酬激励"的人事制度体系,充分激发办学活力,调动教职工干事创业的积极性、主动性、创造性。

第二节 高层次人才队伍建设

一、高层次人才引进

2012年以来,根据办学定位和发展目标,学校启动和实施系列人才队伍建设工程,人才队伍建设取得显著成效,为"双一流"建设打下了良好的基础。在高层次人才引进方面,2012年学校出台实施《河南大学关于杰出人才待遇的暂行规定》,对杰出人才予以重点支持,以优先发展学科为重点,合理配置资源,为高层次人才搭建干事业的舞台,为拔尖人才快速成长创造有利条件。2016年,结合学校"十三五"发展规划,学校制定了《河南大学杰出人才特区支持计划》,设立人才专项资金,以人事聘用、薪酬分配、学科经费自主使用权扩大等改革为突破口,制定人才引进和培养政策。2017年出台《关于在国家重点实验室和"双一流"建设入选学科设立"高层次人才特区"的通知》。2018年出台实施《外籍专家聘任和管理暂行办法》。系列人才引进政策的出台,为学校高层次人才的引进提供了政策支持和保障。

教师队伍建设"攀登计划"。按照"立足高起点建设,实现高层次突破"这一基本思路,通过继续重点实施"杰出人才引进与培养计划""学术创新团队培育计划""青年骨干教师培养计划""教师国际合作与交流计划""青年教师博士化计划"等五个分项计划,努力构建一个定位明确、层次清晰、衔接紧密、促进优秀人才可持续发展的培养和支持体系。

杰出人才特区支持计划。2016年,为顺利推进高水平大学建设,以国家推进世界一流大学和一流学科建设为契机,学校出台实施《河南大学杰出人才特区支持计划》,坚持培养和引进并重、以培养为主的思路,认真贯彻落实人才兴校战略,构建目标明确、层次清晰的杰出人才培养和引进支持体系,努力造就一批学科领军人物、学科带头人和优秀学术骨干,充分发挥杰出人才的引领和带动作用,为尽快实现建设高水平大学奋斗目标提供坚实的人才保证。根据生物学一流学科建设目标和学科特点,2017年,在生物学学科设立"高层次人才特区",赋予生物学一流学科更大的用人自主权。坚持优化程序,开辟"绿色通道",以更快捷的方式引进人才;推行国际评价,采用国际通用的人才评价模式,严把人才引进质量关;落实"三个认可",即学校认可学科认定的人才类型、签订的工作合同、确定的考核结果。

人才队伍建设"四大工程"。2018年,学校召开人才工作会议,启动人才队伍建设"四大工程",开启新时代一流学科大学人才建设的新征程。坚持人才优先发展战略,实施卓越人才引领工程,以高端人才引领一流学科大学建设,以人才工作推动学校事业发展;实施优秀青年人才引育工程,为学校可持续发展储备具有发展潜力的青年人才;实施专职科研队伍扩展工程,大力加强各学科的科研力量和师资储备,进一步扩大专职科研队伍规模和质量的提升;实施管理人才队伍能力提升工程,适应新时代、新任务要求,转变思想观念,提高管理人才队伍的能力和水平。

"十二五"期间,学校根据建设发展目标,进一步理清人才队伍建设发展思路,召开人才队伍建设工作会议,大力推进教师队伍建设"攀登计划",高层次人才队伍建设取得突破性进展。引进双聘院士3名、国家杰出青年基金获得者2名、中国科学院"百人计划"3名、省"百人计划"特聘专家1名,入选教育部"长江学者奖励计划"特聘教授1名、"国家高层次人才特殊支持计划"领军人才2名,获批全国杰出专业技术人才1名、省杰出专业技术人才2名,聘任省高校特聘教授19名、讲座教授6名,上岗黄河学者、校特聘教授64名。

"十三五"期间,学校深入贯彻落实人才工作会议精神,科学谋划、多措并举、主动作为、精准施策,扎实推进人才队伍建设四大工程,汇聚海内外英才,打造一流人才队伍。新增双聘院士5人、教育部"长江学者奖励计划"特聘教授3人、国家杰出青年基金获得者4人、"国家高层次人才特殊支持计划"领军人才3人、国家"百千万人才工程"人选4人、中科院"百人计划"专家7人、省"百人计划"人选4人、省杰出专业技术人才1人,聘任省特聘教授29人、讲座教授13人,上岗中原学者1人、"杰出人才特区"特聘教授85人、攀登计划特聘教授34人、黄河学者42人、校特聘教授66人。

截至2022年3月,学校现有院士(专兼职)22人、外籍院士9人、教育部"长江学者奖励计划"特聘教授3人、国家杰出青年基金获得者6人、"国家高层次人才特殊支持计划"领军人才8人、国家"百千万人才工程"人选11人、中组部"高层次人才外专项目"1人、中科院"百人计划"专家7人、全国杰出专业技术人才1人、省"中原英才(外国专家项目)"6人、省杰出专业技术人才6人。聘任省特聘教授64人,讲座教授11人,上岗中原学者7人,"杰出人才特区"特聘教授92人、黄河学者70人、校特聘教授89人、外籍专家48人。

人文社科领域,中国社会科学院学部委员王巍的加入,增强了学校传统人文社科队伍的力量。

王巍,中国社会科学院学部委员。2001年被授予德国考古研究院通讯院士,2006年被授予美洲考古学会终身外籍院士;发表学术论文100余篇;出版专著2部;承担国家级科研项目8项;任国家"十一五"和"十二五"科技支撑项目——"中华文明探源工程"执行专家组组长;是唯一一个三次获得国家文物局田野考古奖的考古学家。

自然科学领域,以中国工程院院士王家耀,中国科学院院士林圣彩,长江学者王学路和冯兆东,外籍学者大卫·加尔布雷斯、约阿希姆·弗兰克等为代表的高层次人才先后加盟,不仅带动了学校学术团队的成长,也带动了相关学科的快速发展。

王家耀,中国工程院院士。在《测绘学报》等重要期刊发表学术论文170多篇;出版学术著作和教材16部;主持国家"863计划"、军队装备等30多个重大项目;获国家科技进步二等奖、国家和军队级教学成果奖一等奖、国防科技奖二等奖,军队科技进步奖一等奖、中国地理学会终身成就奖、中国测绘学会杰出贡献奖等多个重要奖励。

林圣彩,中国科学院院士。在 Nature、Science 等国际著名期刊发表SCI论文100余篇,他引次数达10 000余次,入选全球性信息分析中心爱思唯尔(Elsevier)中国高被引学者榜单;研究成果曾获2012年度"中国科学十大进展"、2017年度"中国生命科学领域十大进展"等多项荣誉,获得国家级教育成果奖二等奖2项。

王学路,"长江学者奖励计划"特聘教授。在 Science、Development Cell 等国际著名期刊发表研究论文64篇,总引用5 000余次,入选爱思唯尔(Elsevier)中国高被引学者榜单;主持国家"973计划"、国家自然科学基金重点项目、重大研究计划等国家级科研项目14项;研究成果曾获2021年度"中国高等学校十大科技进展"等多项荣誉。

冯兆东,"长江学者奖励计划"特聘教授。发表学术论文230篇,其中SCI论文125篇,EI论文36篇,总引用约10 000次;主编 Quaternary International 专辑三卷;先后承担5个美国基金项目和8个中国基金项目,完成国家基金委支持的"哈萨克丘陵地区的全新世气候变化"项目。

傅声雷,国家杰出青年科学基金获得者。Soil Ecology Letters 期刊共同创刊主编和《生物多样性》期刊副主编,Soil Biology & Biochemistry 期刊编委;发表SCI论文160余篇;领衔出版《土壤生态学》等专著;发明了"一种原位测定根系呼吸的方法","一种林冠模拟氮沉降和降雨野外控制实验系统";主持的成果曾获广东省科学技术一等奖。

张立新,国家杰出青年科学基金获得者。在 Cell、Annual Review of Plant Biology 等国际著名期刊发表论文50余篇;主持多项国家级重点科技项目,包括国家重点基础研究发展计划("973计划")2项,国家重点研发计划1项,国家自然科学基金重点项目2项,国家自然科学基金国际合作项目1项,国家自然科学基金－河南省联合基金重点项目1项。

杨文胜,国家杰出青年科学基金获得者。发表学术论文260余篇,他引9 000余次;授权发明专利43项;主持国家重点研发专项、国家高技术发展计划("863计划")、科技部中小企业创新基金、国家自然科学基金等多个项目;发展了基于磁性复合粒子的DNA快速提取技术,打破了国外对这一领域的技术垄断;探索了磁性和发光纳米粒子在免疫标记中的应用,率先在国际上完成了磁标乙肝免疫试纸的临床验证工作。

周树堂,"百千万人才工程"国家级人选。在 PNAS、Cellular and Molecular Life Sciences 等国际著名期刊发表学术论文30多篇,主持国家自然科学基金重点项目、联合基金重点项目、"973计划"等多项课题。2019年10月1日,作为专家代表受中组部邀请参加国庆70周年庆典观礼。

韩士杰,"新世纪百千万人才工程"国家级人选。发表SCI/CSCD论文近500篇,总引用10 000余次;主持国家科技基础性工作专项重点项目、"973计划"项目、重点研发项目、重点基金项目多项;获国家科技进步二等奖,国际气象组织MUMM奖,CERN科技贡献奖等。

大卫·加尔布雷斯,美国亚利桑那大学植物科学系、生物医学工程与环境研究所教授。2002年入选美国科学促进协会成员,担任 Frontiers in Genomic Assay Technology 杂志主编,Cytometry 和 Plant Methods 杂志副主编。在 Nature、Science、PNAS、Plant Cell 等国际著名刊物上发表多篇学术论文。2018年受聘为河南大学生命科学学院名誉院长。

约阿希姆·弗兰克,美国科学院院士,哥伦比亚大学教授,2017年诺贝尔化学奖得主,被称为"低温电子显微镜之父"。在国际顶尖杂志上发表多篇论文,其编著的《大分子组装的三维电子显微镜》一书成为医学专业的经典教材。曾获Wiley生物医学科学奖、2003年生物科学杰出科学家等。2019年受聘河南大学国际学术委员会主席、特聘教授。

二、高层次人才培养

地处中部不发达城市,河南大学既没有地理优势,也没有"985工程""211工程"院校的财力支持,尽管学校下大力气引进杰出人才,但在人才引进方面并没有优势。由于深刻认识到学校吸引高层次人才的不易,因此学校一直坚持引育并举、以用为主的思路,认真贯彻落实人才强校战略,构建目标明确、层次清晰的杰出人才培养和引进支持体系,努力造就一批学科领军人物、学科带头人和优秀学术骨干,充分发挥杰出人才的引领和带动作用,为尽快实现学校建设高水平大学奋斗目标提供坚实的人才保证。在引进高层次人才的同时,学校也非常重视高层次人才的培养。强调以改革创新的精神激励人才,研究出台新的政策和措施,形成更加科学、更具活力的机制。学校先后出台《河南大学黄河学者和特聘教授岗位设置及聘任管理办法》《河南大学师资博士后管理工作实施办法(试行)》《河南大学重点研究平台专职科研人员管理办法》《河南大学高层次人才考核实施办法(试行)》《河南大学突出成果奖励办法(试行)》《河南大学流动编制管理办法》等,通过制度激励,引导教师向着高层次人才发展。强调以人为本的理念用好人才,让各种岗位各类人才各尽其职、各显其能、各得其所,形成推动河大事业发展的强大合力。以有效的体制机制服务人才,把做好人才工作作为一项政治任务,切实做好关心人才、服务人才的各项工作;要求各级党员领导干部特别是各单位党政主要负责同志,带头做好培养、发现和使用人才的工作,为人才队伍建设出实招、办实事,努力为优秀人才创造更好的工作生活环境和学术生态环境。

人文社科领域,苗长虹、张宝明、李伟昉先后于2014年、2015年、2017年入选国家"万人计划"哲学社会科学领军人才,杨捷于2017年入选国家"万人计划"教学名师。

苗长虹,国家"万人计划"哲学社会科学领军人才。在 *Eurasian Geography and Economics*、*Geoforum* 等期刊发表论文150余篇;出版《中国农村工业化的若干理论问题》《空间集聚、关系建构与区域发展》等专著10多部,撰写的《新经济地理学》入选国家级规划教材;主持包括国家自然基金重点项目在内的国家级项目6项,省部级课题20余项;获省部级奖励10多项。

张宝明,国家"万人计划"哲学社会科学领军人才。发表论文近百篇,出版学术论著9部;主持完成国家社科基金课题、重点项目2项;目前主持国家社科基金重大项目"五四运动百年记忆史整理与研究"。

李伟昉,国家"万人计划"哲学社会科学领军人才。在《中国社会科学》《文学评论》等重要学术期刊发表论文多篇;出版学术专著8部,译著1部,主编教材多部;主持主讲国家级精品资源共享课程、国家级视频公开课2门;主持国家社科基金重大项目、重点项目、一般项目4项;获省部级一、二等科研奖励8项。

杨捷,国家"万人计划"领军人才、教学名师。在《比较教育研究》《课程·教材·教法》等学术期刊发表论文80余篇,出版《重构中学与大学的关系:美国进步教育之"八年研究"初探》《师范类专业认证国际比较研究》等著作多部,主持国家社科基金项目等20余项,成果获河南省高等教育教学优秀成果特等奖、一等奖多项。

自然科学领域,秦耀辰于2017年入选国家"万人计划"教学名师,陈卫东、苗雨晨先后于2015年、2019年入选"百千万人才工程"国家级人选。

秦耀辰,国家"万人计划"教学名师。在《地理学报》、*Applied Geography* 等中外文刊物发表学术论文360多篇;出版《区域系统模型及其应用》《低碳城市研究的模型与方法》等学术著作12部;主持完成国家自然科学基金等项目29项;成果获国家教学成果二等奖,河南省科技进步一、二等奖等省部级以上奖励18项。

陈卫东,"百千万人才工程"国家级人选。发表具有重要影响的SCI论文40余篇,发表文章的总被引次数达到1700多次;参编国际专著2部;主持参与完成国家自然科学重点基金项目、国家杰出青年科学基金项目等课题多项。

苗雨晨,"百千万人才工程"国家级人选。在 *Plant Cell*、*PNAS* 等国际著名期刊上发表重要研究论文30余篇,主持国家重点研发计划、国家自然科学基金项目等5项,作为主要完成人获国家自然科学二等奖、教育部和河南省自然科学一等奖等。

第三节　青年英才与学术团队培育

一、青年英才的培育

教师队伍梯队建设始终是教师队伍建设的重要关注点。《百年名校河南大学振兴计划(2011—2020年)》提出:"实施优秀青年教师后备梯队培育计划,重点扶持一批40岁以下,具有良好发展潜力的青年骨干教师,鼓励和支持青年教师赴国内外高水平大学或科研机构攻读博士学位或学习交流,逐步增加具有海外学术背景的教师比例。"学校"十二五"发展规划更是明确提出实施"优秀青年教师后备梯队培育计划"。2014年,在加快实施教师队伍建设"攀登计划"的同时,学校启动"杰出青年科研人才培育计划",着眼于学术基础扎实、具有创新能力和发展潜力的优秀青年科研工作者,探索个性化的人才培养模式,重点支持和培育一批能与"国家高层次人才特殊支持计划""长江学者奖励计划""国家杰出青年科学基金"等国家级重大人才计划相衔接的杰出青年学术人才,实现学校人才队伍建设与国家各层次人才项目培养目标的重点突破。2016年实施的《百年名校河南大学振兴计划(2011—2020年)》专项《河南大学教师队伍建设规划(2016—2020)》再次提出:对青年拔尖创新人才实施专项资助,推动实施"优秀青年拔尖创新人才培养计划",着眼于培育一批能与"国家专业技术人员特殊支持计划""长江学者奖励计划""国家杰出青年科学基金""国家优秀青年科学基金"等重大人才计划相衔接的青年拔尖人才。选拔思想政治素质好、创新业绩较突出,自然科学领域40周岁以下("国家优秀青年科学基金"培养对象35周岁以下)、人文社科领域45周岁以下的优秀青年教师,进行重点培养和跟踪支持。选拔人文社科领域10人和自然科学领域10

人共 20 人,分别予以每人每年 20 万元和 60 万元的科研经费资助。

  在学校青年英才培育计划和杰出青年、优秀青年、种子青年培育项目等政策引领下,学校对有发展潜力的优秀青年教师,进行重点培养和跟踪支持,使其尽快成长、快速发展。十年间,青年拔尖创新人才培养成绩显著。

  人文社科领域,张先飞于 2018 年入选"长江学者奖励计划"青年学者,实现了河南省长江学者以及人文学科领域"长江学者奖励计划"零的突破;展龙、林志友于 2021 年同时入选国家"万人计划"哲学社会科学领军人才;艾少伟和金亚迪于 2020 年、赵建吉于 2021 年入选中宣部宣传思想文化青年英才,中宣部宣传思想文化青年英才实现学校零的突破。

  张先飞,"长江学者奖励计划"青年学者。在国家一级期刊发表论文 16 篇;独立出版系列著作 4 部;主持国家社科基金重点项目 1 项、一般项目 3 项,主持霍英东基金、中宣部"四个一批"人才项目等项目多项;获教育部高校科研优秀成果三等奖、河南省社科一等奖、河南省文学艺术优秀成果一等奖等。

  林志友,国家"万人计划"哲学社会科学领军人才。在《马克思主义研究》《光明日报》等期刊报纸上发表学术论文 100 余篇,出版学术著作 6 部,主持国家级、省部级项目 21 项,科研成果获省部级社会科学优秀成果一等奖 3 项、二等奖 5 项。

  展龙,国家"万人计划"哲学社会科学领军人才。发表论文 100 余篇,出版《元明之际士大夫政治生态研究》《明代气象史料编年》等著作多部,主持国家社科基金项目等 20 余项,成果获河南省社会科学优秀成果一、二等奖多项。

  艾少伟,中宣部宣传思想文化青年英才。参著《黄河保护与发展报告》,主编"民族地理丛书"等,主持国家基金 3 项,获河南省自然科学优秀学术论文一等奖、河南省科技进步二等奖、河南省教育厅人文社科成果一等奖等 10 余项。

  金亚迪,女,中宣部宣传思想文化青年英才。在《音乐研究》等刊物发表论文多篇;受国家汉办、省教育厅选派,先后赴美国、意大利等 8 个国家巡演交流;获河南省高校优秀社科成果一等奖、省哲学社会科学优秀成果二等奖各 1 项。

  赵建吉,中宣部宣传思想文化青年英才。在《地理学报》等专业核心期刊发表论文 40 余篇,出版著作 3 部,主持国家自然科学基金、国家社会科学基金等省部级以上课题 12 项,获得省科技进步二等奖、省高等学校人文社科优秀成果特等奖各 1 项。

  自然科学领域,白锋、程纲、申怀彬先后于 2014、2015、2019 年获得"国家优青"荣誉称号,师冰洋、赵勇、董冠鹏先后于 2016、2017、2020 年获得国家"千人计划"青年人才称号,陈珂于 2020 年入选"万人计划"青年拔尖人才。

  白锋,国家优秀青年科学基金获得者。发表 SCI 论文 40 余篇,其中以第一作者及通讯作者在 *Chemical Reviews*、*Advanced Materials* 等影响因子 10.0 以上的期刊发表论文17篇,引用2 000余次;主持国家自然科学基金5项,省部级重点项目4项。

程纲,国家优秀青年科学基金获得者。在 Advanced Materials、Nano Energy 等国际著名期刊发表SCI论文40余篇,授权国家发明专利14项,主持国家自然科学基金4项,获得省科技进步二等奖2项。

申怀彬,国家优秀青年科学基金获得者。发表SCI论文100余篇,其中以第一/通讯作者在 Natture Photonics、Nano Letters 等国际著名期刊发表论文60余篇,引用3 500余次;授权国家专利18项;主持基于国家自然科学基金项目4项;电致发光器件研究成果入选"2019中国光学十大进展"。

师冰洋,国家海外高层次人才引进计划青年学者。发表SCI论文100余篇,在纳米载体血脑屏障穿越机理及脑靶向生物纳米药物研制研究领域文章引用排名世界第二;撰写综述和专著10余项;获批中国发明专利17项,申请国际专利5项;主持国家级项目7项;领衔创办河南省首个综合性国际学术期刊 Exploration。

赵勇,国家海外高层次人才引进计划青年学者。研究成果以通讯或第一作者发表在 Joule、Nature Communications 等国际著名期刊,论文他引2 600余次,5篇论文入选ESI高被引论文;获批中国发明专利3项;获得国家自然科学基金委项目2项、海外高层次人才引进计划青年项目1项。

董冠鹏,国家海外高层次人才引进计划青年学者。在地理学国际知名期刊上发表SSCI/SCI论文40余篇;开发了HSAR开源R统计软件包,联合开发了地理加权建模的GWmodelS桌面统计软件;主持和参与国家自然科学基金和英国经济社会理事会基金项目多项。

陈珂,中组部"万人计划"青年拔尖人才。在 Nature Photonics、Nature Communications 等国际著名期刊发表SCI论文50余篇,授权国家发明专利6项,主持国家自然科学基金项目2项。

二、学术团队的培育

《百年名校河南大学振兴计划(2011—2020年)》明确提出,实施学术创新团队培育计划,依托重点科研机构,建设高水平的专职科研队伍,形成稳定的科研群体,重点建设一批优秀学术团队,带动一批学科带头人和人才后备梯队快速成长。2013年,按照学校《中西部高校综合实力提升工程专项资金2013—2015年项目建设规划》,积极组织有关单位申报,经科学论证,规划培育哲学社会科学科研创新团队32个,资助金额2 000万元;自然科学科研创新团队23个,资助金额4 900万元;医学科研创新团队7个,资助金额1 100万元。

2016年《河南大学教师队伍建设规划(2016—2020)》专项再次提出:通过重点支持,跟踪培育,国家级科技创新团队达到2个,省部级创新团队达到30个左右,以增强学校的创新竞争力。

2017年学校入选"双一流"学科建设高校后,更加积极探索实践"杰出人才+团队"模式,发挥一流人才集聚效应,以带动学科快速发展。生物学作为国家"双一流"建设学科,明确提出要探索学科交叉,加强学术团队建设。以学术领军人才为核心,凝练学科研究方向,引进和培养富有创新潜力的青年学术骨干,加强科技支撑人才体系建设,创建全球变化和生态适应、光信号和植物发育等省部级以上创新团队4—6个,增强原始创新和重大成果产出能力,依托团队合作,在若干优势学科方向提出新理论,或实现重大技术突破。

2019年,为加大学术团队的培养力度,学校遴选了哲学社会科学领域的哲学创新与当代中国社会发展研究、经济测度与绩效评估、中国近现代国家治理研究等21个学术团队,自然科学技术领域的纳米结构光电材料与器件、分子病理和药物研发、能量高效存储与转换、传感器信息处理与人工智能等18个学术团队作为学校重点培养的创新团队。

学校一方面积极支持引进专家组建工作团队,先后为引进的院士、长江学者、国家杰青、中国社会科学院学部委员等杰出人才组建了"河南省时空大数据产业技术研究""古代文明研究""拓扑量子功能材料研究""光合作用功能调控""生物固氮和豆科生物学"等11个高水平创新团队。另一方面,坚持高标准、国际化,整体引进高端创新团队,成功引进由美国国家科学院院士周芷领衔、4名美国著名大学终身教职人员组成的"表观遗传学调控与基因功能"团队。此外,学校还遴选培育了"特色资源植物可持续利用""中原早期文明的形成与演进"等17个跨学科科研创新团队,以及"农业资源开发与可持续利用""宋代历史文化"等24个科研创新团队。

2012年以来,先后有多酸化学创新型科技团队、交叉学科中核心问题数学分析与计算创新型科技团队、应用心理创新团队等11个团队获批"河南省创新型科技团队",功能氧化物材料物理及其应用、新能源材料设计与制备研究、多源信息融合等32个团队获批"教育厅高校科技创新团队",报刊史料与20世纪中国文学史、经济地理与中原经济区发展、生命与价值教育等20个团队获批"河南省高等学校哲学社会科学创新团队"。

2015年教育部公布"创新团队发展计划"滚动支持名单,以杜祖亮教授为牵头人的"纳米功能材料及其应用"创新团队和张治军教授领军的"纳米材料产业化"创新团队名列其中。

"纳米功能材料及其应用"创新团队牵头人杜祖亮是教育部新世纪优秀人才,

发表SCI学术论文200余篇,鉴定成果7项,授权发明专利20余件,先后主持完成国家重大基础研究"973计划"前期专项、国家自然科学基金重大纳米研究计划、国家自然科学基金重点项目等国家级科研项目10余项。他带领科研团队研发的量子点材料制备和纳米结构设计等关键核心技术,大幅提高了红绿蓝三色量子点发光二极管(QLED)的发光效率,相关成果入选"2019中国光学十大进展"。他领衔的团队在 Nano Letter、ACS Nano 等国际重要学术期刊发表SCI研究论文350余篇,授权专利28件,主持国家"973计划"课题项目2项,获批国家自然科学基金项目35项,获河南省科技进步二等奖3项。团队学术思想活跃,年龄结构、学科结构合理,其中"国家优青"2人、教育部新世纪优秀人才5人、中原学者2人、省特聘教授2人、黄河学者4人、校特聘教授2人。

"纳米材料产业化"创新团队由省劳动模范张治军教授领衔组建,现有骨干成员6人,成员29人。张治军发表SCI论文300余篇,他引4 500余次;获鉴定成果11项;授权国家发明专利70余项;主持完成973、863计划课题等国家级项目8项;获国家技术发明二等奖1项。他领导的创新团队近年来授权国家发明专利70余项,其中工业化转化25件,孵化企业17家,获技术成果转化费用6 000余万元。以纳米二氧化硅及工业化生产技术孵化了河南海博瑞硅材料科技有限公司,拟投资10亿元,规划建设"20万吨/年特种功能纳米二氧化硅"项目,目前一期年产4万吨生产线已经建成投产。推动河南大学与济源示范区联合共建济源纳米材料产业园,规划用地267万平方米,力争达到十年1 000亿的规模,将产业园建设成为国内一流、国际先进的纳米材料产业基地。

经过这十年的努力,学校教师队伍建设取得了长足的发展,有力支撑了学校事业的发展,教师队伍的学历结构、职称结构、年龄结构、学缘结构逐步优化。

2011年全校在职教职工4 235人,专任教师2 694人,正高职称389人,副高职称1 096人,具有博士学位教师772人,外籍教师12人。学校专任教师博士化率为28%,副高级以上职称占专任教师比例为55%,外校毕业的教师所占比例较低。2021年,学校有教职工4 475人,专任教师3 284人,其中正高职称624人,副高职称1 420人,具有博士学位的教师2 136人,外籍教师180人。学校专任教师博士化率达到65%,副高级以上职称占专任教师的比例达到62%,45岁以下教师占专任教师的比例为67%,外校毕业教师占比达到73%。

2011年,学校有双聘院士12人,国家有突出贡献中青年专家2人、国家"百千万人才工程"2人、教育部"新世纪优秀人才支持计划"13人,享受国务院政府特殊津贴40人,省优秀专家、省优秀中青年骨干教师68人,省科技创新人才获得者4人,省"创新人才培养工程"12人。2021年,学校有两院院士、外籍院士、长江学者、国家杰青、"万人计划"领军人物等67人,国家级人才增加22人,在岗各级各类特聘教授286人,省部级以上人才达到280余人,青年英才以上高层次人才达到334人。

尤其是2017年学校入选"双一流"建设高校以来,以习近平新时代中国特色社会主义思想为指导,以"双一流"建设为中心,深入贯彻落实学校第十一次党代会精神、人才工作会议精神,实施人才强校战略,强抓高层次人才队伍建设,教师队伍结构优化得到明显提升,专任教师职称、学历和年龄结构更加合理。

专任教师由2017年的2 988人,增加到2021年的3 284人。专任教师中教授占比20.08%,副教授占比41.34%,其他占比38.58%,教师职称结构均衡。教师博士化率2017年为49.46%,2021年提高到63.89%,教师博士化率5年提升14.43个百分点,增幅较大。专任教师年龄结构逐步趋向合理化、年轻化。专任教师中35岁以下教师占比为17.48%,36－45岁教师占比为43.95%,46岁以上教师占比为38.58%。

教师队伍国际化水平稳步提升。2017年以来,引进具有海外博士学位教师86名,选派257名教师赴海外从事一年以上的进修访学。截至2021年底,教师中有海外学历或有一年以上海外访学经历者的比例达12.18%,引进外籍教师人数从2017年的76人,增加到2021年的180人,教师的跨文化交流能力得到显著提升。

第四节　师德师风建设

一、健全制度和工作机制

学校坚持立德树人根本任务,高度重视师德师风建设,把师德师风作为人员招聘、职务聘任、职称晋升、人才推荐、评优奖先、年度考核等工作的第一标准,引导广大教师以德立身、以德立学、以德施教、以德育德,以《新时代高校教师职业行为十项准则》为依据,争做"四有"好老师。通过制度建设、组织建设、宣传教育、团队创建等途径,层层压实师德师风建设主体责任,逐步形成党委统一领导、党政齐抓共管、牵头部门明确、教学科研单位具体落实、教师自我约束的师德师风建设工作机制,师德师风建设成效显著。

为深入贯彻落实党的十九大精神和全国、全省高校思想政治工作会议精神,进一步加强学校师德建设,推进学校师德建设规范化、制度化,2017年12月,校党委发布《中共河南大学委员会关于建立健全师德建设长效机制的实施意见》。《实施意见》阐明了建立健全师德建设长效机制的重要意义和总体要求,决定采取六项主要举措来推进师德建设的规范化、制度化。这六项举措是:坚持价值引领,建立健全师德教育机制;营造浓厚氛围,建立健全师德宣传机制;坚持把关从严,建立健全师德监督机制;坚持公平公正,建立健全师德考核机制;坚持以人为本,建立健全师德激励机制;坚持失德必究,建立健全师德惩处机制。学校成立由校党委书记、校长担任主任,其他校领导任副主任,党政办公室、纪委监察处等13个职能部门负责人组成的师德建设委员会,领导和统筹师德师风建设工作,办公室设在党委宣传部。

2018年9月,学校成立党委教师工作部,与人事处合署办公,具体负责师德师风建设专项工作。2021年5月,调整师德建设委员会成员单位,调整后的师德建设委员会由校党委书记、校长任主任,分管校领导任常务副主任,其他校领导任副主任,成员包括党委办公室、纪委监察专员办公室机关、党委组织部、宣传部、教师工作部、学生工作部、研究生工作部以及校长办公室、教务处、人事处、国际合作与交流处、校工会、科学技术研究院、人文社会科学研究院等单位主要负责人和校学术委员会委员代表。师德建设委员会下设办公室,办公室设在党委教师工作部,办公室主任由教师工作部部长兼任。2021年10月,校党委发布《河南大学教师师德失范行为处理办法(试行)》,明确了师德失范行为的情形、处理程序和处理结果的执行,建立和完善了师德监督问责机制。在主体学院和重点科研机构设师德建设分委员会,以党政一把手为直接责任人,负责本单位的师德师风建设工作。师德师风建设逐步规范化,工作机制逐步完善。

二、宣传引导与氛围营造

建校百余年来,学校严守"明德新民、止于至善"的校训,在一代代学人的精心铸造下,逐渐形成了"团结、勤奋、严谨、朴实"的优良校风和"前瞻开放、面向世界,坚持真理、追求进步,百折不挠、自强不息,兼容并包、海纳百川,不事浮华、严谨朴实"的河大精神,涌现出一批爱岗敬业、热爱学生、严谨治学、师德高尚、廉洁奉公的优秀教师典型。党委教师工作部会同宣传部、教务处、研究生工作部、校工会等单位,紧扣时代脉搏,深度挖掘河大精神文化,开展形式多样、内容丰富的师德师风宣传教育活动,引导广大教师深入学习贯彻习近平总书记关于师德师风建设的重要论述精神,学深悟透总书记对广大教师的殷切希望和深情嘱托,将总书记重要论述和重要指示精神内化于心,外化于行,逐步构建起立体化、全方位的师德师风建设模式。

一是构建新时代高校教师荣誉体系。在教学优秀奖、科研优秀奖、管理优秀奖、思想政治教育工作优秀奖、师德标兵和师德先进个人评选的基础上,以高扬主旋律、弘扬正能量为导向,组织开展"文明教师""教育世家""最美教师"等与社会发展紧密联系的评选活动,构建新时代高校教师荣誉体系,挖掘身边可学可做的优秀教师典型,以师德优秀典型为引领,见贤思齐,引导广大教师学先进,做先进,当楷模。

二是选树师德先进典型,做好宣传引导。2013年6月,学校"道德讲堂"正式启动,先后邀请校内外专家学者、师德先进个人20余人,对教师进行师德宣讲;在全校开展向身边的典型人物学习活动,分别举行李润田、周守正、朱自强、党鸿辛、朱绍侯、李丙寅等人的先进事迹报告会。2017年,学校组织开展了"感动河大"人物评选活动。在9月25日校庆日举行的颁奖典礼上,对23位"感动河大"人物进行了表彰。他们当中有:为学校做出过突出贡献已经离世的马佩、王汉澜、朱自强、任访秋、刘亚星、刘炳善、张今、周守正、党鸿辛、蔡兴元等10位先生;有年逾九旬甘于奉献的老校长李润田,精于学问笔耕不辍的历史文化学院教授朱绍侯,从小车司机成长为博士生导师的文学院教授佟培基,胸有大爱从容达观的哲学与公共管理学院教授黄魁吾,躬身为法学俯首居山林的法学院教授吴祖谋,出生于美国却用一生在黄土地上种下一颗中国心的外语学院教授吴雪莉,被喻为央视"百家讲坛"常青树的文学院教授王立群;还有济世为怀的张仲仪教授,医者仁心的吴博亚教授,大爱无言的张晓晖老师,一生心系河大的李丙寅先生,不负天职的李申申教授,讲述诗意人生的常萍老师。2019、2020年,学校教师傅声雷及李霞、黄志昂夫妇获得"出彩河南人·最美教师"称号。学校通过组织师德专题报告、开展交流座谈以及"河南大学好老师"微信公众号、党委教师工作部官网、宣传栏等线上线下相结合的形式,持续宣传"师德标兵""优秀教师""文明教师""最美教师"等师德先进典型,请身边人讲身边事,用身边事育身边人,营造尊师重教、崇德向善的师德氛围。

三是开展团队创建,发挥引领作用。自2017年教育部启动"全国高校黄大年式教师团队"创建活动以来,校党委高度重视、认真组织、扎实推进团队创建活动,取得了良好效果。2018年,学校地理学教师团队获首批"全国高校黄大年式教师团队";2021年,逆境生物学和中国史教师团队获"河南省高校黄大年式教师团队",其中逆境生物学教师团队获第二批"全国高校黄大年式教师团队"。2021年教师节前夕,习近平总书记给全国高校黄大年式教师团队的回信在全国高等教育系统引起强烈反响。以此为契机,学校开展"学习贯彻习近平总书记给全国高校黄大年式教师团队重要回信精神"活动,通过座谈会、校报专版、学校官网、微信公众号、宣传栏等多种形式,开展学习宣传教育活动。充分发挥学校"黄大年式"教师团队的引领作用,引导广大教师以黄大年同志为榜样,立足本职岗位,立德修身、潜心治学、开拓创新,做"四有"好教师,推动学校"双一流"建设实现内涵式、高质量发展。

四是聚焦师德师风建设,组织开展主题教育活动。2020年11月,开展"师德师风建设月"活动,全校各单位认真学习贯彻落实习近平总书记关于教师队伍建设的重要论述,以社会主义核心价值观为引领,立足于本单位实际,采取多种措施,开展形式多样的主题活动。2021年根据学校工作要点,制定了《河南大学"师德师风建设年"活动方案》,在全校范围内开展"师德师风建设年"活动,营造立德树人的良好氛围,引导广大教师以德立身、以德立学、以德施教、以德育德,争做"有理想信念、有道德情操、有扎实学识、有仁爱之心"的"四有"好教师。

党委教师工作部成立后,在官网公布师德监督电话和邮箱,同时在办公、教学等公众场所设置师德监督牌,畅通师德问题投诉途径;通过师德建设分委员会定期研判分析本单位师德师风现状,发现师德师风工作存在的短板和问题,及时依法依规进行处理;针对常发多发易发情形,列出师德失范问题清单,提高风险防范意识;落实好师德师风日常管理,积极防范教师失德违纪甚至违法犯罪问题发生。学校、教师、学生、家长和社会多方参与的师德监督体系初步形成。

三、师德师风建设成效

在学校精心组织、积极引领下,全校尊师重教、崇德向善的氛围日益浓厚,师德师风建设卓有成效,培养了一批政治素质过硬、业务能力精湛、育人水平高超的高素质教师队伍。

2012年,宋纯鹏被授予"全国优秀科技工作者"荣誉称号,并荣获河南省五一劳动奖章,成为河南大学近年来首位获此殊荣的科研工作者。宋纯鹏多年潜心教育事业,在教书育人、科学研究等方面都做出了突出的业绩。他带领的河大"生命人"在短短的20年内完成了需要几代人奋斗所能达到的学术积累,实现了河南大学生物学学科的跨越式发展。因业绩突出,宋纯鹏曾荣获全国师德标兵、河南省教育名师等称号。同年12月,学校86岁老教授、著名史学家朱绍侯荣获"2012中华文化人物"称号。

2013年,苗书梅荣获河南省"师德标兵"称号。苗书梅毕业后任教于河南大学历史文化学院至今。长期参与培养中国古代史宋史方向、中国古代政治制度史方向的硕士、博士研究生,指导历史文献学专业的硕士研究生。先后被授予开封市劳动模范、河南省新长征突击手标兵、河南省教育系统巾帼建功标兵、河南省三八红旗手、河南省五一劳动奖章等荣誉。

2014年5月,吴雪莉被授予全国"十大功勋外教"称号。吴雪莉原籍美国阿肯色州史密斯堡,1946年远涉重洋来到中国,1953年任教于河南大学。与共和国同行,她用拳拳之心缔结了半个多世纪的中国情;她为教育事业发展呕心沥血,其严谨求实的教学精神铸就了一段传奇辉煌的育才记。1975年,在周恩来总理的亲自批示下,吴雪莉加入了中国国籍。作为华籍美人,她将中国视为第二故乡,积极译书立言,以中西文化交流"红娘"的身份,向西方传递中国的声音。2016年,吴雪莉被授予2015"感动中原"年度教育人物荣誉称号。

2014年9月,张治军获"全国模范教师"荣誉称号。张治军先后担任河南大学化学化工学院院长、特种功能材料教育部重点实验室执行主任,中国工业机械学会摩擦学分会常务理事,河南省摩擦学分会理事长,河南省第十至十二届人大常委会委员等职,曾先后获得全国优秀科技工作者、河南省杰出专业技术人才、"最美愚公人"等荣誉称号。

2015年9月,大学外语教研部教师郭皓被评为"全国师德标兵",此次全国师德标兵的评选共产生了100位全国师德标兵。郭皓以其优秀的道德品质、突出的教学成绩成为河南省高校唯一获得全国师德标兵的教师。郭皓自2002年留校工作后,年均教学工作量700个课时,单日最高课时量达到11节。10多年来,他几乎没休过一个完整的双休日,没度过一个完整的寒暑假,将绝大部分的精力和时间都献给了他深爱的课堂和无数的学子,在平凡的工作岗位上做出了不平凡的成绩。张晓晖被评为河南省"师德标兵"。张晓晖任职于河南大学外语学院,长期关注贫困地区孩子上学问题,自2006年发起"母亲助学金"活动,共募集捐款200余万元,他本人捐献工资30余万元。多年来,资助开封及南阳等地的孤儿、农村贫困单亲儿童2 600余人,先后25次前往贫困山区支教,树立了青年教师的典范。李二玲被评为河南省师德先进个人。李二玲任职于河南大学地理与环境学院,是博士生导师、省特聘教授,中国地理学会经济地理专业委员会委员。她在教师岗位上辛勤耕耘,默默奉献,爱岗敬业,成绩斐然。曾荣获"河南省教育厅学术技术带头人""河南省优秀青年社科专家"等称号。

2017年12月,教育部对首批"全国高校黄大年式教师团队"认定结果进行公示,以秦耀辰为带头人的河南大学地理学教师团队名列其中。地理学团队承担着黄河文明与可持续发展、黄河中下游数字地理技术和秦巴山地自然地理过渡带科学研究、地球系统科学数据共享备份中心等工作,多次受到省委、省政府的表扬。2010年以团队主要成员为核心的"地理科学主干课程教学团队"获批国家级教学团队,2013年以国家级教学团队为基础建立了"环境与规划国家教学示范中心"。团队带头人王发曾、秦耀辰等呕心沥血、孜孜不倦的工作精神,为教师树立了师德标杆。团队涌现出了一大批高素质中青年教师并获得多项荣誉:带头人秦耀辰被评为国家"万人计划"教学名师;团队被中共中央组织部命名为"全国先进基层党组织",被评为"河南省教育系统先进集体",地理学被遴选为河南省优势学科,党和国家领导人习近平等视察时曾给予高度评价。同年,教育学部李申申被授予河南省2017"感动中原"年度教育人物荣誉称号,全省有10名同志获此称号。李申申年近古稀,从教40余载,常年坚持工作在教书育人第一线,承担着多项国家级科研项目。她关心学生,诲人不倦,辛勤工作,曾连续几年获得学院"最受学生欢迎的任课教师"和学校"教学质量奖特等奖"。

2019年9月,傅声雷荣获"出彩河南人·2019最美教师"称号。傅声雷曾先后入选中国科学院"百人计划"、国家杰出青年科学基金获得者、"国家百千万人才工程"人才、"中原学者";是国家科学技术奖评审专家,国家自然科学基金委员会专家评审组成员。2016年入职河南大学后,先后带领学校环境与规划学院自然地理学团队获批"河南省大气污染综合防治与生态安全重点实验室",带领学校生态学团队获批"河南大别山森林生态系统国家野外科学观测研究站"。教育学部杨捷荣获"河南省师德先进个人"称号。他始终践行"学高为师、身正为范"的高尚师德,爱岗敬业,教书育人,为人师表,脚踏实地,为学校教育教学工作做出了卓越贡献。他们得到了师生的认可和好评,也用实际行动为广大师生树立了榜样。

2020年9月,李霞、黄志昂夫妇荣获"出彩河南人·2020最美教师"称号。2020年武汉疫情暴发,李霞爱人黄志昂作为河南省首批援鄂医疗队队员驰援武汉,李霞留在开封也迅速组建新冠病毒诊断应急攻关团队,经过近一个月与病毒争分夺秒的赛跑,2月26日,团队成功研制出新冠病毒特异性IgM和IgG硒标快速检测试剂盒,这是硒标技术在国际首先使用于病毒诊断。试剂盒获欧盟CE认证,不仅申报了国家发明专利,而且成功转让企业,为新冠病毒防控做出了积极贡献。为普及新冠防控知识,李霞成立了新冠病毒防治科普团队,筹划并制作了科普动画片《孙悟空大战新冠病毒》。动画片一经上线,几天内腾讯网站点击量迅速突破10万次,并在开封教育电视台循环播放,对全市1 000所中小学近70万学生进行新冠病毒科普教育,受到学生的欢迎和社会的一致好评。2020年新冠疫情期间,李霞既要支持丈夫武汉抗疫,又要照顾上有老下有小的家庭,同时还要开展新冠诊断攻关、编写科普动画,她用行动和成绩践行着"学以致用、服务社会"的初心。

2021年7月、2022年1月,以宋纯鹏为带头人的河南大学逆境生物学教师团队先后被认定为"河南省高校黄大年式教师团队""全国高校黄大年式教师团队"。逆境生物学教师团队始建于1985年,团队始终坚持立德树人根本任务,秉持科技报国理想,扎根中原大地,汇聚四海英才,立足"逆境生物学与可持续农业",将科研工作写在山川大地,把科研成果转化为教育资源。2016年获批"作物逆境生物学创新引智基地",2017年生物学入选"双一流"建设学科行列,2019年获批省部共建作物逆境适应与改良国家重点实验室。团队先后获全国模范职工小家、全国教育系统先进集体等多项荣誉。近年来,团队围绕"逆境生物学",构建了目标明确、结构合理、精诚合作的教师团队,培育出国家"973计划"首席科学家、国家杰青、国家"百千万人才工程"入选者、"中原千人计划"、中原基础领军人才等创新人才,形成了一支以"973计划"和国家重点研发首席科学家、国家杰青、长江学者等领军人才为中坚,扎根中原、面向世界、追求卓越的逆境生物学创新团队。

以程民生为带头人的中国史教师团队被认定为"河南省高校黄大年式教师团队"。中国史教师团队是学校创建最早的教学团队之一,团队带头人程民生被誉为"宝藏教授",人民网、光明网、香港文汇报等媒体争先报道;苗书梅被评为全国优秀教师,贾玉英被评为全国模范教师,龚留柱家庭获"全国文明家庭"称号,展龙入选国家"万人计划"哲学社会科学领军人才、中宣部文化名家暨"四个一批"人才。团队先后获批国家社科基金重大、重点项目10项,国家社科基金其他类别项目30余项;在《中国社会科学》《历史研究》《哲学研究》等权威期刊发表论文近100篇;出版《宋代地域文化史》《中华文明中的汴京元素》等优秀学术著作50余部。团队完成聚焦国家和省级重大战略的规划方案10余部,举办行业培训270余次,涉及9省11地市的精准扶贫,参训人员11 000余人次,为区域社会经济和文化教育事业发展做出了重要贡献。

2021年8月,在省教育厅开展的河南省首批教育世家评选活动中,学校推荐的两个教育世家孟骞和郭闰家庭成功入选。孟骞为中原发展研究院教师,其高祖、曾祖、祖父、父亲及本人5代共16人均为人民教师,其曾祖和曾伯祖为杞县大同学校创始者和奠基人。郭闰为国际汉学院教师,其外祖父、父母及本人3代均为河南大学教师,连续三代长期耕耘在学校教学第一线,业绩突出。

2021年12月,学校获批河南省首批师德师风建设基地。师德师风建设基地的遴选和建设,是深入贯彻落实习近平总书记关于教育的重要论述和全国、全省教育大会精神,全面提升教师思想政治素质和职业道德水平的重要举措。入选河南省师德师风建设基地,是对学校师德师风建设成效的高度肯定,同时对发挥学校教育资源优势,突出河南大学特色,扎实推进师德师风建设各项工作,努力打造一支高水平、专业化、创新型的教师队伍,推动学校"双一流"建设,实现内涵式高质量发展具有重要意义。

第三章 学科发展

学科是高等学校教育教学的基础和支撑。2012至2021年,河南大学学科发展取得了跨越式发展,尤其是生物学学科入选国家"双一流"建设学科。入选"双一流"之前,河南大学深耕重点学科、优势特色学科建设,39个一级学科、3个二级学科入选河南省第八批重点学科,化学、材料科学进入ESI排名前1%。入选"双一流"建设高校后,学校以生物学一流学科建设为引领,优化学科布局,重点培育新的一流学科,推动学科交叉融合,拓展学科领域,彰显学科特色,建立了特色鲜明、结构合理、优势突出的学科生态体系。截至2021年底,学校已形成郑州校区、开封明伦校区、开封金明校区三个校区统筹布局、合力发展的学科布局,化学、材料科学、临床医学、工程学、植物学与动物学、药理学与毒理学、环境科学与生态学等7个学科进入ESI世界前1%学科,高等人文研究院、交叉学科高等研究院和现代农业与生物技术研究院等具有学科交叉性质的研究机构相继成立。迈入2022年,生物学科再次入选第二轮国家"双一流"建设学科,彰显了学校学科发展的稳健态势。

第一节 一流学科创建之路

一、创建"双一流"的学科积淀

2010年7月《国家中长期教育改革和发展规划纲要(2010—2020年)》(以下简称《纲要》)出台,对高等教育学科发展提出了指导性要求:一是优化结构办出特色。适应国家和区域经济社会发展需要,建立动态调整机制,不断优化高等教育结构;优化学科专业、类型、层次结构,促进多学科交叉和融合;重点扩大应用型、复合型、技能型人才培养规模;加快发展专业学位研究生教育;优化区域布局。二是促进高校办出特色。发挥政策指导和资源配置的作用,引导高校合理定位,克服同质化倾向,形成各自的办学理念和风格,在不同层次、不同领域办出特色,争创一流。三是加快建设一流大学和一流学科。以重点学科建设为基础,继续实施"985 工程"和优势学科创新平台建设,继续实施"211 工程",并启动特色重点学科项目;改进管理模式,引入竞争机制,实行绩效评估,进行动态管理。

结合《纲要》,河南省人民政府制定了支持高校发展的系列政策,其中包括《百年名校河南大学振兴计划(2011—2020 年)》。《百年名校河南大学振兴计划(2011—2020 年)》从指导思想、建设目标、任务以及保障等方面为学校的学科发展规划了一条迈向"一流"之路。以此为指导,2011 年 11 月,学校审议通过了《河南大学"十二五"事业发展规划(2011—2015)》,进一步明确了学科建设的具体任务:

一是加强学科群建设。坚持"加强基础,发展优势,支持新兴,重视交叉,协调发展,办出特色"的原则,推进强势学科核心化,特色学科优势化。继续加强传统优势学科的建设,保持和发扬学校文史见长的特色,注重发展黄河文明、宋文化等具有地域优势的特色学科。从现有学科中遴选出若干涵盖面广、学术影响力大、发展前景好的学科予以重点支持,特别要优先重点支持对中原经济建设有重大推动作用的学科群。通过学科群建设,催生新的学科生长点,促进学科结构优化,形成多学科协调发展的格局。

二是汇聚学科队伍。建立和完善学科带头人选拔机制,进一步发挥校、院学术委员会在校内学科带头人的认定、选拔和校外学术带头人引进、评定工作中的作用。根据学科发展需要,培养、引进学科带头人,加强对学科带头人的综合评价。提升学科带头人参与国际学术交流、对话和合作的能力,努力造就学贯中西的杰出学者。充分利用和整合校内学科资源,发挥强势和优势学科群的作用,形成若干个有特色的跨学科创新团队。搭建对外协作平台,形成一批国际化高水平创新团队。

三是建设学科平台。切实做好《河南大学 2008—2015 年省部共建学科建设与发展规划纲要》确定的七个科研创新平台和哲学社会科学创新基地建设工作。瞄准与中原经济区建设密切相关的电子信息、生物、节能环保、新材料、新能源、高端装备制造和新能源汽车等战略新兴产业,积极承担和自主设立重大研究课题。力争在培育新的学科增长点、形成创新基地、取得标志性成果、培养创新人才等方面取得重大成果。

四是改进学科管理模式。探索建立学科带头人为学科建设负责人的管理模式。学科带头人负责确定研究方向和组建学术梯队,具有学科建设相应的事权和财权。改变学科建设经费投入方式,由以二级学科为主向以一级学科为主转变,以对设备投入为主向以队伍建设为主转变,将有限的资源向学科建设最需要、最关键的地方集中。遴选和建设若干个研究型学院,采取特殊措施,突破体制性障碍,实现若干学科的跨越式发展,努力实现国家重点学科的突破。

五是提升学科建设整体水平。加强地理学、文学、历史学、经济学、生命科学、教育学、体育学、化学、物理学等学科建设,力争使其成为国家重点学科或重点培育学科。加强哲学、法学、新闻学、艺术学、管理学、数学、计算机科学、建筑学、医学、药学、护理学等学科建设,使其整体水平得到大幅提升。建设物流、汽车工程、信息科学、材料科学、农学、社会学等学科,培育新的学科增长点。

河南大学"十二五"事业发展规划制定后,学校采取了系列措施贯彻落实学科发展规划,并取得了显著成果。"十二五"期间,学校化学、材料科学进入ESI排名前1‰,生物学、地理学两个省重点培育一级学科通过省教育厅、财政厅检查,河南省优势特色学科建设工程一期建设学科申报取得佳绩,"以文、理、医、工为主,多学科协调发展"的学科建设格局逐步形成。

二、入选"双一流"建设学科

2015年10月24日,国务院下发《关于印发统筹推进世界一流大学和一流学科建设总体方案的通知》,提出要"加快建成一批世界一流大学和一流学科,提升我国高等教育综合实力和国际竞争力,为实现'两个一百年'奋斗目标和中华民族伟大复兴的中国梦提供有力支撑"。

在国务院"双一流"建设总体方案出台后,学校积极谋划世界一流学科建设,在2016年制定的"十三五"事业发展规划中,明确提出"力争进入国家'双一流'大学建设行列"。并制定优势学科冲顶、特色学科振兴、新兴学科跨越式发展三大战略,以期建成结构优化、协同发展的高水平学科体系。其中优势学科冲顶战略提出:集中优质资源,实施生物学一流学科提升计划,促进地理学等学科快速发展,跻身国家一流学科行列。

同年12月,学校印发与《百年名校河南大学振兴计划(2011—2020年)》相配套的8个专项规划,其中包括《河南大学学科建设规划(2016—2020)》。在《学科建设规划》中,再次明确学科建设的指导思想是:围绕实施"一条主线,两大突破,五大战略",以提高人才培养质量为核心,以立德树人为根本,以支撑创新驱动战略、服务河南发展重大需求为导向,对接国家战略部署,加强资源整合,调整学科布局,创新体制机制,强化优势特色的引领带动作用,促进学科交叉与融合,推动学校文、理、医、工多学科的协调发展,探索实践"国家一流、区域引领、中原风格"的发展道路,不断提高服务地方经济社会发展的能力。

2017年1月24日,教育部、财政部、国家发展和改革委员会联合发布《统筹推进世界一流大学和一流学科建设实施办法(暂行)》,明确遴选一流大学建设高校和一流学科建设高校的条件、程序以及支持方式和管理办法等。在"双一流"建设实施办法出台后,学校在河南省委、省政府的大力支持下,积极组织申报。2017年2月2日,学校成立"河南大学创建双一流工作领导小组",认真学习领会国家有关"双一流"建设的文件精神和政策导向,立足国家与区域战略发展的高度,找准创建一流学科大学的"契合点"。根据国家文件设定的遴选条件,运用国内外第三方机构的学科评价数据和其他相关文献,总结学科发展成就和优势特色。4月初,在确定省级优势特色学科的基础上,以生物学科、地理学科作为"双一流"拟建设学科,开始编制学校一流学科建设规划。

2017年6月,学校成立编制方案起草小组,按照教育部编制方案的提纲要求,结合学校发展实际,开始建设方案的编制工作。6月29日召开了以宋宝安院士为组长的学科领域专家论证会议,7月7日在北京召开了以饶子和院士为组长的战略层面专家论证会议,对《河南大学一流学科建设高校建设方案》进行论证。方案得到学科领域专家和战略层面专家的高度评价。在省委、省政府的指导和支持下,又对《河南大学一流学科建设高校建设方案》的支撑条件作了详细工作安排,并经7月10日省政府常务会议审核通过。

2017年9月,生物学科最终以突出优势、鲜明特色,顺利入选国家"双一流"建设学科,河南大学入选"双一流"建设高校。

三、"双一流"带动下的学科建设

学校入选"双一流"建设高校后,随即颁布实施《河南大学一流学科建设高校建设方案》。以"世界一流学科"建设为核心,学校再次对学科发展规划进行了调整。

新的学科建设规划强调:以生物学一流学科建设为引领,优化学科布局,推动学科交叉,拓展学科领域,彰显学科特色,建设特色鲜明、结构合理、优势突出的学科生态体系,使河南大学在国家高等教育体系中的地位大幅攀升。实施"生物学+"一流学科建设计划,带动形成一流大学学科生态体系。立足学校学科现状、学科结构变化和未来发展态势,科学制定世界一流生物学科建设计划,统筹配置资金资源,完善政策保障体系,在管理体制、人才引进、平台建设、科学研究、优质资源配置上,向生物学学科倾斜,进一步巩固生物学学科的优势地位,提升其在国内外的学术影响力。推进学科交叉融合,整合环境生态、农业科学、医学、信息科学、材料科学、考古学等相关学科,构建生命科学学科群。形成纳米生物学、生物信息学、生物考古学等新兴交叉学科,提升学科(群)整体实力。关注学科协调发展,提升相关学科影响力,推动人文、艺术、体育、教育、心理学等学科发展,为一流学科发展奠定坚实的基础和提供良好的发展环境。

为加强学科管理,2018年1月19日学校成立了河南大学学科建设处,下设综合科、建设科、规划科3个科室,专职负责加快一流学科大学建设的管理与执行工作。2019年6月,学校成立"双一流"建设工作组,统筹协调解决一流学科建设带动学校整体发展过程中的重要问题。结合实际,科学决策,对事关一流学科建设的方向、路径、范围等关键环节做出适时调整。2020年,为做好"双一流"建设成效评估工作,贯彻落实上级关于"双一流"建设成效评估工作的方案及安排部署,学校成立了"双一流"建设成效评估工作领导小组,领导小组下设办公室和工作组,办公室设在学科建设处。工作组主要职责包括:贯彻执行"双一流"建设成效评估工作领导小组的决策部署;落实周期建设目标总体完成情况、资金到位及使用情况;根据学校《自评方案》的要求开展单项自评工作;凝练学科建设典型案例和填报学科建设监测数据;梳理学校"双一流"建设中的制约因素,并提出针对性改进措施;做好与上级主管部门的沟通联系,落实领导小组交办的其他工作。为提高学科建设相关管理人员的能力和素养,2020年11月23日至29日,河南大学2020年"双一流"科研管理和学科建设专题培训班在西北大学举办。学科建设处、科学技术研究院、研究生院及各单位分管科研、研究生工作的50余名中层领导人员参加了培训。

为推动"双一流"学科建设的稳步发展,学校多次召开各个层面的"双一流"学科建设推进会、自评会、交流会等,校领导也多次深入各个基层单位走访、调研,了解各单位学科发展存在的问题,帮助解决学科发展的瓶颈问题。2018年11月,学校制定《2018年度河南大学一流学科建设任务分解计划》,建立以项目为支撑、业绩为导向的经费分配机制和以效率、绩效为中心的资源配置方案,建立一流学科工作台账和重点学科建设专项管理制度,强化对建设任务的目标管理。同年12月,学校出台《河南大学学科综合提升计划经费分配办法(ESI/NI)》《河南大学学科综合提升计划经费分配办法(B类学科)》《河南大学学科综合提升计划经费分配办法(重点学科)》等系列文件,建立以绩效为导向的学科评价体系,进一步完善规章制度建设;为确保《河南大学一流学科建设高校建设方案》和《河南大学校院两级财务管理体制改革工作方案》的实施,加快学科建设步伐,研究制定了《河南大学学科量化考核办法》。

学校入选"双一流"建设高校后,受到河南省委、省政府的高度重视,省委、省政府领导多次到学校考察,了解学校一流学科建设情况。2017年11月29日上午,省委书记、省人大常委会主任谢伏瞻到校专题调研"双一流"建设工作,并组织召开座谈会,听取学校"双一流"建设情况的汇报。2018年3月在省政府第三次常务会议上,省长陈润儿专门就"关于支持郑州大学、河南大学'双一流'建设若干意见"发表讲话,提出省委、省政府会把郑州大学、河南大学"双一流"建设作为教育发展的重点工作来抓,摆在优先位置,制定特殊政策,采取特殊办法,给予特殊支持,强力推进实施。2019年1月21日下午,河南省人民政府副省长霍金花来校就"双一流"建设工作进行调研,并在金明校区听取"双一流"建设情况汇报。2021年9月9日,河南省委书记楼阳生到河南大学调研,在座谈会上,他明确提出,"将大力支持郑州大学、河南大学'双一流'建设,打造河南高等教育'双航母',努力在中原大地起高峰",为河南大学学科发展带来了新的发展契机。

教育部对河南大学"双一流"建设同样给予了高度关注。2019年8月21日,教育部党组成员、副部长翁铁慧一行到河南大学调研"双一流"建设工作,并召开"双一流"建设座谈会。翁铁慧表示,河南大学历史悠久,底蕴深厚,一代又一代河大人恪守校训,自强不息,潜心育人,历经艰辛而初心不改,为中原乃至全国高等教育事业做出了重要贡献,令人感动。进入"双一流"建设行列以来,河大抢抓机遇,科学谋划,拼搏创新,"双一流"建设取得了突破性进展,值得肯定。翁铁慧还就学校发展过程中遇到的困难和问题给予针对性指导,提出工作要求。她表示,今后教育部将加强对非直属"双一流"建设高校的宏观指导,加大对这类高校的支持力度,给予更多的关心和支持。

教育部,河南省委、省政府领导对河南大学学科发展的高度重视、政策上的大力支持,为河南大学学科发展注入了强大的发展动力,为河南大学顺利完成首轮"双一流"建设提供了有力保障。

四、新一轮"双一流"学科建设规划

教育部,河南省委、省政府的高度重视和大力支持,推动了河南大学学科建设的快速发展。尤其是河南省委、省政府提出打造河南高等教育"双航母",出台支持新一轮"双一流"建设政策等,都为河南大学带来全新发展机遇。面临前所未有、百年不遇的历史机遇,"解放思想,真抓实干,落实'双航母',建设'双一流'"成为河南大学今后一个时期发展的主线和核心问题。2021年9月,在认真总结首期"双一流"建设经验和不足的基础上,结合多方调研,学校编制了《实现河南大学百年名校振兴建设世界一流大学方案(2021—2025)》,明确提出:"瞄准世界一流大学,实施学科'筑峰'工程。"明确新的发展阶段学校学科建设的任务和举措:生物学科冲顶计划、一流学科培育计划、新兴和交叉学科培育计划、传统骨干基础学科振兴计划。

2021年10月,在上报教育部的《"双一流"建设高校整体建设方案》中,学校进一步明确新的发展阶段学科发展规划:

高峰学科建设计划。突出生物学一流学科建设核心地位,积极推动生物学一流学科内涵式发展。重塑学科体系,加强生物学及农学相关资源重组;联合省内外优质医学资源,加强生物医学学科建设,形成世界一流生物学学科基础;实施"生物学+"学科发展战略,带动生态学、环境科学与工程、信息科学、化学、数学、物理学、材料科学与工程、考古学等相关学科快速发展,构建以生物学为中心的一流学科生态体系。

一流学科培育计划。加强地理学、中国语言文学、教育学等优势学科培育力度,推动资源与环境、黄河学、绿色能源与材料、纳米材料与器件、信息科学等特色学科发展,构建分类别、多层次融合发展的学科生态体系,建成一批国内优势学科,推动更多学科进入世界一流学科建设行列。

新兴和交叉学科培育计划。依托"交叉学科高等研究院"和"人文社科高等研究院",通过建立学科交叉研究和交流平台,发挥综合性大学多学科优势,厚实学科基础,培育新兴交叉学科生长点,组建交叉学科群,大力发展合成生物学、计算生物学、生物医学、人工智能、智慧农业和新材料等前沿交叉学科以及具有前瞻性、战略性的新工科,加强文理交叉融合,形成文化遗产保护、科技考古、实验经济学等交叉学科点。

传统骨干基础学科振兴计划。加强基础学科建设,以生物学一流学科建设引领带动数学、物理学、化学等学科发展,实现理科基础学科的快速提升;充分发挥传统文科基础学科优势,深入推进"哲学社会科学振兴计划",瞄准文史哲基础学科的主流前沿问题,构建具有中原风格的哲学社会科学体系,巩固中文、历史、哲学等学科的优势地位,凸显体育、艺术等特色学科在中华优秀传统文化中的传承作用,推进学校哲学社会科学繁荣。

学科建设总体目标:到2025年,生物学学科接近或达到世界一流水平,逆境生物学进入全球第一方阵;地理学、中国语言文学、教育学等优势学科处于国内领先水平;生态环境学科群、黄河文明学科群、化学与材料工程学科群、纳米材料与器件学科群等优势学科在国内地位凸显;传统基础学科实力显著增强,原始创新能力明显提升,一级学科博士学位授权点增加到25—30个。

建设方案还提出,围绕创新型国家建设需求,进一步优化学科生态结构,提升理科面向世界科技前沿的创新能力,快速提升人文社会科学学科的整体实力,加快布局新工科、新医科、新农科、新文科,形成多学科交叉融合、协同发展的学科生态体系,引导支持不同类型、不同发展阶段的学科合理定位、办出特色,加快进入世界一流行列。

第二节 重点和优势特色学科建设

一、重点学科建设的推进

在河南大学进入第二个百年的第一个五年规划中,学校学科发展聚焦在"以重点学科建设为核心,努力实现学科的高层次突破和跨越式发展"方面。《百年名校河南大学振兴计划(2011—2020年)》明确学校学科建设任务:一是加强地理学、文学、历史学、经济学、生命科学、教育学、体育学、化学、物理学等学科建设,力争使其成为国家重点学科或培育学科;二是加强哲学、法学、新闻学、艺术学、管理学、数学、计算机科学、建筑学、医学、药学等学科建设,使其成为省重点一级学科,并尽快获得一级学科博士学位授权点;三是加强艺术学科、体育学科的建设与发展,打造高层次艺术、体育人才培养基地。

为扎实推进省级重点学科建设,早在2011年5月,学校就制定了《河南大学重点学科建设经费使用与管理办法》,并筹集资金2 135万元,对省级重点学科建设进行资助,具体标准为:对省资助重点学科经费按省资助标准的1∶4配套,未经省资助重点学科经费按照省资助学科标准的1∶3划拨。

2011年12月,省财政厅、教育厅联合下发《关于进一步提高河南省普通本科高校生均拨款水平的实施意见》,决定集中部分资金重点支持优势特色和经济社会发展急需专业建设,对学术实力雄厚、优势突出、特色鲜明、符合省经济社会发展需要、近期有望建成国家级一级重点学科的学科进行重点培育,在3年内省财政连续每年给予2 000万元的补助。河南大学生物学、地理学两个博士学位授权一级学科荣列其中,并获得培育基金1.2亿元。生物学、地理学两个学科获批河南省培育一级学科国家重点学科,不仅为两个学科带来了经费的支撑,同时也为两个学科提供了新的发展契机,为2017年生物学学科入选"双一流"建设学科奠定了基础。

2012年8月8日,学校接到《河南省教育厅关于开展河南省第八批重点学科评审建设工作的通知》,8月9日学校即召开党政联席会议进行研究分析。学校要求各单位认真做好第八批省重点学科申报工作,争取以更优异的成绩向百年校庆献礼。副校长宋纯鹏要求各单位党政班子、学科带头人、学术队伍务必认真总结,深入思考,从战略高度重视学科建设与发展,从策略上积极寻找学科发展的方向与思路,积极有效地利用资源、资金、人才,加快发展速度,提升发展高度。在学校的积极动员和组织下,河南大学哲学、理论经济学、应用经济学、法学、政治学、马克思主义理论、教育学、心理学、体育学、中国语言文学、外国语言文学、新闻传播学、考古学、中国史、世界史、数学、物理学、化学、地理学、生物学、生态学、统计学、光学工程、电子科学与技术、控制科学与工程、计算机科学与技术、土木工程、化学工程与技术、基础医学、临床医学、药学、中药学、管理科学与工程、工商管理、艺术学理论、音乐与舞蹈学、戏剧与影视学、美术学、设计学等 39 个一级学科,图书情报与档案管理、建筑学、口腔医学 3 个二级学科入选第八批省重点学科。其后,省教育厅决定从评审确定的第八批省重点学科中,通过答辩方式遴选 50 个重点资助学科,河南大学除原有的生物学、地理学两个省重点建设学科外,参加答辩的应用经济学、统计学、教育学、中国语言文学、外国语言文学、考古学、中国史、世界史、化学、生态学、马克思主义理论、体育学、数学等 13 个一级学科全部通过专家审议,成为省重点资助学科。

2017 年 9 月,省教育厅组织第九批河南省重点学科立项建设工作,河南大学积极组织申报,最终哲学、理论经济学、应用经济学、法学、政治学、马克思主义理论、心理学、体育学、外国语言文学、新闻传播学、世界史、数学、生态学、统计学、光学工程、电子科学与技术、控制科学与工程、计算机科学与技术、建筑学、土木工程、化学工程与技术、基础医学、临床医学、口腔医学、药学、中药学、护理学、管理科学与工程、工商管理、公共管理、图书情报与档案管理、音乐与舞蹈学、戏剧与影视学、美术学、设计学等 35 个一级学科入选第九批河南省重点学科。2018 年 7 月,省教育厅又增列河南大学考古学、材料科学与工程、中国史、化学、物理学、中国语言文学等 6 个一级学科为第九批河南省重点学科。至此,学校共有 41 个学科入选第九批河南省重点学科。

二、优势特色学科的建设

2015 年 11 月,为贯彻国务院《统筹推进世界一流大学和一流学科建设总体方案》精神,落实《河南省人民政府关于深化高等教育综合改革全面提升服务经济社会发展能力的意见》要求,加强优势特色学科建设,加快高水平大学和特色骨干大学建设,进一步提升高等教育整体水平,为经济社会持续健康发展做出更大贡献,在河南省委、省政府的大力支持下,河南省教育厅、财政厅启动实施河南省优势特色学科建设工程一期项目申报工作。学校对申报工作高度重视,校领导多次就申报工作进行不同层面的沟通和安排,多次召开专题会议研究部署,多次审阅听取申报学科的建设规划和答辩汇报材料,提出修改意见建议。申报过程中,学校紧扣省政府关于优势特色学科建设方案的指导思想,以服务河南发展重大需求为导向,对接国家战略部署,加强学校相关学科的有机整合,形成特色鲜明、优势明显、学科实力突出的学科和学科群。在最终公布的河南省优势特色学科建设工程一期建设学科名单中,学校生物学、地理学被确定为河南省优势学科重点建设学科,教育学、"黄河文明"学科群、"纳米材料与器件"学科群被确定为河南省特色学科建设学科,应用经济学被确定为河南省特色学科重点培育学科。

为推进优势特色学科建设,学校多次召开专题研讨会。2015年12月23日学校召开"省优势特色学科建设工作座谈会",会上各优势特色学科牵头单位主要负责同志围绕"提高优势特色学科建设成效,优化学科建设体制机制"进行了交流和研讨。2016年3月29日,学校再次召开"省优势特色学科建设规划专家评审论证会",邀请中国科学技术大学、中国社会科学院、中国农业大学、北京师范大学、中山大学等单位的专家学者为学校6个优势特色学科问症把脉,并恳请各位专家对学校学科的发展现状给予明确的定位和判断,对这些学科未来的建设与发展提出宝贵意见和建议,早日实现创建一流学科的目标。2016年9月14日,学校召开"省优势特色学科建设进展年度检查专家论证会",邀请省优势特色学科论证专家、相关学科带头人、学科建设牵头单位负责人等参加。会上专家在充分肯定各学科取得建设成效的基础上,对各学科汇报材料中存在的不足提出了修改意见,并就今后学科建设的发展思路、提质增效的路径措施提出了建议。此后,学校又多次召开省优势特色学科建设工作推进会、建设方案讨论会、迎评推进会、验收工作推进会等,为省优势特色学科建设保驾护航。

2017年,学校入选"双一流"建设高校后,确立了新的学科发展目标,即以一流学科带动学校整体发展,统筹推进省优势特色学科(群)建设,加快构建以一流学科引领的国家、省、校三级学科建设体系,早日建成结构优化、协同发展的高水平学科体系。

为更好地推进学校省优势特色学科建设,学校地理学、教育学、"黄河文明"学科群、"纳米材料与器件"学科群、应用经济学等5个河南省优势学科、特色学科(群)分别制定了优势特色学科建设方案。方案的制定,为各学科更好地推进学科建设提供了保障,为落实各项建设与改革任务、确保各阶段具体目标如期实现提供了行动纲领和工作指南。

2020年,为加强学校特色骨干学科建设,提高人才培养质量,提升学校核心竞争力,持续推进学校"双一流"建设,学校制定了《河南大学重点培育一流学科建设方案》,遴选19个学科按特色骨干重点学科、特色骨干学科和特色骨干培育学科三个层次进行资助建设。其中特色骨干重点学科为教育部第四轮学科评估中进入B+及以上的3个学科:地理学、中国语言文学、教育学。特色骨干学科为化学、材料科学与工程、医学(基础医学和临床医学)、应用经济学、工商管理、外国语言文学、中国史、体育学等8个学科。特色骨干培育学科为数学、物理学、软件工程、艺术学理论、新闻与传播学、法学、音乐与舞蹈学、马克思主义理论等8个学科。8月,学校召开特色骨干学科建设工作部署会议,要求各个建设学科完成《河南大学重点培育一流学科建设方案》和《学科中长期发展规划》编制工作。10月,学校组织各建设学科召开特色骨干学科建设规划论证会,结合校内外专家意见,进一步论证学科发展的方向和存在问题,做好重点学科培育工作。

几年来,学校采取多种行之有效的措施,狠抓优势特色学科制度建设和具体落实,使省级、校级优势特色学科建设得以稳步发展,为河南大学再次入选"双一流"学科建设高校提供了有力支撑。

三、B+学科实力的提升

为贯彻落实"优势冲顶、特色提升、新兴学科跨越式发展"战略,也为推动3个B+学科在下一轮学科评估中取得更好成绩,助力"双一流"大学建设,学校把实施B+学科实力提升列为重要工作任务。2019年1月19日,学校专门召开"B+类学科建设工作推进会",要求3个B+学科所在学院在过去取得成绩的基础上,进一步增强忧患意识和担当精神,殚精竭虑、想方设法让学科建设工作更上一层楼。学校会高度重视3个学科的建设与发展,把有限的资源向3个学科倾斜,在人才引进、资金分配、政策和资源分配等方面给予更多的支持和帮助;学校各有关职能部门也要把3个学科的建设工作摆在更加重要的位置,做好沟通联络和服务工作,最大限度地为学科发展创造良好的条件与环境。

学校入选"双一流"学科建设高校后,3个学科也认真总结经验,明确定位和发展方向,力争更好地助力学校"双一流"大学建设。

地理学 河南大学地理学学科始创于1923年的河南中州大学地质学系,经过近百年的积淀与发展,形成了以地理学河南省A类优势学科为核心的学科体系,在历次学科评估中稳居前列,在教育部第四轮学科评估中为B+。

近年来,学科承担了80多项国家级科研项目,发表200余篇高水平学术论文,参与主持的多项研究成果获国家级、省级科技进步奖,其中国家科技进步二等奖1项,国家教学成果二等奖2项。2019年学科在 *Science* 上合作发表封面文章,2020年以第一单位在 *Nature Sustainability* 上发表封面文章。2017年地理学教学团队入选教育部"黄大年式教师团队"。根植于中原沃土,地理学学科围绕黄河文明展开各项创新研究,获批教育部人文社科重点研究基地黄河文明与可持续发展研究中心、省部共建黄河中下游数字地理技术教育部重点实验室。2018年依托学科建设的黄河文明协同创新中心获批认定为黄河文明省部共建协同创新中心,这是教育部批准的首批省部共建协同创新中心和河南省首批协同创新中心。2020年，首个依托地理学建设的"河南大别山森林生态系统国家野外科学观测研究站"入选国家野外站择优建设名单之列，是河南省在国家科技创新基地创建方向取得的重大突破。2020年12月29日该研究站正式获科技部批准立项建设，实现了河南省国家野外科学观测研究站建设零的突破。

在新时代地理学背景下，地理学学科将围绕"时空大数据与智慧流域""城乡系统演化与高质量发展""流域地表格局""过程与生态安全"等特色研究方向，紧抓机遇，传承创新，砥砺前行，为服务国家和地方经济社会发展，贡献自己的智慧和力量。

中国语言文学 河南大学中国语言文学学科是河南大学设置最早并且从未中断办学历史的唯一学科。中国语言文学学科在近百年的传承中经过几代中文人的接续奋斗，建设成就显著，是河南省特色骨干学科教育部本科专业综合改革试点，国家一流本科专业建设点。在教育部第四轮学科评估中获得B+，并列全国第15位。

中国语言文学学科历史悠久，积淀深厚。自1923年文学院成立以来，先后有郭绍虞、董作宾、嵇文甫、刘盼遂、高亨、姜亮夫、朱芳圃、李嘉言、任访秋、于安澜、高文、华锺彦、张振犁、佟培基等一大批名师在此辛勤耕耘，薪火相传，学统赓续。近年来学科涌现出以关爱和、王立群、国家"万人计划"哲学社会科学领军人才李伟昉、青年长江学者张先飞等一批文科学术带头人带领的学术团队，逐步形成了近现代文学研究、古代文学与文献学研究、比较文学与世界文学研究等成果突出、实力雄厚的特色研究方向。学科现有国家社科基金重大项目4项、重点项目5项，居全国前列；获教育部人文社科优秀成果三等奖5项，培养了古典文学家李嘉言、著名作家周而复、教育家袁采岑等大批优秀人才。此外，学院坚持以刊物建设推动学科发展的思路，创办国内第一种专业研究圣经文学的刊物《圣经文学研究》，并在2014年进入CSSCI集刊行列。2010年创办的学术刊物《汉语言文学研究》，也成为学院沟通国内外学术名家的重要纽带。

以"中国特色，世界一流"为建设标准，以立德树人为根本理念，中国语言文学学科将作为河大传统优势学科的代表，以制度化建设凝练历史经验，加强一流教师队伍建设，提升人才培养质量，力争达到一流学科水平。

教育学 河南大学教育学学科是学校最早的系科之一，开创了河南大学和河南省研究生教育先河，目前是国家级综合改革试点专业、国家一流本科专业建设点，是河南省首批特色A类学科、河南省重点培育一流学科，在教育部第四轮学科评估中获得B+，并列全国第11位。

近百年来，教育学学科先后有冯友兰、汪敬熙、凌冰、查良钊、李廉方、李秉德、王拱璧、陈梓北、王汉澜等一大批名师大家执教于此。近年来,学科涌现出刘志军、王北生、刘济良、汪基德、李申申等一批在全国教育界有重大影响的专家学者,形成了李桂荣、杨捷、蔡建东、王振存、魏宏聚、岳亚平等一大批中青年学术骨干。在历代教育学人的辛勤耕耘下,培养了以国家教育部副部长宋德民、北京外国语大学党委书记王定华、人民教育出版社总编辑郭戈、中国教育学会秘书长杨银付、深圳大学教育学部部长靳玉乐、联合国纽约总部翟莹等为代表的一大批优秀人才。2012年以来,学科8门课程获批国家级精品资源共享课,2门课程获批国家级精品在线开放课程;获国家级教学成果二等奖3项,教育部哲学社会科学研究重大项目2项,教育部人文社科优秀成果三等奖2项;生命与价值观教育成为河南教育向国内外学术界、教育界展示的名片,教育评价相关的政策建议被教育部采纳;2022年获批"中西部综合性大学教育学专业虚拟教研室"。教育学科目前拥有"国家大学生文化素质教育基地""河南大学教育改革与发展研究中心""河南省教育信息化发展研究中心""河南省弱势人群身心健康国际科技合作基地"4个重要的研究平台,为学科发展、人才培养提供了有力支撑。

突出优势研究方向,构建"研究方向—学科领域—学科集群"的学科体系,教育学科将在人才培养、科学研究、教师队伍以及国际交流等方面进一步提升实力,使教育学科尽早达到一流学科水平,为一流大学建设做出应有的贡献。

第三节 生物学一流学科建设

一、学科建设的规划与管理

2017年生物学科入选"双一流"建设学科,对学校具有里程碑意义,对生物学科而言更是发展飞跃的新起点。以此为契机,学校确立了以生物学一流学科建设为引领,带动学校整体学科发展的指导思想。以学校整体学科建设思想为指导,生物学确立新的发展时期学科建设的目标是:聚焦生物科学前沿领域与生物技术重大战略性科学问题,以解决粮食安全和生态安全等国家重大需求为目标,遵循生物学科发展的内在规律,围绕"逆境生物学"构建特色研究学科群,在作物生物学、全球变化生态学、生物医学等重要研究领域,从分子、细胞、个体和群体等不同层次开展基础和应用基础研究,注重学科交叉,推动原始创新,促进生物科学等相关学科和领域技术进步,使学科建设指标达到世界一流。

为推进生物学一流学科建设,生物学科充分发挥专家的战略性指导作用,成立了由许智宏等5名院士组成的"生物学一流学科发展战略咨询委员会"和由饶子和院士任主任、国内外13名专家组成的"生物学一流学科建设指导委员会",为一流学科建设问诊把脉。生物学所在生命科学学院先后出台《生命科学学院关于充分发挥学术委员会职能的若干意见》《教学督导委员会章程》《实验室建设咨询委员会章程》等8项规章制度。实施《青年博士科研能力提升计划》,明确成果产出和项目立项任务,形成能进能出的机制。坚持分类指导,建立多元评价机制。完善以"代表作"为主体的学术评价方式,以服务区域社会经济发展能力作为科研评价的重要指标。注重科研成果对学科发展和社会服务的贡献度,将成果产出与人才培养质量、教师队伍建设和学科平台提升等学科支撑体系相耦合,进行综合评价,以支撑学科高质量可持续发展。

2017年以来,生命科学学院多次召开生物学一流学科建设研讨会,围绕生物学一流学科建设方案,逐项分析学科建设任务,剖析建设期内面临的问题,以探求适合生物学一流学科建设的解决方案。为确保生物学学科发展顶层设计的精准性,生命科学学院召开了灵活多样的研讨会、交流会,如通过"一流学科建设高层次人才座谈会",邀请学院特聘教授、教授为学院的一流学科发展建言献策,同时也督促各位专家规划好接下来的工作,厘清问题,找准路径,面对一流学科建设总任务中未完成的目标,找准下一步的突破点,制订具体的实施方案;通过举办"卓越生科沙龙",拓展教师们的学术视野,活跃学院的学术研究氛围。

进入"双一流"后,学校把生物学放在发展的中心位置,积极推动生物学学科改革发展,着力破解制约学科发展的体制机制障碍,统筹各方资源,加大支持力度,打造学科高峰,实现学科综合实力和学校核心竞争力的重大突破。在生物学科率先实施学科特区计划,以人事聘用制度、薪酬改革为突破口,试点特区计划,赋予生物学学科机构设置权、用人自主权、财务分配权、分配决定权。在管理体制、科研组织架构、学科团队建设、人才培养模式、人力资源管理、国际合作、经费使用等方面先行先试,建立先进学科管理体系。推进优质资源向生物学科汇聚,统筹中央财政引导资金、省"双一流"建设重大专项和学校自筹资金,共同支持一流学科建设。根据学科发展需要,拓宽生物学科发展空间,分别在开封及郑州校区新增教学科研用房面积4万平方米,划拨农场实验用地40万平方米。推进生物学科研究生招生和培养机制创新,划拨专项指标逐步增加生物学学科硕士、博士研究生招生数量。划拨专项经费支持生物学科探索研究生培养国际化模式。

学校多次组织各类研讨会,推进生物学一流学科建设。2017年12月,学校举行了生物学一流学科建设研讨会暨生命科学学院恢复建院三十周年院庆活动,邀请多位中国科学院院士、国家杰青、中科院"百人计划"专家、国家"千人计划"专家、长江学者特聘教授等知名专家莅临学校指导并参加相关活动。校领导多次深入生命科学学院调研,协调解决一流学科建设中存在的困难和问题,进一步明确重点,对标对表细化任务落实,督促工作进展。2018年9月,学校召开"生物学'一流学科'建设推进会",发展规划处、学科建设处、教务处等相关职能部门负责人以及生命科学学院党政领导班子、教师代表参加,学校领导认真听取各职能部门及生命科学学院负责人对生物学一流学科建设进展情况的汇报,强调围绕生物学一流学科建设这一中心,全校上下要进一步担当责任、明确目标、科学分析、找准差距、集中火力、突破难点,确保"双一流"建设方案中预定目标的实现。此后,学校又多次召开生物学一流学科建设推进会,并对生物学科建设进行动态监测、管理,确保及时发现问题,及时调整,确保目标实现。

二、学科的发展和建设成果

生物学学科团队从"一个项目、两个教师、三间房子"开始,面向科技前沿和农业重大需求,发展"逆境生物学"为特色优势学科,成为植物抗逆领域"973计划"首席科学家单位,获得国家自然科学二等奖;先后创建了作物逆境生物学相关的教育部重点实验室、国家引智基地和国家重点实验室、国家"双一流"建设学科。在中西部地区成功走出了富有特色的学科成长之路,被形象地称为"陌上柔桑破嫩芽"。

河南大学生物系1987年重建,重建之初一穷二白。1996年,河南大学生物学系获批第一个硕士学位点,1997年获批河南省重点实验室,1998年植物生物学进入河南省重点学科行列。2003年,国际著名生理学家、香港中文大学陈小章教授受邀访问河南大学后,为生物学科艰苦奋斗、百折不挠、甘于寂寞的顽强拼搏精神所打动,充满深情地写下了《再造中国大学》一文,发表在《中国自然科学基金》(2004年第5期)上,在海内外产生了广泛影响。20世纪初学科发展日新月异,国内外强手如林,一个起步晚、投入少、地处偏僻小城的高校,如何能够后来者居上?河南大学生物学给出的答案是"追踪前沿,探索交叉,建设特色新学科",并最终选择"植物逆境生物学"作为主攻方向。20世纪90年代,宋纯鹏带领团队紧紧围绕"逆境生物学与可持续性农业"这一领域,在国内率先开展了植物对环境胁迫应答的分子机理及其调控技术研究,打造了"逆境生物学"这一具有鲜明特色和优势的学科领域,得到国内外同行的广泛认可,为生物学学科的跨越式发展奠定了坚实基础。

逆境生物学在发展过程中,首先从学科交叉入手,以独特的、先进的学术思想在逆境生物学开展原创性研究。用技术优势去克服设备和资金的劣势,靠自己的刻苦和艰辛努力,在逆境生物学前沿领域率先取得突破。其次,服务于国家粮食战略工程，聚焦中原地区粮食安全技术瓶颈，开展了小麦、玉米、棉花和大豆等重要作物的抗逆机制研究，开展分子育种和种质创新，挖掘节节麦抗逆遗传资源，推动解决小麦种质资源短缺的"卡脖子"问题；聚焦作物根系构制，为未来农业分子改良奠定了技术基础。第三，在此基础上逐步从一个研究组，衍生形成校级、省级和国家级重点实验室。建立了国际先进的代谢组、冷冻电镜、电生理、生物成像以及作物分子设计等一系列研究平台。引进了包括"973计划"首席科学家、长江学者、国家杰青在内的40多位优秀中青年学者，形成了国家级平台和一流人才队伍相互促进的良性发展态势。以前沿科学问题和重大需求为导向，依靠清晰的发展思路、独具特色的实验平台，以及精准的"顶天立地"战略选择和脚踏实地艰苦创业的精神，形成逆境生物学特色优势学科。

入选"双一流"建设学科以来，在学校各项政策支持下，在学院精准规划和严格管理下，生物学科在人才培养、教师队伍建设、科学研究、社会服务等方面均取得了卓越的成绩。

人才培养方面：生物学坚持立德树人理念，调整招生规模和结构，在校本科生和研究生比例达到1∶1.3，构建了"菁英计划""明德计划"等拔尖创新人才培养模式。"双一流"第一个建设周期的五年中，本科生在各级竞赛及创新创业活动中获得奖项214个，本科生发表高水平论文24篇，其中2018级学生刘艳杰以共同作者在领域顶级期刊 *Advanced Materials* 发表论文并申请专利；本科生进一步深造比例由2015年的41.51%提高至2020年的60.77%。生命科学学院两个基层教学组织被评为河南省高等学校省级优秀基层教学组织，生物学专业入选国家一流专业建设点。"作物逆境生物学培育基地"获批"河南省研究生教育创新培养基地"，植物逆境生物学重点实验室获2019年全国教育系统先进集体。研究生培养方面，与美国亚利桑那大学、澳大利亚麦考瑞大学、英国诺丁汉大学等高校合作，推进"3+1+3"拔尖人才本硕国际化联合培养新模式。实施"高水平博士研究生联合培养""研究生综合能力提升工程""梦想计划"等。与澳大利亚麦考瑞大学、韩国国立癌症中心等联合培养博士生，2017—2019年招收留学生27名，其中博士生25名，占招生人数的92.60%。

教师队伍建设方面：依托学校"一流学科高层次人才特区"绿色通道政策，学科先后实施了"领军人才引育计划"和"国际合作伙伴计划"，通过举办国际生物学学术论坛、国际生物学青年论坛、国际青年学者博士后论坛等，汇聚了一批包括长江学者、国家杰青、"973计划"首席科学家在内的18位具有国际视野和家国情怀的学术带头人。5名教师担任教育部高等学校教学指导委员会委员，2人入选国务院生物学学科评议组成员。围绕逆境生物学，先后组建"逆境信号和分子植物设计""植物生物逆境"研究创新团队，相继引进美国科学院院士周芷领衔的"表观遗传学与基因功能"、长江学者国家杰青王学路领衔的"生物固氮与豆科生物学"、国家杰青张立新领衔的"光合作用功能调控"等团队,引进欧洲科学院院士、美国科学院院士、校特区人才支持计划外籍专家9人,聘任诺贝尔奖获得者等海外学术大师及学术骨干10人。选派10位青年教师赴国外开展国际合作,大力推进青年学者国际化培养。

科研方面:建立了国际一流的"逆境生物学"研究平台和技术体系,2019年新增国家重点实验室1个,形成"棉花生物学"和"省部共建作物逆境适应与改良"两个国家重点实验室支撑生物学科发展的格局。主动对接国家粮食安全工程,拓展以小麦、玉米、棉花、大豆等主要农作物为主的基础和应用研究,着力解决制约作物产量和抗逆性同步提高的"卡脖子"难题。先后建成河南省抗逆与特色小麦工程研究中心、黄河桃花峪滩涂系统研究站、现代农业与生物技术研究院等跨学科的研究机构,投入近2亿元,建成生物成像、电生理学、代谢组学、蛋白质组学、生物信息学等国际一流的设备平台,以及作物基因编辑和分子设计、作物表型组学、田间试验基地等现代农业研究平台,为实现人才队伍、科学研究、对外合作等方面的新突破提供了新契机。此外,学院还在黄河流域河南段生态保护和高质量发展方面进行了开拓性的研究。

聚焦逆境生物学学科前沿问题,先后与11个国家和地区的30余所高校开展国际合作,新增国家"111计划"创新引智基地、河南省国际联合实验室等国际合作平台,引进了一批一流的国际师资,显著巩固和加强了逆境生物学的国际竞争力和影响力,探索出一条适合中西部高校国际交流与合作的模式。

社会服务方面:2019年和2020年"两会"期间,学科带头人、全国政协委员宋纯鹏先后建议"把构建沿黄河生态经济带上升为国家战略,对沿黄省份生态经济发展进行统筹布局和顶层设计""筹建黄河国家实验室,为推动黄河流域生态保护和高质量发展提供科技支撑和智力支持",进而推动了河南省黄河实验室的建设。他提出的"关于建设河南大别山森林生态系统野外科学观测研究站建议"被河南省政府采纳,并纳入《科技部、河南省人民政府部省合作2018-2019年工作要点》。利用学科优势助力扶贫,建立了省、市级科普教育基地,为近10万人次开展科普教育活动。在兰考建立了现代立体农业示范园,与中科院上海逆境中心在开封建立藜麦研发基地。培训新型职业农民400人,选派4名科技特派员到贫困地区开展技术指导和科技扶贫。

第四节　学科的交叉和融合

一、生物学与相关学科的交叉融合

学校在 2014 年就设置了"新兴交叉及特色学科培育项目",鼓励教师积极开展学科交叉研究。2014 年 8 月 8—9 日,河南大学中药研究所、河南大学化学生物学研究所联合河南省高校药物物质基础重点实验室、开封市保健食品功效成分研究重点实验室,联合承办了由《中国中药杂志》编辑部主办的"中药创新与学科交叉青年科学家论坛暨《中国中药杂志》第三届中药青年学者沙龙",推动我国中药研究领域研究方法、研究思路、研究对象的创新和学科交叉,带动中药行业的技术和研究方法革新,为中医药产业升级跨越提供源源不断的正能量。2016 年 6 月 3 日,河南大学教育科学学院邀请中科院心理研究所左西年研究员,做了题为"从数学到脑科学和心理学,学科交叉赋予的学术生命力"的报告,积极动员和鼓励教师开展学科交叉研究。

2017 年,学校制定的《河南大学一流学科建设高校建设方案》中,明确提出了"生物学+"学科发展计划,强调在巩固生物学科优势地位的同时,推进环境生态、农业科学、医学、信息科学、材料科学、考古学等相关学科交叉融合,带动生物医学、纳米生物学、生物信息等学科发展。

围绕"生物学+"学科发展计划,学校完善了推进学科交叉的组织机制,制定学科交叉建设规划,以实体机构生命科学学院为载体,重大项目为依托,推进重点建设交叉学科,构建有利于推动学科交叉的管理制度。2017 年 12 月 21—24 日,生物学一流学科学科交叉学术研讨会在学校举行。会议由河南大学、国家纳米科学中心、澳大利亚阿德莱德大学以及中国生物物理协会纳米生物学分会主办,邀请复旦大学赵东元院士、中科院理化技术研究所江雷院士、河南农业大学张改平院士等 30 余位海内外知名专家出席并做报告,开启了河南大学"生物学+"学科交叉融合之路。

2018 年 5 月 17—19 日,由河南大学棉花生物学重点实验室、中国农业大学植物生理学与生物化学重点实验室、西北农林科技大学旱区作物逆境生物学国家重点实验室、中国科学院上海植物逆境生物学研究中心联合主办,河大棉花生物学国家重点实验室承办的第三届全国植物逆境生物学研讨会在开封举行。宋纯鹏校长在讲话中明确提出,本次研讨会重点是加强专家之间以及相关单位的合作与交流,推动我国植物逆境生物学研究的繁荣,促进我国农业可持续发展。其后学校又先后召开"作物逆境生物学河南省协同创新中心学术研讨会""河南大学逆境生物学国际青年学者论坛""2019油菜逆境生物学高峰论坛"等研讨会,以推动生物学与农业学科的交叉发展。2018年12月21日,"河南大学现代农业与生物技术研究院"成立,为生物学和农业的交叉研究提供了更好的平台。

为积极推动学校生物学、药学学科建设,促进学科交叉融合创新发展,2019年5月,在学校的大力支持下,以"增进学者友谊,促进学术创新、推进'一流'建设"为主旨的"河南大学生物学&医学午茶会"(Henan University, Biweekly BioMed Seminar,简称"HU-BBS")正式启动,"HU-BBS"每两周一期,截至2021年12月30日,先后举办45期学术交流会,学术范围覆盖生物学、基础医学、药学、临床医学、数学、化学、计算机科学与技术、软件工程、材料学、心理学、物理学、哲学等学科领域,邀请主讲嘉宾也由原来单一的学校内部拓展到国内其他高校、著名医院、生物高新科技企业等。

2020年10月23日,由药学院和生命科学学院主办、河南大学-麦考瑞大学生物医学联合创新中心(JCBI)承办的"生物学+药学"交叉学科论坛在河南大学金明校区举办。本次论坛邀请了十几位国内生物医药领域的知名专家和青年学者,围绕生物学、药学等领域面临的实际问题展开讨论。论坛以"聚焦跨学科交叉、引领生物医药发展"为主题,聚焦生物医药领域的前沿科学问题以及人口健康领域的重大社会焦点问题,为生物医药领域的研究人员提供了一个及时分享生物学、药学等领域创新思想、最新研究进展等重要信息的机会,也创造了一个思想碰撞和学术交流的平台,让大家开阔了学术视野,拓宽了科研思路,增强了交流合作,也为河南大学生物学、药学学科建设、多学科交叉融合发展增添了新活力,注入了新力量。

2021年1月15日,河南大学与中国生物物理学会纳米生物学分会、Wiley出版集团在开封共同举办生物学交叉学科学术论坛暨 *Exploration* 创刊仪式。*Exploration* 作为交叉学科领域综合性期刊,由河南大学、中国生物物理学会纳米生物学分会、Wiley出版集团联合主办,立足国家创新驱动发展战略,聚焦交叉学科,竭力为广大科研工作者提供一个高端的国际学术交流和传播平台。

"双一流"建设期内,围绕"生物学+"计划,生物学学科与相关学科联合成立了"生物纳米交叉研究中心""生物信息中心""多组学联合研究中心"等,开展了与材料、信息、医学、农学等相关的交叉研究,拓展了学校其他各学科的交叉融合,为交叉学科的创建奠定了基础。

二、其他各学科的交叉融合

在学校大力支持和推动下,各个学院也积极主动探索学科交叉的空间。2020年9月23日,河南大学医学交叉学科培育项目工作座谈会在医学院召开。医学交叉学科培育项目的建立旨在学科交叉融合,通过"X+医学"的手段和途径达到"医学+X"的目标,促进学校医学学科与工科、理科、管理学科等的交叉融合,提高学校医学交叉领域技术创新能力。2021年11月25日,护理与健康学院举办了"护理+心理"学科交叉创新论坛,为搭建两个学科之间高水平、深层次、创新性的学术交流、学科交叉融合的平台奠定了坚实基础。12月25日,护理与健康学院再次举办"智能技术+护理"学科交叉创新论坛,旨在围绕学术前沿,在"双一流"建设大背景下,积极促进护理学与自然科学、社会科学、人文科学等多学科开展多层次、全方位交叉融合,打造一流的多学科交流平台、学术平台和融合平台,汇聚多学科融合型团队,大力推进学科交叉融合,进一步提升学科整体实力。

2017年7月,依托文、史、哲、政、经、法等优势学科,学校成立了"河南大学高等人文研究院"(简称"高研院")。高研院是一所集学术研究、人才培育、文化交流和社会服务为一体的跨学科、综合性、开放式的学术机构。高研院秉承"交叉性、研究型、国际化"的建设理念,以"立足中原,放眼世界;赓续文明,守正创新;钻研学术,关注现实"为宗旨,志在打破学科建制壁垒,聚集国内外顶尖人才,围绕重大现实及理论问题,培育原生思想,提出原创观点,建立原创理论,出版原著精品;实现构建学人平台、汇聚学界精英、发表学术创见、涵养人文氛围的目的;高研院旨在扎实推进河南大学人文—社会科学学科交叉综合研究,积极探索有利于学术发展的新机制,凝练黄河文明精髓,发掘中原文化特色,阐发中西经典新意,贡献解决时下重要问题的有效方案。2018年11月高研院成功加入中国高校高研院联盟。高研院作为中部地区重要的人文研究中心,加入中国高校高研院联盟,为学校探索高目标、高质量的跨学科学术研究和人才培养、创新研究机制提供了交流平台,对学校构筑高层次学术交流网络,全面提升河南大学人文学科的实力和影响力,加快学校"双一流"大学的建设步伐具有重要的推动作用。

三、交叉学科的培育和发展

交叉学科是指不同学科之间相互交叉、融合、渗透而出现的新兴学科。近代科学发展特别是科学上的重大发现,国计民生中的重大社会问题的解决等,常常涉及不同学科之间的相互交叉和相互渗透。2021年1月,国务院学位委员会、教育部印发通知,新设置"交叉学科"门类,成为中国继"哲学、经济学、法学、教育学、文学、历史学、理学、工学、农学、医学、军事学、管理学和艺术学"之后的第 14 个学科门类。

近年来,学校按照"发展优势学科、培育新兴交叉学科、带动相关学科"的基本指导思想,多种途径推动多学科交叉融合,构建了"学科团队—学科领域—研究平台—学科交叉融合集群"的学科体系。充分发挥综合性大学的多学科优势,大力实施"生物学+"战略,推进环境生态、农业科学、医学、信息科学、材料科学、考古学等相关学科交叉融合,带动了生物医学、纳米生物学、生物信息等学科发展。生物学一流学科与相关学科联合成立了多个具有交叉性的研究中心,积极开展与材料、信息、医学、农学等相关的交叉研究;依托中国语言文学、历史学、地理学和经济学等传统优势学科,构建起以黄河研究为主干的新兴交叉学科体系;依托计算机、软件工程、数学等学科,面向社会重大需求,建设人工智能学科;成立河南大学高等人文研究院,促进人文学科、社会学科、自然学科跨学科交叉融合。

2021 年,学校又专门成立"河南大学交叉学科高等研究院"(The Academy for Advanced Interdisiplinary Studies, Henan University),集中优势资源,以"生物学+"为基础,与化学、数学、材料、信息、农业、环境、医学等领域广泛交叉。研究院面向世界科技前沿、经济主战场和国家与区域重大需求,以生物学学科为基础,按照打造一流创新平台、汇聚一流创新人才、构建一流创新团队的建设理念,聚集海内外优秀人才,发挥河南大学多学科优势,倡导学科交叉,围绕相关学科重大科学问题开展前瞻性创新性研究,孕育重大原始创新,孵化重大项目、重大科技成果,培育优秀创新人才,形成学科优势与特色,打造国际一流的前沿交叉研究机构,带动学校基础学科、农学、医学和工科发展,为河南大学"双一流"建设提供新引擎。

根据教育部学位管理与研究生教育司在 2021 年 8 月发布的学位授予单位(不含军队单位)自主设置交叉学科的名单,河南大学甲骨文与古代文明、黄河学、战略营销学、光伏材料与太阳能电池、历史建筑保护、文化产业学等 6 个学科进入名单,河南大学交叉学科建设取得了突破性发展。

第五节 "双一流"学科建设成果

一、学科影响力逐渐增强

2017年,在上海软科发布的"中国最好学科排名"名单中,河南大学生物学、教育学两个学科居前10%(河南3个),10个学科居前25%(河南44个)。学科水平在有影响的第三方评价中位次不断攀升。截至2021年底,学校有化学、材料科学、临床医学、工程学、植物学与动物学、药理学与毒理学、环境与生态学等7个学科进入ESI全球排名前1%,较入选"双一流"建设高校行列前增加5个,学校ESI整体排名世界第1297位,较入选"双一流"建设高校之前排名提升472位。农业科学、生物学和生物化学、计算机科学、社会科学总论等学科排名均有较大幅度提升;在公布的2020软科中国大学排名之文科实力排名中,河南大学文科排全国高校第32名;软科中国大学排名之学科水平排名中,河南大学学科水平排全国第57名;自然指数数据显示,学校位列全球高校第254名,国内高校第51名。

新型智库建设与决策水平不断提高。学校培育中原发展研究院、区域与国别研究院等10个特色新型智库,推动成立"黄河保护与发展智库联盟"。围绕郑州航空港经济综合实验区、中原经济区、中国(河南)自由贸易试验区、中原城市群建设等系列国家战略,推出"河南省区域发展系列发展报告""郑州航空港经济综合试验区系列发展报告""中原经济区系列发展报告""中国文化旅游发展报告"等智库成果;参与起草的《关于新时代振兴中西部高等教育的若干意见》获中央深改委第十五次会议审议通过,提出的"关于未成年人保护及'民间收养'规范化的建议"被中央办公厅采纳,参与起草的"中华人民共和国反有组织犯罪法"被纳入2020年度全国人大常委会立法计划。依托心理学、经济学等学科,针对新冠肺炎疫情防控期间公众心理健康调适、区域防控、复工复产等提供政策咨询。学校当选"一带一路"智库合作联盟理事单位,中原发展研究院入选中国智库索引(CTTI)来源智库,为河南省高校系统唯一入选的智库机构。

二、学科评估成绩突出

2012年学校39个学科参加了教育部学位与研究生教育发展中心第三轮学科

评估,其中8个学科进入全国前20名,15个学科进入第20—40名,15个学科进入第40—60名,一个学科排在第62名。一些传统学科优势继续得到巩固,一些新兴学科发展势头良好,文理学科为主、多学科协调发展的学科强校之路越走越宽阔。

2013年8月,教育部下发《关于公布"本科教学工程"地方高校第一批本科专业综合改革试点的通知》,旨在充分发挥高校的积极性、主动性、创造性,结合办学定位、学科特色和服务面向等,明确专业培养目标和建设重点,优化人才培养方案,形成一批教育观念先进、改革成效显著、特色更加鲜明的专业点,引领示范本校其他专业或同类高校相关专业的改革建设。河南大学地理科学、中国语言文学、英语、教育学4个专业入选第一批本科综合改革试点专业。此外,学校历史学、体育教育、护理学3个专业获批2013年度河南省高等学校"专业综合改革试点"项目。

2014年,按照河南省卫生厅工作要求,学校组织11个医学重点学科(含1个重点培育学科)参加河南省医学重点(培育)学科中期检查工作。经学科负责人汇报、专家提问答辩等环节,所有医学重点学科均通过中期检查。

2017年教育部学位与研究生教育发展中心公布全国第四轮学科评估结果,河南大学学科建设成绩优异。此次学科评估于2016年4月启动,在95个一级学科范围内开展,共有513个单位的7449个学科参评。第四轮评估参评单位和学科数量大幅增加。排名前移的学科非常难得,尤其是前移2—3个档次区间,即便如此,河南大学多个学科排名相比2012年依然得以前移。与2012年第三轮学科评估的结果进行比较,排名B+(前10%—20%的学科)有3个,分别是地理学、中国语言文学、教育学。这三个学科比第三轮学科评估名次前移幅度较大,名次前移2个档次。第三轮评估中,这一档次为0。排名在B的学科有3个,分别为马克思主义理论、外国语言文学、生物学。生物学名次前移幅度较大,在参评学科增加61个的情况下,名次依然前移一个档次。排名在B−的学科有8个,分别为:应用经济学、法学、体育学、新闻传播学、中国史、化学、工商管理学、音乐与舞蹈学。其中化学、法学、中国史名次前移幅度较大,前移2个档次。排名在C+的学科有6个,分别为:哲学、理论经济学、考古学、数学、物理学、统计学。统计学名次前移幅度较大,前移3个档次区间。

2016年,科技部对生物学和医学领域共75个国家重点实验室进行了独立评估。河南大学和中国农业科学院棉花研究所联合建设的棉花生物学国家重点实验室顺利通过评估。棉花生物学国家重点实验室从2011年获批建设到2016年首次参加评估,经过短短五年的建设和发展,凝聚、培养并造就了一批优秀科技人才和学术领军人物,承担、完成了一系列具有重要影响的科研任务,取得了一批在国内外具有重大影响的研究成果,逐步成为棉花生物学领域具有国际影响力的科学研究、人才培养和学术交流基地,特别是在棉花基因组研究领域成为全球领跑者。

2018年3月7日,国务院学位委员会药学学科评议组对河南大学药学硕士学术学位授权点进行现场考察评估,经过仔细审阅评估材料、多方调查,最后评估专家一致认为:河南大学药学硕士学位点培养目标明确,培养方向设置合理,各方向带头人科研能力和教学水平较高,学术梯队结构合理,科研项目水平成果质量较高,教学和科研平台能满足研究和培养人才的需求,人才培养过程完善,达到培养硕士研究生相关要求,评估合格。

三、学科布局日趋完善

随着学校"生物学+"一流学科建设规划的推进,学校先后建立了现代农业与生物技术研究院、生态高等研究院、生物纳米中心、多组学中心、生物信息中心等交叉研究中心,与澳大利亚麦考瑞大学共建"河南大学-麦考瑞大学生物医学联合创新中心",带动形成一流大学学科生态体系。把握学科交叉创新方向的国际学术前沿,引导多学科融合性、原创性工作,围绕生物学、农学、医学等重大科学问题,开展引领国际前沿的生物信息基础及应用研究,共同申请国家级或国际课题项目,贡献原创性科学发现和重大应用性科技成果,为河南和国家的生物学、农学、医学及相关学科提供智能支持及技术指导服务,为高层次、多学科人才的积聚、培养、交流和能力发挥提供平台。

以教育部黄河文明与可持续发展研究中心为平台,推进多学科交叉融合。整合学校人文社科相关单位,汇聚优秀人才,组建特色优秀团队,与中国社科院历史研究院商议组建"黄河文化研究院",聚焦"黄河学"和"甲骨文与古代文明"交叉学科博士点建设,打造黄河文明研究学术共同体。

2017年,学校成立河南大学高等人文研究院,旨在促进学校人文学科、社会学科与自然学科之间的跨学科交叉融合。2021年,学校成立交叉学科高等研究院,发挥学校多学科优势,倡导学科交叉,围绕相关学科重大科学问题开展前瞻性创新性研究,打造国际一流的前沿交叉研究机构。

从空间布局来看,学校三个校区将按照统筹布局、合力发展、相互错位的原则,优化学科布局。明伦校区主要布局人文、法学、体育、艺术类等学科;金明校区主要布局理、工、农、医、社科、教育类等学科;郑州校区围绕研究型功能定位,布局一批高端研究平台,汇聚一流人才队伍,聚焦国际学术前沿、国家和区域重大战略需求,打造高峰学科,共同支撑河南大学综合性研究型大学建设。按照"竞争、协调,突出特色优势"的总体思路,实施学科分类分层次建设。第一层次重点建设世界一流学科,第二层次重点发展一批优势特色学科和新兴交叉学科,第三层次大力发展一批基础性、具有重要支撑作用的学科。优化学科结构,厚植基础学科,建立动态调整机制，整合老化和碎片化学科，形成结构合理、优势突出、特色鲜明的学科生态体系。

　　河南大学医学院最早成立于1929年，是当时河南大学五大学院之一。1952年院系调整，河南大学医学院独立设置为河南医学院，后来改名为河南医科大学。2000年，原开封医学高等专科学校与河南大学合并，再次开启了河南大学医学教育的新征程。2016年10月26日，新的河南大学医学院再次踏上崭新瑰丽征程，河南大学与河南省人民医院合作签约暨河南大学医学院揭牌仪式在河南大学明伦校区举行，河南两个百年"老字号"从此开启深度合作模式。根据合作协议，双方本着"优势互补、互惠互利、共谋发展、共享成果"的原则，合作共建"高起点、国际化、研究型"的现代医学院，共同打造一流的医学人才培养基地和医学科创中心。百年河大与百年省医牵手"联姻"，合作共建河南大学医学院，对于创新合作办学模式，完善河南省医学教育体系，加强医学人才培养具有重要意义。新的医学院将整合基础医学院、药学院、护理与健康学院、淮河医院、东京医院、河南大学临床医学院、河南省人民医院，以及非直属附属医院等医学教育资源，构建河南大学医学教育的新框架、新体系，使河南大学的医学教育更加厚实，更加完善，更加健全。2020年11月3日，为贯彻落实习近平总书记关于发展中医药工作相关重要指示和《中共中央国务院关于促进中医药传承创新发展的意见》，河南大学与开封市委市政府、开封市中医院举行了河南大学中医院和中医药研究院挂牌仪式。河南大学与开封市中医院的合作是新时代中医药事业传承创新发展的背景下，深入学习贯彻习近平总书记关于发展中医药重要论述的一次实践。合作共建是双方发挥自身优势，共同推动中医药事业高质量发展，更好的服务人民健康事业的实践。"河南大学中医院"与"河南大学中医药研究院"的挂牌，在河南医学教育和医疗发展史上具有里程碑意义，必将有力助推河南大学"双一流"建设步伐和开封市中医药事业发展。

　　恢复重建农学院。河南大学在农学学科发展方面具有深厚底蕴，在历史上为河南省及中国农业高等教育做出了巨大贡献，为农业战线输送了大批优秀人才。早在1927年河南中山大学时期，河南大学就设有文、理、法、农四科，其中农科内设农艺、园艺、森林、畜牧各系，并附设农事试验场与农业推广部。1952年，经院系调整，河南大学农学院独立为河南农学院，植物病虫害系并入华中农学院，畜牧兽医系并入江西农学院，农学院原址成为开封市禹王台公园，农学教育一度中断。1987年，随着生物系恢复重建，河南大学又开始了农学相关研究。经过30多年发展，农学类相关学科及专业已具备了雄厚的科研实力，拥有了一支高水平的教师队伍，积累了较好的人才培养基础，为现代农学院的设立打下了良好的基础。2017年，生物学科获批世界一流建设学科，河南大学依托这一学科背景，联合省农业科学院、河南科技学院、中国农科院深圳基因组研究所、中国农业科学院棉花研究所等单位成立了河南大学现代农业与生物技术研究院,支持了20余项农学科技项目,目前已取得显著进展,也让农学院的恢复重建有了强力支撑。河南虽有不少涉农院校,但在现代农业研究发展方面仍显不足。特别是2019年国家提出推进新农科建设后,传统农林高校在新农科建设专业拓展、转型升级和改造等方面存在的短板进一步显现。河南大学农学院正是在此背景下于2020年12月14日正式成立。恢复重建后的河大农学院,重点在发展新农科及农业交叉学科,学院将服务国家重大战略需求,着力解决现代农业面临的重大科学问题、瓶颈问题,建设集理论研究、产业应用为一体的高端人才培养基地,突出特色,打破学科边界,破除原有壁垒,大力推进农工、农理、农医、农文等深度交叉融合创新发展。农学院的成立既是生物学学科的拓展,也是植物生物学为优势特色的生物学学科服务国家和地方社会经济发展的重要拓展和依托。

第四章　教学管理

教学管理工作直接关系着学校的教学质量和人才培养水平。学校高度重视教学管理，充分运用管理科学和教学论的基本原理与方法，在全校本科教育、研究生教育及其他学历教育的教学过程中，发挥计划、组织、协调、控制等管理职能，并对全校各个教学环节及过程诸要素加以统筹协调，使之有序运行，提高效能。十年来，围绕人才培养结构转型，学校持续加强教学计划管理、教学组织管理、教学质量管理，不断完善教学管理规章制度，制订各教学环节的相关质量标准，构建以学校为主导，各个学院（部）为主体，包括"目标—标准—评价—反馈—改进"闭环式教学质量保障体系，使学校的教学工作得到全方位、全过程、常态化的保障与监控，强有力地保障了学校教学质量的稳步提升和人才培养目标的顺利完成。

第一节　完善教学管理制度

一、本科生教育教学管理

教育管理制度是学校教学工作正常运行的抓手，是全校师生共同遵守的具有普遍约束力的规章和准则，包括教学管理制度、科研管理制度、人事管理制度、总务管理制度等等，是一个学校管理水平和效率的集中反映。2012年教育部颁布《关于全面提高高等教育质量的若干意见》，提出了全面提高高等教育质量的三十条意见。十年来，学校历次教学工作会议均强调教学工作的重要地位，并出台了一系列改革措施，以巩固、提高学校教学水平和教育质量。要求各教学单位把提高教育质量作为根本任务和中心工作，一方面认真贯彻落实学校的教育政策和改革措施，另一方面积极探索总结符合学科特点的教育模式,全校教育质量稳步提升,逐步走出了一条以内涵建设提高教学质量的探索之路。

根据《普通高等学校学生管理规定》精神,结合学校实际,修订《普通本科学生转学实施细则(修订)》《普通本科生转专业暂行办法(修订)》,出台《普通本科学生学业预警实施办法(试行)》和《关于调整上课作息时间的通知》等。制定《关于实施课堂教学过程性评价的指导意见(征求意见稿)》,在全校范围内广泛征求意见,引导"明德计划"实验班积极探索有专业特色的过程性考核评价,尝试学业考试方式和内容的创新。通过制定修订一批规章制度和管理文件,进一步增强工作的制度化和规范性。

学校在分析各学院学科专业特点及其现状的基础上,引导他们把目光定位在如何实现学科间的相互支撑,如何利用各个学科专业交叉融合的特点,来实现不同专业的共同发展和学生综合素质的提升。在教育实践过程中,要求学院及教学单位坚持"两手抓",即一手抓"规范",不断优化本科生培养方案,加强本科教学制度建设与落实,严抓教育过程管理,树立良好的教风学风,全力保障本科教育规范有序开展;一手抓"创新",以项目驱动优化本科生导师制,以打造常态化合作平台深化实践教学。通过这些卓有成效的努力与探索,本科生综合素质的提升有了坚实、长效的平台,初步形成了学校的教学培养特色。

学校研究制定了《河南大学教师教学竞赛管理办法》《河南大学教师教学技能竞赛目录》,教学管理紧密围绕人才培养目标进行,制订人才培养过程标准和教学评估评价标准,健全质量保障组织,完善质量保障制度,打造"双一流"教学管理队伍,有效监控教学质量进行的全过程和质量关键点。在教育部对河南大学开展本科教学审核评估时期,学校形成了比较完善的教学质量保障体系。

结合教学规律及其自身特点,以国家相关质量标准为基本依据,吸收国家重点高校先进经验,初步建立了一套教学质量标准体系,涵盖学校办学定位、人才培养目标、专业培养方案、课程教学大纲、教学环节质量标准、教学评价标准等。

专业建设方面,依据国家教育部有关专业设置和建设的质量标准制订了"十三五"专业建设发展规划,对专业定位、办学条件、支撑学科、教师队伍、专业评估等提出明确要求,严把专业建设质量关和新专业准入关。2017年,各专业依据《关于修订本科人才培养方案的指导性意见》,对人才培养目标、培养要求、课程体系与结构、毕业设计、考试、考核、毕业标准等进行修订,提出了人才培养的具体要求。

课程建设方面,学校进一步明确了人才培养新方向。制订了河南大学本科课程评估实施管理办法、精品课程建设工作方案、教材管理细则等,明确了精品课程、教材立项、教材选用的建设目标和评估标准,以切实保证课程和教材质量。

课堂教学环节,制定了课堂教学规范、学生网络评教指标体系、听课手册(打分表）等课程评价指标,连同课程教学大纲一起构成质量标准,不断完善学生评教和同行评教指标体系,作为学生评教和教师评教的标准。

实践教学环节,制定了《河南大学本科教学实习基地建设与管理办法》《河南大学全日制普通本科生实习工作管理办法》《河南大学本科生实验教学管理办法》《河南大学科研平台对本科生开放管理办法（试行）》《河南大学大学生创新性实验训练计划项目管理办法》等,规定了实验教学、实习实训等主要环节的质量标准。

考试考核环节,学校出台了全日制普通本科学生考试管理规定、学籍管理规定、考试工作管理条例等,作为质量标准。目前正在探索进行"考教分离"改革,进一步统一考试标准,强化考试命题质量。

毕业论文环节,出台《河南大学本科毕业论文（设计、创作）工作管理办法》《河南大学本科生毕业论文查重检测管理办法》等,制定了详尽的论文成绩评定标准。

各类质量标准指导意见,体现了学校及教务部门对教学管理规范化的高标准要求,符合学校总体人才培养目标。同时各教学单位依据学校的质量标准,结合单位实际,形成了具有不同学科、不同专业、特色鲜明的质量执行标准,使学校各项教学质量标准的落实得到保障。

通过周全的机制设计和规范的程序实施来保证本科教学的质量与效率,这一思路和做法也体现在教师调停课管理工作中。通过广泛征求意见,学校制定了《教师调停课管理办法》,教师因病因事请假、因公出差、参加课题调研及参加学术会议等需要调停课,除按学校相关制度办理调停课手续外,由各学院教务办统一负责通知学生调停课程及补课信息,由学生将教师补课情况反馈到教务办。这样既规范了程序,也发挥了学生的监督作用,保证了正常的教学秩序。

二、研究生教育教学管理

河南大学是经国务院批准成为具有博士、硕士学位授予权并建立博士后科研流动站的高等学校。2005年,学校经省政府批准试办研究生院;2011年12月研究生院正式成立,研究生教育规模和培养质量逐年提高。学校现有21个博士学位授权一级学科,48个硕士学位授权一级学科,还有29种硕士专业学位授权类别。

学校研究生教育以习近平新时代中国特色社会主义思想为指导,全面贯彻党的教育方针;以学科研究前沿以及国家地区发展需求为牵引,聚焦研究生教育的内涵发展;以立德树人、服务需求、提高质量、追求卓越为主线,完善研究生人才培养模式。按照"中国特色、世界一流、中原风格"的定位,加快新时代研究生教育改革,不断优化研究生人才培养平台建设,不断加强研究生教育质量工程建设,突出重点,扩大优势,彰显特色,提升水平,为"双一流"建设提供强有力支撑。

研究生院(党委研究生工作部)负责河南大学学位与研究生教育管理工作,制订规章制度、调配教育资源、监控培养质量,促进学校研究生教育高质量发展。在教育部、国家发展和改革委员会、财政部发布的《关于加快新时代研究生教育改革发展的意见》指导下,认真贯彻执行《河南省学位与研究生教育提升行动计划(2021—2025年)》,先后制定和完善了《河南大学关于新时代研究生教育综合改革和高质量发展的意见》《河南大学研究生管理规定》《河南大学研究生学籍管理规定》《河南大学研究生纪律处分规定》《河南大学专业学位硕士研究生培养基本要求》以及《河南大学研究生教育督导工作条例》《关于加强学位与研究生教育质量保证和监督体系建设的意见》等近50项规章制度和办事规则,并编印了《河南大学学位与研究生教育文件汇编》。研究生的教学工作由各培养单位具体负责,研究生院则负责制定研究生招生计划、宣传、考试和录取工作,研究生教务教学、培养质量监控、联合培养及研究生教育国际化工作,学位点建设、研究生学位申请和授予、导师遴选及队伍管理、学校学位评定委员会日常工作,以及研究生思想政治教育、研究生学籍学历、奖助学金管理、校园文化建设等工作。

第二节　重视教学质量管理

一、开展教学质量奖评选

　　学校历来重视教学质量,经常性开展教学质量奖评选活动,每年都投入一定经费开展此项工作,通过一系列分类评选活动,从不同层面和角度激发教师更新教育理念和掌握现代教学方法的热情,收到了良好效果。

　　首先,确立教学质量奖评选的指导思想,将教学质量奖评选与日常教学工作紧密结合,全员参与、全员听课;其次,各学院成立教学质量竞赛专家评委会。根据学科特点,建立具有针对性的听课组,在教学质量竞赛专家评委会的统一安排下,拟定竞赛实施方案等。在具体实施工作中,采取以下做法:第一,全员听课、重点帮扶。坚持全员听课的基本原则;对于新引进的教师、青年教师,以及学校督导组及学生反映教学效果有待改进的教师,坚持多次听课;鼓励教师开放课堂,主动邀请专家评委会听课。第二,随机随堂听课,当场评价。坚持随机随堂听课的基本原则,听课前不打招呼;听课后,专家评委会当场给予评议和评分,提出建议。第三,综合评价、优中选优。制定课堂教学效果评价标准、课程教学质量评价标准,综合考虑各位参赛教师的教育教学态度、课堂表现、教学效果、教学研究等各个方面的情况,评选出获奖教师,通过组织一定范围的观摩教学,评选出学校教学竞赛特等奖。

2010年至2018年,共评选出特等奖419人次,一等奖1053人次,二等奖2384人次,合计3826人次获奖。2019年,在新时代本科教育背景下,为贯彻落实国家打造"金课"的要求,学校对评选办法进行了较大的改革,设置了以课程建设为中心、以教学团队为主体、以课程评估为抓手、以打造"金课"为目的的课程奖,以及鼓励教师全面发展的若干单项奖,评选出优秀课程161门,特等奖10人次,一等奖190人次,二等奖305人次,三等奖102人次,优秀奖175人次,合计782人次获奖。学校给获奖教师颁发文件、证书、奖牌和奖金,累计投入2000多万元。

开展教学技能竞赛。教学质量奖评选的目的在于激励先进,树立标准和规范,以赛促教、以赛促学,引导教师聚焦高水平竞赛,调动教师参加教学竞赛的积极性。通过举办教学技能竞赛、教育教学信息化交流活动等系列比赛,为省级及以上级别的教师教学技能竞赛做好选手储备,并在各类比赛中取得了优异成绩。自2019年起,学校开始承办"河南省本科高校教师课堂教学创新大赛"的复赛及决赛,连续三年荣获"最佳组织奖",教师获特等奖7项、一等奖9项、二等奖14项。教学技能竞赛既扩大了学校的影响力,通过获奖教师的示范引领作用,也促进了全校教师综合素质、专业化水平和教学创新能力的全面提升。

二、加强教材的质量管理

教材建设是高等学校教学工作的重要组成部分,是衡量学校办学水平的重要指标。学校设立教材管理工作委员会,主任委员由主管教学的校长担任,委员由相关职能部门领导和各学院主管教学的院长组成。学校教材管理工作委员会的任务是:落实教材工作的各项方针政策,制订全校教材建设规划和管理规定,指导和协调各院、部教材建设小组工作,指导教材的选用、国外教材的引进工作,组织学校教材评估和优秀教材评奖工作,指导教材研究和评介工作等。

建立促进优秀教材编制的长效机制。学校的教材建设是一项长期的任务,必须有计划、有组织地进行,要定期制定教材建设长期规划和年度计划。学校教材管理工作委员会负责审议教材建设规划,对教材的编写、选用、研究和评介工作进行指导和监督;教务处是教材建设与管理的职能部门,负责组织实施工作;各学院(部)按其承担的任务做好具体落实工作。

学校规划的重点教材是:体现新世纪教学内容和课程体系改革成果的教材,体现学校学科优势和特色的教材,各专业主干课教材,解决教学急需、填补学科空白的新教材。各教学单位组织学术水平较高、教学经验丰富、文字表达能力强、长期在教学一线的优秀专家、教授担任编审人员。有关教学单位创造条件支持编写者完成教材的编写工作,学校承认规划教材编写者的业绩。

教材的编写树立精品意识。提倡精益求精,反对粗制滥造,对已有正式出版的高质量优秀教材,原则上不再组织新教材的编写。凡需课堂上使用的各类自编教材,均应列入学校教材建设规划;未列入学校规划私自出版的自编教材,原则上不得在课堂上使用。在充分尊重编写者意见的基础上,学校通过与有一定级别的出版社商定出版,必要时也可通过其他方式确定出版。

推出一批国家级专业课教材。学校历来关注国家级规划教材的遴选和培育,引导一线教师认真研究积极申报,"十一五"期间,全校在普通高等教育本科国家级规划教材领域有8个教学单位的教师推出了国家级规划教材,分别是:生命科学学院的《植物生理学》,体育学院的《球类运动——足球》,文学院的《中国女性文学教程》,外语学院的《英国文学简史》《英国文学选读》,地理与环境学院的《GIS分析、设计与项目管理》,历史文化学院的《旅游企业财务管理》,法学院的《法学概论》等。

为深入推进教学改革,贯彻落实国家新的教育方针,在"十二五"期间有15种教材被纳入普通高等教育本科国家级规划教材序列。分别是:外语学院的《英国文学简史》、体育学院的《球类运动——足球》、法学院的《法学概论》、地理与环境学院的《经济地理学》、教育科学学院的《心理学概论》、经济学院的《国际贸易》、土木建筑学院的《土木工程材料实验》、计算机与信息工程学院的《C♯程序设计及应用教程》、教育科学学院的《现代教育技术》、新闻与传播学院的《现代广告摄影教程》、地理与环境学院的《新经济地理学》、教育科学学院的《管理心理学》、哲学与公共管理学院的《公共管理导论》、历史文化学院的《中国民俗旅游》、音乐学院的《现代钢琴集体课教程》等。

开展教材研究工作是不断提高教材编写及选用质量的保证。教材研究工作包括:对各专业培养人才的基本规格和课程教学基本要求的研究,教材内容及体系的研究,新版教材的推荐、评介,教材编写及使用经验交流,对外国教材的研究与评介,教材管理的研究。学校定期组织专家对一些涉及面广、在人才培养过程中具有较大影响的课程及教材进行研究;各院(部)有计划地开展教材研究工作,鼓励广大教师积极撰写教材研究论文,定期组织教师、学生对各专业主要必修课教材进行质量评议。

定期评选本校的优秀教材,积极参加全国优秀教材评奖工作,建立教材质量信息反馈制度,大力开展教材评介工作,使教材质量评定工作经常化、制度化。在重视和加强文字教材建设的同时,积极开展多媒体教材的编写和出版工作,研究其编写规律,推动教材的更新与改革。为了推动和加速教材建设,促进教材更新与发展,丰富学校的教学改革成果,提高学术研究水平,鼓励有条件的学科、专业编写高质量、有特色的精品教材,学校设立了教材建设专项经费。教材建设经费主要用于学校重点立项教材的出版补贴,以及国外原版教材的引进,国家规划教材的经费配套及优秀教材(讲义)的奖励,开展教材研究的活动等。教材建设经费专款专用,由教务处负责管理,并定期向学校教材管理工作委员会报告情况。

三、深化教学改革与研究

为深入贯彻落实全国、全省教育大会和新时代高等学校本科教育工作会议精神,进一步深化学校本科教育教学综合改革,全面落实立德树人根本任务,持续巩固人才培养中心地位和本科教学基础地位,引导广大教师和教学管理人员结合学校和河南省高等教育改革发展实际,聚焦教学和人才培养改革重大命题,加强调查研究,以高水平、高质量的教研成果指导教学改革实践,培育一批国家级和省级优秀教学成果,发挥示范引领作用,切实提高人才培养质量,加快形成高水平人才培养体系,2021年,学校制定了河南大学2022年教学成果奖培育方案,择优遴选12项研究课题,作为冲击2022年国家级教学成果奖的培育项目。按照本年度学校教学改革工作计划,学校加快了各级各类教学改革研究项目的建设。

2020年度教改项目结项验收工作中,19个河南省教师教育研究项目通过验收,129个校级教改项目通过校级鉴定。在2020年度教改项目立项工作中,共计立项建设了179项校级教改项目,河南省教师教育课程改革研究项目立项22项。在2020年度"四新"类教改项目申报工作中,"'政产研学创'五位一体新工科人才能力培养模式的研究与实践"项目获批教育部第二批新工科研究与实践项目,"新工科背景下化工专业人才培养模式创新研究与实践"等四个项目获批河南省新工科研究与实践立项项目。"植物科学与技术专业的新农科课程体系与教材建设"和"生物科学技术服务乡村振兴战略模式研究与实践"两个项目获批河南省新农科研究与实践改革项目。近十年来,学校获批的"大学生创新创业训练计划"及获得立项的省级以上教学改革项目1 500余项。

第三节 创新教学内容与方法

一、争创国家级精品课程

河南大学创新教学内容与方法不断取得新成果,主要表现在国家级精品课程、国家级教学名师、国家"万人计划"教学名师及领军人才、实验教学示范中心、双语教学、国家级教学团队、特色专业、专业综合改革试点、卓越法律人才计划、卓越医师计划、校外实践教学基地、视频公开课和资源共享课等多个方面。学校近十年来共获批国家级精品课程总计23门,比2012年的11门翻了一倍多。2020年12门课程被认定为首批国家级一流本科课程。这些精品课程在近两年的疫情线上教学方面发挥了显著的作用。

2008年,学校仅有两门国家级精品课程,即刘济良教授的"德育原理"、赵国祥教授的"管理心理学"。2009年新增体育学院王崇喜的"足球"、文学院关爱和的"中国近代文学史"、地理与环境学院苗长虹的"经济地理学"、外语学院牛保义的"高级英语"等4门精品课程。2010年又新增教育科学学院刘志军的"课程与教学论"、文学院李伟昉的"比较文学"两门国家级精品课程。

2013年以来,学校拥有国家级精品视频公开课4门:文学院王立群的"司马相如与卓文君"、文学院李伟昉的"莎士比亚在近代中国的接受"、化学化工学院牛景阳的"走近化学"(2014年)、历史文化学院龚留柱的"孙子兵法十三篇"(2014年)。拥有国家级精品资源共享课12门:教育科学学院刘济良的"德育原理"(2013年)、教育科学学院赵国祥的"管理心理学"(2013年)、文学院关爱和的"中国近现代文学史"(2013年)、地理与环境学院苗长虹的"经济地理学"(2014年)、教育科学学院刘志军的"课程与教学论"(2014年)、外语学院牛保义的"高级英语"(2014年)、文学院李伟昉的"比较文学"(2014年),教育科学学院岳亚平的"学前教育原理"(2016年)、汪基德的"现代教育技术应用"(2016年)、刘志军的"教育研究方法"(2016年)、杜静的"教师专业发展"(2016年)、杨捷的"学校教育发展"(2016年)等。

二、建设国家和省级实验教学平台

学校借助国家和省级实验教学平台建设,来实现教学手段的逐步现代化。2008年在新闻与传播学院率先建设了"新闻与传播国家级实验教学示范中心",接着在2013年和2015年先后建成了"环境与规划国家级实验教学示范中心"(挂靠在地理与环境学院)和"物理与电子国家级实验教学示范中心"(挂靠在物理与电子学院)。

省级实验教学中心的建设起步较早,且一直保持着良好的状态,这些平台在教学手段和师资培养的过程中发挥了举足轻重的作用。主要的教学平台有:物理与电子学院2006年开始建设的"省级电工电子实验教学示范中心",2007年开始建设的"省级物理实验教学示范中心",新闻与传播学院2008年开始建设的"省级新闻与传播实验教学示范中心",生命科学学院2008年开始建设的"省级生物学实验教学示范中心",艺术学院2009年开始建设的"省级艺术实验教学示范中心",地理与环境学院2009年开始建设的"省级环境与规划实验教学示范中心",物理与电子学院2010年开始建设的"省级电子与通信工程实验教学示范中心",药学院2010年开始建设的"省级药学实验教学示范中心",化学化工学院2011年开始建设的"省级化学化工基础实验教学示范中心",土木建筑学院2012年开始建设的"省级土建基础实验教学示范中心",基础医学院2013年开始建设的"省级基础医学实验教学示范中心",土木建筑学院2013年开始建设的"省级土木建筑工程虚拟仿真实验教学中心",软件学院2016年开始建设的"省级现代网络技术实验教学示范中心",基础医学院2016年开始建设的"省级医学虚拟仿真实验教学中心",药学院2017年开始建设的"省级中药学虚拟仿真实验教学中心",历史文化学院2017年开始建设的"省级考古与文化遗产保护实验教学示范中心"等。此外,还有2018年获批的经济学院的"国家级自主学习型经济学人才培养创新实验区"、地理与环境学院的"国家级特色专业教学团队地理学科主干课程教学团队"、教育科学学院的"国家级特色专业教育学专业教师队伍"平台建设。

学校高度重视优质课程资源建设。在精品在线开放课程建设方面,为深化现代信息技术与教育教学的深度融合,以受众面广、量大的公共课、通识课、专业核心课为重点,推进适合网络传播与教学的高质量在线课程的建设工作。目前已经建成国家级和省级精品在线开放课程30多门。为进一步激发学生学习的积极性,培养学生的创新意识与批判思维,本着"以学生发展为中心"的原则,努力践行"科教结合协同育人"理念,切实提高学生的实践能力,增强学生的创新本领,学校立项建设了近百门面向本科学生开设的"创新研修课"。该类课程以主讲教师的国家级科研项目为依托,教学内容从科研成果中提炼,注重目标导向与问题导向相结合,采用小班授课(10—15人),授课形式不限,授课环境和场地不限。课程考试成绩由平时成绩和期末考试、考核成绩组成,二者各占50%;在通识课程建设方面,为继续深入贯彻通识教育人才培养理念,落实学校本科生培养方案设定的人才培养目标与教学任务,持续促进学生思想品格、思维方式、人文修养、科学精神、创新意识及其综合素质的全面发展,学校陆续审批开设校内通识课程数百门。为持续丰富课程资源总量,鼓励学生自主学习,在立足自建在线开放课程的基础上,学校大力推动通识在线课程的引进工作,2018年引进超星尔雅优质在线通识课程190门,为广大师生提供更丰富、更完善、更具选择性的优质课程资源。

三、注重教学实践与实习

实践教学和教学实习是学校教学工作的重要组成部分,是深化课堂教学的重要环节,是学生获取、掌握知识的重要途径。在不断加强基础实验室和专业实验室建设的前提下,学校努力建设各级各类"实验教学示范中心""虚拟仿真实验教学中心""虚拟仿真实验教学项目",改善学生实验教学条件,为学生提供更好的科研创新环境。2020年学校对3个国家级实验教学示范中心进行了年度检查。此外,学校积极组织各学院开展虚拟仿真实验教学项目建设与申报,2020年共有8个项目获批省级虚拟试验教学项目,其中6项为省级重点项目。实践教学方法改革是推动实践教学改革和人才培养模式改革的关键。2020年,共获批国家级虚拟仿真一流课程4项,其中2项为2019年国家级虚拟仿真项目,同时认定为一流课程,2项为2018年国家级虚拟仿真项目,直接认定。此外,还获批省级社会实践一流课程1项,实验相关线上线下混合式一流课程1项,实验相关线下一流课程1项。

为实现实习实训基地数量和质量的双重提升,不断拓展实践教学渠道,学校积极与科研院所、行业企业、教育行政部门等签约,建设了一批稳定高效的实践教学基地。目前,学校建有河南省本科高校大学生校外实践教育基地15个、校外实习实训基地950个。近三年获批教育部高等教育司产学研合作协同育人项目70项,为在校大学生校外实践活动的开展提供了保障。开展了2019—2020学年优秀实习指导教师和优秀实习生评选工作,对157名优秀实习指导教师和832名优秀实习生进行了表彰,激发了师生参与实习实训的积极性。

强化毕业论文的过程管理。高度重视毕业论文(设计、创作)的教学管理与改革,培养学生在科研选题、调查研究、科研创新等方面的综合能力,不断提升学生的专业素质和科学研究水平。为进一步提高毕业论文(设计、创作)质量,加强过程管理,学校将原有的毕业论文查重系统建设为毕业论文综合管理系统,增强了学校、学院、教师、学生之间的互动交流。

重视学科竞赛。以学科技能竞赛为抓手,促进学生将理论与实践相结合,提高自身实践能力,培养学生创新意识、创新思维和创新能力,调动学生积极性,提高其综合素质和能力。为提高学科竞赛信息透明度,解决学生的选择困惑,学校积极引导学生聚焦和参加影响面广、公信力大、认可度高的学科竞赛,提高竞赛活动在创新人才培养中的成效,优化竞赛格局。2020年,河南大学学生在全国大学生英语竞赛、蓝桥杯全国软件和信息技术专业人才大赛、美国大学生数学建模竞赛、全国大学生化工设计竞赛、全国大学生物理实验竞赛、全国高校BIM毕业设计大赛、全国大学生GIS应用技能大赛、中国大学生广告艺术节学院竞赛、全国大学生市场调查与分析大赛、全国大学生生命科学创新创业大赛、全国大学生人力资源管理知识技能竞赛、中国日报社"21世纪杯"全国英语演讲比赛、"共享杯"大学生科技资源共享服务创新大赛等十余项竞赛中均获得国家级一等奖。

强化大学生创新创业训练。大学生创新创业训练计划项目,是培养大学生创新创业能力的重要举措,是高校创新创业教育体系的重要组成部分,是深化创新创业教育改革的重要载体。2020年,共获批国家级和省级大学生创新创业训练计划项目160项,校级项目立项243项,参与学生超过1800人。以大学生创新创业训练计划项目为依托,积极引导学生开展学术研究,产生了大量的学术论文、发明专利(软件著作权)等成果。2020年,本科生依托教师科研项目及各层次的大学生创新创业训练计划项目,以第一作者发表学术论文411篇,获批发明专利(软件著作权)125项。

开展通识课教育。文理互融一直是河南大学的办学传统,进入新世纪,河南大学重启文理交融的通识课教育,到2018年,全校范围的通识课教育形成规模,学生可以依据自己的实际情况和兴趣爱好,选修通识课。根据通识课程的教学内容和教学目标,为了引导学生全面发展,方便学生选课,将全校开设的通识课程进行模块化分类,共分为五个模块。一是文化传承与人文素养,二是人类文明与社会发展,三是科学精神与科技进步,四是生命教育与卫生健康,五是艺术情操与审美感悟等,为本科学生提供菜单式服务。随着课程的不断完善,深受学生的欢迎,学校再次要求每个学院都要面向全校开设10门以上的通识课,以保证通识课的全面性与吸引力。

第四节 优化本科专业结构

一、按社会需求设置专业

专业是本科培养中"培养目标、培养规格、课程体系、教师队伍、教学条件、质量保障"等各个环节的载体,是人才培养的基本单元,是学校办学水平和特色的集中体现,是教学改革的切入点,是高等教育内涵式发展的关键因素,是提升本科教育质量的核心抓手。为加快构建高水平人才培养体系,适应新时代对人才的多样化需求,学校围绕国家战略、区域经济社会发展和民生需求,积极布局适应战略性新兴产业发展和民生急需的相关专业,加快专业供给侧改革,推进专业结构优化调整的步伐。截至2021年,学校共办有98个本科专业,涵盖文学、历史学、哲学、经济学、法学、教育学、理学、工学、管理学、医学、农学和艺术学等12个学科门类。其中,哲学类专业1个,经济学类专业7个,法学类专业3个,教育学类专业6个,文学类专业12个,历史学类专业4个,理学类专业12个,工学类专业18个,农学类专业1个,医学类专业8个,管理学类专业11个,艺术学类专业15个。

一流专业是一流本科教育的基础,学校的本科专业建设以《普通高等学校本科专业类教学质量国家标准》为基本标准,积极对接一流本科专业建设"双万计划",推进"四新"建设和专业认证工作。2019年,学校汉语言文学、历史学、教育学等19个专业入选国家一流本科专业建设点,文物与博物馆学、教育技术学、哲学等15个专业入选河南省一流本科专业建设点。2020年,学校思想政治教育、财政学、金融学等18个专业获批国家一流本科专业建设点,地理信息科学、俄语、世界史等17个专业获批河南省一流本科专业建设点。自教育部2019年启动一流本科专业建设"双万计划"以来,学校共有37个专业入选国家级一流本科专业建设点。2020年,学校继续深入实施《河南大学本科专业建设与提升计划》,地理科学和学前教育两个专业通过河南省首批师范类专业认证,并通过教育部第二级专业认证;地理信息科学等32个专业获批河南省一流本科专业建设点。共计69个专业入选国家级、省级一流本科专业建设点。

学校以一流本科专业建设"双万计划"为契机,持续加强入选专业的建设工作,发挥示范引领作用;继续完善一流本科专业建设规划方案,统筹实施好国家级、省级一流本科专业建设规划;着力推进新工科、新医科、新农科、新文科建设,加快专业结构优化调整,分层次、成梯队地建设一批高质量、有特色的本科专业集群,形成各相关专业之间资源共享、协同发展、互相支撑的良好态势。

加强一流本科课程的建设。课程建设是本科教育教学工作的核心内容,是践行立德树人根本任务的重要载体,课程质量是人才培养质量提升的关键性保障。为继续深化人才培养模式改革,积极探索信息化时代的教学模式变革,促进优质教学资源开发与普及,提升本科教学质量,2020年学校积极对接一流本科课程"双万计划",12门课程首批入选国家级一流本科课程;52门课程被评为疫情防控期间河南省本科教育线上教学优秀课程;18门课程入选省级精品在线开放课程;8门课程入选河南省首批本科高校课程思政样板课程,2门课程入选河南省本科高校"战疫"类课程思政样板课程;校级精品在线开放课程遴选24门,线上线下混合式课程遴选91门,新建通识课程74门。引进并部署了中国大学慕课"爱课程"校内平台。

为全面系统地加强专业建设,持续优化专业结构和专业布局,促进专业内涵式特色化发展,构建与学校一流本科发展目标相适应的本科专业体系,学校于2019年3月开展本科专业优化调整工作,在充分调研、科学论证的基础上形成了《河南大学专业建设管理实施办法(讨论稿)》,并参照本办法,对学校本科专业进行评估,生成了各专业的弱项积分。根据对学校本科专业弱项积分排序的结果,结合校内、省内专业评估的结果、审核评估专家的意见、各专业基本状态数据分析报告及第三方调研数据,充分考虑办学专业的社会需求、前瞻性、学校及专业定位等多重因素,学校会同校内外专家进行了定性评价,最终确定保险学、自动化、材料化学、自然地理与资源环境、作曲与作曲技术理论、药物制剂、法语等7个本科专业停止招生。

特色专业教学质量建设的核心任务是培养专业素养突出的高素质人才。所谓"特色"主要包括三层含义:一是"人无我有",凸显独特性和个性;二是"人有我优",凸显杰出性和优质性;三是"人优我新",凸显开拓性和创新性。特色专业教学质量建设的重点在于培养特色专业素质。特色专业素质的培养,是高等教育大众化发展阶段实现高校可持续发展的战略选择。一般而言,特色专业素质应具备三个特征,一是特色专业素质应是一个群体在专业素质方面所表现出的共性特征。一个学校特色专业的学生在接受完整的专业教育后,在专业素质方面所形成的整体性特征应较之于相同专业的其他学生表现出明显的竞争优势和较强的社会适应性。二是特色专业素质应是思想素质、专业素质和心理素质三者的有机统一,其中思想素质是核心,专业素质是基础,心理素质是前提。专业素质教育的精髓在于强调素质的整体性、综合性,通过教育求得个体潜力的充分挖掘和整体素质的不断提升。三是特色专业素质除了表现在专业方面的基础和能力较强外,还应该表现在每个个体对所学专业的兴趣、对所从事职业的强烈认同感和自豪感以及爱岗敬业的献身精神。

二、培养综合性拔尖人才

第二学士学位在层次上属于大学本科后教育,与培养研究生一样,同是培养高层次专门人才的一种途径。学校按照《教育部办公厅关于在普通高校继续开展第二学士学位教育的通知》和《河南省教育厅办公室转发教育部办公厅关于在普通高校继续开展第二学士学位教育的通知》的整体要求,于2020年组织开展了第二学士学位专业备案申报工作。经过积极申报,学校获批备案了软件工程、网络工程、旅游管理、数据科学与大数据技术、化学工程与工艺、经济学、人力资源管理、动画、视觉传达设计、行政管理、统计学、网络与新媒体、汉语言文学等13个专业可以开展第二学士学位教育。这批备案专业涉及学校的文学、理学、工学、管理学、经济学和艺术学等6个学位授予门类,涵盖学校现有国家级、省级一流本科专业建设点,"四新"专业,行业产业发展和民生急需相关应用型专业和传统优势特色专业基础学科拔尖学生培养——"明德计划"。自2005年伊始,即率先开办了关于基础学科拔尖创新人才培养的"试验田"——文理实验班。此后依次探索了文理实验班按大类培养模式、文理实验班分专业培养模式、学科专业实验班模式等,2005-2013年期间先后培养学生539名。

2014年前后,为贯彻落实《河南大学全面提高教育质量的若干意见》,在总结前期工作的基础上,学校推出《河南大学拔尖创新人才培养"明德计划"实施管理办法》,对基础学科拔尖学生开始实施"明德计划"实验班培养模式,2014-2017年期间,先后培养学生480名。

2018年以来,为充分发挥基础学科优质教育资源,加快一流人才培养与创新能力的提升。根据"六卓越一拔尖"计划2.0中《教育部等六部门关于实施基础学科拔尖学生培养计划2.0的意见》,学校在原有生物科学、地理科学、物理学、数学、经济学、历史学等6个学科专业开设"明德计划"实验班的基础上,在中国语言文学、计算机科学、化学和哲学等4个学科专业领域陆续新增开设"明德计划"实验班,招收培养学生1 046名。

应用学科(专业)人才培养——"卓越计划"。在国家和河南省以往实施的"卓越人才培养计划"1.0中,学校拥有卓越法律人才教育培养基地、卓越医生教育培养计划项目和卓越教师培养计划项目3个国家级卓越人才培养项目以及生物工程、化学工程与工艺、土木工程、通信工程4个省级工程类的卓越人才培养项目,其中卓越教师培养计划,即"河南大学本硕一体化卓越中学教师培养计划"现已步入2.0阶段。

2020年以来,为积极对接"卓越人才培养计划"2.0,学校在"卓越计划"人才培养方面大幅度拓围增量,遴选临床医学等9个应用型学科专业,开设了"五类卓越计划"实验班,累计遴选培养学生533名。"卓越教师人才培养项目"自2015年开班伊始,累计遴选培养学生135名。通过以上工作的开展,学校现已实现了"六个卓越人才培养计划"全覆盖。

第五节　提升教学管理水平

一、合理统筹教学资源

充分利用教学资源,科学合理排课,稳定教学秩序,提高教学质量。高校课表编排工作是一项基本而又重要的教学管理工作,是高校建立稳定教学秩序的基本保证。科学、合理编排课表应充分利用教学资源,统筹协调课程、教室、教师、学生、时间等各相关要素之间的关系,坚持以人为本、效率优先、注重效益的原则,严格执行教学计划,准确落实教学任务。确立良好的排课顺序,合理、有序、系统地安排好排课工作的各个环节,对于稳定教学秩序、提高教学质量具有重要意义。

近十年来,随着高等教育改革的不断深入,学校办学规模的迅速扩大与教学资源设施相对不足的矛盾更加明显地显现出来,其中最具体的表现就是排课工作难度的增加。课表编排要熟悉教学计划,了解并熟悉全校各院系、各专业教学计划的全部内容及其特点,了解每个专业所开设的课程名称、课程内容、课程性质、总学时、周学时、学分、开课学期等内容,了解和掌握各专业教学进程安排表,了解和掌握全校各专业各教学环节之间的衔接情况等。又要掌握教学设施情况,对全校所有教室的信息、各教室的配备情况以及分布情况了如指掌,熟悉其他教学设备,如多媒体教室、计算机房、实验室、语音室等各种教学活动场所的可利用情况。还要了解教师和学生的基本情况,充分考虑教师学生对教学的需求等。

学校研发并开放了在校生电子成绩证明、电子在读证明、电子大学英语四六级成绩证明功能,以提升教务管理信息化水平,实现"让数据多跑腿,让师生少跑腿",惠及广大师生校友。龙子湖校区新建智慧教室26间,金明校区智慧教学环境改造16间,完成龙子湖校区无线电台、标准化考场建设。被省招办评为2020年度全国大学英语四六级考试优秀考点,2人分别被评为全国大学英语四六级口语考试先进工作者、全国计算机等级考试先进工作者。

严格执行教学计划,规范教学秩序。教学计划是学校保证教学质量和实现人才培养目标的重要基础,教学计划一经确定,必须认真组织实施。在教学管理工作中,涉及教学资源、课程、教师、学生、时间等要素,要利用有限的教学资源,妥善解决教学中的各种矛盾和困难,科学、合理地编排课表,为保证教学质量,为高校人才培养提供重要保障。

二、开展教学审核评估

本科教学审核评估。本科教学审核评估是在我国高等教育新形势下,总结已有评估经验,借鉴国外先进评估思想的基础上提出的新型评估模式,核心是对学校人才培养目标与培养效果的实现状况进行评价,旨在推进人才培养多样化,强调尊重学校办学自主权,体现学校在人才培养中的主体地位。学校充分认识到审核评估的意义,积极准备通过审核评估更清晰地认识自己,合理定位,全面落实人才培养中心地位。同时学习先进学校的教学管理经验,引进教学管理现代化理念,改进教学管理手段。

2018年5月学校召开了本科教学诊断性评估动员大会。6月成功进行了诊断性评估,为下半年教育部本科教学工作审核评估专家组入校考察做好准备。10月14至18日教育部本科教学工作审核评估专家组进驻学校,对河南大学本科教学工作进行审核评估。专家组共召开了30次不同类型的教师座谈会,深度访谈了10位校级领导,走访了24个职能部门,访谈176人次;走访了30个教学单位,与各学院的领导、教师及教学管理人员交流访谈463人次,访谈学生210人次;走访校外实习基地及用人单位3个,访谈校友37人,听课42门次,看课56门次;抽查了7个班级42门课程3 893份试卷;查阅了18个部门、25个教学单位的130份教学材料,调阅了30个专业2 067份毕业设计(论文)。此外,专家组还集中考察了学校图书馆、大学生创新开放实验室、棉花生物学国家重点实验室、明伦校区近代建筑群、本科生艺术教育作品展、校史馆、学生宿舍、食堂等主要教学基础设施等。专家组对河南大学本科教学工作进行了较为全面的考察与分析,召开了专家意见反馈会,向学校提供了审核评估报告,专家组成员也提出了个人反馈意见。

学校坚持"以评促建、以评促改、以评促管、评建结合、重在建设"的方针,全面落实审核评估专家反馈意见,于2018年11月上报《河南大学本科教学工作审核评估整改方案》,列出了32个需要整改的问题,细化了66项整改措施,明确了整改工作时间,进行分阶段整改。学校党委常委会、校长办公会多次专题研究审核评估整改工作和本科教育工作,深入贯彻落实全国和全省教育大会精神,动员部署深化本科教育教学改革工作,推动本科教学工作审核评估专家反馈意见落地见效。

2019年1月4日,学校召开本科教育大会启动会,决定在全校范围内组织召开为期3个月的本科教育大会,并开展多层面的本科教育思想大讨论活动。学校组织各职能部门及教学单位召开了3次本科教育思想大讨论活动推进会和座谈会,各教学单位共组织班子成员、全体教工、基层教学组织等各层面座谈会117场、教师代表座谈会35场、学生代表座谈会26场、校内外专家研讨会30场。在学校本科教育大会总结会上正式下发《河南大学关于深化本科教育教学改革全面提高人才培养质量的若干意见》,出台配套指导性文件,以加强本科内涵建设。

专业认证与专业评估。专业认证是目前国家"五位一体"本科教学评估制度中的一环。学校通过学习国家相关文件,积极推动各专业参与国家专业认证工作,并以认证工作为抓手,优化本科生培养方案,深化教育教学改革,提高办学水平和人才培养质量,2016年6月6日,全国高等学校建筑学专业教育评估委员会经全体会议讨论并投票表决,决定通过学校建筑学专业本科(五年制)教育评估,合格有效期为4年,建筑学专业成为河南大学第一个接受外部专业评估的专业。2020年7月,经师范类专业认证专家委员会审定,学校学前教育和地理科学两个专业通过第二级专业认证,认证结论有效期6年。地理科学和学前教育专业是河南省首批参加认证的师范类专业,它们的顺利通过,为学校其他师范类专业认证提供了样板,通过第二级专业认证的师范毕业生,可由高校自行组织中小学教师资格考试面试工作。截至2021年底,学校共有建筑学、中药学、地理科学、学前教育、生物科学、化学、护理学等7个专业通过了专业认证,汉语言文学、数学与应用数学、临床医学专业完成了专家进校考查。

为进一步加强高校专业建设,优化专业结构,切实提高人才培养质量,更好地为经济建设和社会发展服务,2016年河南省启动了专业评估,学校参加首轮省级专业评估的8个专业均名列前茅,其中1个专业在省内排名第一,4个专业排名第二。在第二批省内专业评估中,学校17个专业获省内排名第一。

为进一步梳理学校现有本科专业建设情况,查找问题,加强内涵建设,提升办学水平,促进质量提升,2015至2017年,学校对全校94个专业分四批进行了评估。学校成立专业评估工作领导小组,根据教育部《关于开展普通高等学校本科教学工作审核评估的通知》和省教育厅通知的有关精神,制定了《河南大学首批本科专业评估工作方案》《河南大学本科专业评估指标体系》等文件。2015年12月10日至12日,学校对哲学、护理学、武术与民族传统体育、金融学、中药学、建筑学等6个专业进行了首次评估;2016年5月5日至7日,学校对18个学院的20个专业进行了第二批评估;2016年12月上旬,学校对11个学院的33个专业进行了第三批评估;2017年4月17至19日,学校第四批校内专业评估工作集中开展,来自郑州大学、河南师范大学、河南工业大学、河南财经政法大学及学校的28名专家,分为7个专家组进行工作,全校共9个学院35个本科专业接受评估,至此学校94个专业已全部接受评估。评估期间,评估专家通过审阅专业自评报告、随机听课、召开教师和学生座谈会、查阅材料以及实地走访考察,全面了解各专业情况,并针对各专业存在的问题提出了合理化、建设性的意见和建议。

三、切实加强教学管理

创新和完善学生学业评价体系,推进过程性评价,强化评价育人效果,支持并鼓励全校各专业探索实施过程性评价,提高过程性评价在学业成绩中的比重,尝试开展非标准答案考试,以此来推进学业评价方式改革,改变期末考试"一考定成绩"的传统考核方式,努力实现学业考核过程化、评价标准多元化。为深化非标准答案考试改革,总结非标准答案考试工作经验,学校开展了非标准答案试题及学生优秀答案案例征集工作,各教学单位积极组织任课教师全面总结开展非标准答案考试工作情况。2019—2020学年共征集优秀案例103项,其中一等奖案例48项、二等奖案例40项。2020—2021学年评选出106项获奖案例,其中一等奖54项、二等奖52项。遴选优秀案例结集成册,供全校师生交流,以期推动广大教师积极探索多元化学业考核评价体系的改革与创新。

每年开设课程都有计划。例如2018年完成10 567个教学班的排课工作,38 000余名学生参加了选课;完成全体在校生10 268个教学班的期末考试和4 000余人次的补考工作;完成全体学生的成绩归档、查询、更正及学分认定工作;完成1 193门次教师调停课和4 832次临时使用教室审核审批工作;完成辅修、双学位专业学生的申报、注册及日常教学管理、成绩管理、学费核算工作等。2019年完成5 100个教学班的排课及38 900余名学生4轮次的选课任务。完成2019届本科毕业生及双学位/辅修专业毕业生毕业资格、学位授予资格审核,毕业生图像信息采集,并完成毕业证书和学位证书的招标、制作和发放工作;完成往届毕业生毕业证、学位证证明书办理工作。2020年开设3 958门课程,合计教学班10 650个,学生选课达596 037人课次;完成350门次教师调停课和2 600次临时使用教室审核审批工作;完成5 521场次的期末学业考试,涉及学生326 273人次。2020年春季学期组织开展大规模线上学业考核,其中,线上闭卷考试1 475场次,线上开卷考试163场次,线上视频口试方式35场次,提交作品方式38场次,以课程论文、课程报告、作业等方式进行考查的有292场次。全年完成3 886人次补缓考工作,完成300余名学生的成绩查询更正和800余门次境外交流学生的课程学分认定工作,840余人次的转专业学生、实验班学生的有效成绩认定工作。完成381名双学位(辅修专业)学生的申报、注册及日常教学管理、成绩管理、学费核算等工作。2021年共开设10 800个教学班,组织共计38 600余名学生参加每学期的4轮次选课;完成630

门次教师调停课和4 730次临时使用教室审核审批工作；完成2021届9 472名毕业生和139名双学位/辅修专业学生毕业资格、学位授予资格的审查和证书的打印及发放工作；完成2021年2 000余人次的学生专业调整、专业分流工作，以及1 900余人次的学生休学、复学、退学、转学、留级、保留学籍等学籍管理工作。

　　扎实做好新冠肺炎疫情期间线上教学管理工作。根据疫情防控工作要求，高度重视，积极行动，精心谋划，周密部署疫情防控期间本科生网上教学工作，统筹做好各项本科教学管理工作，切实做到"停课不停教、停课不停学"，保证人才培养质量。指导33个教学单位结合实际制定网上教学工作方案，组织任课教师参加网络教学培训，协助任课教师开展网上教学。加强与各网络教学平台沟通对接，协调技术人员"驻场"服务，及时解决问题，确保平台稳定，全力保障线上教学平稳运行。2020年春季学期全校每周1 770名教师、1 752门课程、4 704个教学班的线上教学平稳开展。虽受2020年新冠肺炎疫情影响，上半年大型考试基本停止，但为了方便2017级毕业生保研、直博的需求，教务处在学校有关部门协助下，想考生所想，顶住压力，克服困难，成功组织了2020年7月507名毕业生的大学英语四、六级考试，为疫情防控常态下的组考工作提供了经验；完成2020年9月和12月两次共计48 778人的大学英语四、六级考试的报名及考试的组织实施工作，完成2020年下半年2 400人大学英语四、六级口语报名及考试工作。完成全国计算机等级考试共2 040人的信息审核、报名和考试的组织实施工作，完成2020年度15 510人次全国教师资格考试工作，完成2020年度河南省成人、自考本科毕业生4 534人次的学士学位外国语水平统一考试的报名、信息的审核及考试工作。

　　2021年秋季学期全校每周2 057名教师、2 125门课程、5 600个教学班的线上教学平稳开展。严格管理教学秩序，规范教学运行，扎实做好新冠肺炎疫情期间线上教学管理工作，确保了教学运行平稳，圆满完成年度教学任务。

　　此外，根据学校"双一流"建设的需要，学校加强了各教学单位基层教学组织的优化、合并和调整，形成了包括课程组、学院/系教研室（中心）、教学团队、实验教学中心等不同类型的基层教学组织。积极贯彻落实全国教育大会精神和《中国教育现代化2035》《河南省智慧教学三年行动计划》，探索虚拟教研室建设。目前，全校共有省级优秀基层教学组织49个、省级备案合格基层教学组织87个。获批省级虚拟教研室2个，其中"中西部综合性大学教育学专业建设虚拟教研室"入选教育部首批虚拟教研室建设试点。

　　学校积极构建制度完善、全员参与、设计合理、持续改进的教学质量保障体系。疫情期间，根据《教育部应对新型冠状病毒感染肺炎疫情工作领导小组办公室关于在疫情防控期间做好普通高等学校在线教学组织与管理工作的指导意见》精神，对学校教学信息进行日报和周报，制定了《河南大学教师网络授课规范（试行）》《河南大学网络学习规范(试行)》两个文件,率先在省内发布河南大学在线教学质量报告,开发"河南大学网络教学信息采集与交流平台",并上线使用,受到教学单位和授课教师的好评,取得了良好的效果。仅2020年就完成37 500余名在校生(其中2020级新生8 842名)的学籍注册工作,完成395名学生转专业和2 000余名学生专业分流工作,完成993人免试研究生和农村教育硕士推荐工作,完成1 100人次的学生休学、复学、退学、转学等学籍异动工作,完成9名学生考试违纪(作弊)的处分处理工作,完成2020届9 434名毕业生和139名双学位/辅修专业学生毕业资格、学位授予资格的审查和证书的打印及发放工作,完成330余名往届毕业生证书遗失的补办工作。完成2022届9 000余名拟毕业学生的图像信息采集工作。

根据《普通本科学生学业预警实施办法(试行)》要求,教务处与学生处联合开展2020年秋季学期学业预警工作。全校学业预警备案358人,其中黄色预警165人、橙色预警72人、红色预警121人。2021年春季学期全校学业预警备案481人,秋季学期学业预警备案428人,对被预警学生,根据学籍管理规定和学生管理规定进行处理,同时给予学业帮扶。进行2018至2019学年基本状态数据采集与本科教学质量报告编制,对工作流程进行了再造和优化,对两项工作进行系统性改革与整合,大大提高了工作效率,缩短了工作周期,减少了单项工作的时间与精力投入。自主开发的"填报综合服务系统"全面实现电子化、网络化、无纸化办公。在数字信息采集工作的推动下,形成原始教学信息数据库,通过对现有数据进行比对分析,及时有效地发现专业预警数据,使专业运行状态可视化、准确化,为专业动态调整提供决策依据,从而提升了学校的教学管理水平。

第五章 科学研究

科学研究是高等学校的一项重要职能。迈入新百年的第一个十年,在党委、行政的正确领导下,学校遵循综合性研究型大学的办学定位,强化科研制度建设,出台一系列激励创新、激发活力、促进成果转化的重要措施;坚持改革创新,建立专职科研队伍,推动科学研究全面发展。自然科学研究坚持聚焦重大科学问题、国家战略与产业关键共性技术,大力实施创新驱动发展战略;人文社会科学研究坚持历史逻辑、现实逻辑和科研逻辑,努力构建具有中国特色、中国风格、中国气派的学科体系、学术体系和话语体系。两大领域交相辉映,形成了协同发展的良好局面。高水平成果、重大项目和国家级奖励均取得重大突破,科研平台建设、学术交流合作和成果转移转化取得重要进展,某些特色优势研究领域的影响力完成了从区域性到国家级、世界级的提升。

第一节 营造科研氛围

一、优化科研管理

学校全面落实习近平总书记关于科研创新的重要讲话和指示精神,围绕"四个面向",以全球视野谋划布局科研工作,不断创新科研管理服务的体制机制,以鼓励创新、实现重点突破、跨越发展为改革出发点和政策着力点,坚持科学施策,开展"三评"改革,完善科技评价机制,赋予科研团队以自主权,充分激发人才创新创造活力,倡导聚集创新资源,强化协同创新效应,落实科研管理"放管服"改革,提升科研治理能力,开展科技监督,深化科学道德和科研诚信建设,从管理体系方面构建完善科研创新生态,为学校优势特色科研领域入主流、立潮头,提供了强有力的制度保障。

  2013年,学校制定《河南大学科研经费间接费用管理办法》,修订《河南大学纵向科研项目经费管理办法》《河南大学横向科研项目管理办法》等,完善科研管理制度,明确部门职责,建立了较为科学的科研管理体系,使科研经费管理不断走向规范化。2014年,学校制定《省属高校基本科研业务费专项资金实施细则》,分层次设立"杰出青年""优秀青年""种子"和"交叉应用"四类培育基金,启动实施优秀青年人才支持计划,建立不同层次的青年人才梯队,为培养国家级高层次人才奠定基础。2015年,学校制定《河南大学省级2011协同创新中心暂行管理办法》,完善科研协同创新模式;修订《河南大学纵向科研经费管理办法》及《河南大学横向科研项目管理办法》,制定《河南大学科研经费间接费用管理办法》,落实国家关于科研经费管理新要求,进一步完善学校科研经费管理工作。2016年,学校借鉴吸收国际国内先进科研管理经验,细化科研管理模式,将原来科学研究处分为科学技术研究处与人文社科研究处,分别负责理科类学术活动与文科类学术活动。2018年,将科学技术研究处的名称变更为科学技术研究院,将人文社科研究处的名称变更为人文社科研究院,实现了从强化行政管理到明确业务指导的管理模式转变。当年,学校还制定《河南大学成果转化管理暂行办法》,将科研成果转化绩效纳入科研评价体系,探索实行市场化薪酬分配体制,调动科研人员转化成果的积极性主动性;出台《河南大学省校区合作奖励补助资金管理暂行规定》,遴选资助了一批来自产业集聚区的科技项目,推动产学研合作深入开展。

  2017年,学校依照教育部《高等学校学术委员会规程》的要求,修订《河南大学学术委员会章程》,使学校的学术治理体系更加完善;修订《河南大学横向科研项目管理办法》,扩大科研团队自主权,降低横向项目运行成本;出台《河南大学专业技术人员离岗创业管理暂行办法》,鼓励和支持专业技术人员带着科研项目和成果离岗领办、创办企业,把科研成果写在中国大地上。2018年,学校制定《河南大学科研评价和奖励办法(自然科学)》,注重成果质量导向,引导优势领域科研成果重点突破;修订《河南大学纵向科研项目(自然科学)间接费用管理细则》,扩大了科研团队间接经费使用自主权;修订《河南大学专业技术人员离岗创业办法》,进一步优化离岗创新创业环境;出台《河南大学一般科研机构管理办法》,注重培育特色鲜明的研究方向,打造团结奋进的学术群体,明确科研机构设置条件、设置程序、运行管理、职责功能、考核机制以及负责人的任职条件、责任与权利,改革科研组织方式,培育结构合理的优秀学术群体,提升科学研究水平,推动学校科研平台的高质量发展。2019年,学校实施《河南大学哲学社会科学振兴计划》,大力弘扬学校哲学社会科学百年来形成的优良传统和创新精神,进一步整合哲学社会科学的优势学术资源,推进学科交叉融合,开拓了一些特色研究领域和方向;建设了一支结构合理、学有专攻、学风严谨、寓研于教的学术队伍,围绕重大理论问题和现实问题,坚持基础研究与应用研究交叉并重,产出了一大批学术精品与传世力作;进一步健全科研管理机制,完善学术评价体系,营造出开明通达、开放包容、开拓创新的良好学术氛围,提高了学校学术交流水平和社会影响力,强化了学校科研育人功能和社会服务能力。同年,制定《河南大学校级重点研究所(理科)建设与管理办法实施细则》,引入以研究方向为基本考核单元的代表性成果评价制度和考核办法,引导研究所凝聚方向,突出研究特色。人文社科研究院制定"河南大学哲学社会科学创新团队培育计划"的实施办法和考核细则,并启动河南大学哲学社会科学创新团队培育计划申报遴选工作,最终确定了21个创新团队培育对象,当年3月份开始实施,为攻克重大学术问题打造骨干学术团队。出台《河南大学学院工作绩效考核实施方案(试行)》,对学院年度的科学研究与社会服务分类进行绩效考核,推进管理重心下移,激发学院办学活力,促进学校内涵发展。2021年,制定《河南大学人文社会科学研究"十四五"专项规划》,强化"中国特色、世界一流、中原风格"的目标定位,围绕学校"双一流"建设的中心任务,革新理念,加强顶层设计,形成人文社科研究的新思想、新理念、新战略。围绕《河南大学哲学社会科学振兴计划》的总体要求,继续执行"河南大学哲学社会科学创新团队培育计划""河南大学哲学社会科学重大项目培育计划""河南大学特色新型智库建设支持计划""河南大学哲学社会科学成果文库""河南大学优秀学术传承计划'夷门传薪学人传'项目"等。

二、鼓励学术交流

十年来,学校高度重视学术交流,共举办文科和理科类国际、国内学术会议776场,有力推动了学校科研影响力的整体提升。许多会议产生了重要学术影响,如第三届国际青年生态学者论坛、2012年中国开封德勒兹国际研讨会、中国留美经济学会2012年国际学术研讨会、2012年"宋都开封与十至十三世纪中国史"国际学术研讨会、世界大学校长联合会(IAUP)暨亚太大学联合会(AUAP)高等教育国际化论坛、全球视野下黄河文明起源与发展国际学术研讨会、Symposium on Plant Stress Biology(植物逆境生物学论坛)、"中英比较视野下的国家、法律与经济社会变迁"国际研讨会、"处境不利儿童身心健康"国际研讨会、第21届国际地理信息科学大会、第四届空间综合人文学与社会科学国际论坛、第八届中国认知语言学研讨会、国际陆地生态系统反馈大气层组分和气候变化联合研究网络论坛、2014年中国经济史学会年会国际学术研讨会、图像处理理论方法与应用国际会议、第二届弱势人群身心健康与学习发展国际学术高峰论坛等,提高了学校的知名度和美誉度。

2016年以来,学校学术会议的国际化程度不断加强,会议规格进一步提升,影响力更加突出。理科类代表性会议有第十一届运营与供应链管理国际会议、2017年材料化学亚太国际会议(APPCCOM-2017)、国际多酸化学论坛、脑功能环路与神经疾病国际研讨、Photoelectrochemistry and Electrochemistry Academic Salon(光电化学和电化学学术沙龙)、第三届生物入侵与全球变化国际学术研讨会、第四届弱势人群健康与发展国际学术高峰论坛、Cross-boundary Cooperation for Biodiversity Conservation in Asia under Global Change(全球变化下亚洲生物多样性保护的跨境合作)、2019中原药学国际论坛、免疫与转化医学国际论坛、全球变化与生物适应国际青年论坛、第五届亚洲时间生物学论坛暨中国细胞生物学学会生物节律分会2021学术年会、第一届国际植物电生理学与离子转运研讨会、岩土与交通科学国际合作项目论坛、第二届全国生物地理学大会暨黄河流域生态保护论坛、第十八届中国信息系统及应用大会等。文科类代表性会议有"黄河学"高层论坛暨"轴心文明互鉴与包容性全球化"国际学术研讨会、"气候变化、黄河变迁与中原文明嬗变"国际学术研讨会、中国开封宋代艺术国际学术研讨会、亚洲市场经济学会国际会议、汉字文化圈生活文化"和而不同"国际学术研讨会、第三届东亚日本学研究国际研讨会、旧大陆青铜时代比较考古研究国际研讨会、韵律语法研究国际研讨会、中国哲学70年高端论坛、第十一届全国体育科学大学、两宋论坛、中国古文字研究会第二十三届学术年会、第四届中原营销国际学术论坛、中国先秦史学会国学双语研究会第三届年会、第二届全国世界史专业论坛、"70年来史学研究范式的变迁"学术研讨会等。

一些学术会议得到国内外学界同人的长期关注和大力支持,形成了有较大影响力的学术会议品牌。黄河文明与可持续发展研究中心从2009年至2021年,连续主办十三届"黄河学"高层论坛暨国际学术研讨会,历次会议都有中外学者百余人参会,围绕黄河学和各届的主题展开深入研讨交流。由"作物逆境适应与改良"等四个国家重点实验室创办的"全国植物逆境生物学会议"已成功举办四届,每届会议参会人数达1 000余人。由科学技术研究院、生命科学学院、医学院联合主办的"河南大学生物&医学午茶会"以"增进学者友谊、促进学术创新、推进'一流'建设"为主旨,自2019年开办以来,成功举办了45期,线下约2 300人次参与,推动了以"生物&医学"为靶向的多学科交叉融合向纵深发展。由特种功能材料教育部重点实验室主办的"材料·器件·系统"中原论坛,为在信息领域从事材料、器件和系统等不同方向研究的专家学者提供交流、碰撞的机会,加速促进了信息科技的协同创新发展。

学校坚持"请进来,走出去"的理念,既要了解世界科研前沿动态,开阔科研工作国际视野,又要传播中华民族优秀传统文化,在国际学术舞台上发出"中国声音"。

学校先后邀请包括诺贝尔奖获得者、院士、学部委员等在内的国内外专家、学者来校讲学或做学术报告7 590场,其中来自美国、英国、德国、意大利、日本、加拿大等国外著名大学及研究机构的专家学者达1 000余人。较有代表性的有:2012年邀请诺贝尔经济学奖得主、美国芝加哥大学教授赫克曼(James J. Heckman)和美国西北大学莫滕森(Dale Mortensen)教授到校做大会主题演讲,并聘其为学校客座教授;日本著名理论物理学家、2008年诺贝尔物理学奖获得者益川敏英教授来校做学术报告并受聘成为学校客座教授;2018年,日本2010年诺贝尔化学奖获得者铃木章教授来学校访问并讲学;2019年,2017年诺贝尔化学奖得主、美国哥伦比亚大学教授约阿希姆·弗兰克来校访问,并受聘为学校国际学术委员会主席、特聘教授,并为学校师生做报告。

学校积极开展对外学术交流。如2012年,文学院王立群教授、历史文化学院程遂营教授作为主讲人参加"文化中国·名家讲坛"欧洲宣讲活动。王立群和程遂营作为国侨办指定的主讲专家分别以《汉高祖刘邦的成功之道》《中国大运河:中华文明的血脉》为题,在布鲁塞尔、里斯本和马德里做了三场宣讲报告,展示了河南大学悠久丰厚的历史积淀。宋纯鹏教授,棉花生物学国家重点实验室张骁、王棚涛、赵翔等4人应邀参加由世界知名的植物学期刊 *New Phytologist*(《新植物学家》)主办、在英国曼彻斯特召开的"气孔·2012"专题学术会议。牛景杨教授应FMOCS(金属氧簇科学前沿研讨会)组委会主席Coronado教授邀请,前往西班牙参加"Frontiers in Metal Oxide Cluster Science"大会并做报告。2013年,万师强教授作为INTERFACE(国际陆地生态系统反馈大气层和气候变化联合研究网络论坛)科学委员会的国际会员,受邀到奥地利参加"极端气候与生地化循环"和"2013欧洲地球科学联盟大会"两大国际学术会议;2017年,环境与规划学院院长秦耀辰、副院长秦明周、特聘教授马建华组成地理学科代表团,分别赴英国牛津大学、诺丁汉大学及爱尔兰国立高威大学进行学术访问,取得多项成果。2018年,由世界知名植物学期刊 *New Phytologist* 主办的第41届新植物学家"Plant Sciences for the Future(未来的植物科学)"专题学术会议在法国南锡召开,宋纯鹏教授和苗雨晨教授应邀参加会议,并交流了课题组最新研究成果。2019年材料研究学会(Materials Research Society, MRS)春季会议(Spring Meeting & Exhibit)在美国亚利桑那州凤凰城举行,学校特种功能材料重点实验室白锋教授作为分会主席主持了"ES10: Rational Designed Hierarchical Nanostructures for Photocatalytic System(合理设计光催化体系的分级纳米结构)"分会。

"请进来,走出去"开拓了新的合作交流的渠道和空间,加强了与海内外的学术联系,开阔了学术视野,拓展了研究思路。不仅获取了当今国际学术前沿信息和学科研究动态,在学术研究理念、内容、方法上得到启发和拓展,而且增强了学校科研创新的能力,提升了学校的学术影响,使学校师生能够跨出校门,参与国际国内学术交流与合作。

第二节 建设科研平台

一、自然科学和工程技术类创新平台

科研平台建设围绕"中国特色、世界一流、中原风格"大学的目标和任务,以"生物学"一流学科建设为引领,以加快建设创新型国家、创新型河南为目标,以深化体制机制改革为动力,以构建高水平科研平台体系为重点,坚持内涵发展、特色发展、创新发展的理念,按照"突出特色、重点培育、重点建设、高端突破"的建设思路,通过科学谋划、重点培育、多方支持、融合发展等重要举措,科研平台数量由少到多、规模由小到大、实力由弱到强,重点实验室、工程研究中心、协同创新中心(研究基地)、野外观测研究站、技术创新中心等不同类型、不同序列的科研平台日趋完善,科研平台的原始创新力、学科发展推动力、国际学术影响力、服务国家需求和区域社会经济发展支撑力不断提升,为服务国家战略、推动我省科技创新和学校事业高质量发展发挥了重要作用。2012年以前,学校自然科学和工程技术类省部级以上创新平台仅有11个。2012年至今,新获批省部级以上科研创新平台66个,包括国家重点实验室1个、国家野外科学观测研究站1个、国家地方联合创新平台3个、国家农产品研发专业中心1个、省级重点实验室6个、其他省级平台54个,并以理事单位参与河南省黄河实验室、河南省神农种业实验室及河南省龙湖现代免疫实验室建设,形成了国家、部委、省、校(市)等四级平台体系,为"双一流"建设提供了有力支撑。

生物学科研创新平台:依托生物学等学科,建有省部级以上科研创新平台10个,包括棉花生物学国家重点实验室、省部共建作物逆境适应与改良国家重点实验室等国家重点实验室2个,植物逆境生物学教育部重点实验室1个,河南省植物逆境生物学重点实验室、河南省脑靶向生物纳米药物重点实验室等省级重点实验室2个,河南省纳米生物医学国际联合实验室、河南省作物逆境多组学国际联合实验室等省级国际联合实验室2个,河南省乳腺生物反应器工程实验室、河南省抗逆与

特色小麦工程研究中心、河南省应用微生物工程研究中心等省级工程研究中心（工程实验室）3个。

2011年，学校整合植物逆境生物学教育部重点实验室、河南省植物逆境生物学重点实验室等平台优势资源，与中国农业科学院棉花研究所联合申报的"棉花生物学国家重点实验室"顺利获批，实现了河南省高校国家重点实验室零的突破，学校科研平台首次进入国家队。实验室围绕棉花生物学重大科学问题，以棉花和模式植物为主要研究对象，开展基础和应用基础研究，着力解决制约棉花产量、品质和抗逆性能同步提高的瓶颈问题。依托该平台，宋纯鹏教授课题组完成的"植物应答干旱胁迫的气孔调节机制"项目荣获2012年度国家自然科学二等奖，实现了学校国家自然科学奖的重大突破，为学校"生物学"进入一流学科建设行列奠定了基础。2012年，作物逆境生物学河南省协同创新中心被河南省教育厅、财政厅认定为第一批河南省协同创新中心。

2019年，省部共建作物逆境适应与改良国家重点实验室顺利获批立项建设，这是学校入选"双一流"建设高校以来在国家级创新平台建设方面取得的重大突破，形成了两个国家重点实验室共同支撑同一学科（生物学）发展的特殊优势。实验室面向现代农业发展的国家战略需求和植物科学研究的国际前沿，聚焦生物与农业重大科学问题和关键生物技术，围绕"逆境生物学与可持续性农业"的理论和实践需求，以提高小麦、玉米、大豆等主要农作物的产量、品质和抗逆性能为目标，开展关键核心技术攻关。实验室立项建设以来，获批了包括国家重点研发计划"合成生物学"重点专项在内的一批国家级和省部级科研项目，王学路、张立新、王伟等学术骨干分别以第一作者或通讯作者在 Science、Cell、Nature 等国际知名学术期刊发表重要研究成果，为提升区域自主创新、推动我省农业科技创新体系建设和"双一流"建设等提供了重要的支撑。依托该实验室，我校以理事单位参与河南省神农种业实验室建设。

地理学和生态学科研创新平台：依托地理学和生态学等学科，建有省部级以上科研平台9个，包括河南大别山森林生态系统国家野外科学观测研究站1个，黄河中下游数字地理技术教育部重点实验室1个，河南省大气污染综合防治与生态安全重点实验室、河南省地球系统观测与模拟重点实验室等省级重点实验室2个，河南省数字地理技术国际联合实验室、河南省全球变化生态学国际联合实验室等省级国际联合实验室2个，大别山森林生态系统河南省野外科学观测研究站、河南省桃花峪黄河滩涂系统野外科学观测研究站等省级野外站2个，河南省土壤重金属污染控制与修复工程研究中心1个。

黄河中下游数字地理技术教育部重点实验室2011年获批立项建设，2015年通过教育部验收，2020年教育部评估结果为"良好"。实验室以黄河中下游地区人地系统为研究对象,以地理学理论为基础,以地理信息技术为手段,以重大科研项目和民生建设工程为突破口,研究资源开发利用与自然环境系统、社会经济系统相互作用的规律与机理,探讨区域发展中面临的资源、环境、经济、社会等领域的关键科学问题,为区域可持续发展提供理论指导和技术支撑。依托该实验室和河南省时空大数据应用产业技术研究院,学校以理事单位参与河南省黄河实验室建设。

2020年12月,依托地理与环境学院和生命科学学院建设的"河南大别山森林生态系统国家野外科学观测研究站"经科技部批准,进入国家野外科学观测研究站择优建设名单。2021年10月正式获批立项建设,实现了河南省国家级野外科学观测平台建设历史上零的突破。大别山国家站的建立,将有力支撑学校"双一流"建设和生态学、环境科学和地理学等学科发展,为加快推动大别山革命老区振兴,实现大别山森林生态系统结构和功能优化以及区域社会经济可持续发展,跨区域联合解决国家重大生态环境问题提供科技服务,对于加强区域生物多样性保护和生态屏障建设,保障流域生态系统健康和粮食安全等具有重要意义。

材料科学科研创新平台:依托材料科学等学科,建有省部级以上科研平台13个,包括纳米杂化材料应用技术国家地方联合工程研究中心、高效显示与照明技术国家地方联合工程研究中心等国家级平台2个,特种功能材料教育部重点实验室、节能减阻添加剂教育部工程研究中心等教育部平台2个,河南省特种功能材料重点实验室1个,河南省特种高能效能源材料国际联合实验室、河南省纳米功能材料及其应用国际联合实验室、河南省环境污染控制材料国际联合实验室等省级国际联合实验室3个,河南省纳米材料工程技术研究中心1个,河南省纳米材料中试基地1个,河南省阻燃与功能材料工程实验室、河南省纳米杂化材料工程研究中心、河南省高效照明与显示技术工程实验室等省级工程研究中心(工程实验室)3个。2014年,纳米功能材料及其应用河南省协同创新中心被河南省教育厅、财政厅认定为第三批河南省协同创新中心。

2015年,依托节能减阻添加剂教育部工程中心、河南省纳米材料工程技术研究中心等平台,获批纳米杂化材料应用技术国家地方联合工程研究中心。中心以国家战略和市场需求为导向,聚焦纳米材料宏量制备与应用研究,致力于解决纳米材料行业重大关键共性问题,初步形成了"从基础研究到技术开发到产业化"的完整科技创新链。中心张治军教授团队主持的"高性能节能抗磨纳米润滑油脂关键技术与产业化"项目获2019年度国家技术发明二等奖,实现了学校在国家"三大奖"上的新突破。同年,学校与济源市政府共建纳米材料产业园正式启动建设,为服务济源市经济社会发展做出重大贡献。

2017年,依托特种功能材料教育部重点实验室等平台,获批高效显示与照明技术国家地方联合工程研究中心。中心围绕河南区域经济社会发展需求,开展基于量子点发光显示材料与器件（QLED）的新一代显示与照明技术以及应用于未来光电信息与能源等领域的纳米材料与器件的基础与应用研究，破解了量子点发光二极管关键技术难题，相关成果入选2019年度中国光学十大进展，并被国家自然科学基金委员会作为2020年1号简报上报。同时，中心高度重视人才培养工作，先后培养白锋、程纲、赵勇、申怀彬等国家级青年人才4人。

医学科研创新平台：医学学科建有省部级以上科研平台19个，包括抗体药物开发技术国家地方联合工程实验室1个，国家食用菌加工技术研发专业中心1个，河南省天然药物与免疫工程重点实验室1个，河南省抗体药物国际联合实验室、河南省手性化学国际联合实验室、河南省神经疾病国际联合实验室、河南省细胞医学工程国际联合实验室、河南省中药药效国际联合实验室、河南省脓毒症国际联合实验室、河南省药食两用资源功能研究国际联合实验室、河南省核蛋白基因调控国际联合实验室等省级国际联合实验室8个，河南省功能食品工程技术研究中心、河南省肿瘤分子诊断与精准治疗工程技术研究中心等省级工程技术研究中心2个，河南省抗体药物工程实验室、河南省杜仲栽培与利用工程实验室、河南省感染性疾病转化医学工程实验室、河南省脓毒症工程研究中心、河南省前列腺疾病预防与诊断工程研究中心、河南省黄河流域特色天然药用资源高值化利用工程研究中心等省级工程研究中心（工程实验室）6个。

2016年，抗体药物开发技术国家地方联合工程实验室获批立项建设。实验室围绕临床诊断和治疗的需要，聚焦心血管疾病、肿瘤及炎性疾病、病毒及病毒性疾病，打造靶点筛选、抗体制备与改造、抗体功能评价和临床诊断抗体研发等技术平台，研制针对严重威胁人类身体健康重大疾病的抗体诊断试剂和治疗药物。实验室发明的抗体药物迪尔辛有望将急性心肌梗死的黄金救治期延长一倍以上，相关成果成功转让并融资4000万元进行继续研发；基于该实验室在抗击新冠肺炎疫情中做出的重要贡献，实验室获得"全国抗击新冠肺炎疫情先进集体"称号。依托该实验室，我校以理事单位参与河南省龙湖现代免疫实验室建设。

2018年，国家食用菌加工技术研发专业中心获批立项建设，这是目前中原地区唯一一家国家级食用菌加工、研发平台。中心围绕食用菌功效成分研究及功能性食品与特殊人群膳食产品开发等方向，实现食用菌、功能性食品深加工、精加工的开发，全力打造河南省最大的食用菌工厂化生产基地和现代化加工基地，先后获河南省科技进步二等奖、中国商业联合会特等奖等奖励。

信息科学科研创新平台：依托信息科学学科建有省部级以上科研平台8个，河南省大数据分析与处理重点实验室1个，河南省时空大数据应用产业技术研究院1个，河南省时空大数据技术创新中心1个，河南省车联网协同技术国际联合实验室、河南省智能网络理论与关键技术国际联合实验室等省级国际联合实验室2个，河南省智能技术与应用工程技术研究中心1个,河南省空间信息处理工程实验室、河南省智能数据处理工程研究中心等省级工程研究中心(工程实验室)2个。

2017年,由王家耀院士领衔的河南省时空大数据应用产业技术研究院顺利获批立项建设,这是我省建设的首批河南省大数据领域创新平台之一,也是全国唯一以"时空大数据"命名的大数据研究院。在此基础上,2021年获批了河南省首批省级技术创新中心。研究院以创建国家一流的时空大数据理论创新、技术研发和产业发展基地为目标,针对时空大数据研究和应用过程中的技术瓶颈进行学术攻关,研究项目"智能化地图综合与多尺度级联更新关键技术及应用"荣获2020年国家科技进步二等奖。

化学科研创新平台:在化学学科建有省部级以上科研平台8个,包括河南省多酸化学重点实验室、河南省多酸化学国际联合实验室、河南省药用植物资源化利用国际联合实验室、河南省工业冷却水循环利用工程技术研究中心、河南省镁合金腐蚀防护工程技术研究中心、河南省废弃物资源能源化工程技术研究中心、河南省镁合金绿色防腐技术工程研究中心、河南省催化反应工程研究中心等科研平台。

其他学科科研创新平台:在物理学学科建有省部级以上科研平台4个,包括河南省光伏材料重点实验室、河南省新能源材料与器件国际联合实验室、河南省智能微纳传感技术与应用工程研究中心、河南省铝镁铜基原位复合金属材料工程实验室等。在数学学科建有省部级以上科研平台2个,包括河南省应用数学中心、河南省人工智能理论及算法工程研究中心等。在心理学学科建有省部级以上科研平台2个,包括河南省心理与行为重点实验室、河南省弱势人群身心健康国际联合实验室等。在土木工程学学科建有省部级以上科研平台2个,包括河南省装配式建筑工程技术研究中心、河南省轨道交通智能建造工程研究中心等。

二、人文社科类科研创新平台

经过十年建设,学校人文社科领域科研平台建设取得了重大进展,形成了一个由国家级、省部级和校级科研平台组成的体系。其中包括国家级科研平台2个,省部级重点科研平台3个,省部级一般科研平台18个,独立设置的科研平台2个,校地共建科研平台11个,校级重点科研平台20个,校级一般科研平台49个。学校不断创新人文社会科学科研平台管理模式,推进管理机制体制改革,优化科研平台运行模式,对各级科研平台实行分类动态管理,使科研平台成为人文社科研究的重要阵地。

2012年以前,学校人文社会科学省部级以上科研平台有11个,其中包括成立于2004年的教育部人文社科重点研究基地黄河文明与可持续发展研究中心,成立于2006年的国家体育总局体育社科重点研究基地体育改革与发展研究中心,成立于2005年的河南省重点社会科学研究基地河南省区域经济研究中心,成立于2004年的河南省高校人文社科重点研究基地中国现当代文学研究中心、英语语言文学研究中心,成立于2005年的河南省高校人文社科重点研究基地中国古代史研究中心、文艺学研究中心、区域发展与规划研究中心、教育改革与发展研究中心以及宋文化研究院、马克思主义研究院、艺术学理论研究院等。

近十年来,学校新成立省部级以上科研平台14个,其中包括成立于2018年的国家级科研机构黄河文明省部共建协同创新中心,省部级重点科研机构中原发展研究院和职务犯罪检察研究中心,人文社科高等研究院,河南省协同创新中心2个,河南省高校人文社科重点研究基地3个,河南省软科学研究基地3个,另有依托文化产业与旅游管理学院成立的文旅部中国旅游研究院第五批基地中国旅游研究院文化旅游研究基地,依托历史文化学院成立的区域与国别研究院,全国青少年校园足球工作领导小组办公室批准设置的中原校园足球发展研究中心等。人文社会科学平台主要分布如下:

综合类研究平台:在人文社会科学省部级以上平台中,由多学科共建的平台主要有5个,分别是黄河文明与可持续发展研究中心、黄河文明省部共建协同创新中心、人文社科高等研究院、河南省区域经济研究中心、区域发展与规划研究中心。

2002年,在河南大学90华诞之际,通过整合地理学、经济学、中国史、考古学、中国文学等传统优势学科,创建了黄河文明与可持续发展研究中心,2003年获批为河南省首批人文社科重点研究基地,2004年获批为全国普通高等学校人文社会科学重点研究基地。依托中心,相继组建河南大学省部共建"黄河学"哲学社会科学创新平台,设立中国地理学黄河分会,成立河南省华夏文化研究会,举办"黄河学"系列高层论坛和"黄河文明"大讲堂,创办《黄河文明与可持续发展》辑刊。创建黄河学交叉学科,2020年设置黄河学交叉学科博士点,2021年列入学校"双一流"建设方案。构建"黄河学"本、硕、博一体化的人才培养体系,独立招收黄河学交叉学科博士研究生。中心围绕"黄河学"学科建设,聚焦"黄河文明承传与转型""沿黄地区制度变迁与经济发展""黄河生态与可持续发展"三大特色研究方向,承担了一批国家级和省部级重大和重点项目。

2012年,以河南大学为牵头单位成立黄河文明传承与现代文明建设河南省协同创新中心,协同北京大学、西北大学、山东师范大学、中国社会科学院考古研究所、历史研究所、近代史研究所、世界文明比较研究中心、中国科学院地理科学与资源研究所,水利部黄河水利委员会及河南省内相关高校、研究机构、政府、企业等单位,围绕解决黄河文明发展中"生态危机"和"文化危机"两大问题的国家战略需求,以黄河生态文明和精神文明为主线,以河南、陕西、山西、山东为核心地域,全面梳理黄河文明发祥、发展、兴盛、转折、复兴的历史演进轨迹，深入挖掘黄河文明丰厚的传统价值和当代价值，建构中国特色、中国气派的黄河文明学术话语体系，服务国家黄河开发治理与流域可持续发展、丝绸之路经济带与华夏历史文明传承创新区建设、物质与非物质文化遗产保护与开发利用，形成"政、产、学、研、用一体化"的协同创新新模式，使黄河文明协同创新中心成为中国文明源流探求展示、生态文明与精神文明建设、世界文明交流互鉴的学术重镇。2018年，该中心成功入选教育部公布的首批省部共建协同创新中心。

2017年，河南大学依托文、史、哲等优势学科成立人文社科高等研究院。目前为中国高校高研院联盟(CN-IAS)成员，是一所集学术研究、人才培育、文化交流和社会服务于一体的跨学科、综合性、开放式的学术机构。高研院秉承"综合性、研究型、国际化"的建设理念，以"立足中原，放眼世界；把脉文化，观览全局；钻研学术，关注现实"为宗旨，志在打破学科建制壁垒，聚集国内外顶尖人才，围绕重大现实及理论问题，培育原生思想，提出原创观点，建立原创理论，出版原著作品，实现构建学人平台，汇聚学界精英，发表学术创见，涵养人文氛围。

河南省区域经济研究中心是2005年由河南省委宣传部在河南大学设立的河南省重点社会科学研究基地。中心是文理交叉、多学科整合的开放性研究平台，依托环境与规划学院、经济学院、文学院、历史文化学院和马克思主义学院，下设了区域经济研究所、工业化与社会转型研究所、传统文化与社会发展研究所和中原地区民族经济文化研究所。

区域发展与规划研究中心前身是1994年成立的河南大学区域科学研究所，2002年在区域发展与规划研究所的基础上，组建区域发展与规划研究中心。2005年，区域发展与规划研究中心获批河南省高等学校人文社会科学重点研究基地，区域发展与规划研究中心依托河南大学地理与环境学院。中心是以地理学为主干，地理学、经济学、生态学、旅游管理和土地科学等学科交叉融合，开展区域经济、城市—区域系统、资源环境等方面研究的学科平台。

历史学科研平台：在人文社会科学现有的25个省部级以上科研平台中，历史学科占了5个，分别是宋文化研究院、中国古代史研究中心、以色列研究中心、中国近现代社会转型研究中心、区域与国别研究院。

宋文化研究院成立于2010年，由开封市人民政府和河南大学共同创办，旨在加强宋文化研究，推动相关研究成果的应用，促进开封市文化旅游产业发展，进一步增强学校宋文化研究的影响力。宋文化研究院成立后，推进了大宋文化研究力量的整合，为进一步推进文化资源向文化产品转化，进一步推动文化优势向产业优势转化做出了贡献。

中国古代史研究中心成立于2005年，是河南省高校人文社科重点研究基地，拥有宋史、先秦秦汉史、中国古代文化史三个特色鲜明、影响较大的研究方向。

以色列研究中心成立于2002年,是河南省高校人文社科重点研究基地(2014年)、"中国犹太文化研究联盟"副理事长单位(2015年)、教育部国别和区域研究备案中心(2017年)、"中国智库索引"(CTTI)来源智库(2020年)。致力于以色列及相关中东问题的研究,旨在推动以色列研究和教学工作在中国的深入开展,并促进中国与以色列、中华民族与犹太民族之间的交往和相互理解。

中国近现代社会转型研究中心成立于2019年,同年获批河南省高校人文社科重点研究基地,旨在整合校内相关研究力量,产出一批重大项目和重大成果。基地科研成果在文化界、智库建设中引起良好的社会反响,推进了相关学科的发展。

区域与国别研究院成立于2019年,是河南大学区域与国别研究的综合性和开放性平台,旨在以高起点、国际化的视野,整合河南大学世界史、国际关系、外国语言文学等相关学科中的区域国别研究力量,建设一个学科融合、队伍一流,集学术研究、人才培养、智库功能和国际交流于一体的跨学科、综合性、创新型研究平台和高端智库。研究院为中联部"一带一路"智库合作联盟理事单位,目前设置有以色列研究中心、亚太研究中心、南亚研究中心、欧洲研究中心等。

经济学科研平台:学校依托经济学科建设的省部级以上的科研平台主要有中原发展研究院、新型城镇化与中原经济区建设河南省协同创新中心、公共政策与地方治理软科学研究基地、河南省区域经济研究中心以及区域发展与规划研究中心。

中原发展研究院是由河南省人民政府研究室、河南省发展和改革委员会与河南大学共建的省内首家高端智库型研究机构,既是河南省高校人文社科重点研究基地,也是"新型城镇化与中原经济区建设河南省协同创新中心"的依托机构。自2009年10月成立以来,中原发展研究院在省委、省政府的领导关怀和社会各界的支持下,通过团队共同努力,围绕中原经济区、中原城市群、郑州航空港经济综合试验区等重大战略问题深入研究,取得了丰硕成果。尤其是在航空经济、跨境电商等新经济形态研究方面走到了全国的前列。同时与诸多市县深入合作,完成了多项区域发展规划,为各级政府领导决策提供了许多建设性的意见和建议,为促进地方经济社会的发展做出了应有的贡献。2016年中原发展研究院顺利入选首批"中国智库索引"(CTTI)来源智库名单(2017-2018)。

新型城镇化与中原经济区建设河南省协同创新中心为河南省教育厅、财政厅认定的第二批河南省协同创新中心。中心以经济学科为支撑,以应用经济学、统计学等一级学科博士点和博士后流动站为载体,协同中国社会科学院工经所、河南省人民政府研究室、河南省发展和改革委员会等科研机构和政府部门。新型城镇化与中原经济区建设河南省协同创新中心是一个集人才培养、学术研究和社会服务于一体的、开放合作的智库型平台。

河南公共政策与地方治理软科学研究基地是适应国家治理体系和治理能力现代化建设的需要，由河南大学牵头，与河南省科技厅、财政厅、统计局等单位合作，于2018年成立的省部级研究机构。基地下设公共经济理论、公共政策评估、治理绩效测度三个研究室。

文学学科科研平台：学校依托文学学科建设的省部级以上科研平台包括中国现当代文学研究中心、文艺学研究中心以及英语语言文学研究中心。

中国现当代文学研究中心成立于2004年，挂靠河南大学文学院，是首批河南省高校人文社科重点研究基地，是河南大学中国语言文学传统优势学科平台。文艺学研究中心成立于2002年，2005年被河南省教育厅审批为河南省普通高等学校人文社会科学重点研究基地。

河南大学英语语言文学研究中心成立于2004年，挂靠外语学院，为河南省高等学校人文社会科学重点研究基地，拥有认知语言学、英美文学与翻译研究三个研究方向。

管理学科研平台：学校依托管理学科建设的省部级以上科研平台包括中国旅游研究院文化旅游研究基地以及河南省物流与区域经济发展软科学研究基地。

中国旅游研究院文化旅游研究基地是经国家旅游局正式批准，由中国旅游研究院进行学术管理，依托河南大学文化产业与旅游管理学院成立的专业科研机构，2017年正式成为中国旅游研究院第五批外设研究基地。2013年，为推动中原地区文化旅游发展，河南省旅游局和河南大学联合共建"河南文化旅游研究院"。2019年，依托中国旅游研究院文化旅游研究基地和河南文化旅游研究院，成功获批河南省首批高校高端智库——"文化和旅游融合创新智库"。

河南省物流与区域经济发展软科学研究基地于2014年依托河南大学商学院成立，是河南省科技厅确定的河南省首批软科学研究基地之一。目前，基地下设国际物流与服务业大省建设研究所、金融创新与中原崛起研究所、技术创新与产业集聚区发展研究所、产业结构与先进制造业大省建设研究所、乡村振兴与现代城乡体系研究所5个研究所。

教育学科研平台：在教育学科建有教育改革与发展研究中心和教育政策研究院两个省部级以上科研平台。

教育改革与发展研究中心，隶属河南省高校人文社科重点研究基地，成立于2005年，挂靠教育学部。中心设有生命与价值教育研究、基础教育改革研究和现代教育技术研究三个研究方向。

教育政策研究院，隶属河南省软科学研究基地，成立于2017年，挂靠教育学部。2018年，河南大学与民进河南省委签署了《河南大学与民进河南省委共建河南省教育政策研究院协议》。基地聚焦教育政策的前沿理论研究、教育质量的政策研究、教育公平的政策研究和教育现代化的推进政策研究。

其他学科科研平台：在体育学科建有体育改革与发展研究中心，成立于2006年，挂靠体育学院，隶属于国家体育总局体育社科重点研究基地和国家体育总局体育文化发展中心学术研究基地。

在法学学科建有职务犯罪检察研究中心，成立于2020年，挂靠法学院，前身是2014年设立的河南大学职务犯罪侦查与预防研究中心。中心现为河南大学省部级重点科研机构、最高人民检察院职务犯罪检察研究基地。

在新闻传播学科建有河南省教育新媒体暨舆情研究中心，成立于2017年，挂靠新闻与传播学院，隶属省教育厅智库，中心下设教育新媒体研究所、舆情研究所和媒体融合研究所三个部门。

在艺术学学科建有艺术学理论研究院，成立于2012年，挂靠音乐学院和美术学院，立足河南大学的综合学科优势，开展"艺术学理论"学科建设，积极发展了艺术史、艺术批评、艺术理论、艺术教育等学科方向。

在哲学学科建有河南大学马克思主义研究院，成立于2006年，挂靠马克思主义学院和哲学与公共管理学院，系河南省第一个、全国第五个马克思主义研究院。2019年，学校聘请中共中央马克思主义理论研究和建设工程咨询委员会主任、《马克思主义大辞典》主编、中共河南省委原书记徐光春担任马克思主义研究院院长，校党委书记卢克平教授担任马克思主义研究院常务副院长。

立足新的历史方位，学校将高质量推进科研平台建设，认真贯彻省委第十一次党代会精神，落实楼阳生书记的重要指示和打造河南高等教育"双航母"等重要战略部署，抢抓国家战略机遇，紧跟河南创新步伐，按照"前瞻30年，实现百年名校振兴，建设世界一流大学"建设方案中确立的"谋划战略科技力量，建设湖河湾实验室体系、'5重5工3基地'"的建设目标，聚焦"解决种源'卡脖子'技术攻关、黄河流域生态保护治理、服务国家碳达峰碳中和战略、加强量子信息科技发展"等战略布局，瞄准新兴产业和未来产业发展，以创建国家级科研平台和河南省实验室为抓手，在智慧能源、量子信息、生物合成、新材料、生物医药、大数据等科学前沿领域谋划建设创新平台体系，实现科研平台提质增量、提质进位，力争成为国家和区域战略科技力量的重要组成部分。

第三节　提升科研水平

一、高水平研究成果产出持续增加

学校坚持目标导向,加大高水平、原创性、标志性科研成果在科研评价中的比重,积极引导标志性成果产出。自 2012 年到 2021 年,共发表 SCI 论文 6 700 余篇,实现了 Cell、Nature、Science 高水平成果全覆盖;发表 CSSCI 论文 4 000 余篇,在各学科权威期刊发表高水平论文 200 余篇,显示了我校文科的传统优势和雄厚的科研实力。

自然科学领域高水平成果取得突破。2020 年 3 月 12 日,张立新团队在光合作用研究领域取得重要进展,在国际上首次提出并阐明了相分离驱动叶绿体内蛋白分选的新机制,推动了蛋白转运机理的进一步深入,揭示了相分离的重要生理意义,而且对于探讨叶绿体的生物发生、光合器官的建成和功能调节以及真核生物的起源和进化等都具有重要的意义。该研究成果以"Liquid-liquid phase transition drives intra-chloroplast cargo sorting"为题,在 Cell 杂志发表。2020 年 8 月 12 日,青年教师王伟博士在 Nature 上以第一作者发表了题为"Structural basis of salicylic acid perception by Arabidopsis NPR proteins"的研究论文,首次阐述了水杨酸与其受体 NPR 蛋白结合的结构基础,为进一步了解 NPR 受体蛋白在水杨酸(salicylic acid,SA)信号转导中的作用机制以及高抗病性植物培育提供了新的思路。2021 年 10 月 1 日,王学路团队在 Science 上发表了题为"Light-induced mobile factors from shoots regulate rhizobium-triggered soybean root nodulation"的研究论文,揭示了大豆中受光诱导表达的 GmFTs(Flowering Locus T)和 Gm-STF3/4(Orthologs of Long Hypocotyl 5)从地上移动到地下,在根中被根瘤菌激活的共生信号关键组分 CCaMK 磷酸化激活,诱导根瘤形成的机制。该研究揭示了植物地上-地下协同发育的新机制,为设计在暗处也可以共生固氮的新型植物提供了关键技术手段,为优化生物圈碳—氮平衡提供了新思路。河南大学作物逆境适应与改良国家重点实验室组建了"生物固氮和豆科生物学"团队,以大豆为主要研究对象,研究菌植互作的遗传、发育、分子和进化机制,并开展豆科作物(大豆和花生)品种分子设计。在大豆与根瘤菌匹配性进化的遗传与分子机制,以及非生物逆境调控大豆—根瘤菌共生固氮的分子机制方面取得了一系列重要进展。

短短一年时间,河南大学学者在国际顶级期刊 Nature、Science、Cell 接连发表论文,标志着河南大学在基础研究部分领域达到世界水平。

杜祖亮教授团队通过科学设计和优化量子点材料与器件,破解了量子点发光二极管(QLED)高亮度下低效率、高效率下低亮度的关键难题,首次研制出兼具高亮度、高效率的红、绿、蓝三基色 QLED 器件,为加速推进 QLED 在高效高亮显示和照明领域的应用提供了核心技术支撑。研究成果被国家自然科学基金委以简报形式上报中共中央办公厅等中央部门,"兼具高亮度和高效率的量子点发光二极管"成功入选"2019 年度中国光学十大进展"(第十五届)。

人文社科领域高水平成果处于全国前列。在中国高校哲学社会科学 CSSCI 论文排名中,河南大学年均发文量在 400 篇左右,稳居全国高校前 40 强。

2012 年,学校在 A 类期刊发表论文 16 篇,在 B 类期刊发表论文 106 篇,在 CSSCI 期刊发表论文 400 余篇,被《新华文摘》全文转载 1 篇。覃成林、刘迎霞课题组的研究成果《空间外溢与区域经济增长趋同》在国内顶级期刊《中国社会科学》发表,该成果证明空间外溢有可能导致空间俱乐部趋同。体育学院有 14 篇论文入选伦敦奥运会科学大会,入选论文数量和参会人数在全国同类院校中名列前茅。2013 年,学校在 A 类期刊发表论文 25 篇,在 B 类期刊发表论文 180 篇,在 CSSCI 期刊发表论文 470 余篇,被《新华文摘》全文转载 6 篇。2014 年,学校在 A 类期刊发表论文 35 篇,在 B 类期刊发表论文 100 余篇,在 CSSCI 源期刊发表论文 450 余篇,在《人民日报》《光明日报》发表理论文章 6 篇,被《新华文摘》全文转载 4 篇。颜银根教授研究团队的研究成果《城市化滞后之谜:基于国际贸易的解释》在国内顶级期刊《中国社会科学》发表,文章从国际贸易与城市化滞后关系的角度来破解工业化城市化滞后之谜。2015 年,学校在 A 类期刊发表论文 23 篇,在 B 类期刊发表论文 110 余篇,在 CSSCI 期刊发表论文 260 余篇,在《人民日报》《光明日报》发表理论文章 7 篇,被《新华文摘》和 SSCI 收录论文 18 篇。吕世荣教授的《马克思经济全球化思想的哲学阐释逻辑》在国内顶级期刊《中国社会科学》发表,提出要在整体性视域内,从马克思的哲学观、唯物史观以及世界历史理论出发,认清经济全球化的实质及其发展趋势。2016 年,学校在 A 类期刊发表论文 18 篇,在 B 类期刊发表文章 97 篇,在 CSSCI 期刊发表论文 450 余篇,在"三报一刊"发文 2 篇,被《新华文摘》全文转载 5 篇。

2017 年,学校在 A 类期刊发表论文 26 篇,在 B 类期刊发表论文 86 篇,在 CSSCI 期刊发表论文 400 余篇,在"三报一刊"发文 13 篇,被《新华文摘》全文转载和 SSCI 收录论文 40 余篇。一大批高质量优秀学术成果的发表,反映了河南大学在哲学社会科学领域取得的新进展,进一步提升了学校的科研美誉度。关爱和教授的《黄河学:黄河文明的创造性转化》、李振宏教授的《谈黄河文明的变革精神》等在《光明日报》发表,阐述了建构黄河文明学术与知识体系,阐释黄河文明的创新精神,具有重要的学术价值和现实意义。2018年,学校在A类期刊发表论文25篇,在B类期刊发表论文90余篇,在CSSCI期刊发表论文420余篇,在"三报一刊"发文10余篇,被《新华文摘》全文转载8篇,SSCI/A&HCI收录40余篇。翁有为教授的《民国时期的农村与农民(1927—1937)——以赋税与灾荒为研究视角》和胡全章教授、关爱和教授的《晚清与"五四":从改良文言到改良白话》分别在国内顶级期刊《中国社会科学》发表。两篇文章分别对南京国民政府成立至全面抗战前十年间的农村治理问题、晚清至五四时期发生的中国文学变革、语言范式转型问题提出了创见。2019年,学校在A类期刊发表论文20余篇,在B类期刊发表论文80余篇,在CSSCI期刊发表论文370余篇,在"三报一刊"发文10余篇,被《新华文摘》全文转载7篇,被SSCI/A&HCI收录40篇。张倩红教授和艾仁贵教授课题组的成果《港口犹太人贸易网络与犹太人社会的现代转型》在国内顶级期刊《中国社会科学》上发表,指出存在达三个世纪之久的港口犹太人及其贸易网络有着重要的历史意义。2020年,学校在A类期刊发表论文20余篇,在B类期刊发表论文80余篇,在C类期刊发表论文400余篇,在"三报一刊"发文18篇,被《新华文摘》全文转载6篇,SSCI/A&HCI收录60余篇。李伟昉教授的《文化自信与比较文学中国学派的创建》和耿元骊教授课题组的《隋唐土地制度变迁与时代分期》在国内顶级期刊《中国社会科学》上发表。两篇文章分别对中国学派理论的形成、发展与创新问题和隋唐土地制度变迁与时代分期问题开展了深入研究。2021年,学校在A类期刊发表论文20余篇,在B类期刊发表论文80余篇,在C类期刊发表论文400余篇,在"三报一刊"发文17篇,被《新华文摘》全文转载3篇,SSCI/A&HCI收录70余篇。张清民教授的研究成果《中国共产党领导文艺百年发展与成功经验》在《中国社会科学》发表,指出中国共产党领导文艺发展的百年,是一个不断探索、发展、创造、超越和完善的过程,显示了我们党的卓越智慧与艺术能力生成。

二、承担国家科研任务能力不断增强

承担国家级计划科研项目和国家基金科研项目是学校服务国家战略,解决现实问题的重要方式,也是学校推进"双一流"建设的重要抓手。十年来,学校共承担国家自然科学基金项目939项,含优秀青年基金3项、重点项目(含重点、联合重点和国际合作重点)22项,整体呈现稳中向好的发展趋势;共承担哲学社会科学国家级项目442项,年承担项目数从2012年的34项增加到2021年的58项,据软科统计,自2016年到2021年,河南大学承担国家社科项目数量居全国第16位(并列)。

自然和工程科学领域承担国家级项目逐年增加。2012年,学校共获得国家自然科学基金项目72项,总经费2953万元,其中面上项目21项、青年基金26项、联合基金18项、重大研究计划1项(培育项目)、数学天元基金项目3项、专项基金项目3项。2013年,学校共获得国家自然科学基金项目82项,总经费3478万元,其中面上项目31项、青年基金33项、联合基金15项、数学天元基金项目2项、专项基金项目1项。2014年,学校共获得国家自然科学基金项目97项,总经费4358.5万元,其中面上项目22项、青年基金43项、联合基金19项、重点项目3项、优秀青年基金1项、数学天元基金项目3项、应急管理项目6项。2015年,学校共获得国家自然科学基金项目79项,直接经费3045.6万元,间接经费536.838万元,其中面上项目25项、青年基金29项、联合基金21项、优秀青年基金1项、国际合作重点项目1项、数学天元基金项目1项、应急管理项目1项。2016年,学校共获得国家自然科学基金项目101项,直接经费4271.5万元,间接经费815.462万元,其中面上项目33项、青年基金42项、联合基金培育项目14项、联合基金重点项目2项、重点项目1项、数学天元基金项目4项、应急管理项目5项。

2017年,学校共获得国家自然科学基金项目92项,直接经费3473万元,间接经费655.4万元,其中面上项目32项、青年基金47项、联合基金培育项目10项、国际合作项目1项、数学天元基金项目1项、应急管理项目1项。2018年,学校共获得国家自然科学基金项目96项,直接经费4034.1万元,间接经费777.46万元,其中面上项目31项、青年基金54项、联合基金培育项目8项、联合基金重点项目1项、重点项目1项、国际合作重点项目1项。2019年,学校共获得国家自然科学基金项目99项,直接经费4428.5万元,间接经费850.93万元,其中面上项目32项、青年基金50项、联合基金培育项11项、联合基金重点项目2项、重点项目1项、优秀青年基金1项、国际合作项目1项、专项基金1项。2020年,学校共获得国家自然科学基金项目98项,直接经费4323万元,间接经费892.64万元,其中面上项目37项、青年基金44项、联合基金培育项目12项、联合基金重点项目2项、国际合作交流项目1项、专项基金2项。2021年,学校共获得国家自然科学基金项目124项,直接经费6568.7万元,间接经费1135.07万元,其中面上项目39项、青年基金75项、联合基金重点项目6项、重点项目1项、国际合作重点1项、外国学者项目2项。

重大重点项目屡获资助。2012年,生命科学学院万师强教授作为首席科学家申报的"全球变化对中国典型草地生态系统过程的影响及生态环境效应"项目获得2012年度国家重大科学研究计划资助(资助金额2600万元),系河南省首次获得国家重大科学研究计划资助。2014年宋纯鹏教授、苗长虹教授和万师强教授获国家自然科学基金重点项目资助,白锋教授获优秀青年基金资助(学校首项)。2015年薛孟周教授获国家自然科学基金国际合作重点项目资助(学校首项),程纲教授获优秀青年基金项目资助。2016年,周树堂教授获国家自然科学基金重点项目资助,宋纯鹏教授和杜祖亮教授获国家自然科学基金联合基金重点项目资助。2018年万师强教授获国家自然科学基金重点项目资助,吴缅教授获国家自然科学基金国际合作重点项目资助,周树堂教授获国家自然科学基金联合基金重点项目资助。"脑靶向仿生纳米药物的精准诊疗技术及应用"获批国家重点研发计划青年专项,系河南省高校首次获批重点研发青年专项类项目。2019年韩士杰教授获国家自然科学基金重点项目资助,傅声雷教授和徐小冬教授获国家自然科学基金联合基金重点项目资助,申怀彬教授获优秀青年基金项目资助。2020年张立新教授主持联合国内多家单位共同申报的国家重点研发计划"植物高光效回路的设计与系统优化"项目获科技部中国生物技术发展中心批准立项,中央财政支持经费1 920万元;张立新教授和王华教授获国家自然科学基金联合基金重点项目资助。2021年,朱连奇教授主持,联合国内外多家单位共同申报的国家重点研发计划政府间国际科技创新合作重点专项"土壤侵蚀的动态监测和预警关键技术"项目获批立项;王强教授主持,联合国内多家单位共同申报的国家重点研发计划"合成生物学"重点专项"微藻底盘细胞的理性设计与系统改造"项目获批立项,中央财政支持经费1 949万元;李国勇副教授获国家自然科学基金重点项目资助;王家耀院士、宋纯鹏教授、王学路教授、丁建清教授、白锋教授和邹长松教授获国家自然科学基金区域创新发展联合基金重点项目资助;王道杰教授获国家自然科学基金国际合作重点项目资助。

人文社科领域承担国家级项目再创新高。2012年,学校共获得国家社科基金项目34项,资助经费520万元。其中重点项目1项、一般项目21项、青年项目12项,立项数量位居全省高校首位,首次跻身全国十强行列。2013年,学校获得国家社科基金项目39项,其中年度项目28项,后期资助2项,艺术学项目3项,教育学项目5项,重大招标项目1项,立项数量位列全国高校排名第17位。2014年,学校共获得国家社科基金项目41项,其中年度项目26项,后期资助7项,艺术学项目1项,教育学项目5项,重大招标项目1项,中华学术外译项目1项,立项数量创历史新高,学校人口学科实现国家社科基金立项零的突破,标志着学校立项项目已全面覆盖国家社科基金的23个学科,学校学科布局日益全面、合理。2015年,学校共获得国家社科基金项目34项,其中重大项目1项,重点项目2项,后期资助5项,教育学项目4项,一般项目17项,青年项目5项,立项数量稳步发展。2016年,学校共获得国家社科基金年度项目30项,国家社科后期资助项目2项,国家社科基金艺术学项目1项,国家社科基金教育学项目5项。其中年度项目立项数量居全国第12位,列全省高校首位。

2017年,学校共获批国家社科项目51项。国家社科基金年度项目39项,列全国高校第7位,其中重点项目4项,一般项目和青年项目35项,获批国家社科基金重大项目1项,国家社科基金后期资助项目3项,国家社科基金教育学项目6项,国家社科基金艺术学项目2项。2018年,学校共获批国家社科基金各类项目45项,其中年度项目33项,列全国高校第22位,河南省高校第1位。重大招标项目1项,后期资助项目4项,艺术学项目2项,教育学项目5项。2019年,学校共获批国家社科基金各类项目47项,其中年度项目32项,列全国高校第18位;重大招标项目3项,后期资助项目7项,教育学专项3项,其他专项2项。学校在哲学社科研究领域已形成了有特色的高水平学术创新群体,处于全国前列。2020年,学校共获批国家社科基金各类项目51项,其中年度项目32项,列全国高校第18位,重大招标项目3项,后期资助项目7项,教育学项目5项,艺术学项目1项,其他专项3项。2021年,学校共获批国家社科基金各类项目58项,其中年度项目39项,全国位列第14。获批国家社科重大招标项目4项,后期资助项目9项,教育学1项,中华学术外译项目2项,其他专项3项。

2012—2021年,学校人文社科共承担国家社科重大招标项目15项,全国教育科学规划重大招标课题1项。主要包括:2013年李玉洁教授主持的国家社科重大招标项目"大遗址与都城三代文明研究",2014年王立群教授主持的国家社科重大招标项目"《文选》汇校汇注",2015年李申申教授主持的全国教育科学规划重大招标课题"高校培育和践行社会主义核心价值观长效机制研究",2017年郭常英教授主持的国家社科重大招标项目"中国近代慈善义演珍稀文献的整理与研究",2018年张宝明教授和耿元骊教授分别主持的国家社科重大招标项目"五四运动百年记忆史整理与研究""古代中国乡村治理与社会秩序研究",2019年吕世荣教授、赵金康教授和李伟昉教授分别主持的国家社科重大招标项目"马克思主义社会发展理论的当代重大问题研究""近代中国审判与社会变迁研究""莎士比亚戏剧本源系统整理与传承比较研究",2020年翁有为教授、展龙教授和武新军教授分别主持的国家社科重大招标项目"近代中国省制变革与社会变迁研究""中国历史上的灾害与国家治理能力建设研究""中国当代文学跨媒介传播史(1949—2009)",2021年程遂营教授、田志光教授、关爱和教授和辛永芬教授分别主持的国家社科重大招标项目"建设黄河国家文化公园研究""历代国家治理的历史底蕴与当代价值""中国文学学术现代化进程研究""基于大型语料库的中原官话共时比较与历时探考研究"。2014年刘志军教授获批教育部哲学社会科学重大课题攻关项目"初高中学业水平考试和综合素质评价改革研究",该项目于2018年顺利结项。

中华学术外译项目是国家社科基金项目的主要类型之一,主要资助"代表中国学术水准、体现中华文化精髓、反映中国学术前沿的学术精品,以外文形式在国外权威出版机构出版并进入国外主流发行传播渠道"。2014年,李申申教授主持的国家社科基金项目"跨文化视野:中国特色和谐社会的探索"研究成果获批中华学术外译项目,2020年,《跨文化视野:中国特色和谐社会的探索》(俄文版)由俄罗斯"逻各斯"出版集团有限责任公司出版并公开发行,是学校第一部俄文版在国外出版发行的学术专著。2021年河大刘泽权教授和罗英梅博士申报的中华学术外译项目"中华文明的起源"和"大国之策——新中国人口政策回顾与展望"分别获批立项。2012年9月,孙君健教授主持的国家社科基金项目结项成果《毛泽东国际政治理论与实践研究》顺利入选《国家哲学社会科学成果文库》。该著作于2015年入选中华学术外译项目选题指南,以国家社科基金中华学术外译项目立项,英文版本2018年出版。2019年,关爱和教授主持的国家社科基金重大项目结项成果《报刊史料与20世纪中国文学史》入选《国家哲学社会科学成果文库》。

三、国家和省部级奖励取得新突破

学校获得省部级以上奖励大幅增加,多次实现国家级科技奖励零的突破。十年来,学校获得国家自然科学二等奖、国家技术发明二等奖、国家科学技术进步二等奖各1项,实现了国家"三大奖"全覆盖;学校共获得人文社科类省部级以上奖励400余项,有一大批优秀成果获得省部级一等奖。

2012年,宋纯鹏教授课题组从提高植物水分利用效率(WUE)的重大需求和植物生物学研究的前沿出发,发展分子生理学、细胞生物学、生物化学、基因组学、分子遗传学等多学科的强有力的实验技术,以控制植物光合和水分散失的气孔运动为模式系统,以提高WUE为目标,研究作物干旱反应机理的相关重大科学问题,创造性地探讨了植物应答干旱胁迫气孔调节的分子机理。经过多年的系统研究,"植物应答干旱胁迫的气孔调节机制"项目荣获国家自然科学二等奖,是河南省首次独立获此奖项。2016年,万师强教授主持的"生态系统结构和功能对于全球变化的响应"获教育部高等学校科学研究优秀成果自然科学二等奖。2019年,张治军教授团队的"高性能节能抗磨纳米润滑油脂关键技术与产业化"在国际上首次将纳米材料用作润滑油脂添加剂,延长了高端、重载装备的使用寿命,高性能节能抗磨纳米润滑油脂关键技术和产品打破了国外垄断,被9家企业采用,新增销售额10.87亿元、利润3.44亿元。获国家技术发明二等奖,是当年河南省唯一一项国家奖。2021年,以王家耀院士为第一完成人的"智能化地图综合与多尺度级联更新关键技术及应用"项目,针对"地图综合"国际难题,融合人工智能与地图综合的技术,在地图自动综合基础理论和实现方法上有重大突破,使我国多尺度地图数据库建设水平在短期内整体赶上了美、英等发达国家,在空间关系理论、地图综合算法和地图综合软件的研发等关键点上处于国际领先地位。荣获2020年度国家科学技术进步二等奖。

2012—2021年,河南大学共获得河南省杰出贡献奖2项,河南省科学技术一等奖4项、二等奖27项、三等奖39项。其中主要奖励包括:宋纯鹏教授荣获2014年度河南省杰出贡献奖,王家耀教授荣获2021年度河南省杰出贡献奖,2013年秦耀辰教授主持的"地球系统科学数据共享关键技术研究与应用"项目获得河南省科学技术进步奖一等奖,2014年曹奎教授主持的"民航气象信息综合处理系统"项目获得河南省科学技术进步奖一等奖,2018年张治军教授主持的"高承载陶瓷基纳米润滑材料关键技术与产业化"项目获得河南省科学技术进步奖一等奖,2020年宋纯鹏教授主持的"提高植物养分水分高效利用根形态建成分子机制"项目获得河南省自然科学奖一等奖。

在人文社科领域,2012年,王立群教授《历史的建构与文学传播》、苗长虹教授《空间集聚、关系建构与区域发展》获河南省社会科学优秀成果一等奖。田烨教授《新中国民族地区行政区划研究》获第二届民族问题研究优秀成果三等奖。2013年,杜静教授《历史与现实的追问:英国教师在职教育的发展与动因研究》和张先飞教授《"人"的发现——"五四"文学现代人道主义思潮源流》等两项成果获第六届高等学校科学研究优秀成果奖(人文社会科学)三等奖。耿明斋教授《中原经济区现代化之路》、王发曾教授《新型城镇化引领三化协调科学发展》获河南省社会科学优秀成果特等奖。李恒教授《外资与产业集群作用下的区域经济协调发展》、程民生教授《河南经济通史》、高有鹏教授《中国民间文学通史》(全三卷)获河南省社会科学优秀成果一等奖。2014年,张兴茂教授《坚持和完善中国特色社会主义经济制度》,杨亮、宋福利《王恽全集汇校》,刘恪教授《现代小说语言美学》获河南省社会科学优秀成果一等奖。耿明斋教授课题组《中原经济区竞争力研究》获河南省发展研究奖一等奖。2015年,关爱和教授《但开风气不为师——龚自珍的诗文与嘉道文学精神》、刘增杰教授《中国现代文学史料学》、汪基德教授《中国早期电化教育人物学术思想及其当代价值》等三项成果获第七届高等学校科学研究优秀成果奖(人文社会科学)三等奖。关爱和教授《甲午之诗与诗中甲午》、刘志军教授《课程史研究:问题与展望》、李金松《述学校笺》获河南省社会科学优秀成果一等奖。2016年,宋丙涛教授《英国崛起之谜:财政制度变迁与现代经济发展》获第六次全国优秀财政理论优秀研究成果一等奖。在第五届全国教育科学研究优秀成果奖评选中,河南大学刘志军教授、刘济良教授、王定功教授、王北生教授和赵俊峰教授的成果均获得三等奖。吕世荣教授《马克思经济全球化思想的哲学阐释逻辑》、刘军政教授《中国古代词学批评方法》、李玉洁教授《先秦丧葬与祭祖研究》、林志友教授《1958—1960年毛泽东商品经济思想及其评价》、赵俊峰教授《学生学习倦怠预防》、刘永华教授《〈广雅疏义〉校注》获河南省社会科学优秀成果一等奖。

2017年,张先飞教授《"人的文学":"五四"现代人道主义与新文学的发生》、张璟慧教授《想象创造人自身——加斯东·巴什拉的想象哲学》、赵涛教授《〈四库全书总目〉学术思想与方法论研究》、王振存教授《城乡教育公平论——基于文化视阈的研究》获河南省社会科学优秀成果一等奖。2018年,展龙教授《明清史料考论》、李伟昉教授《比较文学实证方法与审美批评关系研究》、李恒教授《河南省工业化、信息化、城镇化与农业现代化同步发展研究》、林志友教授的《毛泽东对中国社会主义经济发展道路的探索》、张大超教授《我国政府购买公共体育服务的现实困境和发展对策》、陈文革教授《二十世纪豫剧唱腔结构动态研究》等获得河南省社会科学优秀成果一等奖。2019年,王洪伟教授《钧窑通史》获第八届高等学校科学研究优秀成果奖(人文社会科学)二等奖。胡全章教授《近代报刊与诗界革命的渊源流变》、张先飞教授《"人的文学":"五四"现代人道主义与新文学的发生》、吕世荣教授《马克思经济全球化思想的哲学阐释逻辑》等三项成果获第八届高等学校科学研究优秀成果奖(人文社会科学)三等奖,崔军《新世纪的欧美移民电影》获第八届高等学校科学研究优秀成果奖(人文社会科学)青年奖。程民生教授《中华文明中的汴京元素》、卜万红教授《中国特色廉政文化建设研究》、张克定教授《英语认知功能探索》获河南省社会科学优秀成果一等奖。2020年,王明钦教授《服务与引领:新时代高校党的建设实践研究》、辛永芬教授《汉语方言Z变音的类型分布及历史流变》、王洪伟教授《钧窑铜系青蓝釉》、刘俊英教授《项目制贫困治理:理论与实践》等获2019年河南省社会科学优秀成果一等奖。2021年,刘志军教授和郑展鹏教授的成果分别获得第六届全国教育科学研究优秀成果奖二、三等奖,张清民教授获得河南省第七届文学艺术优秀成果奖文艺评论类优秀作品奖,王建刚教授《前资本主义社会三种历史形式的文本考察》、张洁梅教授《社会资本对在线品牌社区消费者知识分享的影响研究》、王立群教授《左思〈三都赋〉汇校汇注》、李伟昉教授《文化自信与比较文学中国学派的创建》、牛保义教授《构式语法研究》、王思琦教授《中国当代流行音乐史稿》、王萍教授《教育现象学视域中的学校教育》、李景文教授《刘向文献编纂研究》、耿元骊教授《隋唐土地制度变迁与时代分期》等九项成果获河南省社会科学优秀成果一等奖。

四、知识产权综合能力提升明显

学校高度重视知识产权工作,不断加大知识产权规范化管理体系建设,高价值高质量专利创造、保护、运营以及知识产权人才培养,知识产权创新创业等方面的工作力度,有效提升知识产权综合运用能力,使知识产权工作能更好地服务于科技创新,促进学校内涵式发展和"双一流"建设。2016年,学校与河南省知识产权局共建知识产权学院,同年获批河南省首批高校知识产权运营管理中心。2017、2018年获河南高校知识产权综合能力"十强"高校。2020年获批国家知识产权试点高校建设单位、国家知识产权信息服务中心。

2012—2021年,学校发明专利申请总量2 037件,其中授权量1 160件。申请量和授权率呈现逐年升高的趋势。

学校十年来取得的丰硕科研成果,是全校科研工作者锐意进取、不断创新、潜心治学、辛勤努力的结晶。"十四五"时期,学校对科研工作提出了更宏伟的目标和更艰巨的任务,通过建设大项目、大团队、大平台、大科学装置,向研究型大学的科研组织方式转型。全校科研工作者将以昂扬的斗志和饱满的精神迎接挑战,为新时代中国特色社会主义建设贡献更多的河大方案和河大智慧。

第六章 学生培养

高等学校的首要职能是人才培养。十年来,学校坚持立德树人根本任务,始终牢记为党育人、为国育才使命,不断健全立德树人机制,牢固树立人才培养的中心地位,构建全方位、多层次的育人模式,不断提高大学生的实践创新能力和综合素质。从本科生、硕士研究生、博士研究生,到留学生、成人教育与自考生,学生日常管理不断加强,特色学风建设持续推进,思想政治工作逐步深入,学生成长成才环境更加优化,学生创业创新屡获佳绩,人才培养质量大幅提升。

第一节 本科生培养

一、改革招生工作模式

学校一直高度重视本科生招生工作。十年来,国家招生考试制度改革不断推进,学校围绕"双一流"建设目标,对办学定位、招生规模、招生层次及招生区域不断调整,招生宣传工作的重要性日益凸显。学校紧紧围绕考生所关注的热点信息,通过创新招生宣传形式、加强宣传队伍建设、优化宣传媒体结构、打造新媒体宣传矩阵、推进优质生源工程等一系列举措,使招生工作取得了良好效果。

完善招生宣传工作机制,积极探索全员、全方位、全年度宣传模式。2014年学校成立河南大学招生委员会,2015年建立了招生宣传联络员制度,2017年在河南省实施了学院招生宣传区域负责制。2019年又将河南省以外省份纳入区域责任制工作范围,重新划分了学院招生宣传责任区域,颁布了《河南大学本科招生宣传暂行办法》《河南大学本科招生宣传工作考核量化指标》等文件,进一步健全招生工作的保障和考核机制,充分调动广大师生员工参与招生宣传的主动性。同时,牢固树立招生宣传常态化理念,建立招生宣传常态化机制,在做好集中招生宣传咨询的同时,注重加强平时的招生宣传工作,实现集中宣传与长期宣传相结合,使招生宣传工作全员化、常态化、长年化。

优化媒体宣传结构,打造网络新媒体宣传矩阵。宣传媒体结构逐步由传统媒体项目转入新媒体项目,根据受众高中生及学生家长获取信息的途径和特点,加强与有品牌、有影响力网络媒体的合作沟通,使网络媒体宣传布局得到进一步优化。2015年开通招生微信公众号,制作手机网站;2017年,拍摄招生宣传片《河大印象之岁月·书香》,阅读量突破53万,被誉为年度最具情怀的招生宣传片;2018年参与《光明日报》、光明网举办的"2018高校招办主任光明大直播",直播累计观看达186.13万人次;2019—2021年,河南大学先后在央视网、腾讯网、搜狐网、中国教育在线、凤凰网、大河网、大豫网等网络媒体开展招办访谈四十余场;组织专家宣讲团,利用腾讯、高考宝、中国教育在线、升学在线等媒体平台进行了350余场网络直播,累计观看5 615万人次;在"今日头条""搜狐号""百度百家号""哔哩哔哩"等主流自媒体平台开设官方账号,发布文章、视频1 500余篇,总阅读量超过2 785万人次,单篇文章最高阅读量超过82万人次。通过长期努力,学校逐步构建了本科招生宣传信息在移动互联网领域信息发布的"全网矩阵",进一步扩大了学校招生宣传的受众面和影响力。

加强招生宣传队伍建设,实施优质生源工程项目。加大厚重河大精神、优良办学传统、人才培养成效的宣传,提高学校的知名度和美誉度,全面提升学校的生源质量。2015年学校建立了省内招生宣传联络员制度,成立学生招生咨询服务站,启动优质生源工程建设项目。2017年在全校范围内遴选一支以知名专家、教学名师为主的专家宣讲团,鼓励宣讲团成员深入中学进行招生宣传,为广大考生提供信息服务和志愿指导。目前,学校重点推进优质生源工程建设,不断加强高中阶段教育与大学教育的有效衔接,拓展高校与高中之间的合作空间,进而实现与中学深层次、持久有效的合作,截至2021年,学校已与省内外178所中学签订了合作协议。

由于宣传效果突出,学校的影响日益扩大,招生省份也不断增加。2012—2016年期间,学校逐渐面向全国30个省(自治区、直辖市)招生,2017年又增加了西藏招生,2020年首次面向港澳台地区招生,实现招生区域的全覆盖。

2012年之前,学校招生层次包括普通类提前批(含体育类和国防生)、本科一批、本科二批、本科三批、专科一批,艺术类提前批本科A段、本科B段和专科段;2012年学校取消了专科一批招生;2013年取消艺术专科招生,增加艺术本科B段招生;2014年取消本科三批和艺术B段招生;2015年至2018年,逐步增加本科一批招生数量,同时减少本科二批招生数量;2019年全部按照提前批和本科一批招生。

在不断优化招生层次结构的基础上,学校还不断推进招生录取模式改革,大力推进大类招生,试行跨学科大类招生。学校在提前批和本科一批按类招生的专业类16个,共涵盖53个专业,招生计划3 200余人;在数学与统计学院、经济学院、物理与电子学院、化学化工学院、计算机与信息工程学院、商学院和文化产业与旅游管理学院等7个学院试行跨学科大类招生。截至目前,学校共有60个招生专业(类),其中招生专业44个,招生专业类16个,涵盖94个本科专业,涉及学科门类12个。

在大力宣传和招生层次结构不断优化的基础上,学校各个本科批次生源充足,生源质量逐年提升。从河南省本科一批录取情况看,2012年学校文史最低分差(学校录取最低分-省控制分数线)4分,理工最低分差14分;2016年文史最低分差20分,理工最低分差36分;到2021年,文史最低分差达到40分,理工达到68分。

二、提升本科培养质量

人才培养质量是高校的生命线,提高办学质量是大学发展的永恒主题,学校持续推进本科教学质量工程建设,取得了显著成绩。

不断推进教师发展性评价和学生学业质量过程性评价。通过本科生实践教学管理平台建设进一步完善学生学业评价方式,大力推进发展性教师评价体系建设。经过遴选,自2016年开始,学校121门课程被确定为实施学生学业成绩过程性评价课程,同时对过程性评价开展以来的课程建设情况进行检查和总结,梳理先进典型和问题建议,组织召开校内经验交流会。通过实施过程性学业成绩评价,提高学校本科教学质量和学生学习积极性,促进教师教学方法改革,逐步完善学生学业成绩评价体系。

完善校、院(部)教学质量监控机构和教学督导机制,构建科学规范的教学质量监控和保障体系。实施校院两级督导制,校级督导组主要负责对学校教学质量的宏观评价,向学校提出教学建议以及督促教学检查与指导;学院依托院级督导从微观入手,开展教学"精准帮扶"。学校制定并严格实行《河南大学各级党政领导听课制度》,确保学校各级党政领导深入基层、掌握教情和学情;根据《河南大学教学质量奖实施方案》和《河南大学基层教学组织建设暂行规定》要求,实行全员听评课制度,尤其强调经验丰富的老教师对年轻教师的传帮带。同时采取有效措施,提高教师投入本科教学的积极性,严格落实教授为本科生上课制度。2017年,购置"教学基本状态数据库系统",配合"教学质量奖信息管理系统""教学质量综合评价与监控系统""党政领导干部听课信息采集系统""教学督导信息采集系统""学生满意度调查系统""教师发展性评价辅助系统""学情反馈系统"等7个系统构建质量监控数据平台进行立体化监控,实现质量监控信息采集的实时性和精确性,既规范工作流程、提升工作效率,又为后续的改进教学质量保障工作提供丰富的数据支撑。

不断加强实践教学工作。截至目前,学校建有河南省本科高校大学生校外实践教育基地15个,校外实习实训基地956个,为学校本科生校外实践活动的开展提供有力保障。在不断加强基础实验室和专业实验室建设的前提下,学校努力建设各级各类"实验教学示范中心""虚拟仿真实验教学中心""虚拟仿真实验教学项目",改善学生实验教学条件,为学生提供更好的创新科研场所。学校每年积极组织各学院开展虚拟仿真实验教学项目建设与申报,先后建设13个省级实验教学示范中心,8个省级虚拟仿真实验室和3个国家级实验教学示范中心。每学年组织优秀实习指导教师和优秀实习生评选工作,对100余名优秀实习指导教师和800余名优秀实习生进行表彰。

为加强毕业论文(设计、创作)环节的管理,学校修订完善了《河南大学本科毕业论文(设计、创作)工作管理办法》,出台了《河南大学本科生毕业论文查重检测管理办法》。引入毕业论文管理系统,对学生毕业论文进行从选题、开题、中期检查到最终答辩的全过程管理,加强毕业论文(设计、创作)环节学校、学院、教师、学生之间的互动交流,培养学生在科研选题、调查研究、科研创新等方面的综合能力,不断提升学生的专业素质和科学研究水平。学校要求学生坚持论文原创,提高毕业论文质量,引入本科毕业论文查重系统,在答辩前对所有本科毕业论文进行查重检测,最大程度保证毕业论文的原创性。学校每年开展优秀毕业论文(设计、创作)推荐评选活动,评选一批优秀本科毕业论文(设计、创作)和优秀毕业论文指导教师。

为支撑学校"双一流"学科专业建设和人才培养,学校先后出台并修订了《河南大学大学生创新性实验训练计划项目管理办法》《河南大学本科生学科竞赛管理办法》,发布了《河南大学本科生学科竞赛目录(2020年)》,引导学生聚焦和参加影响面广、公信力大、认可度高的学科竞赛,以学科技能竞赛为抓手,培养学生的操作实践能力和团队合作意识。2016—2020年"双一流"高校建设期间,学校共获批大学生创新创业训练计划项目国家级246项、省级279项、校级项目963项,累计参与达5 000余人次;在国内外学科竞赛中获奖3 898项,获奖两万余人次;本科生第一作者发表学术论文1 435篇,其中45篇论文被SCI、EI等数据库收录;本科生取得软件著作权239项,发明专利121项;学生创作、表演的代表性作品713件。2021年,学校共获批2021年度国家级大学生创新创业训练计划项目152项,其中重点领域专项2项,省级大学生创新创业训练计划项目10项,校级项目立项221项,项目获批率创历史新高。据中国高等教育学会高校竞赛评估与管理体系研究工作组发布的2021年全国普通高校大学生竞赛分析报告显示,学校在2021年全国普通高校学科竞赛排行榜中列第 84 位,整体排名稳步上升。上述成绩也使学校获得了"全国首批深化创新创业教育改革示范高校""2017 年度全国创新创业典型经验高校"等殊荣。

三、加强学生日常管理

持续加强思想政治教育。强化大学生思想动态、舆情信息的汇集、研判,妥善快速处置学生突发事件,以学生的和谐稳定保障学校大局稳定。推行大学生宿舍"单元文化工程",探索形成以宿舍为重要阵地的思想政治教育新格局。把握毕业生离校、新生入学等特殊节点,开展毕业生代表座谈会、毕业生文明离校教育、新生入学教育。

围绕立德树人根本任务,扎实推进社会主义核心价值观培育践行,结合党的十八大、十九大、中华人民共和国成立 70 周年、五四运动 100 周年、中国共产党成立 100 周年等重要时间节点,开展一系列主题教育和校园文化活动。开展"校园之星"活动,充分挖掘、培育和宣传优秀典型学生,汇聚学生健康成长正能量;开展大学生法治教育"微电影·动漫"大赛,探索新媒体创新思想政治教育新途径;举行"纪念抗日战争暨世界反法西斯战争胜利 70 周年"主题班会评比活动,推广、培育和宣传优秀典型班级,进行爱国主义教育;开展"优秀安全案例"征集,"安全教育进宿舍"和"抵制传销、净化校园、共创和谐"河南省高校大学生万人签名等活动,加强学生安全教育,深化平安校园建设,促进学校安全稳定综合防控体系建设;每年举办河南大学"青春正能量"校园原创话剧剧本大赛,引导广大青年学生弘扬真善美,传播正能量;举行河南大学文明教育主题班会评比活动,在广大学生中倡导文明正气之风,营造文明、和谐的校园文化氛围;组织学生参加河南省"打击传销、净化校园"文化作品征集活动,多次获优秀组织奖,学生作品获奖 30 余次;连续承办河南省普通高等高校"大美学工"颁奖典礼;开展"崇尚文明新风,争做文明学生"特色主题活动,在广大学生中倡导文明正气之风,营造文明、和谐的校园文化氛围;开展"我与'两个一百年'"主题宣传活动,引导青年学子正确审视自我,坚定理想信念,立鸿鹄志,做奋斗者;开展"我和我的祖国"、升国旗主题教育活动,加强爱国主义教育;开展"国家宪法日"主题教育系列活动,提高学生法律意识,营造遵法、学法、守法、用法的氛围。组织参加河南省"出彩河南人"之最美大学生宣传推介活动,环境与规划学院 2018 届本科生何海珊等先后入选。2020 年以来,新冠疫情汹涌而来,党委学生工作部及时组织学生参加"全国大学生同上一堂疫情防控思政大课"学习,开展"把灾难当教材,与祖国共成长"主题教育活动,利用"河大学工 HENU"微信公众号开展线上教育 40 余次,转发宣传官媒防疫抗疫知识,精心策划、推出原创

《学生励志勤学筑信念,牢记使命勇担当——致河南大学大学生的倡议书》《战"疫"一线,志愿服务青春有我》等多期微信专题。2021年,围绕中国共产党成立100周年,创新方式方法,充分利用红色资源和校史资源,打造"永远跟党走"这一大学生党史学习教育的"红色矩阵",策划推出《我们来了——最美开学季》主题宣传片,邀请返校学生用镜头记录丰富的校园生活,送上对伟大的中国共产党百年华诞的真诚祝福;组织参加全国大学生党史知识竞答大会,推荐一名学生参加线下节目录制,并组织全校学生组成云端答题团进行同步答题,把红色传统、红色记忆、红色基因植根于心中,学校获优秀组织奖,学生获"最佳选手";开展"书香·追梦——跟着习总书记学读书"系列活动;举办习近平新时代中国特色社会主义思想宣讲大赛;举办"忆百年峥嵘岁月,谱河大一流华章"讲党史、校史主题演讲比赛,切实引导青年学生学史明理、学史增信、学史崇德、学史力行,以实际行动迎接建党100周年。

健全心理健康教育工作体系。十年来,学校更加重视学生的心理健康教育,构建了"一个目标、两条路径、三级网络、四大体系"的"1—2—3—4"心理健康教育工作格局。一个目标——优化大学生心理健康素质。将大学生心理健康教育目标由传统的"提高大学生心理健康水平"上升为"优化大学生心理健康素质"。两条路径——促进大学生心理发展和消除大学生心理问题。这两条路径贯穿在实际工作的各个方面:在教育对象上,既关注问题学生,又面向全体学生;在教育内容上,既克服异常心理,又培养积极品质;在教育方法上,既重视心理咨询,又加强课堂教学。三级网络——学校、学院、学生三级心理健康教育工作网络。这三级网络包含8个节点:学校心理健康教育工作领导组、心理健康教育与咨询中心、学院心理健康教育工作领导小组、心理健康工作站、辅导员、朋辈辅导员、心理委员、心理信息员。三级网络联动所有心理健康教育工作者,覆盖全校大学生。四大体系——教学体系、活动体系、咨询体系和危机干预体系。教学体系由心理健康通识教育、素质教育和名家讲坛等模块构成,活动体系由心理健康主题班会、宣传周和专题网站等模块构成,咨询体系由个体咨询、团体咨询、电话咨询和网络咨询等模块构成,危机干预体系由预防机制、预警机制、干预机制和善后机制等模块构成。在具体做法上,发挥课堂教学在大学生心理健康教育工作中的主渠道作用,开设"大学生心理健康发展"公共选修课,设置2个学分,32学时;面向全体学生开展心理健康教育宣传活动,更新心理健康教育专题网站,开通心理健康教育微博和微信,举办心理健康主题班会评选活动,开展心理健康教育宣传系列活动;健全心理咨询的值班、预约、重点反馈等制度,开展心理咨询工作,帮助学生解决心理问题,重点关注学习困难学生、失恋学生、违纪学生、言行异常学生,保持心理问题求助热线24小时畅通;坚持预防为主的原则,通过新生心理健康状况普查、心理危机定期排查等途径,及时发现学生存在的心理危机情况并采取相应措施。

为贯彻落实《河南省普通高等学校心理健康教育示范性单位建设标准》,学校进一步完善了心理健康教育工作硬件设施。金明校区和明伦校区均完成心理健康教育场地建设,建筑面积共2 000平方米。建有预约等候室、个体咨询室、团体活动室、心理测评室、情绪宣泄室、音乐放松室、沙盘游戏室、督导室、培训室、心理素质拓展训练基地等功能科室。心理自助设备、心理测评设备、情绪宣泄设备、音乐放松设备、沙盘游戏设备等常规设备均配齐。心理健康教育与咨询中心2016年申请到"中央财政支持地方高校发展专项资金"250万元,利用这笔资金购置了一批国内领先的高端设备,主要包括智能身心反馈训练系统、认知能力训练系统、智能互动宣泄系统、移动心理危机干预追踪系统、虚拟现实心理干预系统等。学校每个学院建立心理健康工作站,落实工作站用房,配置必要的办公设备和音乐放松椅等专业设备。2016年11月,心理健康教育与咨询中心通过了河南省教育厅组织的心理健康教育试点单位建设成果验收。

印制《河南大学心理健康工作站工作手册》,出台《河南大学心理健康教育师资培训计划》,承办"全省高校心理健康教育专题培训班"。邀请校内外专家开办讲座,对心理健康工作站站长、朋辈辅导员、班级心理委员和宿舍心理信息员开展多样化培训,提高工作队伍的责任心,增强对常见心理问题的辨别与处理能力。鼓励并支持心理健康教育兼职教师报考国家心理咨询师,共20余位教师取得资格证书。加强心理健康教育专兼职教师队伍建设,开展《高校辅导员工作与大学生心理健康教育》《常见心理障碍的识别与处理》等专题讲座,遴选组织全校心理健康教育专、兼职教师完成全国高校心理危机预防干预网络培训,逐步建设一支以专职教师为骨干、专职兼职相结合的大学生心理健康教育工作队伍,不断提高心理健康教育队伍的专业水平。

经过多年努力,学校心理健康教育工作取得了优异的成绩。2014年,心理健康教育与咨询中心获批河南省首批心理健康教育试点单位;2015年,心理健康教育与咨询中心被评为全国大学生心理健康教育工作优秀机构;2017年,心理健康教育与咨询中心获批河南省首批心理健康教育示范性单位;心理健康教育与咨询中心心理健康咨询部主任张典、心理健康教育部主任魏艺铭和国际教育学院心理健康工作站站长崔甜被评为"2019年度河南省高等学校优秀心理健康教育工作者"。

加强辅导员队伍建设。辅导员是学生管理工作中一支极为重要的力量,因此学校一贯重视辅导员队伍建设,认真贯彻落实《中共中央、国务院关于进一步加强和改进大学生思想政治教育的意见》和《普通高等学校辅导员队伍建设规定》,严格选拔,加强管理,并积极搭建辅导员发展平台。十年来,学校招聘专职辅导员100余人,同时不断完善选拔制度,于2020年出台了《河南大学辅导员考核办法(试行)》,并如期完成2020年辅导员考核工作。为进一步激发广大辅导员更好地为大学生的成长、成才服务,学校大力搭建各类特色平台,积极探索提升辅导员职业能力和专业能力的新途径,提升职业化、专业化核心能力。

一是创新辅导员培训途径。加强学习型团队建设,自发研究、多次改版、不断创新《辅导员工作手册》,编发《辅导员案例分析指南》《辅导员主题班会指南》《辅导员相关规章制度》《河南大学辅导员职业能力提升学习资料》等系列职业学习资料。建立多元化网络学习互动家园,建设"河南大学辅导员之家"专题网站,开通官方微博、微信公众平台。开展辅导员素质能力提升系列集训活动,开展习近平新时代中国特色社会主义思想学习研讨活动等。举办谈心谈话技巧、"聚团队:开展户外拓展培训"、"学政策:解惑助学育人工作"、"重安全:举办安全防范教育讲座"、"练技能:唱响心理健康教育团结之歌"等主题沙龙活动。多次邀请校内外知名专家,举办辅导员专题培训。每年选派优秀辅导员参加全国、河南省、河南大学辅导员培训班数百人次。

二是注重学生工作精品项目和创新项目培育建设工作。软件学院常继科申报的"'软技能'培训营"等5个项目被评为河南省高校辅导员工作精品项目,化学化工学院申报的"大学生先进群体MBO培训"等7个活动被评为河南省高等学校思想政治工作优秀品牌,化学化工学院辅导员王路娟的《MBO创新教育理念下大学生先进群体理论与实践研究》等12篇论文被评为河南省高校辅导员优秀论文;文学院"'价值引领,知行合一'——马克思主义研究会系列活动"等8项活动获河南省普通高等学校校园文化建设优秀成果奖。

三是着力加强辅导员推优工作。定期举办辅导员素质能力大赛,并不断紧跟时代发展,结合学校学生工作实际更新、优化赛制,打造全面检验和提升辅导员队伍专业水平和业务能力的实践平台。2021年,校党委制定出台《河南大学优秀辅导员评选办法》,由党委学生工作部于2021年首次组织开展河南大学优秀辅导员评选,学校对首批评选出的10名优秀辅导员予以表彰,在全校营造了争优创先的良好氛围,进一步引导辅导员不忘立德树人初心,牢记为党育人、为国育才使命,同心同德,攻坚克难,推动思想政治工作不断迈上新台阶。

四是培育建设辅导员工作室。加强研究探索,突出特色亮点,培育骨干专家,产出研究成果。2020年,首批培育建设9个辅导员工作室,于6月10日举办首批辅导员工作室授牌仪式,校党委书记卢克平为首批培育建设的辅导员工作室授牌。各工作室围绕其功能和建设方向开展工作,将工作室打造成为辅导员工作交流的重要载体、辅导员职业能力提升的重要阵地、学生工作理论研究与实践创新的重要平台,为学校学生工作创新做出了有益的实践探索。

通过一系列扎实有效的举措,学校辅导员队伍建设取得突出成效,辅导员队伍在各项赛事活动中屡创佳绩。外语学院辅导员黄鑫获第二届全国高校辅导员职业能力大赛优秀奖，计算机与信息工程学院常继科获"第一届全省高校辅导员年度人物"和"第六届全国高校辅导员年度人物"提名奖；艺术学院辅导员王娇娇获第四届全国高校辅导员职业能力大赛二等奖，外语学院黄鑫获"第七届全国高校辅导员年度人物"入围奖、"第二届河南省高校辅导员年度人物"称号；党委学生工作部副部长、学生处副处长、就业创业指导中心主任乔梁获得河南省普通高等学校第一届"大美学工"十佳优秀学生工作者称号，化学化工学院辅导员王路娟获"第十届全国高校辅导员年度人物"提名奖和"第四届全省高校辅导员年度人物"称号，音乐学院辅导员王娇娇被评为"第六届全国高校辅导员年度人物"，哲学与公共管理学院辅导员贾银兰、药学院辅导员郭际平、环境与规划学院辅导员韩晓静分别获得"2019年度河南省高等学校优秀辅导员"。2020年，学校组织参加第八届河南省高校辅导员素质能力大赛、第八届全国高校辅导员素质能力大赛，河南大学获河南省优秀组织奖，美术学院靳利粉获河南省特等奖、全国三等奖，法学院石宇珺获河南省二等奖，文学院周青被评为"第七届河南省高校辅导员年度人物"；2021年，美术学院靳利粉被评为"第八届河南省高校辅导员年度人物"。

提升学生日常管理水平。学校强化"依法治校"理念，坚持把依法、依规开展学生管理工作作为高校学生工作的基本原则，按照国家法律和学校相关规定开展工作。完成《河南大学全日制本专科学生违纪处分申诉处理办法》等学生规章制度的制定和修订工作，完成《河南大学全日制普通本专科学生学生证和校徽管理办法》的修订工作。每年组织新生参加学生管理规章制度考试，开展规章制度教育学习等专题活动，组织《学生手册》网上考试，教育引导新生遵法守纪，为学风建设提供有力保障；出台《河南大学全日制普通本科学生学业预警实施办法（试行）》，强化学生学习过程指导，加强学风建设，保证人才培养质量；认真贯彻落实教育部第41号令，全面修订《河南大学全日制普通本科学生管理规定》等规章制度，并将《国家教育考试违规处理办法》以及学校新修订的20余项涉及学生管理服务及教学管理等规章制度编印成《学生手册》向全体新生发放，有效推进全面依法治校，不断提高管理和服务水平，为"双一流"高校的学生管理工作提供制度遵循。

注重行为规范教育，以精细化的学生管理促进学风建设。加强日常考勤，通过学生早操检查、学生违纪处理等方式引导学生形成良好的学习、生活习惯。持续开展"诚信考试"主题教育，巩固良好学风；组织开学典礼、毕业典礼暨学位授予仪式、太极拳比赛、名家讲座等活动，发挥学生活动育人功能。

以"智慧校园"建设为契机，融入校园数字化建设进程，升级学生工作管理系统，基本实现校内学生管理、教务管理、财务管理的数据集成和共享，提升学生工作信息化水平。运行新生网上自助报到系统，减少现场报到工作环节。

以评先奖优工作为抓手,落实各项学生奖励政策,树立先进典型,传递青春能量,巩固特色学风建设成果。建立健全公开、公平、公正的评选程序和规定,完善公示制度,完成省级、校级先进集体、个人的评审及各类奖学金的发放工作。完善对学生的考核与评价机制,遵循个人申请—班级民主评议—院评审小组审查—学院公示三天的基本程序,开展优秀学生评选和各类奖学金的评审发放工作。每年评选出先进集体100多个、先进个人10 000余人次,发放各类奖学金近1 000万元。2016年,首次对成绩优异并在创新创业方面表现突出的学生单独评选"河南省优秀毕业生"。同时,学校还设立"单项奖学金","单项奖学金"的设立有效鼓舞了学生参加活动和比赛的积极性和主动性,学生在各类国内外具有影响力的科技创新比赛、学科竞赛、文体活动中也屡获佳绩,每年获奖达1 000余人次。

认真贯彻党和国家关于新疆少数民族的政策措施,切实做到"严、爱、细",确保新疆学生整体上遵纪守法、爱党爱国。协调各方实现对重点群体和关键人的精准稳控帮扶,安全教育实现全覆盖和日常化,使得转化教育成果得到进一步巩固。同时,完成新疆少数民族学生教育管理服务工作,建立以新疆派驻河南大学教师、少数民族辅导员为经线,以学院新疆籍学生管理负责人、辅导员为纬线的网络管理体系。通过组织辅导员参加少数民族学生思想工作培训班等,提升辅导员政治素质和职业能力,通过开展主题教育活动、学习交流会、民族团结晚会等,加强对少数民族学生思想政治、专业学习、民族团结等方面的教育。坚持从新疆少数民族学生的特点和实际出发,突出"全心保障、用心教育、细心关怀、真心关爱、贴心服务",全力做好新疆少数民族学生教育管理服务工作。在校党委、各相关部门和学院的支持下,新疆少数民族学生的思想政治教育、专业学习、文体活动、扶贫解困等工作稳步开展,巩固重点人的转化教育成果,保证校园的安全稳定。

完善助学贷款工作机制。十年来,学校逐步形成以国家助学贷款为主,奖助学金、勤工助学、学费减免、"绿色通道"、困难补助和社会捐助为辅的多层次、一体化的学生资助政策体系,全面推进精准资助和资助育人工作。

完善规章制度,建立健全资助工作机制。落实教育部41号令,结合自身实际,修订完善《河南大学全日制普通本科家庭经济困难学生认定办法》《河南大学全日制普通本科学生国家奖助学金管理办法》《河南大学全日制普通本科学生勤工助学活动管理办法》《河南大学国家助学贷款管理办法》《河南大学高校国家助学贷款还款救助办法》《河南大学全日制普通本科学生勤工助学管理办法》等各项资助工作基本管理办法,逐步形成资助工作领导小组会议决策制、学生资助工作培训交流制、资助工作考核制、家庭经济困难学生建档及动态管理制、家庭经济困难学生资格认定民主评议制、奖助学金评议制、资助结果公示制、贷后追踪管理制、助学贷款管理绩效奖惩制等学生资助管理工作机制。

构建完整资助工作体系,落实各类资助政策,确保应助尽助。成立校院两级评审领导小组,召开专题会议,提前制订方案,细化认定标准,对家庭经济困难新生进行考察和认定,对二年级以上的学生进行家庭经济情况复查,建立家庭经济困难学生数据库。坚持公开、公平、公正的原则,严格把握标准,区别奖优和解困两种功能,完成国家奖学金、助学金的评审工作,国家奖助学金评审连续多年实现零投诉,国家助学贷款实现"应贷尽贷"。建立贷款毕业生联系网络,完善贷款毕业生追踪管理,通过家访调查、信件通知、电话短信、QQ联系等方式,加强与毕业生的联系和沟通;抓好还款还息关键时间节点,针对个案制定具体措施,切实做好到期贷款催收工作。制度的健全和实施对助学贷款工作的健康开展提供了坚实保障,国家助学贷款每年发放从数千万元到2017年近1亿元,随后一直维持在亿元左右,到期还款率保持在98%以上,2021年到期贷款还款率达到98.98%,较全省平均还款率高0.53个百分点,创历史新高。

学校按工作量计酬,勤工助学管理实现科学化、规范化、制度化,创新为学生提供校外勤工助学岗位。与开封市慈善总会等多家单位联合开展养老机构有偿志愿服务活动;积极应对疫情灾情双重挑战,充分利用大数据分析,开创隐形资助新模式,全面建立完善学生资助工作应急保障机制。2018年,修订出台《河南大学全日制普通本科学生勤工助学管理办法》,将勤工助学酬金标准由过去的每小时不低于8元提高至12元。十年来,学校累计为20多万贫困学生发放各类资助资金近10亿元,切实做到应助尽助,保障学生安心在校求学。

在做好精准资助的同时,学校高度重视资助育人工作。学生资助管理中心紧扣立德树人根本任务,将扶贫与扶志相结合,开展特色鲜明的育人活动,加强对受助学生的价值观引领工作。学校多次参加由团中央、教育部、中国银行、中国青年报联合举办的全国"助学·筑梦·铸人"主题活动,学校精心组织,学生积极参与,每次征集推荐作品达3 000多件,多部作品获奖。在2020年组织的第七届全国"助学·筑梦·铸人"主题活动中,学校共计11件学生作品获奖,获奖作品数量占全部获奖作品数量的5.24%,占获奖学生作品数量的6.88%,获奖作品数量在全国高校中位列第一。学校也连续四次获该活动全国优秀组织奖。学校每年组织开展河南省教育厅、中国人民银行郑州中心支行、中国银行保险监督管理委员会河南监管局、国家开发银行河南省分行举办的河南省大学生"诚信校园行"系列活动,推荐优秀团队和作品参加省赛,并取得优异成绩。如2014年参加河南省大学生"诚信校园行"辩论赛,荣获银奖和优秀组织奖;2015年组织"诚信校园行"微传播作品设计大赛,获全省大赛优秀组织奖;自2016—2020年连续参加3届全省"诚信校园行"校园短剧大赛,推荐剧目均以第一名的成绩斩获3届特等奖,学校连续3次荣获优秀组织奖。2021年,学校组织开展了"诚信校园行"学生资助知识大赛,近万名同学参与,33个学院推荐队伍参加复赛,在全校范围形成明德诚信、自立自强、拼搏向上的育人氛围。同时学校根据不同时间节点,在整个学业阶段开展有针对性的主题育人活动。如"我与资助"微故事大赛、"强国一代·青春梦"音频大赛、"校园贷风险防范"专题活动、"资助政策及诚信教育"主题宣传教育活动、"助学贷款助我成长"主题征文大赛、"红色芳华"党史知识学习、"筑梦青春"资助榜样、"资助政策乡村行"等活动,以丰富多彩的活动为载体,积极构建物质帮助、道德浸润、能力拓展、精神激励有效融合的资助育人长效机制,实现无偿资助与有偿资助、显性资助与隐性资助的有机融合,形成"解困—育人—成才—回馈"的良性循环,着力培养受助学生自立自强、诚实守信、知恩感恩、勇于担当的良好品质,助力学生全面成长成才。

由于工作出色,学校连续6年获评河南省高校学生资助工作优秀单位,资助工作先进事迹被教育部、学习强国App、河南高教公众号、河南省学生资助管理中心网站等媒体多次报道。

四、重视创业创新教育

学校成立毕业生就业工作领导组和创新创业工作领导小组,全面负责学校大学生就业和创新创业工作,具体工作则由就业创业指导中心负责。学校定期召开工作会议,研讨大学生就业创业工作,落实就业管理服务、就业市场建设、就业咨询与指导、困难群体帮扶、课程与师资队伍建设、指导人员培训、创新创业教育开展、创新创业实践基地建设、创新创业赛事活动组织及有关科学研究等各方面政策和措施。积极构建"学校层面主抓,就业部门统筹,学院全员参与"的就业创业工作体系。十年来,持续加强制度建设,出台包括《河南大学关于加强本专科毕业生就业工作的若干意见》《关于进一步加强学生创新创业工作的实施方案》《关于加强就业创业类课程和师资队伍建设的实施方案(试行)》《河南大学创新创业导师选聘暂行办法》《河南大学关于应对新冠肺炎疫情做好学校2020届毕业生就业创业工作的通知》等,从制度层面上确保就业创业工作顺利开展。

全面实施《河南大学大学生职业发展教育规划》,以必选课方式为本科生开设职业发展教育课程。2016—2017年修订培养方案,为就业创业课程设置专项学分,纳入学校选课系统,按照教务处规定统一申报、统一管理。其中"职业生涯规划",2学分,36学时;"大学生就业指导",1学分,18学时;"大学生KAB",1学分,18学时。在本科生范围内实现就业创业教育的全覆盖。

2010年至今,学校教师主编或参编就业创业类教材10余部,包括省级统编教材6部,独著1部,学校自编教材1部,与其他高校合著3部。其中,2014年编写发行的《大学生职业生涯规划》教材(刘志军主编,2018年再版),2016年编写发行的《大学生职业发展与就业指导(综合类)》教材(刘先省主编,2020年改版,李从国主编),年度使用量均达万余册。

引进北森、新锦成等优质培训资源,每年举办就业创业校内师资培训班,建立由全球职业规划师(GCDF)、心理咨询师、职业指导师、KAB创业指导师、SYB创业培训师、EET创业指导师等组成的合计达130余人的校内指导师资队伍。

2017年之前,就业部门有计划地实施市场开拓,与用人单位建立了"走出去、请进来"的良性互动,立足省内、辐射省外,校园宣讲会、招聘会等形式被广泛运用。此后,在建设有形市场基础上,就业部门加大无形市场拓展力度,按照"省外市场广泛扩展,省内市场深耕细分"的思路,在积极向省外输送大量人才的同时,努力为我省发展留住优秀人才。

近年来,就业部门高度重视就业信息化建设,联合天基人才网创建"河南大学就业创业信息网"、"河大就业创业"微信公众号等平台,聚焦精准供需匹配,利用信息化平台,强化就业政策宣传、优化就业服务管理、开展困难群体帮扶、提供招聘宣讲等信息发布服务。2020年为应对新冠疫情,及时开发网上签约平台,实现毕业生"宅家"完成"云签约";利用就业QQ群、微信群和公众号,24小时为毕业生提供咨询和答疑,实现学校与毕业生之间就业信息的零距离传递。在招聘活动中,充分运用信息化手段,为用人单位和毕业生提供"智能化、精准化"对接服务。

就业部门、教务部门及各学院,深入探索具有特色的创新创业教育改革路径,形成了"一体、两翼、三融合、四协同"的工作机制,构建出"一面、双线、三点"的育人体系,通过打造"十百千"师资队伍和"1+2+3+X"课程体系,积极推进重点领域和关键环节改革。

通过全面深入实施大学生创新创业训练计划,学校本科学生累计参与各级创新创业训练计划项目1 488项,其中国家级项目246项、省级项目279项。积极参与或承办各级各类创新创业赛事、组织创新创业论坛与交流活动,注重通过宣传分享经验与选树典型,真正发挥榜样引领和辐射带动作用。2021年,启动创新创业实验班、精英班建设探索工作,为推动学校"双一流"建设和创新创业教育持续提升做出应有贡献。

十年来,学校的就业创业工作成效显著。2013年,学校获得"河南省创业教育示范学校"荣誉称号;2015年,获得首届中国"互联网+"大学生创新创业大赛金奖和集体奖、"河南省首批大学生创业示范基地"等荣誉称号;2016年,获得"河南省就业创业工作先进单位"荣誉称号;2017年,获得"全国首批深化创新创业教育改革示范高校""全国创新创业典型经验50强高校"等荣誉称号,李从国、管利入选全国万名优秀创新创业导师人才;2020年,《探索"三聚焦、三更有"工作机制助力毕业生尽早就业》入选教育部全国高校就业创业典型案例,在河南省大学生职业生涯规划大赛总决赛中获 3 金 1 银 1 铜成绩并获优秀组织奖;2021 年,第七届中国国际"互联网+"大学生创新创业大赛获银奖 2 项、铜奖 3 项,"职业生涯规划"课程被评为河南省高校就业创业金课,《大学生就业创业指导》教材建设项目获河南省"十四五"规划教材建设立项,李从国代表河南省参加"首届全国高校教师教学创新大赛就业指导课程教学赛事"获二等奖,李从国还被评为河南省优秀教育管理人才,同时被聘为河南省首届职业指导专家团成员。

第二节 研究生培养

一、推进培养体系建设

1981 年 5 月,国务院学位委员会批准河南大学成为首批硕士学位授权单位之一,到 2012 年,学校历经多次国务院学位委员会学位授权审核,获批 12 个博士学位授权点,42 个一级学科硕士点,18 种专业硕士授权学科,15 个博士后科研流动站。综合性大学学位点布局和结构初步形成。

近年来,学校学位与研究生教育进入新的发展阶段。推进研究生教育成为时代赋予学校的使命,研究生培养担负着服务区域经济发展、推动实现"双一流"建设目标的重大责任。面临日益激烈的竞争环境以及区域、政策限制造成的差距,为破解发展难题、厚植发展优势,学校提出"优先发展、调整结构、完善布局、保障质量"的发展思路。

学校以学位点建设为载体,立足学科实力与层次的提升,着眼支撑"双一流"建设的长远布局,科学谋划学位点建设。支持学校优势特色学科发展,重视专业学位点建设,鼓励学科交叉融合,着力构建与"双一流"建设相适应的研究生教育体系。

2014 年 5 月,学校获批临床医学硕士和护理硕士两种硕士专业学位授权点,撤销工程硕士项目管理、制药工程两个领域,调整增列软件工程、建筑与土木工程两个领域。同时,对 2014 年自主设置的二级学科进行调整,自主设置了企业经济学、中国艺术史、司法文明史、免疫生物学、药物系统生物学等 5 个目录外博士二级学科、临床护理学目录外硕士二级学科、电路与系统目录内硕士二级学科,并提交国务院学位办备案。

2015 年,国务院学位委员会下发《关于公布教育硕士(职业技术教育)专业学位研究生教育试点单位确认结果的通知》,经专家审议,学校获批教育硕士(职业技术教育)专业学位研究生教育试点单位。学校结合河南省地方经济社会发展需求、专业特色和培养条件,根据《中等职业学校专业目录(2010年修订)》划分的专业大类,自行确定了土木水利、信息技术、医药卫生、旅游服务、文化艺术等5个专业方向为教育硕士(职业技术教育)拟招生。同年,河南大学艺术硕士被评为河南省专业学位特色品牌。

2017年,学位授权审核从指标分配向竞争准入制转变,学校获批理论经济学、体育学、物理学、心理学、数学、软件工程、工商管理、艺术学理论等8个博士学位授权一级学科,填补了学校博士学位授权点工学、管理学和艺术学门类的空白,学科布局趋于完善。

2020年学校获批马克思主义原理一级学科博士点,获批民族学、建筑学、测绘科学与技术、环境科学与工程、作物学等5个一级学科硕士点,生物与医药、图书情报2个硕士专业学位类别授权点。

为进一步优化授权学科类型结构,推动学校学位授权点质量提升,学校本着"需求导向、特色发展、质量优先"的原则,先后完成了两批次学位授权点动态调整工作。2019年经专家论证,校学位评定委员会审定,学校农林经济管理二级学科硕士点动态调整为国际商务硕士专业学位类别;2021年,撤销一级学科硕士点光学工程、硕士专业学位类别资产评估、二级学科硕士点民俗学,动态新增硕士专业学位类别材料与化工、资源与环境和一级学科硕士点集成电路科学与工程。

截至2021年底,学校拥有21个博士学位授权一级学科、48个硕士学位授权一级学科、29种硕士专业学位授权类别,形成了学科门类齐全、结构类型多样的学科建设与人才培养体系,为实现学校21世纪中叶建成特色鲜明的综合性、研究型世界一流学科大学奠定了基本的学科基础。

二、深化招生制度改革

学校持续深化研究生招生制度改革,完善研究生生源保障体系,优化招生计划配置,强化考试过程管理,把好"入口关",加强培养单位招生考试的组织与管理,完善按一级学科招生考试制度;全面实施博士招生"申请—考核"制,完善实施"硕博连读""直接攻博"招生方式;探索实施本硕一体"菁英计划"、硕博连读等一体化招生培养模式;实施以质量为导向的研究生招生指标配置办法,坚持采取"基数+基础增量+专项增量"动态调整招生计划分配模式,建立健全负面清单制度,实施开展竞争性招生计划;优化研究生初试科目和内容,强化复试考核过程管理,构建分类考试、综合评价、多元录取、信息公开、监督监管、科学安全的考试管理体系。

2012年，学校与中国科学院上海生命科学研究院签订合作协议，开始在生物学学科探索开展"菁英计划"本硕连读生招生模式，选拔30名优秀本科生到中国科学院研究所学习交流，探索院校合作育人新模式。截至2021年底，河南大学共在生物学、教育学、中国语言文学、地理学、历史学、物理学、化学、经济学、数学等9个优势特色学科开展"菁英计划"本硕博连读分段式培养，取得了良好的效果。在2022年度河南大学招收推荐免试研究生中，2018级"菁英班"共有85名同学被录取，多名同学被国内知名高校、研究院所录取，有效提升了研究生教育质量，为学校"双一流"建设保障了稳定、优质生源。

创新招生模式，推动实施中外合作"联合学位"项目。2020年，学校在"双一流"学科生物学开展试点，探索实施"河南大学—麦考瑞大学联合培养高水平博士研究生""河南大学—韩国国家癌症中心联合培养高水平博士研究生"等项目。2021年，学校依托国家级科研平台、优势特色学科、B+学科的已授权一级学科博士学位授权点，拓展国外联合培养博士研究生项目。纳米材料工程研究中心开展了"河南大学—法国洛林大学联合培养高水平博士研究生"项目，经济学院开展了"河南大学—比利时根特大学联合培养高水平博士研究生"项目，体育学院开展了"河南大学—俄罗斯国立体育、运动、青年与旅游大学联合培养高水平博士研究生"项目，招收国际联合培养高水平博士生近20名，创新了博士研究生招生模式，一定程度上缓解了博士研究生招生计划缺乏对学校发展的制约。

瞄准"双一流"建设目标，实施招生计划动态调整。2017年以来，学校围绕"双一流"建设目标，不断深化研究生招生体制改革。如动态调整各专业本科招生规模与生源分布，实施以质量为导向的研究生招生指标配置办法，加强研究生招生环节制度建设，强化导师团队在招生中的责任和作用。同时加大硕士研究生招生宣传力度，努力扩大研究生招生规模。

根据2021年数据统计，学校研究生录取人数从2012年的2 189人，增加到2021年的5 293人；录取研究生与本科生的比例从2012年的1∶4.0提升到2021年的1∶1.70。2021年录取的硕士生中学术学位硕士占41.45%，专业学位硕士占58.55%，综合性研究型大学人才培养体系更加完善。

三、建设完善育人体系

学校的研究生教育始终把立德树人作为培养高质量人才的根本目标，深刻领会和把握"培养什么人、为谁培养人、怎样培养人"，加强党对教育事业的全面领导。一方面，引导广大教师践行育人使命，把"培根铸魂、启智润心"的理念融入教育的各领域、全过程；另一方面，引导学生不断提升综合素质，矢志为国攀登科技高峰，奉献更多智慧和力量；通过"课程思政""思政课程"引导研究生树立正确的世界观、人生观和价值观，对国家的发展和前途有正确的认识；通过校园文化建设、创新实践大赛等活动，培养研究生德智体美劳全面发展，引导研究生树立为国添彩的远大理想。坚持为党育人、为国育才，凝聚"全员育人"合力，发挥"全方位育人"优势，优化"全过程育人"体系，全面加强研究生"立德铸魂"家国情怀培育体系建设。

不断强化研究生育人队伍建设。2012年之前，学校研究生辅导员由研科办主任、实验员或专业教师担任，均为兼职身份；随着研究生人数的增加，按照教育部对辅导员队伍不低于1∶200师生比基本构成要求，学校研究生辅导员人数也相应增加，专职比例逐年提高。2021年，学校首次录用4名博士担任研究生专职辅导员；同时，全面启动研究生辅导员校内选聘工作，选聘58名青年教师担任兼职辅导员。2021年底，学校研究生辅导员共113人，实现了足额配备，做到了"专兼结合，专职为主"。除辅导员队伍外，学校还通过多种途径建设和加强研究生思政队伍。一是建设以研究生思政课教师作为主力的研究生思想政治教育主体，积极推动中国特色社会主义理论最新成果进教材、进课堂、进头脑，并将思政课作为必修课计算学分；二是积极拓展研究生导师作为研究生思政教育的重要力量。当前，200名思政课教师，4 000余名校内外导师成为研究生思政教育及课堂思政的有力推动者。通过多年建设，学校形成了一支结构科学、素质过硬的研究生思政队伍。学校辅导员队伍已符合教育部的要求，其中研究生学历占比近91.1%，平均年龄39岁，男女比例各半。近3年来，思政队伍素质能力持续提升，学校组织集中授课、实地参观、走访实践、志愿服务、在线学习等多种形式的研究生思政队伍素质能力提升专题培训260学时，先后选树优秀研究生辅导员26名、优秀研究生导师20名。

研究生校园文化品牌活动亮点突出。2011年，由党委研究生工作部指导、研究生社团主办的《新研究生时代》杂志刊发。杂志栏目涵盖《新闻追踪》《师说》《国际交流站》《文化万象》《学术风采》《学生之声》《校园风景线》等11个栏目，以展示当代研究生的精神风貌和学术动态为宗旨，营造研究生精神家园，传播校园文化，弘扬社会主义核心价值观，讲述河大研究生故事，传播河大研究生声音，展现河大研究生风貌。截至2021年12月，已经编发41期，累计300余万字，获省级以上奖项4个。2012年起，学校举办河南大学"至善大讲堂"，旨在引领研究生对国家和社会的关注、对科学和人文的探讨，丰富文化素养，打造家国情怀。大讲堂秉承"明德新民、止于至善"的校训，邀请校内著名专家学者做报告，截至2021年底，共开讲22场，已成为引领研究生社会主义核心价值观的权威课堂。2013年起，学校举办研究生太极拳比赛，目前该项目已连续举办7届，入选省级优秀思政品牌项目，获第五届"礼敬中华优秀传统文化"系列活动成果河南省二等奖，"太极拳"作为必修技能纳入研究生培养方案，按必修课计算学分。截至2021年底，学校已设立"地球环境日""声如夏花"等40多个校院两级研究生校园文化品牌项目,在研究生校园文化生活中发挥了积极引领作用。

研究生奖助育人体系日趋完善。2013年至2015年,学校先后就研究生国家奖学金、国家助学金评审,奖助学金管理,省级荣誉奖项评选和侯镜如奖学金评定出台文件,规范研究生奖助学金评审发放,发挥奖助学金激励资助作用。2017年至2021年,对奖助激励文件进行修订补充,出台应急困难补助及"三助一辅"等共9个文件,进一步完善研究生奖助工作制度。截至2021年底,学校已逐步形成奖、助、贷、勤、补、免的多元化研究生资助体系,为研究生开展科学研究学习提供相对充沛的资助服务。2012年至今累计发放各类奖助学金9亿多元,特殊困难补助40多万元,实现学业奖学金全覆盖,同时提供勤工俭学岗位2 000余个。

研究生全方位育人成效丰硕。2017年,根据教育部教育评价改革精神,学校研究生实践教学比重加大,在总学分中占比达到25%。2019年以来,学校共组织了近百支队伍300余名研究生参加公共管理案例、电子设计、数学建模、人工智能创新等多项中国研究生创新实践系列竞赛活动,取得一系列成果。2019年,计算机与信息工程学院"飞行设计玩家"团队获得"飞鲨杯"第五届中国研究生未来飞行器创新大赛全国总决赛三等奖;2020年,计算机与信息工程学院3个团队在第十七届中国研究生数学建模竞赛总决赛中分别获得二等奖、三等奖;2021年,哲学与公共管理学院在第五届中国研究生公共管理案例大赛决赛中荣获三等奖。此外,连续3年组织研究生参与开封市哲学社会科学规划调研课题项目,累计结项500余项。

近年来,学校研究生中先进事迹不断涌现。2021年4月,第一临床学院的研究生苏敏婕、聂含慧、张丽外出时,为突然昏倒的男士做心肺复苏,并迅速联系急诊科医生,及时挽救了一个生命;2021年10月,生命科学学院研究生新生何雨英、刘浩见义勇为,救助突发疾病老人和落水儿童,引起师生和社会的广泛关注,成为弘扬中华传统美德、践行社会主义核心价值观的典型。

2012年以来,学校共表彰省级三好学生230名,优秀学生干部69名,先进班集体70个,新冠肺炎疫情防控先进个人108人;获评省级优秀毕业生948人,省级文明研究生4个,省级文明班级4个,文明宿舍2个。

四、狠抓教育教学改革

随着研究生培养规模的扩大,学校坚持把研究生教育的规模发展和质量提高相统一,完善研究生教育质量保证机制,紧紧抓住影响研究生教育质量的关键环节,破难点、去痛点、补漏点、除弱点、扫盲点,把好培养"过程关""出口关"。一是坚持以改革和创新为核心,确保研究生教育的高质量、高水准。二是研究生培养单位紧密结合经济社会发展需要,优化课程体系,规范研究生课程设计和教学内容,加强教材建设,创新教学方式,突出创新能力培养,支持和激励研究生进行高水平、原创性科研探索。三是规范核心课程设置,打造精品示范课程。四是聚焦重点环节,构建全过程、全方位质量保障体系。五是杜绝"学位注水",建立健全研究生分流淘汰机制和学术不端零容忍机制。

加强顶层设计,完善研究生培养制度建设。2015年,学校印发《河南大学关于硕博连读研究生培养工作暂行办法》《河南大学博士研究生招生"申请—考核制"暂行办法》《河南大学招收优秀应届本科毕业生直接攻读博士学位研究生暂行办法》,完善博士招生选拔机制,形成完备的博士招生选拔体系。2017年,依据教育部令(第41号)的要求,系统修订完善研究生学籍管理、奖助贷体系、招生制度、培养质量、学位授予等一系列质量保障管理体系制度文件,加强研究生培养过程的全面严格监督、全程督导检查,为研究生培养过程中管理的科学性、严肃性提供有力保障。2018年,制定《河南大学研究生中期考核实施办法》《河南大学关于实施博士研究生导师组制度的暂行规定》;制定《河南大学研究生保密学位论文实施办法》,完善学位授予质量保障体系建设;制定《河南大学博士、硕士学位论文抽检结果处理暂行办法》,探索建立研究生毕业后质量反馈和跟踪调查制度;修订《河南大学研究生优秀学位论文评选办法》;印发《河南大学学术型硕士研究生招生指标分配管理办法》,实施以质量为导向的研究生招生指标配置办法;制定实施《研究生培养指导委员会管理办法》,按照一级学科和专业学位类别,分别成立43个学术学位、24个专业学位研究生培养指导委员会,充分发挥专家作用,全程参与研究生教育教学指导工作。2019年,印发《河南大学国际联合培养高水平博士生项目》,创新拓展博士研究生招收培养模式。2020年,修订印发《河南大学博士研究生招生"申请—考核"制实施办法》,进一步完善"申请—考核"博士招生选拔机制;印发《河南大学研究生课程成绩认定及学分转换暂行办法》,进一步规范研究生课程教学与成绩管理,提高研究生教学效率和人才培养质量。

推进"两院"合作,不断深化联合培养。2005年,学校与中国科学院研究生院(后更名为"中国科学院大学")、中国社科院研究生院(后更名为"中国社科院大学")签订《关于联合建设河南大学研究生院的协议》。十几年来,不断探索和改进合作模式,深化合作内容,推动了学校在人才培养、科学研究和社会服务等方面的工作,创建了院校(地)合作共赢的典范。

2012年4月,河南大学与中国科学院上海生命科学研究院联合设立"中国科学院-河南大学生物科学专业菁英班",年招生20-30人。在本科生招生阶段选拔优秀学生进入"菁英班",采取"本硕博"连读方式分段培养,"菁英班"学生的基础课程在河南大学完成。中国科学院选派优秀科研人员（导师）累计100多位（包括中国科学院院士8人）开设学术前沿讲座和短期讲座。经过生物学科"菁英计划"科教协同育人模式的探索，构建了教师、教材、学科、平台、教学五位一体，地方大学可复制可借鉴的创新型人才培养模式，强化核心课程建设，注重学生创新思维培养，培育良好的育人环境，提升拔尖创新人才培养质量。

这些年来，学校与中国科学院、中国社科院持续开展课程资源共享、科研平台共建和科学研究合作，"两院"专家为学校研究生开设了200多门次课程，聘请"两院"导师增加至199人，为学校师生开办了500多场学术报告和专题讲座，400余位专家参与学校本科生和研究生教学培养工作。300余名研究生选派到"两院"进行为期1年的课程学习，其中部分优秀研究生继续在双方导师合作指导下开展学位论文研究工作，并成为国内外相关学科的新生骨干力量。

优化培养方案，推进研究生分类培养模式改革。2019年3月，开始实施专业学位研究生培养提升计划，推进专业学位课程与职业资格考试科目内容之间的衔接，加强优质课程建设、案例库建设和专业学位研究生实习实践基地建设。2019年10月，按照国家一级学科博士、硕士学位基本要求和专业学位类别基本要求修订完善研究生培养方案，强化一级学科和专业学位类别培养和学位授予工作，实施研究生思想政治理论课程改革新方案，改革研究生公共外语课程教学，打通一级学科课程，强化专业课的系统化建设。

持续实施"研究生教育创新与质量提升计划"。2013至2015年，学校利用中西部高校专项建设资金，连续3年实施"研究生教育创新与质量提升计划"，以此为契机，推进教育教学改革。如研究生创新培养基地、优硕优博论文培育、专业学位研究生教育综合改革试点、教育研究与改革实践、专业学位研究生课程案例库建设、核心学位课程建设、研究生科研创新专项资助、研究生公共课程体系建设、暑期课程等研究生教育创新与质量提升计划项目建设工作。2018至2020年，学校利用"双一流"建设资金，持续深入推进研究生教育创新与质量提升计划项目建设工作。

通过研究生教育创新与质量提升计划项目实施，有效推进了学校研究生教育高质量、内涵式发展，这期间共建设研究生优质课程57门，省级研究生基地4个；研究生发表高水平学术论文（中科院JCR 1区）由2015年的24项增至2019年的201项，获得省级以上奖项由2013年的55项增至2019年的330项。

2021年，学校获批河南省高等教育教学改革研究与实践项目（学位与研究生教育）项目46项，与2015年至2020年6年省级项目立项数量的48项基本持平。其中白莹教授主持的"第二轮'双一流'建设背景下研究生导师队伍建设研究与实践"获重大教改项目立项，学校也因此取得了研究生教育教学重大项目立项零的突破。

构建学位论文全过程质量管理体系。2019年,学校全面推行按一级学科授予学位,学位点牵头单位负责学位论文质量整体把控,建立学术道德失范预警机制,健全宣传、防范、预警、督查流程,完善学术不端行为预防与处置措施。

扩大监督渠道,增加监督环节,建立"事前监管"风险预防机制。2017年,学校制定《河南大学研究生教育督导工作条例》,组织校学位评定委员会委员、学位评定分委员会委员、研究生教育督导组专家、研究生院工作人员巡视检查各培养单位研究生培养环节是否遵照程序和规则,强化学位论文"开题—中期预答辩—评审—答辩"全过程管理。

坚持学位论文送审标准,对论文进行双盲评审。充分利用技术手段实现对学位论文评审环节的全方位把控,有效提升论文送审的质量和效率。2017年,学校首次针对博士研究生学位论文实行教育部平台双盲评审。2019、2020年,学校先后出台《河南大学硕士研究生学位论文评审规定》《河南大学博士学位论文双盲评审规定》,进一步细化评审标准。2020年,学校建立自有论文送审平台,实现硕士、博士研究生学位论文双盲评审全覆盖,加强了论文质量控制与保证。

完善学位论文后抽检工作体系。2017年开始,学校严格实行论文修订花脸稿备案及审核制度,进一步强化学位论文评审后、答辩后修改监督,增加督导环节,切实把好研究生教育质量"出口关"。

2012年以来,学校每年研究生毕业人数在2 000人以上,2021年突破3 000人,年均增长5.3%;进入"双一流"建设以来,博士毕业人数年均增长18.3%、硕士毕业人数年均增长7.3%。十年来共计毕业研究生23 909人(其中博士毕业生634人,硕士毕业生23 275人)。各学位授权学科、专业布局更加合理,生源和导师队伍类型、层次、结构进一步优化,研究生培养机制改革有效推进,整体培养质量明显提升,为国家和社会培养了一大批深受好评的高层次人才,有力提升了学校声誉。

第三节　留学生培养

一、提升教学管理水平

2012年以来,学校的留学生招生规模逐年扩大,留学生教学类别主要有长期进修生、短期进修生、预科班、特殊项目班和汉语国际教育硕士班等,学生类别由单一的汉语进修发展到语言生、本科生、硕士生、博士生全覆盖。随着留学生人数的不断增多,国际汉学院积极招募、培训师资,牢固树立"教学质量是生命线"的理念,严格执行领导听课制度、教学课件评价制度和学生每学期评教制度,教学质量监控及时得力。经过不断探索,国际汉学院逐渐完善了留学生教学质量评估体系,形成严谨执教、因材施教的良好风气,并与相关专业学院的主管领导和教务员就留学生教学和管理要求及时交流,对学生学习情况有效沟通,以保障留学生的培养质量。

河南大学汉语国际教育硕士(留学生)经教育部学位办和国家汉办批准,开设于2010年,本学位点由国际汉学院主办,以学校语言学及应用语言学、汉语言文字学两个硕士学位授权点为基础,以中国语言文学、外国语言文学、教育学、历史学等博士一级学科为支撑。随着研究生招生数量的增加,以及招生方式的多样化,作为承担留学生教学的国际汉学院除与文学院一起共同培养汉语国际教育硕士专业学生外,及时与相关专业学院、研究生院就硕士生、博士生培养进行系统探索研讨,并已将新的模式付诸实施。2018年,以"留学中国""留学中原"计划为契机,学校获得中国政府"丝绸之路"硕士生、高校研究生(硕士和博士)奖学金(自主招生)和河南大学国际学历生奖学金(每年200万元)招生名额,并实现满额招生。

国际汉学院还利用历史文化遗迹、民俗资源和学校体育艺术学科优势,开设文化体验课,探索以"理解和体验中国文化"为载体的第二课堂。如为留学生举办剪纸、书法、中国画、中国民乐(二胡、琵琶、笛子、唢呐等)等文化体验课;利用元宵节、端午节、中秋节等中国传统节日,开展传统文化体验活动;经常举行中国传统文化讲座,包括中国历史、中国文化、中国旅游、河南神话传说和中国饮食等;定期组织留学生赴登封少林寺,开封清明上河园,洛阳龙门石窟,安阳文字博物馆,陈家沟太极拳基地,西安兵马俑,山东曲阜孔府、孔林、孔庙等地参观考察。通过实地参观、聆听讲解、亲身体验,近距离感受中原文化。

2021年,学校召开学习贯彻"习近平给北京大学的留学生们回信"精神专题座谈会,引导留学生用心感知中华民族优秀传统文化及其根脉、中国共产党领导人民取得的举世瞩目成就,加深对中国发展道路和发展模式的理性认识,鼓励留学生向世界展现真实的中国,为促进各国人民民心相通、人类进步和发展作出努力。

在留学生管理方面,学校不断推进留学生管理服务的制度化、标准化、科学化。2017年,为贯彻中华人民共和国教育部、外交部、公安部第42号令,根据学校实际,经多方论证,学校出台了《河南大学招生和培养国际学生管理工作暂行规定》,为进一步规范和科学管理国际学生工作、提升学生培养质量提供了制度保障。根据第42号令规定,经学校研究同意,2017年国际汉学院招聘国际学生辅导员1名,使学校的留学生管理服务工作更为规范。安排专人提供接机服务,专职管理人员负责学生日常生活学习,高效率解决国际学生生活学习中面临的问题。

加强留学生法治教育、宗教教育、外事管理和安全管理。在开封市委外办和铁塔、金明派出所支持下，每年做好来华留学生住宿报备、居留许可办理及其他来华留学生服务管理工作。每年定期邀请开封市委外办领导给留学生做法治、宗教、外事及安全专题报告，为留学生在河南大学的学习和生活提供安全保证和涉外保障。充分发挥党组织战斗堡垒作用和任课教师、管理人员的一线引领、教育作用，坚持每学期第一次全体教工会讲外事、讲政治的良好传统。严格按照国家《宗教事务条例》、《河南省宗教事务条例》处理留学生宗教事务，做好重要人群、重要活动时间节点的排查介入和联防联控工作。上述措施有力地保障了留学生宗教信仰合法合规，留学生入乡随俗、遵纪守法、尊师爱校、爱华友华态势逐步形成。

2020年以来，新冠疫情肆虐全球，作为高校疫情防控的吹哨人，国际汉学院提前布控，全员上阵，构建5级联防"人盯人"机制，确保境内外留学生生命安全；携手友好学校，共同抗击疫情，诠释"人类命运共同体"理念；把疫情当教材，讲好中国故事，传播中国声音。在当前疫情防控常态化的情况下，学校要求境内学生每日坚持打卡，给予境外学生持续关注；定期为在汴学生发放口罩、消毒液等防疫物品；宿舍每日消杀，加强消防安全检查，学生出入实行登记制度，每晚测量体温签到；校外住宿学生严格按照属地要求共同管理，家访及打卡制度执行到位。由于工作出色，学院党总支书记梁建忠受到中共河南省委高校工委的通报表扬。

二、开展文化体育活动

文体活动是提升在校留校生向心力、凝聚力的重要基础。留学生来自五湖四海，鼓励他们参加健康向上、特色鲜明、形式多样的文体活动，不仅可以丰富业余生活，还可以激发他们在热爱集体、学校认同等方面的情感。

学校一直积极组织和支持留学生参与各级各类文体活动，且成绩喜人。2014年开始，连续举办了8届"河南大学铁塔中秋国际文化艺术节"；2016年开始，连续举办了6届"河南大学留学生汉字听写大赛和写作大赛"；每年举办"河大杯"足球赛、"河大杯"排球赛、"中外文歌曲大赛"等学校传统文体项目；组织留学生参加河南电视台"梨园春"戏曲比赛、"河南省'经典照亮人生'诵读比赛"、"全国中华经典诵写讲大赛"、"儒易杯"中华文化国际翻译大赛等文化赛事；组织留学生参加"厦门国际武术大赛"、"来华留学生武林大会"、"青岛国际武术节"、中国·徐州"丝路汉风"国际武术大赛、"世界太极文化节"、"世界太极拳健康大赛"等一系列武术赛事。

在上述赛事中，一批留学生选手脱颖而出，在校内外产生了积极影响。如2015年9月，哥斯达黎加留学生白马克在第四届厦门国际武术大赛中获得男子传统拳术和传统短器械2项比赛银奖，接受了中央电视台五套3分钟的专题访谈。

2016年在由共青团北京市委员会、中国国际青年交流中心等部门主办的"2016米华留学生武林大会"上,白马克又获得男子传统器械比赛第3名。

2019年9月,留学生文逍遥(泰国)、叶伟宁(喀麦隆)和玉锦(委内瑞拉)的参赛作品《别君叹·送元二使安西》获得"2019年中华经典诵写讲大赛"河南省一等奖和全国三等奖。2019年11月,叶伟宁还参加了2019年河南电视台"梨园春"戏曲比赛,并晋级决赛获得第三名。2020年12月,在国家外文局主办的2020"第三只眼看中国"国际短视频大赛中,由河南大学党委宣传部策划选送、国际汉学院组织拍摄、叶伟宁参与拍摄的作品《知否?》从100多个国家40余万件作品中脱颖而出,进入前50名,获得优秀作品提名奖。

2020年10月,哈萨克斯坦籍学生卡提亚、泰国籍学生刘成功、巴基斯坦籍学生海瑞入围由河南大学、北京语言大学和中国先秦史学会国学双语研究会联合主办的金色年华第二届"儒易杯"中华文化国际翻译大赛英中口译(外国留学生组)决赛,卡提亚与刘成功获得三等奖,海瑞获优秀奖。

2021年,学校与开封自贸试验区管委会洽谈,创建国际学生宋文化体验基地,构建河南大学国际学生创业中心,搭建"汉风宋韵"文化交流平台,共建海外文化传播、文化经贸、文创产业研究中心等;建立多功能文化体验室,打造文化阵地,为海内外学生学习汉语、体验中国文化提供便利;在开封市出入境管理支队的指导下,与开封市企业合作,建立首个国际学生实习实践基地,加强对学生实习实践能力的训练;获批的宋文化"云"体验和武术"云"体验项目共招收213名学生,两项目已顺利实施并结项,线上语言学习及文化体验满足了海外学生学习了解中国语言文化的需求;同年申报的5个"汉语桥"线上项目全部获批,预计共招生500人。

2021年,喀麦隆留学生刘汴京受邀参加由我省联合中央广播电视总台共同策划主办的大型融媒体活动"武术梦·中非情",获竞技奖,随后他还参加了该活动线上颁奖典礼,典礼播放了由其参演拍摄的武术节目《牧羊曲》。同年,刘汴京参与录制的《回声嘹亮》大学生专题节目在CCTV-3播出,反响热烈,多家媒体予以后续报道,河南电视台民生频道来校对刘汴京做后续深入采访。另外,刘汴京的作品《花开疫散·心相连》在2021年的"中文日摄影、视频作品征集大赛"中获三等奖。

第四节　成教生培养

一、完善成教管理机制

学校重视成人教育事业的发展，在充分调研考察的基础上，修订成人高等教育的各项制度，制定成人教育课程设置、教学实施、学生管理、学籍管理、学费标准、经费管理、站点管理和数据统计等管理规定，汇编成册，使成人教育工作有章可循。

2012年以来，根据省教育厅的要求和学校的办学定位，成人高等教育招生规模严格控制在学校普招学生人数之内。办学层次分为高中起点专科、高中起点本科和专科升本科，学校逐年减少高中起点专科招生数量，逐年增加高中起点本科、专科升本科招生数量。2020年起停止高中起点专科招生，实现由专本并重招生政策向本科层次招生政策的转型。

学校制定切实可行的专业建设规划，按照"分类建设、重点突出"的原则，确立"内涵发展、提高质量、突出应用、办出特色"的专业建设思路，依托各教学学院专业建设资源，根据学习者的需求和市场经济对专业人才需求的变化，主动撤销传统的与市场需求不相适应的专业，及时开发一些前瞻性的、市场型的、特色化的优势学科专业，大幅增加优势专业的招生数量。各专业师资力量雄厚，课程资源丰富，教学设施齐全，培养特色突出。

设置符合企业需求的课程结构，及时更新教学内容，坚持理论联系实际的教学模式，建设一支专兼职结合的教师队伍。按照教学计划，教学学院认真组织自学、面授、作业、答疑辅导、实验、实习、课程设计、考核（考试或考查）、毕业设计及答辩（或毕业论文及答辩，或毕业考试）等环节的教学工作。采取送教上门、送教到企等形式，全面推行学分制、弹性学制和学习者自主选课等形式，减缓工学矛盾。学校对相关教学学院的教学活动提出管理要求，收集、整理、汇总各学院成人教育面授计划，根据各院所报计划对教学实施督导检查；对各教学学院开展教育质量管理、教学过程管理和教学档案管理督察和指导，并经常查看考勤、授课、考试方面的情况，开展听课活动和毕业生学位论文答辩现场督导，促进学院教学规范化管理。做好新生的报到入学、学籍建档和学籍电子注册工作，做好学员资格复查工作，完成转专业、休学等学籍异动的审批工作，完成毕业生的图像信息采集工作，对审核合格的学员进行毕业证书的办理、发放和学历电子注册，完成毕业生学籍归档工作。

在加强校本部各教学学院管理工作的同时,合理布控校外教学站点数量。建立函授站动态评估机制,在综合考评的基础上,采取进退有序机制,合理布局、扶持、管理学校在河南省内各地市的校外教学站点,达到稳定生源、保证质量、提升服务、便于管理的效果。学校坚持办学主导地位,不下放招生录取权、教学权、评估权和学费收取权,严禁教学站点乱办班、乱收费、乱发证,做到依法办学、依规运行。教学站点在学校的统一组织下,协助做好生源组织、学籍管理、面授组织、教学辅导等工作。学校承担成人教育收费主体责任,严格按照审批后的学费标准收取学费,不提高或降低学费标准,严格控制校外教学点的分成比例。

课程资源建设采用"资源共享+自己建设"的模式,自主开发和引进课程资源近400门次(包括电子教案),初步形成校级、省级递进的课程建设体系和运行机制。学校2016年和2017年分别获准立项的4门河南省成人高等教育在线开放课程已全部上线运行。与兄弟院校和有关教育机构合作,引进课程128门次。2019年共有3个年级、42个专业层次,共计15 963名学生进行了在线学习,88门课程采用线上考试的方式,12门课程采用线下纸质考试方式。网络课程的考试成绩在学习平台上进行发布,学生们可在平台上查询自己的成绩。学校和吉博教育科技、北京联大时代网络、弘成科技等公司合作建设网络教学平台,平台web、数据库、流媒体、网考等服务器和备份设备运行稳定。

为了提高成人教育学生的培养质量,学校重视成人教育科研工作,成立成人教育研究室,围绕我国和学校成人教育"为什么发展、向什么方向发展以及怎样发展"等问题进行研究。2012年以来学校教师在公开出版发行的刊物上发表成人教育类学术论文136篇,其中,在全国中文核心和C类期刊发表论文28篇。

成人教育学专业研究生的招生和培养扩大了学校在国内、省内的社会影响。成人教育学专业开设有成人教育原理、成人教育管理和比较成人教育三个方向。成人教育学专业硕士生教育坚持学术人才与管理人才并举的培养模式,引导学生深入社会实践搞调查,开发学生创新意识和解决问题能力。据统计,往届毕业生中有85.40%的学生在高校工作。

学校积极参加各种学术交流活动,学习同行办学经验,提升学校在全国和全省的继续教育社会形象。学校为河南省成人高等教育研究会的会长和秘书长单位(2009—2019年)、中国高等教育学会继续教育分会常务理事单位、中国成人教育协会成人高等教育理论研究会副理事长单位、中国成人教育协会成人教育科研机构工作委员会副理事长单位。作为河南省成人高等教育研究会会长单位,全力筹备每年的常务理事会议和会员代表大会,组织省内高校继续教育工作者开展学术交流、工作研讨、业务培训等活动。中国日报网、搜狐网、新华网、人民网、新民网、网易等众多网站以及《中国教育报》《河南日报》《中国教师报》等刊物都对学校的继续教育情况进行过报道。

2015年1月,省教育厅《关于开展成人高等教育试点评估的通知》发布,决定对全省成人高等教育开展试点评估工作。2018年12月25—26日,以河南工业大学副校长李学雷教授为组长的省成人高等教育试点评估专家组一行6人对河南大学的成人高等教育工作进行试点评估。学校就试点评估的准备工作、成人高等教育指导思想与办学定位、队伍建设、教学设施与支撑环境、教学资源建设及应用、教育教学管理、学习支持服务系统建设、教育教学效果和办学特色与创新、成人高等教育办学过程中出现的问题与策略等方面进行了汇报。汇报会结束后,专家组分别召开学生座谈会、教师座谈会,查阅评估材料,并实地考察了明伦校区校史馆、文物馆、网络中心和教科院微课制作室。2019年3月,《河南省教育厅关于公布河南大学西北工业大学等36所在河南开展高等学历继续教育高校评估结果的通知》发布,河南大学高等学历成人教育办学情况通过了河南省教育厅评估。

二、持续推进自学考试

由于受河南省自学考试专接本政策取消等因素影响,近年来河南省自学考试报考人数规模下降。学校克服生源下降、助学权取消等不利因素影响,积极承担社会服务义务,自学考试规模保持相对稳定。

积极承担高等教育自学考试主考任务,面向社会设置本科层次专业11个,专科层次专业5个,分别为经济学(独立本科段)、旅游管理(独立本科段)、酒店管理(独立本科段)、律师(独立本科段)、学前教育(独立本科段)、教育学(本科段)、体育教育(独立本科段)、汉语言文学(本科段)、英语(本科段)、音乐教育(独立本科段)、美术教育(独立本科段)、学前教育(专科)、汉语言文学(专科)、市场营销(专科)、律师(专科)和英语(专科)。各专业采用学分制,课程分为统考课程和实践课程。

学校作为主考高校,认真组织完成省自考办交付的统考课程命题和评卷任务,加强自学考试实践性环节课程的考核工作,认真组织毕业论文、教育实习和相关专业实践课成绩的评定工作,认真完成毕业资格审定和学士学位申报工作。2016—2020年分别有5 502、4 535、3 231、3 523和1 335名学员通过自学考试毕业资格审定。

第七章　国际合作

国际合作与交流是河南大学建设世界一流高校的重大战略。2012年以来，学校深入贯彻落实中办、国办《关于做好新时期教育对外开放工作的若干意见》和教育部等八部门《关于加快和扩大新时代教育对外开放的意见》，创新国际化办学的体制机制，完善国际合作交流机构的设置，加大外籍专家的引进力度，扩大国际人才的培养规模，重视国际科技合作交流，服务国家外交战略的实施，积极开展对外交往，密切与港澳台地区的交流，全面推动人才培养、师资队伍、科学研究的国际化进程，学校中外合作办学的项目和活动逐年增多，国际化办学取得了很大成绩。

第一节　创新外事工作机制

一、机制创新制度规范

为加快国际化办学的步伐，十年来，学校制定和出台一系列政策措施，以推动国际合作与交流工作的开展。

2013年，学校修订《河南大学教职工出国（境）管理规定（试行）》，以更好地服务师生出国（境）交流。2015年，学校出台《河南大学关于鼓励各学院招收国（境）外留学生的办法（暂行）》，推动学生的双向交流，吸引国际学生来校学习。2016年，学校先后出台《河南大学长期外国专家管理细则》，规范外国专家的聘用和管理。2017年，学校出台《河南大学"高等学校学科创新引智基地"项目管理暂行办法》《河南大学教学与科研人员因公临时出国管理实施细则》《河南大学关于进一步规范涉外管理工作的意见》《河南大学招收和培养国际学生管理暂行规定》《关于做好迈阿密学院建设工作的若干意见》等。2018年,学校出台《河南大学国际学生奖学金管理办法(暂行)》《河南大学学生短期国(境)外交流项目选拔和资助办法》《河南大学重点引智平台培育计划(试行)》,修订《河南大学外籍专家聘用和管理暂行办法》。2019年,学校制定《河南大学国际化办学评价体系》,建立了导向鲜明的国际化办学考核评价和激励机制。同年,学校把国际化办学纳入《河南大学校院两级财务管理体制改革》中,在经费分配上突出绩效激励作用,进一步激发专业学院的国际化办学活力。2020年,学校再次修订《河南大学外籍教师聘用和管理办法》。按照破"五唯"的要求,完善人才层级和聘用条件,采用定量和定性相结合的方法进行学术评价,形成更加科学、高效的引人用人机制。2020年11月,根据《中华人民共和国外交部关于同意授予北京工业大学等36所"双一流"建设高校一定的出访来访外事审批权的函》,学校获批县处级及以下人员出访审批权。

2021年,学校修订《河南大学国际学生管理办法》和《河南大学国际研究生奖学金管理办法》,按照趋同化管理的要求,明确相关部门和单位的职责,保障招生和培养质量,吸引优秀国际学生来校攻读硕士和博士学位。

二、职能强化服务提升

2018年6月,为建立与"双一流"建设相适应的大外事格局,学校将国际交流处(港澳台事务办公室)更名为国际合作与交流处(港澳台事务办公室),下设对外联络科、出国(境)管理科、学生交流科3个科室,全面负责学校国际化办学工作。同月,学校成立海外引智办公室,挂靠国际合作与交流处,下设专家工作科、项目管理科两个科室,负责外籍专家聘用、引智项目申报和管理、对接国际科技合作等工作。

为健全教育对外开放领导体制和工作机制,切实做好学校国际化办学相关工作,2011年12月,学校成立河南大学国际交流促进会。2018年11月,学校成立河南大学国际化发展指导委员会。2020年12月,学校成立河南大学外事工作领导小组以及河南大学港澳台工作领导小组。2020年,国际合作与交流处与北京东方博冠有限公司联合开发"河南大学外事工作服务系统",该系统包括外籍教师聘用管理、教师出国(境)管理、学生国(境)外交流、国际学术合作及影响力提升、对外交往、国际学生管理等功能,初步实现了信息化办公。

2020年12月8日,河南省委外事办公室、河南省外事侨务服务中心为河南大学出国(境)"一站式"服务中心揭牌。学校与省委外办、外事侨务服务中心共建出国(境)"一站式"服务中心,实现师生出国(境)线上申报和审批,出国任务批件、申办护照等在校内一站式办理完成,高效服务于师生出国(境)交流。

第二节 国际合作交流成果

一、加大外籍专家引进力度

学校创新外事工作体制机制，成立海外引智办公室，出台激励政策，设立专项资金，深入推动落实人才强校战略，大力引进外籍专家，快速提升师资队伍的国际化水平。2012—2021年，学校获批建设1个"高等学校学科创新基地"、10个"河南省高等学校学科创新引智基地"、8个"河南省杰出外籍科学家工作室"。聘任诺贝尔奖获得者1人、外籍院士9人，获批中组部火炬计划1人、省委组织部中原英才（外国专家计划）6人，荣获河南省人民政府颁发的"黄河友谊奖"2人。

2012年，学校聘用长期外籍教师21人、短期外籍专家33人，初步满足外语学院、国际教育学院、公共外语部、欧亚国际学院等的语言教学需求。同年，经济学院和化学化工学院各获批1项国家外国专家局高端外国专家项目。

2013年，学校聘用长期外籍教师14人、短期外籍专家40人，其中环境与规划学院聘请的著名地理信息系统专家、美国德克萨斯州立大学达拉斯分校罗纳德·布瑞格斯教授获得了河南省人民政府颁发的"黄河友谊奖"。同年，学校还获批国家外国专家局高端专家项目2项，国际合作人才项目1项，高层次人才培养项目1项。

2014年，学校聘用长期外籍教师30人、短期外籍专家60人，其中国际欧亚科学院院士、捷克马萨里克大学地理系教授、前国际制图协会（ICA）主席米兰·克奈科尼教授获得了河南省人民政府颁发的"黄河友谊奖"。

2015年，学校聘用长期外籍教师36人、短期外籍专家177人。学校进一步加强了外籍教师的聘用管理，与外籍教师签订工作合同，明确工作内容、预期成果、聘用时间、工资待遇等。此外，学校还开设免费中文辅导课程，帮助外籍教师更好地适应工作与生活环境。

2016年，学校聘用长期外籍教师55人、短期外籍专家148人。同年，国家高等学校学科创新引智基地首次面向地方高校遴选，15所高校获批立项，"作物逆境生物学创新引智基地"位在其列，成为河南省首个高等学校学科创新引智基地。此外，学校还获批国家级高端外国专家项目10项，获批项目数在全省高校中名列榜首。

2017年，学校聘用长期外籍教师68人，短期外籍专家140人。美国亚利桑那大学植物科学系、生物医学工程与环境研究所教授大卫·加尔布雷斯，西班牙马拉加大学国际交流委员会主任、植物与农业研究中心教授何塞·波塔等一批学术大师先后加盟"作物逆境生物学创新引智基地"，开展联合研究和高层次人才培养。同年，学校还获批国家级高端外国专家项目4项、亚非青年科学家项目1项、省级国际人才合作项目6项。

2018年，学校聘用长期外籍教师105人（含高层次外籍专家11人），短期外籍专家155人。欧洲科学院院士、瑞士日内瓦大学名誉教授让-大卫·罗查克斯，澳大利亚桂冠学者、阿德莱德大学化学工程与先进材料学院纳米技术首席教授乔世璋，美国亚利桑那大学教授大卫·加尔布雷斯，加拿大英属哥伦比亚大学东亚考古加拿大研究讲座教授荆志淳受聘为学校外籍"卓越人才"项目专家；大卫·加尔布雷斯教授受聘为学校生命科学学院名誉院长。同年，学校还获批国家级高端外国专家项目3项、河南省高等学校学科创新引智基地1项（河南省生物纳米医学学科创新引智基地）、河南省高端外籍专家引进计划12项。

2019年，学校聘用长期外籍教师167人（含高层次外籍专家33人），短期外籍专家369人。诺贝尔化学奖得主、哥伦比亚大学教授约阿希姆·弗兰克受聘河南大学国际学术委员会主席、特聘教授，美国科学院院士、加州大学河滨分校杰出教授亚历山大·雷克尔受聘为学校外籍卓越人才项目专家。同年，学校还获批中组部火炬计划1项，实现了零的突破；获批国家级高端外国专家项目6项、河南省引智平台2个（河南省临床生物大数据学科创新引智基地、河南省国际介入呼吸病学研究创新引智基地）；获批河南省高端外籍专家引进计划9项。

2020年，学校聘用长期外籍专家176人（含高层次外籍专家44人）。面对突如其来的新冠肺炎疫情，实施"一人一策"的外籍专家聘用与管理办法，先后出台《外籍专家聘用和管理补充规定》《关于疫情等特殊情况下外籍专家管理的补充规定》，鼓励外籍专家采取线下和线上两种方式参与学校的教学和科研工作。新西兰食品科学与技术院院士、奥克兰大学教授孙东晓，新西兰皇家科学院化学院院士、英国皇家化学学会会士、奥克兰大学教授杰弗里·沃特豪斯，希腊爱琴大学教授扬尼斯·乐睿思先后受聘为学校外籍卓越人才项目专家。同年，学校还获批国家级外专引智项目2项、省级外专引智平台6个（沿黄生态建设与乡村振兴研究引智基地、植物逆境多组学创新引智基地、软件工程智能信息处理创新引智基地、古建筑健康监测理论与修复技术杰出外籍科学家工作室、现代医疗保健应用纳米生物技术杰出外籍科学家工作室、河南省生物电化学杰出外籍科学家工作室）、河南省中原英才计划（外国专家项目）2项、河南省高端外籍专家引进计划1项。

2021年，学校聘用长期外籍教师180人（含高层次外籍专家44人），短期外籍专家199人。获批科技部高端外国专家引进计划12项(全省42项),立项金额230万元;获批省级外专引智平台8个(高性能二次电池关键技术材料及技术创新引智基地、精准营养与健康食品研究创新引智基地、量子功能材料物理创新引智基地、黄河滩区生态治理法律与经济创新引智基地、河南省应用经济创新引智基地、河南省低维光电子物理与器件杰出外籍科学家工作室、黄河文明科技考古杰出外籍科学家工作室、光电催化杰出外籍科学家工作室),省拨引智平台经费金额达到600万元,占当年科技厅外国专家专项经费(1 300万)的46%;获批河南省"中原英才计划(外国专家项目)"3项,经济学院外籍教师马克拉姆(Makram El-Shagi)获河南省文明教师称号。

二、扩大国际人才培养规模

学校不断拓展和优化教育开放布局,初步形成了以专业学院为主体、中外合作办学为引擎、国际学生培养为驱动的"一体两翼"多层次人才培养体系。截至2021年底,学校获批中外合作办学机构1个、中外合作办学项目10个;招收和培养国际学生6 048人,学生来自70多个国家和地区;制订《河南大学本科生国际学分研修计划》《河南大学研究生国际学分研修计划》,将国际课程、出国(境)研修等国际教育环节贯彻学生培养全过程,全英课程达到420门,学生长短期出国(境)研修项目74个,努力培养德智体美劳全面发展、具有国际视野、通晓国际规则的拔尖创新人才。

中外合作办学项目快速发展。2012年,经教育部批准,学校新增与俄罗斯南联邦大学合作举办的环境设计、视觉传达设计和俄语3个中外合作办学本科项目;经河南省教育厅批准,学校新增与美国欧道明大学合作举办的土木工程、通信工程、电子商务和金融学4个本科课程项目。当年,中外合作办学共招生2 142人,在校生达6 779人,73人毕业后继续出国深造。2013年,学校与美国迈阿密大学在环境科学、地理信息科学、药物制剂(生物制药方向)、土木工程4个专业开展课程项目合作,在本科二批招生。当年,中外合作办学共招生2 679人,在校生达7 359人,79人毕业后继续出国深造。2014年,学校与白俄罗斯国立大学合作举办的播音与主持艺术专业获教育部批准。同年,学校与澳大利亚蒙纳什大学在金融学、统计学两个专业上开展了课程项目合作,与美国佛罗里达理工大学在工商管理(航空物流方向)、测控技术与仪器(航空设备维护与检测方向)和计算机科学与技术(航空方向)3个专业开展本科课程合作项目。当年,中外合作办学共招生2 470人,在校生达7 877人,153人毕业后继续出国深造。2015年,学校与美国迈阿密大学在前期合作基础上筹办中外合作办学非独立法人机构——河南大学迈阿密学院,获教育部批准，这是河南省第一个获批的非独立法人中外合作办学机构。中外合作办学共招生2191人，在校生达8368人，108人毕业后继续出国深造。2016年，河南大学迈阿密学院揭牌，当年招生113名，招生专业为环境科学、土木工程、电子信息科学与技术、自动化。同年，校党委书记关爱和与维多利亚大学校长彼得·道金斯续签双方合作办学协议，引进澳方本科学位，成为河南省首家在境内颁发国外大学本科学位的高校。中外合作办学共招生2002人，在校生达8403人，69人毕业后继续出国深造。2017年，学校中外合作办学共招生2061人，在校生达8175人，73人毕业后继续出国深造。2018年，经河南省教育厅批准，学校新增与英国哈德斯菲尔德大学合作开设金融数学专业本科课程项目。中澳维多利亚大学项目2016级学生正式进入本科教学全程合作阶段。中外合作办学共招生2182人，在校生达7964人，134人毕业后继续出国深造。2019年，经河南省教育厅批准，学校新增与英国哈德斯菲尔德大学合作开设土木工程专业本科课程项目，共8个省教育厅课程合作项目通过质量监测现场测评。中澳维多利亚大学项目顺利通过澳大利亚教育质量保障署对海外办学项目质量的现场评估，并在第三学期将模块教学模式成功引进至学校课堂。中外合作办学共招生2275人，在校生达7836人，166人毕业后继续出国深造。2020年，迈阿密学院完成教育部中外合作办学机构评估验收。中澳项目首届400余名学生获得澳大利亚维多利亚大学学位证书，实现不出国门留学世界名校。全年共招生1963人，报到率98.67%。当年，中外合作办学在校生7624人，225人毕业后继续出国深造。2021年，学校与芬兰图尔库大学合作举办学前教育专业中外合作办学本科教育项目获教育部批准，并于2022年开始招生。中外合作办学共招生1949人，在校生达7753人，231人毕业后继续出国深造。

招收与培养的国际学生逐年增多。2012年学校招收来华国际学生90人，其中本科生3人，硕士研究生33人，汉语进修生54人。到2022年，共招收来华国际学生6048人，其中本科生1385人，硕士研究生838人，博士研究生384人，汉语进修生3441人。先后与河南国基集团合作开办非洲项目班，与哈萨克斯坦哈中语言学院合作开办预科班，与白俄罗斯国立大学签订"反向2+2"合作办学项目协议，获批南亚师资"1+4"本科项目，与吉尔吉斯斯坦民族大学签署共建丝绸之路学院合作协议，与少林寺签订合作培养武术国际生协议。

专业学院国际化人才培养步伐加快。2012年，学校22名护理专业学生获得中国教育部和新加坡卫生部合作设置的"新加坡护理全额奖学金"，赴新加坡学习，另有53名交换生赴美国、日本、俄罗斯等国家高校学习。2013年，学校实施中西部高校提升综合实力计划，获批"师生国际化交流提高项目"，资助交换生赴国（境）外学习。2014年，学校实施"师生国际化交流提高项目"，开展16个学生交流项目，共选派77名交换生赴国（境）外学习。同年，学校还首次获批国家留学基金管理委员会优秀本科生国际交流项目,选派学生赴美国学习。2015年,学校继续实施"优秀学生国(境)外交流资助项目",全年共选派310名学生赴国(境)外研修学习。国家留基委优秀本科生国际交流项目获得较大突破,项目增加至5个。获批《中美人才培养计划》121项目突出贡献奖。2016年,学校出台《河南大学学生出国(境)管理暂行规定》,国家留基委优秀本科生国际交流项目增至7个,获得派出名额15个,项目和派出名额数连续3年递增。6月,学校承办《中美人才培养计划》121双学位项目中美大学校长论坛和该项目第十三届学生毕业典礼,来自中美86所(美方20所、中方66所)大学的260名代表齐聚河大校园。本年度学校共选派399名学生赴国(境)外研修学习,其中19名学生通过中美人才项目被美方高校录取,创该项目派出人数新高。学校开展"河南大学雅思/托福考试资助项目",共97名学生获得资助。2017年,学校共选派426名学生赴国(境)外研修学习,获批国家留基委优秀本科生国际交流项目7个和中俄政府奖学金项目1个,获得派出名额14个。新增东南芬兰应用科学大学交换生、东南芬兰应用科学大学暑期研修、日本樱花科技计划3个学生项目。2018年,学校出台《河南大学学生短期国(境)外交流项目选拔和资助办法》,鼓励学生赴国(境)外参与课程研修、实习实训、国际会议等各类短期交流活动。开展学生交流项目40个,共选派849名学生赴国(境)外研修学习。获批国家留基委优秀本科生国际交流项目7个和中俄政府奖学金项目1个,获得派出名额18个。设置"梦想计划",全额资助80名品学兼优但家庭贫困的学生赴英国牛津大学、剑桥大学、新加坡南洋理工大学等世界一流高校研修,获得学生及家长的好评。全额资助生命科学学院35名学生赴新加坡南洋理工大学、芬兰东南应用科学大学等开展短期交流。2019年,学校加强国际课程建设,全年开设全英/双语课程420门。开展学生长短期出国(境)研修项目65个,通过联合学位、校际交换生、实验室研修、暑期课程、国际会议和国际竞赛等多种形式,派出1 125名学生到23个国家和地区研修。与澳大利亚麦考瑞大学、法国国家科学研究中心物理化学及微生物环境研究所、韩国国立癌症中心等世界一流高校或研究机构开展博士联合培养项目3个。继续实施"梦想计划",全额资助207名品学兼优但家庭贫困的学生赴英国牛津大学、剑桥大学和澳大利亚悉尼大学等世界一流高校研修。举办河南大学第一届大学生国际夏令营,共有8个学院约2 000名师生参与本届夏令营。2020年,面对突发的新冠肺炎疫情,学校开展海外"云课堂"项目,20个学院引进了42门国际课程;此外,外籍教师为在校生开出国际课程153门。进一步拓展学生出国(境)研修项目,新增博士联合培养、本科联合培养、交换生等合作项目6个。继续实施"梦想计划",全额资助104名品学兼优但家庭贫困的学生赴新加坡国立大学等3所境外名校研修。开展国际组织人才培养工作,入选教育部人文交流中心"高层次国际化人才培养创新实践项目"首批基地建设高校。2021年,学校起草《河南大学本科生国际学分研修计划》《河南大学研究生国际学分研修计划》,将国际课程、出国(境)研修等国际教育环节贯彻学生培养全过程。全英课程建设形成规模,利用学校外籍师资开设国际课程160门,同时积极对接国外优质教育资源,19个学院引进世界顶尖高校国际课程40门。长短期学生出国(境)研修项目进一步拓展,93名学生通过中外合作办学项目出国(境)学习,14名学生获批留基委项目,36名学生参与交换生项目,中外联合培养博士项目增至9个。跨文化交流培训持续推进,面向全校学生开设英语、西班牙语、俄语、韩语等9个外语培训班;服务生物一流学科建设,为生命科学学院、棉花生物学国家重点实验室和省部共建作物逆境适应与改良国家重点实验室的本科生及研究生开设专业英语、论文英语写作、英语口语等课程。国际组织人才培养进一步深化,以经济学院明德班为试点开展国际组织人才培养,完善培养方案;同时面向全校选拔200名学生参加全球治理相关课程的学习。

2021年10月,学校实现从"请进来"到"走出去"的华丽转身,首个学历教育境外办学机构"河南大学－吉尔吉斯斯坦民族大学丝绸之路学院"正式揭牌成立。该院立足汉语、生物、地理、电子商务、信息技术等优势学科,开展本硕博全层次学历教育,将进一步推动科技合作,为中国在吉尔吉斯斯坦的重点建设项目提供智力支持和技术保障,快速提升学校参与国际教育竞争的能力和水平。

三、重视国际科技合作交流

学校努力构建国际合作平台、海内外人才、重大研究项目集成机制。设立"种子基金"培育科技部"政府间国际科技创新合作"重点专项,促进知识、技术、人才的国际合作,在作物逆境生物学、绿色能源材料、数字地理、创新生物药及免疫治疗等关键领域产出了一批具有国际影响力的标志性成果,显著提升了科技创新能力与服务社会水平。

国际科技合作实验室建设。2014年,学校获批3个省级国际联合实验室和4个省级国际科技合作基地,即河南省特种功能材料国际联合实验室、河南省全球变化生态学国际联合实验室、河南省抗体药物国际联合实验室、河南省手性化学国际科技合作基地、河南省弱势人群身心健康国际科技合作基地、河南省纳米功能材料及其应用国际科技合作基地和河南省多酸化学国际科技合作基地。2016年,学校获批8个省级国际联合实验室,即河南省神经疾病国际联合实验室、河南省细胞医学工程国际联合实验室、河南省中药药效国际联合实验室、河南省数字地理技术国际联合实验室、河南省车联网协同技术国际联合实验室、河南省脓毒症国际联合实验室、河南省环境污染控制材料国际联合实验室和河南省纳米生物医学国际联合实验室。2017年,学校获批两个省级国际联合实验室,即河南省药食两用资源功能研究国际联合实验室和河南省核蛋白基因调控国际联合实验室。2018年,学校获批1个省级国际联合实验室,即河南省药用植物资源化利用国际联合实验室。2020年,学校获批3个省级国际联合实验室,即河南省作物逆境多组学国际联合实验室、河南省新能源材料与器件国际联合实验室和河南省智能网络理论与关键技术国际联合实验室。截止到2021年底,在建省级国际联合研究机构达到21个。

国际科技合作项目。2012—2021年,在心理学、农学、地学等领域,学校同斯坦福大学、日本大学、南非开普敦大学等的专家开展联合研究,共获批立项19项横向国际科技合作项目。2021年5月,由地理与环境学院朱连奇教授牵头,南非开普敦大学等多家单位参与申报的国家重点研发计划政府间国际科技创新合作重点专项"土壤侵蚀的动态监测和预警关键技术"获批立项,实现在该类项目上零的突破。2021年12月,由农学院王道杰教授和伊朗德黑兰大学阿里·穆萨维院士联合申报的2022年度国际(地区)合作与交流项目"油菜籽抗氧化物对糖尿病及其并发症影响和功能油菜的研究"获批立项,实现在该类项目上零的突破。

重视国际期刊的出版。2019—2021年,学校连续3年出版年刊《中俄法学》(ISSN:2587-9723)。2020年,学校黄河文明与可持续发展重点研究院同希腊爱琴大学扬尼斯教授达成协议,两个Scopus收录期刊《地中海考古和考古学》(在线ISSN:2241-8121;印刷ISSN:1108-9628)和《科学文化》(在线ISSN:2407-9529;印刷ISSN:2408-0071)的主办单位变更为河南大学,扬尼斯继续担任两种期刊的主编。2021年,学校与中国生物物理学会纳米生物学分会、威立出版集团共同创办的国际综合性学术期刊 *Exploration*(ISSN:2766-2098)宣布创刊,河南省教育厅、威立(WILEY)出版集团、20余位院士以多种形式参与并给予了祝贺。截至年底,*Exploration* 已出版3期共30篇高水平论文。*Exploration* 被DOAJ数据库收录,建设成果逐步显现。

在国际学术组织的任职。学校王学路教授在国际固氮指导委员会、丁建清教授在国际生物防治组织、凯文·亚历山大·莫里森教授在欧洲研究中心协会、亚历山大·库恩教授在国际电化学会、李士明教授在国际运动与营养协会等有学术任职。

四、服务国家外交战略实施

学校积极融入共建"一带一路"教育行动,已与19个"一带一路"沿线国家的47所高校签署校际合作协议,是中俄友好、和平与发展委员会教育理事会中方理事单位,"一带一路"国际智库合作联盟理事单位,"一带一路"国际医学教育联盟理事单位。

持续开展区域国别研究。建校伊始,学校就致力于培养精通中外语言文化的专业人才,在欧美、大洋洲、日本、以色列等研究领域有良好的学术传承和深厚的学术积淀。进入新世纪,学校区域国别研究呈现蓬勃发展之势,在智库建设、科学研究、社会服务等方面均取得显著成就。2014年,以色列研究中心入选河南省高校人文社科重点研究基地,2017年成为教育部国别和区域研究备案中心。2018年,学校入选"一带一路"国际智库合作联盟理事单位,成为河南省唯一进入该联盟的高校;同年9月,与希腊爱琴大学共建"希腊文明研究中心"。2019年1月,与哈萨克斯坦国立大学共建"中国-哈萨克斯坦'环境变化与人类文明'联合研究中心";同月,成立河南大学区域与国别研究院,重点研究"一带一路"沿线国家及河南与"一带一路"建设问题。2020年,以色列研究中心入选"中国智库索引"(CTTI)来源智库。2016—2022年,学校连续出版《以色列蓝皮书:以色列发展报告》7部,承担"'一带一路'背景下中国国家形象构建与传播研究""以色列移民政策史"等国家级课题18项,在《中国社会科学》《历史研究》《现代国际关系》等重要期刊发表论文60余篇,提升了区域国别研究的国际学术影响力,为国家对外开放战略和区域发展提供智力和理论支撑。

致力中西方文明交流互鉴。学校坐落于黄河之滨,对黄河和黄河文明研究有着深厚的学术传统。黄河文明作为中华文明的核心部分,与西方文明源头的希腊文明具有高度的比较研究意义,因此,学校致力于与希腊开展中西方文明交流互鉴方面的合作研究与交流,并重点加强与希腊爱琴大学间的合作。2017年3月20日,校党委书记关爱和率团访问希腊爱琴大学,两校签订校际合作协议。2018年9月21日,两校在希腊爱琴大学成立"黄河文明研究中心",同日在学校成立"希腊文明研究中心",希腊驻华大使莱奥尼达斯·罗卡纳斯参加了在学校举办的"希腊文明研究中心"揭牌仪式。2019年6月23日,两校举办"希腊文明研究中心成立庆典暨中国-希腊环境与文化国际论坛",希腊爱琴大学校长克丽丝·维齐拉基及著名科技考古专家扬尼斯·乐睿思一行参加该论坛,两校就深入开展合作进行了座谈;8月18日,校党委书记卢克平率团访问希腊爱琴大学;10月26日,希腊爱琴大学校长克丽丝·维齐拉基一行在郑州出席第二届"河南招才引智创新发展大会·地方高水平大学建设发展论坛",两校签署了合作备忘录。2021年9月16日,两校举办"第二届中国-希腊环境与文化国际学术论坛",目前,该论坛已成为学校文明/文化比较研究领域的品牌。

开展国际中文教育。学校通过美国阿克伦大学孔子学院(UACI)、希腊爱琴大学电子学习中心、中文联盟平台、华文教育基地等,开展国际中文教育。UACI于2008年10月开始运行,2018年10月举行了成立10周年庆典和系列文化、学术活动。学院下设孔子课堂 2 个,汉语教学点 19 个,同时开设网络孔子学院。学校先后共派出 4 位中层干部在 UACI 任中方院长,7 人次汉语教师任教。派出教职工 70 多人次到阿克伦大学参观访问或做访问学者,60 多位学生到阿克伦大学做交换生或攻读学位。阿克伦大学领导、学者 40 人次到访学校,学生有 100 多人次通过汉办访华团项目或孔院奖学金项目或自费到学校学习汉语或攻读本、硕、博士学位。孔院主持的"A(阿克伦)K(开封)论坛",成为孔子学院特色品牌活动。截止到 2021 年 11 月 15 日,在 UACI 注册学习汉语的各类学生约 7 100 人,同时每年为当地 1 200 名学习汉语的中学生提供各类语言文化活动。13 年共组织社区文化活动 1 100 场次,受众人数达到 25 万人。UACI 为俄亥俄州北部地区汉语教学和汉语言文化推广做出了独特的贡献。2012 年 5 月,设立国务院侨办华文教育基地。11 月,文学院王立群教授、历史文化学院程遂营教授参加国务院侨务办公室主办、河南省外事侨务办公室承办的"文化中国·名家讲坛"欧洲宣讲活动,赴比利时、葡萄牙和西班牙为当地华人华侨做文化宣讲。2020 年 11 月,学校与汉考国际、希腊爱琴大学签订三方协议,共建汉语学习测试中心。同月,学校入选国际中文教育发展智库成员单位,谭贞副校长被推选为中文联盟副主席。2021 年,《河南大学学报(社科版)》获批开设世界汉语教学学会《国际中文教育》专栏。

2012—2021 年,学校共向美国、波兰、泰国、英国、新西兰、乌克兰、马耳他、印度尼西亚、韩国、哈萨克斯坦派出国际中文教师 9 人次、国际中文教育志愿者 34 人,有效推动了国际中文教育事业的发展。

打造文化交流的名片。河南是中华文明和华夏民族的重要发源地。学校植根中原沃土,依托武术、音乐、美术等特色学科,努力打造文化名片,积极推动中国文化的世界传播与交流。

2020 年 12 月 28 日,学校举行与少林寺合作培养武术国际生签约仪式。双方将在全球范围内招收普通进修、本硕博在内的汉语授课武术专业国际生,并通过中华传统武术在国际舞台上传递更多中国声音。2021 年 1 月,承办由教育部中外语言交流合作中心主办的"'汉语桥'武术'云'体验项目",培训海外学员 102 名。2012—2021 年,在"第七届世界太极拳健康大会"、第三届中国·徐州"丝路汉风"国际武术大赛等比赛中,学校国际学生获各类奖项 174 个。

2012—2021 年,学校古筝专业副教授金亚迪,琵琶专业教授赵娴、侯乐萌,扬琴专业副教授张静,二胡专业副教授王艳芳等出国(境)参加演出、学术交流、教学讲座等各类活动 30 余次,遍及美国、意大利、德国、加纳、南非、贝宁、冰岛、加拿大、新加坡等国家的 30 多个城市,受到了当地孔子学院、高校、中小学、华人社区等的广泛好评。2017 年,艺术硕士郭丹受国家汉语国际推广领导小组办公室委派赴美国亚利桑那大学进行为期一年的二胡教学工作;2018—2019 年,扬琴专业副教授张静连续参加两届在美国罗彻斯特大学伊斯曼音乐学院举办的"国际扬琴音乐节",并在2019年带领扬琴专业学生在该音乐节举办的比赛中荣获多项大奖。

中国民间文艺家协会会员、河南省民间工艺美术大师、学校文化产业与旅游管理学院教师张朝晖副教授,长年致力于剪纸艺术研究、创作与文化交流。2012—2021年期间,共创作百余幅剪纸精品,参观其剪纸展览的国际友人达500多人次,为美国、韩国、泰国等十多个国家的访问团举办剪纸艺术讲座,其作品被20多个国外机构和个人收藏。2012年,为国际学生开设剪纸艺术体验课;2016年为汉语国际教育硕士生开设剪纸艺术课。2017年12月,应邀赴美参加剪纸艺术交流活动,其作品受到当地的广泛好评。

2017年4月,学校书法教师刘绍伟赴日本福冈教育大学访学并于2018年2月12日在东京都台东区立浅草公会堂举办个人书法作品展,受到多方好评。2019年9月9日,学校举办第一届"书画·联谊"夏令营,来自日本别府大学的16名师生参加活动。

建立国际传播网络。为提升学校国际影响力,促进国际合作与交流,学校建立了多语言、多载体、多受众的国际传播网络。2018—2021年,学校连续4年制作了学校英文宣传册 *A Global HENU*。2019年,学校43个二级学院、独立研究机构、相关部门建立了英文网站。2020年,全面改版学校英文网站,进一步完善了网站建设板块和内容。2021年,学校"以评促建",英文网站建设单位达到53个,并规范了相关栏目。同年,学校创建俄文网站。2021年,在海外媒体平台Facebook、Twitter上开设河南大学账号。摄制学校英文宣传片(动画版)、深圳研究院及三亚研究院英文宣传片等,推出各类系列短视频27个,各类平台累计点击量达18万余次,其中《德国专家讲述李大钊烈士的故事》《走近著名校友马可——娜塔莉亚的"知史明理"》《外院教授说河大》等短视频受到了广泛关注。

第三节 重视对外交往活动

一、主动出访友好学校和机构

截止到2021年12月底,学校与34个国家的172所高校机构开展合作与交流,其中美国高校机构51所,英国16所,韩国15所,俄罗斯12所,澳大利亚8所,日本8所,法国7所,白俄罗斯7所,菲律宾5所,芬兰4所,加拿大3所,爱尔兰3

所,以色列3所,泰国3所,德国2所,波兰2所,乌克兰2所,捷克2所,南非2所,越南2所,哈萨克斯坦2所,希腊、意大利、比利时、印度、埃塞俄比亚、印度尼西亚、巴基斯坦、吉尔吉斯斯坦、拉脱维亚、孟加拉国、墨西哥、老挝、尼泊尔各1所。

2012—2021年,学校教职工因公出访共计1 435批次、2 113人次,其中校级出访团组50批次、210人次,出访团组主要赴美国、日本、新加坡等41个国家或地区参加各类校际交流和学术交流活动。

2012年,学校因公出访110批次、301人次,其中校级出访团组10批次、51人次。1月20日至4月20日,副校长刘志军赴美国访学。5月11—30日,校党委书记关爱和出访美国,与哈佛大学东亚系、哈佛燕京学社、费正清中国研究中心进行学术交流,与哥伦比亚大学、新泽西格兰斯大学、纽约巴德大学、芝加哥大学、密西根格兰古大学洽谈合作。6月19—30日,校长娄源功一行出访俄罗斯、白俄罗斯,与俄罗斯莫斯科国立大学、图拉国立大学、圣彼得堡国立大学、南联邦大学、白俄罗斯国立大学洽谈合作。7月1—8日副校长宋纯鹏一行出访英国,参加"气孔·2012"专题学术会议并做大会报告。10月14日至11月3日,常务副书记梁晓夏出访瑞典,随教育部参加培训。12月2—7日,副校长刘志军出访新加坡,担任评审专家。11月18日至12月8日,校长娄源功出访美国,随教育部参加培训。12月,常务副校长赵国祥一行出访美国,副校长宋纯鹏一行出访德国,分别参加学校在两地组织的"教育国际化与创新人才培养"相关培训活动。

2013年,学校因公出访114批次、150人次,其中校级出访团组4批次、12人次。6月24—30日,校长娄源功一行出访西班牙、意大利、葡萄牙,与西班牙阿尔卡拉大学、意大利圣安娜大学签署合作协议,与西班牙胡安卡洛斯国王大学、葡萄牙里斯本大学洽谈合作。7月8—16日,校纪委书记雷霆一行出访德国、荷兰,与相关高校洽谈合作。12月5—10日,校党委书记关爱和出访巴西、智利,与巴西圣卡特琳娜州联邦大学、圣州联邦理工大学和智利费德里科圣玛丽亚理工大学签署合作协议。10—12月期间,副校长邢勇、刘志军分别出访美国、英国,随教育部参加培训。

2014年,学校因公出访189批次、272人次,其中校级出访团组5批次、17人次。6月11—18日,校长娄源功一行出访日本、韩国,在日本出席第17届"世界大学校长联合会"(IAUP),与韩国相关高校洽谈合作。5月26日至6月2日,常务副书记梁晓夏一行出访俄罗斯、白俄罗斯,参加"金砖国家高校合作发展峰会"并作主题演讲,与俄罗斯人民友谊大学签署合作协议,与白俄罗斯国立大学、国立体育大学洽谈合作。8月2—9日,副校长宋纯鹏一行出访澳大利亚,参加第18届国际生物物理大会。11月14—20日,校党委书记关爱和一行出访伊朗、沙特阿拉伯,出席"AUAP第十一届全体代表大会"和"AUAP执行理事会议",与伊朗德黑兰大学、沙特阿拉伯阿卜杜拉国王科技大学洽谈合作。11月30日至12月20日,副校长宋纯鹏出访美国,随教育部参加培训。

2015年,学校因公出访209批次、274人次,其中校级出访团组8批次、32人次。6月25日,校工会主席朱恒宽一行出访德国,与德国安哈尔特应用技术大学续签合作协议,与法国塞尔齐-蓬多瓦兹大学洽谈合作。6月29日至7月3日,校长娄源功一行出访波兰、捷克,与波兰罗兹大学、雅盖隆大学国际关系学院,捷克布杰约维采技术与商业学院签署合作协议,与捷克马萨里克大学洽谈合作。8月16-24日,副校长宋纯鹏出访澳大利亚,与麦考瑞大学签署合作协议。10月12-18日,常务副校长赵国祥一行出访美国、加拿大,与美国阿克伦大学、东斯特劳斯堡大学洽谈合作,与加拿大温莎大学签署合作协议。10月28日至11月4日,校党委书记关爱和一行出访以色列、意大利,与以色列本·古里安大学、阿里尔大学签署合作协议,与中国以色列学术交流促进会(SIGNAL)、以色列巴伊兰大学,意大利圣安娜高等研究院、马尔凯理工大学、法布里亚诺音乐家艺术学院洽谈合作。10月31日至11月20日,副校长刘先省出访美国,随教育部参加培训。11月1-8日,副校长许绍康一行出访澳大利亚、新西兰,与澳大利亚维多利亚大学签署合作协议,与新西兰奥克兰理工大学洽谈合作。

2016年,学校因公出访196批次、227人次,其中校级出访团组4批次、20人次。11月9-15日,常务副校长赵国祥一行出访俄罗斯、白俄罗斯,与俄罗斯莫斯科国立大学签署合作协议,与白俄罗斯国立大学洽谈合作。5月19-26日,校党委书记关爱和一行出访澳大利亚、柬埔寨,与澳大利亚维多利亚大学签署合作协议,与科廷大学达成合作意向,与柬埔寨皇家研究院及孔子学院洽谈合作。6月29日至7月4日,副校长宋纯鹏一行出访韩国,参加第27届国际拟南芥大会。11月29日至12月6日,校长娄源功一行出访芬兰、以色列,与芬兰东南应用科技大学、东芬兰省南萨沃地区事务委员会商务与改革发展部、赫尔辛基大学有机食品研究中心,以色列海法大学、本·古里安大学和沙漠农业发展中心洽谈合作。

2017年,学校因公出访175批次、249人次,其中校际出访6批次、23人次。1月10-19日,校党委副书记赵国祥一行出访美国,与迈阿密大学签署合作协议,与佛罗里达理工大学、南卡罗来纳大学洽谈合作。3月20日,校党委书记关爱和一行出访希腊、西班牙,与希腊爱琴大学签署合作协议,与西班牙康普斯顿大学洽谈合作。5月22日,校长娄源功一行出访美国、加拿大,与美国罗彻斯特大学、奥古斯塔大学,加拿大卡尔加里大学洽谈合作。6月25日,校长娄源功一行出访白俄罗斯,出席中国-白俄罗斯大学校长论坛,与白俄罗斯国立大学、国立信息与无线电大学、白俄罗斯国家科学院签署合作协议。10月29日,副校长张宝明出访美国,随教育部参加培训。11月12-19日,副校长许绍康一行出访法国、英国,与法国塞尔齐-蓬多瓦兹大学,英国威斯敏斯特大学、剑桥大学露西·卡文迪什学院洽谈合作。

2018年,学校因公出访188批次、260人次,其中校级出访团组7批次、26人次。1月21—28日,副校长刘先省一行出访澳大利亚、新西兰,与澳大利亚麦考瑞大学、新西兰奥克兰理工大学洽谈校际合作。2月12日,校长宋纯鹏出访美国,与亚利桑那大学、宾夕法尼亚大学进行科研合作,举办"111计划"课题专场研讨会、招聘说明会等。4月10—16日,校长宋纯鹏一行出访法国,出席第41届"Plant Sciences for the Future(未来的植物科学)"专题学术会议。5月26日,副校长孙君健一行出访俄罗斯、哈萨克斯坦,与哈萨克斯坦国立大学签署合作协议,与俄罗斯国立体育与旅游大学、莫斯科国立大学洽谈合作。6月28日,校党委书记卢克平一行出访白俄罗斯、捷克,与白俄罗斯国立信息技术大学、国立师范大学、无线电信息技术大学签署合作协议,与捷克布杰约维采技术与商业学院洽谈合作。12月9—16日,副校长刘志军一行出访芬兰、意大利,与意大利罗马音乐学院签署合作框架协议,与意大利利奥娜音乐学院,芬兰东南应用科技大学、阿尔托大学洽谈合作。12月9—16日,校党委副书记雷霆一行出访美国、加拿大,在美国加州大学尔湾分校、加拿大约克大学进行海外人才招聘。

2019年,学校因公出访254批次、380人次,其中校级出访团组6批次、29人次。3月18—25日,副校长杨中华一行出访澳大利亚、新加坡,与澳大利亚麦考瑞大学、莫纳什大学,新加坡南洋理工大学洽谈合作。5月4—16日副校长刘志军出访美国,参加第42届东部评价研究会年会。7月15—24日,副校长孙君健一行出访波兰、捷克、匈牙利,与波兰罗兹大学、雅盖隆大学、热舒夫大学,匈牙利罗兰大学中欧孔子学院洽谈合作。8月18日,校党委书记卢克平一行出访希腊、法国,与希腊爱琴大学,法国丝路商学院、巴黎行政管理学院洽谈合作。8月22—29日,校纪委书记杨朝阳一行出访德国、俄罗斯,与德国安哈尔特应用技术大学,俄罗斯圣彼得堡国立大学、高等经济研究大学洽谈合作。12月1日,校党委书记卢克平一行出访澳大利亚,参加澳大利亚"考古科学教学与研究"研讨会,与悉尼大学签署合作协议,与维多利亚大学续签合作协议。

2020—2021年,新冠疫情在全球爆发,学校共收到来自澳大利亚莫纳什大学、美国肯特州立大学、俄罗斯国立体育大学等23所外方合作高校的疫情慰问;同时,学校向美国迈阿密大学、俄罗斯人民友谊大学、韩国庆熙大学等34所海外合作高校发去慰问信,通过"云交流"的方式传递情感关怀,并向意大利罗马音乐学院、韩国建国大学、德国安哈尔特应用技术大学等17所需要帮助的海外合作高校捐赠防疫物资。

二、接待友好学校和机构来访

2012年2月27日,日本京都信息大学院大学副校长长谷川晶一行来访,与学校签署了合作协议。4月11日,芬兰东芬兰省省长埃利·阿尔托宁一行来访,随行的米凯利大学、阿尔托大学经济学院代表与学校签署了合作协议。8月23—24日,日本著名理论物理学家、2008年诺贝尔物理学奖得主益川敏英,国际著名核心物理学家、日本茨城大学坂田文彦来访,与学校师生进行交流。

2013年4月14日,美国"十万强基金会"执行董事方李邦琴女士、美中高层人才交流协会商务总监吴隆安一行来访。6月14日,美国南密西西比大学副校长丹尼斯·维森伯格一行来访,与学校签署了合作协议。10月25日,诺贝尔物理学奖获得者、美国普林斯顿大学电子工程系教授崔琦偕夫人琳达来访,与学校师生进行交流。11月5日,韩国前总理李寿成一行来访。

2014年5月,美国迈阿密大学常务副校长兼教务长托马斯·勒布朗一行来访,与学校签署共同创办"河南大学迈阿密学院"的合作协议。11月12日,捷克南波西米亚州州长奇莫拉一行来访。12月5日,美国阿克伦大学副校长坎迪斯·坎贝尔一行来访。12月15日,白俄罗斯国立大学校长谢尔盖·阿布拉梅科、副校长阿列克谢·达尼利琴科一行来访,与学校签署共建"国际传媒与文化学院"的合作协议。

2015年4月27日,芬兰东芬兰省省长埃利·阿尔托宁一行来访。6月16日,匈牙利前总理迈杰希·彼得一行来访。11月11日,俄罗斯莫斯科国立大学副校长尤里·马泽伊一行来访,与学校签署研究生层面共建合作协议。

2016年4月26日,捷克南波希米亚州副州长牙洛米·斯里瓦一行来访。5月30日土库曼斯坦驻华大使鲁斯塔莫娃·齐娜尔一行来访。6月15日,"《中美人才培养计划》121项目中美大学校长论坛"在学校举行,来自中美86所(美方20所、中方66所)大学的260余名代表参会。12月12日,美国阿克伦大学副教务长、荣誉学院院长、孔子学院理事长拉基沙·兰塞姆来访。

2017年4月5—7日,芬兰东南应用科技大学校长海基·萨斯塔莫宁、校董事会主席杰基·科维科一行来访。8月1日,美国东北大学副校长尼克·杜科夫一行来访。9月26日,白俄罗斯国家科学院院长伊戈里、哲学院院长安纳多里,白俄罗斯国立大学校长助理、国际合作处处长瓦季姆一行来访。12月3日,美国佛罗里达理工大学校长德韦恩·麦凯、国际合作副校长许培锋一行来访。

2018年3月29日,美国生命大学董事会主席凯文·福格蒂,董事会成员、国际项目主任杰·汉特,校长罗伯特·斯考特,副校长约翰·道恩斯,特聘临床教授大卫·贝林一行来访。4月14日,英国雷丁大学副校长一行来访。5月16日,2010年诺贝尔化学奖得主、日本北海道大学荣誉教授铃木章来访,为学校师生做学术报告。5月28日,美国奥古斯塔大学常务副校长、乔治亚医学院院长大卫·赫斯来访。6月12日,芬兰东南应用科技大学校长海基·萨斯塔莫宁、校董事会主席杰基·科维科一行来访。6月13日,日本皇学馆大学副校长河野训一行来访,为学校4名参与两校联合培养项目的日语专业学生颁发录取通知书。9月21日,希腊驻华大使莱奥尼达斯·罗卡纳斯来访,参加学校与希腊爱琴大学共建的"希腊文明研究中心"的揭牌仪式。9月25日,日本帝京大学校长冲永佳史一行来访,与学校签署了学术合作交流协议书。

2019年1月8日,哈萨克斯坦国立大学生态研究所所长艾詹·斯卡科娃一行来访,参加两校共建的"中国－哈萨克斯坦'环境变化与人类文明'联合研究中心"揭牌仪式。1月21日,澳大利亚麦考瑞大学副校长尼克尔·布里格一行来访。3月11日,英国卡迪夫城市大学体育与生命科学学院副院长阿伦·哈德曼、卡迪夫城市大学驻华首席代表李斌来访,参加"河南大学－卡迪夫城市大学语言考试与学习中心"揭牌仪式。4月19日,美国著名投资家、金融学教授吉姆·罗杰斯来访,向学校捐赠赛艇2艘并做报告。6月3日,白俄罗斯国立信息技术与无线电电子大学第一副校长谢尔盖·康斯坦蒂诺维奇,新华三集团副总裁张力、副总裁刘新民一行来访,参加三方合作成立智能信息处理国际研究院签约仪式,谢尔盖·康斯坦蒂诺维奇、刘新民受聘学校客座教授。6月29日,希腊爱琴大学校长克丽丝·维齐拉基、科技考古专家扬尼斯·乐睿思一行来访,参加"黄河文明省部共建协同创新中心希腊文明研究中心成立庆典暨中国－希腊环境与文化国际论坛"。8月30日,新加坡国立大学常务副校长梅彦昌一行来访。9月11日,英国牛津大学常务副校长、哈里斯·曼彻斯特学院院长简·肖、中国首控集团董事局主席兼执行董事席春迎、英国KSI教育集团董事长萨布丽娜·张一行来访。10月17日,澳大利亚麦考瑞大学副校长萨克·普雷托里厄斯一行来访,参加两校共建的"河南大学－麦考瑞大学生物医学联合创新中心"揭牌仪式。10月23日,英国亚伯大学校董事会成员、代谢中心主任、畜牧学学院院长路易斯·穆尔一行来访,与学校签署合作协议。10月25日,俄罗斯南联邦大学语言新闻国际交流学院院长娜塔莉娅·阿娜多利耶夫娜一行来访,参加"俄语研究中心"揭牌仪式并举办俄语讲座。11月1日,2017年诺贝尔化学奖得主、美国哥伦比亚大学教授约阿希姆·弗兰克一行来访,为学校师生做学术报告,约阿希姆·弗兰克受聘学校国际学术委员会主席、特聘教授。11月1日,美国科学院院士、加州大学校董、特聘教授亚历山大·雷克尔来访,为学校师生做学术报告,受聘学校"卓越人才"特聘教授。12月27日,韩国国立癌症中心癌症科学与政策研究院院长李恩淑一行来访,双方签署联合培养博士协议。

2020年11月12日，河南大学－维多利亚大学合作办学项目联合管理委员召开2020年第一次视频会议，澳大利亚维多利亚大学常务副校长史蒂夫·贝里奇等澳方代表出席。11月26日，学校与英国阿伯丁大学、澳大利亚科廷大学召开三方视频会谈，英国阿伯丁大学副校长理查德·韦尔斯、澳大利亚科廷大学副校长塞思·库宁、厦门源昌集团有关人员出席。

2021年1月14日，威立出版集团国际教育业务部高级副总裁、大中华区总裁菲利普·基斯雷一行来访，参加学校与中国生物物理学会纳米生物学分会、威立出版集团共同举办的"生物学交叉学科学术论坛暨 *Exploration* 创刊仪式"。3月26日，俄中文化教育科技发展基金会会长崔姗、秘书长崔凡和北京众人杰智文化发展有限公司副总经理郑钧珂一行来访。4月19日，河南大学－维多利亚大学合作办学项目联合管理委员会召开2021年第一次视频会议，澳大利亚维多利亚大学常务副校长史蒂夫·贝里奇等澳方代表出席。4月20日，学校与英国华威大学、康致德教育集团召开三方视频会议，华威大学中国事务副校长顾赛、英国中华总商会副主席刘凯祥、康致德教育集团总裁蔡明等出席会议。5月28日，俄中文化教育科技发展基金会会长崔姗、知名电影导演刘铉、乌克兰知名画家莲娜·雅洛明科·刘一行来访。9月29日，英国驻武汉总领事霍加凯（Gareth Hoar）一行来访。10月15日，英国驻武汉总领事馆副总领事华熳廷（Martin Walley）一行来访。12月7日，学校与英国华威大学召开视频会议，英国华威大学国际事务副校长迈克·希普曼、中国事务副校长顾赛等出席。

第四节　与港澳台地区的交流

一、校际合作交往

多年来，学校积极与港澳台地区20所高校开展合作与交流。其中，2012—2021年新增友好合作高校12所，包括香港树仁大学、香港金融管理学院、香港浸会大学、澳门科技大学及台湾地区的开南大学、中原大学、东海大学、元智大学、万能科技大学、台湾师范大学、义守大学、铭传大学。与香港树仁大学、台湾师范大学等10所高校开展交换生项目、创新创业研修项目等长期学生研修项目11个，多次组织学生赴香港、澳门、台湾地区参加香港"医疗零距离"短期研修项目等短期参访交流项目。2016年,台湾地区教育主管部门发布"大陆地区高等学校认可名册",河南大学名列其中。2020年,河南大学首次面向港澳台地区招收学历学位本科生,并将国情教育、历史文化教育等纳入学生培养方案。学校与港澳台教师互访交流频繁,多次举办两地、两岸师生文化交流活动,有效促进了与港澳台地区高校的合作与交流。

2012年以来,学校派出多个校级团组赴港澳台地区参访并多次接待对方来访,有效推动了学校与港澳台高校的合作与交流。

2015年2月4日至8日,校长娄源功、研究生院常务副院长孙君健随河南教育代表团赴香港参加第25届香港教育及职业博览会。参观香港中联办、香港金融管理学院、香港《文汇报》总部、香港职业训练局、香港树仁大学、香港科技大学等机构或院校。在香港金融管理学院和香港《文汇报》总部,娄源功代表学校分别与香港金融管理学院、香港浸会大学签署合作协议。5月,应台湾友好高校邀请,校党委副书记王凌率团赴台,对台湾大学、中原大学等高校进行友好访问,并走访看望了台湾校友和学校在台研修学习的学生。11月3—5日,校长娄源功、发展规划处处长宋伟参加在澳门举办的世界大学校长论坛,娄源功做"高等教育的转型与变革问题"主题发言。中国人民政治协商会议全国委员会副主席何厚铧、中央人民政府驻澳门特别行政区联络办公室副主任孙达等出席开幕式。

2016年11月13—17日,应香港岭南大学邀请,副校长刘志军、教务处副处长刘克辉赴香港参加"2016年度田家炳内地学者及高级行政人员交流计划"。

2017年12月6日,校长娄源功率河南省文化促进会代表团赴台湾地区访问,参加2017两岸(新北)经济文化论坛,发表开幕致辞并做主题发言。

2018年12月25日,党委书记卢克平一行赴我国台湾地区访问,与台湾师范大学就开展体育学科专业课程引进、博士生联合培养等具体合作事宜进行深入商讨并取得多项合作共识;与中国文化大学在宋史联合研究、体育专业(体操、武术)人才联合培养等方面的具体合作达成一致意向;与宜兰大学探讨在生物技术、生物工程、食品科学等专业方向的项目合作,并在联合科研与人才培养方面达成多项合作共识;与育达科技大学就应用型本科及硕士专业的交换生互派、教师交流、暑期夏令营等项目的合作进行广泛交流,双方确定于2019年春季学期启动两校交换生互派项目。

2019年10月21日,台湾地区铭传大学校长沈佩蒂一行5人访问学校,就学生交换、学术交流及联合培养等合作达成一致,并签订学生交换协议书、学术交流协议书及联合培养双硕士学位生专案协议书。

2020年10月28日,台湾地区中国文化大学两岸合作部部长蔡佳麟、副部长陈佩伶、副部长孔心怡等5人来校访问,双方就学生交换、科研合作、学术会议、学术交流等方面的合作进行了深入探讨。12月9日,学校与台湾地区铭传大学举行了线上交流会,铭传大学校长特别助理兼大陆教育交流处处长萧耀文、观光学院院长翁振益、传播学院院长倪炎元等7人参加会议,双方共同探讨在课程共享、师生交流、联合研究等方面的深度合作。

2021年4月19日,香港特区政府驻武汉经济贸易办事处主任郭伟勋一行4人、开封市政府港澳事务办公室有关负责人到学校调研,了解与香港高校开展交流的基本情况。学校港澳台事务办公室有关负责人参加调研。

二、学术文化交流

学校多次举办港澳台师生学术文化交流活动,为拓展港澳台合作与交流渠道,增进与港澳台地区高校师生友谊做出了积极贡献。

2012年10月27日至28日,作为河南大学百年校庆学术活动之一的2012年"海峡两岸城市地理信息系统论坛"在学校举办。

2013年4月2日,学校参与承办"'同行万里'高中生内地交流计划——河南郑州及开封历史文化与黄河体验之旅",来自香港10所高中的330余名师生访问了学校。

2014—2019年,学校连续6年承办河南省教育厅主办的台湾地区大学生"中原文化之旅",数百名台湾地区师生先后参加相关活动。6月19日,由河南大学法学院和台湾政治大学财税法中心联合主办的"海峡两岸经济法论坛"在学校举办。

2015年8月24日,由河南大学新闻与传播学院、北京大学现代出版研究所、南华大学管理学院华文出版趋势研究中心和河北大学新闻传播学院共同举办的第十一届海峡两岸华文出版论坛暨"华文出版与传统文化研究"学术会议在金明校区举办。学校参与承办多项交流活动,其中有香港文汇报总经理、未来之星同学会主席欧阳晓晴率团的"2015未来之星"香港大学生中原之旅活动,以及以台湾"中华杰出青年交流促进会"理事长陈长风为荣誉团长、以台湾20余所高校学生社团负责人为团员的"第十四届台湾高校杰出青年赴大陆参访团",同时还有香港知名人士考察团等。

2016年,学校参与承办港澳教育界国庆访问团、台湾南部学者访问团相关交流活动。2017年4月15—16日,学校承办第五届海峡两岸"宋代社会文化"学术研讨会。

2018年,学校承办"两岸经济文化论坛",省政协副主席张亚忠,台湾太平洋文化基金会董事长钱复、执行长刘瑞生,宜兰大学校长吴柏青,以及海峡两岸的专家学者、企业家等100余人参加了本届论坛;参与承办全国台联主办的"第十五届台胞青年千人夏令营河南分营"、港澳社团青年代表团体验式考察交流活动,并举办河南大学与中原大学大学生篮球交流友谊赛等。

2019年12月27日,学校参与承办由香港中小学及幼儿园校长和教师一行80余人组成的"香港新一代文化协会校长教师交流团"相关交流活动。

2021年,学校获批教育部港澳台学生国情教育项目两项("夏文化"研习营、少林功夫研习营)。

第八章　社会服务

服务社会，支援国家建设，是百年河大生生不息、发展壮大的光荣传统，是河南大学各个专业学科发展并显现生机与活力的重要法宝。十年来，河南大学秉承服务社会的办学宗旨，植根中原文化沃土，努力践行高等教育使命，在培养大批社会主义建设人才的同时，高度重视搭建产学研用平台，用科技助推中原经济发展；加强人文社会科学研究机构和智库建设，为中原文化事业发展出谋划策；扩大中学教师培训规模，助力河南教育事业发展；持续进行干部培训，提高党政干部能力素质；长期参与扶贫工作，帮助贫困地区如期脱贫；积极组建队伍，奋力抗击新冠疫情，为国家社会经济文化教育各项事业的发展做出了重要贡献。

第一节　构建服务社会的平台

一、制定服务社会的规划

服务社会、为社会经济文化事业发展贡献自己的力量，是河南大学义不容辞的责任。河大人充分认识到中原经济发展与河南大学发展的渊源关系，尤其是进入新世纪以来，学校将社会需要与中原经济发展作为学校科研教学的基本目标之一，先后出台了社会服务的一系列文件。

2011年5月，学校制定、河南省人民政府印发批转的《百年名校河南大学振兴计划（2011—2020年）》，第一次明确提出了"实施服务社会发展工程"。其"工程"内涵为：第一，加快建设植物逆境生物学、特种功能材料教育部重点实验室，天然药物与免疫工程、光伏材料省级重点实验室，智能技术、数字区域模拟省重点学科开放实验室等学科支撑平台,使其成为引领我省相关产业发展的科技支撑力量。瞄准学科前沿和国家、河南省新产品研发与产品升级换代需求,与科研机构、行业(产业)联合共建实验室与研发中心,大力加强节能减阻添加剂、作物抗逆与改良、无机离子交换树脂、环境与健康工程研究中心等建设,进一步增强社会服务能力。第二,加强产学研结合。与企业、科研机构和地方政府建立多渠道、多形式的紧密合作关系,加强科技成果转化。与中国农科院棉花研究所联合建设棉花生物学国家重点实验室;与中国民航局合作研发航空气象综合信息处理平台和中国数字地球系统,增强自主创新能力;与胜利油田合作应用纳米石油增注剂,提高石油开采效率;与河南省高水平医院开展合作,提升河南医疗技术和医学研究水平;与河南煤业化工集团、中平能化集团等大型企业开展技术合作,为现代企业技术升级、新产品研发提供有力支持;深化与地方政府的战略合作关系,着力解决地方经济社会发展中的现实问题。挖掘河南大学深厚的人文底蕴,与开封市共同打造宋文化研究中心;发挥中原发展研究院、区域经济研究院等咨询机构的作用,为省委省政府决策提供咨询服务,为中原经济区建设提供智力支撑。

2011年11月26日,河南大学第十七届教职工暨工会会员代表大会第一次会议通过的《河南大学"十二五"事业发展规划》也明确指出,学校成立服务中原经济区建设的专门机构,负责协调服务中原经济区建设的有关工作;适应河南由文化资源大省向文化产业大省转变、实现文化大省向文化强省跨越的需要,发挥学校人文社会学科优势,积极参与"弘扬中原大文化,增强文化软实力"战略的实施,在中原文化传承创新中发挥主力军作用;构建高水平决策咨询服务基地,为各级政府决策提供咨询服务,做好省委省政府决策咨询的"思想库"和"智囊团";以建成省内一流的现代化医院为目标,将淮河医院、东京医院办成特色和优势明显的高水平、开放型现代化医院,成为受社会信赖的河南省医疗服务中心,医疗服务、医学研究水平位于国内先进行列。

为贯彻落实国务院《关于支持河南省加快建设中原经济区的指导意见》和中共河南省委、省政府关于建设中原经济区的战略部署,全面融入中原经济区建设,2012年7月,学校党委、行政专门制定了《河南大学服务中原经济区建设行动计划(2011—2020年)》,从四个方面对社会服务工作进行了部署。

一是精心打造育人高地,充分发挥"人才库"作用,为中原经济区建设培养高素质人才。根据我省优势主导产业、战略性新兴产业和服务业发展需求,通过改造或新建,重点发展电子信息、化学化工、新能源、新材料、生物、医药、节能环保等学科专业,大力发展信息服务、创意设计、会展、服务外包、电子商务、物流、文化、旅游和金融等学科专业,采取有力措施,促进其跨越发展。通过学科专业调整,建立与中原经济社会发展和产业转型升级匹配程度高、结构更加合理的学科专业体系。把人才培养作为服务中原经济区建设的根本任务,成为河南创新型、应用型、复合型人才培养基地。

二是精心打造集聚高地,充分发挥"引擎器"作用,为中原经济区建设集聚优质资源和创新要素。要集聚高端人才,加快推进师资队伍建设攀登计划,实施"杰出人才引进与培养计划""学术创新团队培育计划"和"优秀青年教师后备梯队培育计划",着力延揽和造就以院士、国家杰青和长江学者为代表的高层次领军人才,以省(校)特聘教授、黄河学者为代表的拔尖创新人才,建设一批国家级、省部级创新团队,储备规模适当的优秀教师后备梯队,大幅度提升教师队伍的国际化水平。营造良好的工作生活环境,为高层次人才干事创业搭建舞台,鼓励他们以多种形式为中原经济区建设贡献才智。

三是精心打造创新高地,充分发挥"动力源"作用,为中原经济区建设提供先进技术支撑。要构建科研创新体系,积极参与国家和河南创新体系建设,面向科学技术前沿和社会发展的重大问题、行业产业经济发展的核心共性问题、中原经济区发展的重大需求,凝练学科方向,构建创新平台,完善创新体系,大力推进协同创新。

四是精心打造服务高地,充分发挥"思想库"作用,为中原经济区建设提供决策咨询和文化引领。要积极提供决策咨询服务,充分发挥学校哲学社会科学方面的优势,加强教育部黄河文明与可持续发展研究中心、省部共建哲学社会科学创新基地和河南省人文社科研究基地建设,为政府机构、企事业单位提供决策前的信息保障服务、决策中的信息跟踪服务和决策实施中的信息反馈服务,成为政府和企业服务、推进中原经济区经济社会发展的思想库。加强对中原经济区建设中具有规律性、前瞻性和战略性问题的研究,力争在"三化"协调发展新课题的研究上取得新突破。积极参与省直管县(市)改革。积极参与开封等文化改革试验区建设。

二、搭建产学研用合作平台

2011至2012年期间,学校为加强社会服务工作,重点建设与巩固了九大产学研用合作平台。一是与地方政府签署战略合作协议。学校先后与开封市政府和濮阳市政府签订科技人才合作协议,组织了多场校企对接活动,签约近2 000万元。二是与科研院所深入合作。学校与河南省科学院签署了全面战略合作协议,双方开展了高起点、宽领域、全方位、多层次的科技合作与交流。三是启动协同创新中心。学校申报的作物逆境生物学协同创新中心、黄河文明传承与现代文明建设协同创新中心获得河南省首批建设支持,获得经费1 300万元,"三化协调发展与中原经济地区建设协同创新中心"成为河南省教育厅人文社会科学重点研究基地。四是牵手大型企业集团。学校与中国医药集团总公司签约,双方围绕多个领域开展合作,成功对接一批项目。五是与行业协会共建研究院。学校与开封市化工行业协会共建"化工设计与发展战略研究院",针对开封市化工产业发展需要,提供智力和科技支持。六是构建产业技术联盟。吸引十余家科研院所、高校和大型企业集团加盟组建了"河南大学化工产业协同创新联盟",获得了1 100余万元的经费支持。七是共建校企研发机构。重点建立了"河南大学－东方海纳石墨化学工程技术研究中心""河南大学－新大新材料研发中心",推动"河南大学－博凯农药研究所""河南大学－德海贝石油公司研究所"等一批校企合作机构注资增资、加快建设。八是建设公共社会服务平台。启动了具有相关资质和独立法人资格的"河南大学规划设计研究院",作为学校规划设计类服务和管理的公共平台,做大做强"河大规划"品牌。九是强化外部推广媒介。学校与开封市科技局建立了产学研合作委员会,并与国家科技成果网、科易网及中国国际工业博览会、中国国际高新技术产品交易会、中国留学人员广州科技交流会等官方网站建立伙伴关系,通过政府推动和网络宣传展示学校科技成果,扩大影响,争取更多的合作机会。

产学研平台的建设对学校开展社会服务工作提供了强有力的支撑。苗长虹教授牵头的"经济地理与中原经济区建设"研究团队,承担了多项政府部门委托项目的研究,其成果被有关部门采购并获得高度评价。加强中原经济区战略的理论研究工作,河南省有关部门启动了三条战线上的理论研究工作,王发曾教授负责的"城市－区域综合发展"学术团队承担了其中3项重要任务,标志着学校在中原经济区建设研究方面又取得了新的进展。

学校积极组织和企业有合作关系的优秀教师与企业对接,针对企业生产经营中的现状与存在问题,协商上报技术和人才需要。学校2012年共有11人入选省市级科技特派员,房晓敏、张凌、李锁平、路扬、李小红被评为2012年度河南省优秀科技特派员。生命科学院院长杨生玉教授被派驻到河南金丹乳酸科技有限公司,帮助企业培养人才,建设研发平台,使金丹乳酸科技有限公司实现了科技、经济、环境的协调发展,年产乳酸及系列产品的生产力、生产规模居世界前沿。由学校环境与规划学院牵头、相关学院参与组建的研究团队承担了河南省重大科技专项"新型农村社区信息服务关键技术集成与应用",获得资助经费1 000万元。此外,学校还参与了"河南省主要农产品电子商务平台与应用示范"等一系列围绕农村信息化的项目。结合开封市实际,学校与开封市委农村工作办公室签订了在开封市实施建设农村信息化示范工程项目。

三、建立产学研用工作机制

学校为激发教师参与社会经济发展的积极性,规范教师参与社会经济发展的活动,2015年先后修订、制定了《河南大学横向科研项目管理办法》《科技成果转化管理办法》,逐步完善了科研奖励办法等相关文件,将社会服务纳入教师评价体系,在晋升职务职称、评先评优、研究生指标分配、科研立项、知识产权保护、科研奖励等方面给予支持。成立了"河南大学知识产权研究会",增加专利基金支持额度。参与和配合省市知识产权局组织的知识产权宣讲活动,参与"全省科技活动周"系列活动,邀请郑州联科专利事务所知名专家,举办专利代理人资格考试讲座,开展知识产权保护相关课程培训工作,并将其列入素质教育学分进行认定。对于学校横向科研项目的管理,实行一站式纳税申报管理服务。学校与开封市政府签署全面合作协议,从总体规划、科技人文、医疗卫生、人才合作、办学环境等方面进行全方位合作,双方明确责任部门,建立联席会议机制、项目推进机制和信息沟通机制。与德豪光电科技园共建"河南大学中原硅谷科技发展研究院"。学校主要以技术成果、专利、人才团队和品牌等无形资产的方式给予投入,企业提供办公场地及资金投入,开封市政府采取科技研发资金补贴的方式给予支持。研究院一期入驻QLED项目中试基地、华为网络技术学院、车联网研发、动漫游戏等四个项目。

学校与郑东新区管委会签约,在国际校区共建"郑东新区留学生创业园"。创业园立足本校、辐射全国、面向全球,突出国际特色,规划建筑面积为20万平方米,建设高标准的专业技术支撑平台、科技金融服务平台和综合公共服务平台,配备与资本、技术、人才等创新资源有对接能力的专业服务团队,其服务功能包括技术服务、投融资服务成果转化、培育企业上市等。

2017年,学校与河南省科学院、中科院河南成果转化中心、教育厅等单位签约成立"河南省科技成果转化产学研金创新联盟",学校为副理事长单位。联盟的主要任务是提供联盟会员交流沟通和相互合作的平台,探索科技成果转化和技术转移的有效途径,运用市场机制汇聚科技创新资源,助力产学研用深度融合,实现优势互补合作共赢,推动产业技术进步。全省科研院所、高等院校、龙头企业、商业协会、产业集聚区、金融创投机构、中介服务机构等共200余家单位积极响应,注册为首批会员。全年共申报专利173项,授权专利76项,较往年有较大幅度增长。

四、推进产学研用成果转化

多年来,学校坚持"三个融入、三个面向"的社会服务理念,按照"一条主线,两个重点,以点带面,全面推进"的工作思路,以提升社会服务能力为主线,完善体制机制,推动应用学科与政府、社会、市场相结合,围绕三大国家战略建立与经济社会发展基本相适应的学科专业体系,狠抓重点项目和重要成果,带动了社会服务工作全面发展。2012—2021年间共授权专利878项;签订横向课题合同800余项,合同经费达到3.57亿元,横向课题数量和经费均保持了较高水平。

2016年,药学院与濮阳市尚濮虫草研发有限公司合作的"虫草保健酒的开发"、物理与电子学院张培玉与河南芯睿电子科技有限公司合作的"用于超声诊断和治疗的微超声传感器关键技术的研究"获得立项资助。学校利用河南省校区合作奖励补助资金遴选支持一批人才培养、科技研发、资源共享项目,所有项目都来自省内180个产业集聚区,针对企业技术需求进行研发,科研成果具有目标市场,能够直接转化为生产力。药学院开展道地药材金银花、连翘、杜仲、菊花等药食物质基础研究,发现新化合物400多个,开发了杜仲、菊花系列产品,为企业带来了显著的经济效益和社会效益,走出了一条产学研用相结合的发展道路。获河南省科技进步奖和2019世博会菊花衍生品优秀奖,向企业转化中国发明专利2件,孵化企业1家。

化学化工学院乔聪震教授作为课题负责人,联合郑州侨联生物能源有限公司等单位承担了国家科技支撑计划项目课题二"餐厨垃圾的热/生物降解技术开发与示范"的技术开发与工程示范。通过历时五年的研发和建设,建立了餐厨垃圾收运体系;开展了餐厨垃圾厌氧消化处理技术、废弃油脂制备生物柴油技术、脂肪酸甲酯加氢脱氧、脱羰、脱羧及异构化催化反应技术、餐厨垃圾有机肥研发系列研究;完成了300吨/天餐厨垃圾处理工程示范线的建设,建设地点为郑州市中牟县韩寺镇。实现了郑州东区餐厨垃圾的集中收运和无害化处理,节能减排效果明显。该课题研发工作与示范线建设于2018年12月22日通过了科技部组织的专家组现场验收。

学校联合河南省农科院、陕西省杂交油菜研究中心等省内外9个科研院所组建"河南大学现代农业与生物技术研究院",在江苏、陕西、海南、河南4省建立推广示范基地14个,育成农作物新品种15个,示范推广87万平方米。培育的"反季节菊花"在2019北京世界园艺博览会获得多项殊荣。河大359小麦通过良种配套良法的栽培技术比照周麦18增产5%以上,达到良种标准,带动滑县年户均增收0.15万元,两年新增经济效益3 000万元。新建荥阳桃花峪黄河滩涂系统研究站,把野外观测研究成果与滩区植被恢复和可持续发展有机结合起来,通过对流域生态环境问题的科学思考和战略布局,提出可借鉴的区域生态文明建设新模式,对促进区域生态文明建设将发挥引领和示范作用。

学校生物转化生产去氢表雄酮工业化应用、生物转化法生产二羟基丙酮产业化等3项专利技术成功转让。收集菊花种质资源800个,为开封市英茂花木有限公司培育推广菊花组培苗150万株,产生经济效益100万元。自主研发的微生物转化法生产二羟基丙酮项目在浙江长兴制药股份公司成功投入产业化生产,打破了少数发达国家对二羟基丙酮生产技术与市场垄断的局面,已累计生产二羟基丙酮800吨,实现销售收入1.5亿元,创利税6000万元,取得了显著的经济与社会效益。微生物转化法生产赤藓酮糖项目在北大医药重庆大新药业股份有限公司成功投入产业化生产,产品已经进入国内外市场并成功销售。

学校联合杞县产业聚集区、开封龙宇化工有限公司,共同申报获批了阻燃与功能材料河南省工程实验室。在河南大学建立了阻燃与功能材料基础研发平台,依托杞县产业聚集区建立新材料公共创新服务平台,在开封龙宇建立中试基地。根据国内外的市场需求情况,开展了高性能阻燃抗静电聚甲醛产品的研究开发工作,其中抗静电聚甲醛配方2014年4月在企业实现产业化生产,实现了抗静电聚甲醛的国产化。阻燃聚甲醛也获得突破性进展。

由河南大学与孵化企业联合研发的用于藻型富营养化与黑臭水体修复的FEST集成处理系统,以及采用FEST集成处理技术的智能化重型装备——世界上第一艘全太阳能无人驾驶水生态保障船"大河1号"(排水量35t,翼展面积400m^2),和花岛式智能水生态修复装备(排水量12t,花岛面积120m^2)等已生产下线并投入使用,分别完成了龙子湖10万平方米级(2017年)、衡水湖国家自然保护区100万平方米级(2020年)的工程标段,并通过了业主验收。

环境与规划学院王家耀院士团队自主研发了C-Blend时空大数据平台,并结合济源新型智慧城市顶层设计要求,融合GIS、BIM、IOT等技术,通过完善基础时空数据建设,建成覆盖全市域过去、现在和未来的多尺度、多种类地理信息数据,建设济源市智慧城市时空大数据平台,为各行业智慧应用提供时空信息数据服务及接口,同时推动各部门政务信息资源的交换共享,为城市规划、设计、分析、运行、管理、决策提供精细化、可视化、动态化、一体化的信息服务,提升城市韧性与城市治理水平。

医学院与浙江省肿瘤医院、重庆市妇幼保健院、河南省肿瘤医院和河南大学淮河医院开展合作,基于国际肿瘤标准数据集,构建深层表示学习模型完成肿瘤的智能分析与识别,深层次地挖掘多模态医学影像数据和基因数据中的有用信息,用于肿瘤早期诊断、良恶性识别和预后预测。2018年11月和2019年11月,在郑州举办了第三、第四届"名家名言学术沙龙",进行微创外科新技术、新理念在肝胆胰腺外科领域的交流、普及与推广应用,促进临床医学与数学、物理学、数据科学和计算机科学的交叉融合。2018年6月和2019年3月举办了放疗物理培训班-放疗设备质量保证及质量控制研讨会和放疗物理培训班,针对放疗科病种的放疗技术展开讨论,服务医护人员不断更新专业知识、提升水平,规范放疗技术,促进合作交流。

环境与规划学院青年教师崔耀平,构建了若干算法并申请多项国家发明专利和国际专利,相关成果已被黄河水利科学研究院、中科院地理所、河南省城乡规划设计研究总院等单位在实践中运用;其中一项专利已转让给企业,在国土资源优化和空间规划方面发挥着直接效用。同时,针对黄河流域生态保护与高质量发展的国家战略,关于黄河滩区水土资源高效管护的建议得到国家领导人的批示,耕地转换相关成果被"2020年河南省委1号文件"采纳并印发全省贯彻执行。

2016年,学校申报的"河南大学众创空间"获批河南省高校众创空间,整合了学校和社会双创资源,共享开封众创空间各类政策,为优秀的大学生创业项目和创客们提供良好的项目孵化和创业实践平台。同年,学校申报的"河南大学中原硅谷科技发展研究院"入选第一批河南省技术转移示范机构。研究院将围绕国家产业结构调整和本地区、本行业及企业技术创新工作的需要,开展各种形式的产学研合作和对接活动,促进先进成熟的科技成果在我省就地转化,为豫东地区搭建公共服务平台,进一步提升学校的科技创新能力和服务社会水平。

2017年,学校获批河南省大数据双基地。由王家耀院士牵头,依托学校环境规划学院、计算机科学与工程学院、黄河中下游数字地理重点实验室和国内8家大数据行业知名企业,联合成立时空大数据产业技术研究院,目前时空大数据产业技术研究院已经顺利注册,并入住郑东新区智慧岛。同时学校获批河南省大数据双创基地。双创基地将围绕创新人才培养目标,深化创新创业教育改革,建立创新创业实践服务平台,营造创新创业浓郁氛围,完善创新创业教育服务体系,强化创新创业示范带动作用,同时联合新华三集团、猪八戒网、中原云大数据公司等企业,建设大数据双创基地。在9月份的"全国双创周"河南区启动仪式上,宋纯鹏校长代表环龙子湖高校发表讲话,以国内外高水平大学与国际知名企业的发展为源,深刻阐述了大学与创新的密切关系,高校科研院所原创性基础研究引发的革命性技术进步,引起了河南高等教育界和企业界的共鸣。

五、加强科普工作与智库建设

学校一贯重视发挥学科优势服务社会的科普工作。2020年,学校"化之彩"科普教育基地和信息安全教授科普基地获批。2021年物理学科普教育基地获批,新闻与传播学院被确定为2021年度河南省全媒体科普创作基地。依托这些科普教育基地,学校开展的科普活动丰富多彩。生命科学学院"生命之光"科普展于2008年启动,至2020年,共举办12届。每年的"5·22"国际生物多样性日,生命科学学院都举行生物科普展。地理与环境学院每年举办"4·22"世界地球日系列活动,开展环保科普宣传,向广大师生宣传环保理念。物理与电子学院从2018—2021年举办了四届物语科技科普展,营造了"爱科学、学科学"的校园科技创新氛围。学校组织学生参加2021年由河南省科学技术协会主办的第七届全国青年科普创新实验暨作品大赛(河南赛区),全省有52支队伍挺进河南赛区复赛,河南大学入围了7支,获得1个二等奖、3个三等奖和3个优秀奖。学校发挥各类教学及科研实验室的优势,面向社会大众、青少年以及在校大学生开展科普教育活动,促进全民科学素质的不断提高,充分发挥高校服务社会的功能。2020年,周毅、朱连奇被河南省人才工作领导小组办公室、河南省科学技术协会聘为第二批河南省首席科普专家。2021年,宋纯鹏、戴树玺、姬新颖、余亚英等4人被聘为第三批河南省首席科普专家。2021年,戴树玺入围"典赞·2021科普中原"年度十大科普人物。

学校积极贯彻落实党中央作出的关于加强中国特色新型智库建设、建立健全决策咨询制度的重大部署,以服务党和政府决策为宗旨,以政策研究咨询为主攻方向,全面提升学校为国家和区域战略咨询建言和社会服务能力,现全校已遴选出黄河文明省部共建协同创新中心、黄河文明与可持续发展研究中心、中原发展研究院、马克思主义研究院、区域与国别研究院、中国旅游研究院文化旅游研究基地、河南省教育新媒体暨舆情研究中心、心理与行为研究所、犯罪控制与刑事政策研究所、现代物流研究院等十个机构进行特色新型智库培育。其中,中原发展研究院、黄河文明可持续发展研究中心和以色列研究中心相继入选CTTI来源智库。黄河文明中心入选河南省重点智库,中原发展研究院、区域创新与高质量发展新型智库入选河南省高校新型品牌智库建设单位,区域与国别研究院成为中共中央对外联络部"一带一路"智库合作联盟理事单位。围绕黄河流域生态保护和高质量发展、精准扶贫、乡村振兴、中原经济区等国家重大战略,承担国家发改委、文旅部和河南省发改委、文旅厅等省市厅局的专项规划方案,国家精准扶贫第三方评估工作,推出"黄河保护和发展报告""河南省区域发展系列报告""中国文化旅游发展报告""以色列蓝皮书"等智库成果。高保中教授撰写的《我国央行数字货币安全问题分析》被中央国安委采纳,王振存教授撰写的《关于做好高职扩招背景下学生思想政治工作的意见建议》被中央教育工作领导小组采纳,李二玲教授撰写的《关于培育绿色农业产业集群,促进农业高质量发展的建议》被九三学社中央采纳。

环境与规划学院乔家君教授团队长期致力于乡村发展研究与社会服务实践,2016年组建河南大学国家精准扶贫工作成效第三方评估团队,根据国家战略需求,主持承担了"国家精准扶贫工作成效第三方评估重大任务""河南省兰考县脱贫摘帽专项评估任务"等一系列实践任务。截至2020年12月,先后完成河南、河北、山西、陕西、安徽、江西、甘肃、青海等省份138个县2562个村的调研任务,深入访谈农户85 371家,座谈各级干部4 365人,完成问卷89 736份,形成33个调研主报告,以及105个县市区的反馈报告,总字数达600多万字,为政府决策提供强有力的科学支撑。《中国扶贫》杂志社全程跟踪了河南大学评估团队,并刊发了7篇有关报道,该项工作得到国家领导人汪洋的高度重视,曾听取汇报。《新闻联播》《中国新闻》播报了相关内容。河南大学评估团队被国务院扶贫开发领导小组评为全国扶贫开发工作成效第三方评估"先进集体",乔家君教授获得全国"先进个人"称号。

第二节 科研创新助力社会发展

一、中原发展研究院建言献策

1994年,河南大学创办了改革发展研究院。2009年改称"河南大学中原发展研究院",受到河南省领导的高度重视,郭庚茂省长亲自到场揭牌。2014年10月,河南省委书记郭庚茂欣然为中原发展研究院题词"把中原发展研究院办成一流智库"。研究院在耿明斋教授带领下秉承"立足高校、面向现实、研究问题、服务社会"的学术研究理念,以强烈的社会责任感,坚持自身知识优势和地方经济社会发展实际需要相结合,服务社会经济建设。在郑汴一体化、应对金融危机、中原经济区建设、新型城镇化、谋划郑州航空港经济综合实验区、建设郑州大都市区、郑州国家中心城市建设等关系到中原崛起、河南振兴的重大战略决策的研究谋划推进过程中,做出了不懈探索和重要贡献。

2012年新型城镇化道路走向成为热议的话题。耿明斋教授多次应邀参加省委书记郭庚茂主持的推动新型城镇化问题系列省委常委专题议事会。作为省委指定的唯一高校团队,研究院完成了8个专题10万字的调研报告报送省委省政府,得到常务副省长李克、省人大常委会副主任张大卫的充分肯定,调研报告提出的一些政策建议被纳入《中共河南省委关于科学推进新型城镇化的指导意见》文件。

2016年郑州大都市区概念应运而生,郑州国家中心城市建设正式启航。同年8月12日,省委书记谢伏瞻主持召开专家学者座谈会,围绕谋划推进未来五年河南省经济社会发展的重大战略性问题,征求意见建议。耿明斋教授以《启动郑州大都市区规划建设郑汴新区推动郑汴港协调发展》为题的发言,受到高度关注。早在2013年耿明斋教授团队编撰的《河南省新型城镇化调研报告》中就提出了建设郑州大都市区的初步构思,并连续在省第九次、第十次党代会以及省政协座谈会等重要场合阐述自己的见解。多年来,他在省人大会议期间提交了《关于郑州建设国家中心城市及大都市区的若干建议》《建议启动大郑州都市区规划》等多份关于郑州大都市区和郑州国家中心城市建设的建议,均被列入省人大重点建议。2021年12

月,王凯省长在全国遴选12人组成河南省政府专家咨询委员会团队,耿明斋教授再次受聘为省政府专家咨询委员会专家。

中原发展研究院因其在理论与对策研究方面的重大影响,受多个市县政府及企业委托承担其区域和企业发展的战略研究与规划。先后完成《开封谋建新型副中心城市战略规划》《郑东新区金融城建设规划》《濮阳工业转型升级十三五规划》《潢川城镇体系规划》《灵宝西区规划》《河南出版传媒集团发展规划》和新密、项城、通许、获嘉等数个县及县级市十三五、十四五规划。这些规划都被委托方采纳并实施。尤其是开封新型副中心城市规划,进一步厘清了开封与郑州的关系,明确了开封的城市定位,提出了郑汴港核心区的概念,促成了开港大道及开港经济区建设,为河南省"十三五"规划关于推动开封与郑州的深度融合,打造"郑汴一体化"升级版提供了重要支撑,也为推动许昌、新乡、焦作等周边城市与郑州融合发展,建设组合型大都市区的战略思路,乃至后来演化成型的郑州国家中心城市及郑州大都市区提供了理论支撑。

中原发展研究院先后开展了"改革红利""航空经济""跨境电商与新经济""农业经营组织现代化"等4个专题的研究,出版了《改革红利论》《航空经济概论》《中国农业现代化:困惑与探索》3本专著,发表了《新经济的张力及其对经济增长的支撑》《论航空经济》《农业适度规模家庭经营的理论思考与政策建议》3篇文章,都受到省委省政府主要领导的高度关注,并被航空港经济综合试验区、河南保税物流中心等实际运作机构在实践中所采纳。

中原发展研究院长期关注传统农区工业化及社会转型问题,组织撰写出版的"传统农区工业化与社会转型"系列丛书,已经连续出版5批共26部专著。他们接受政府相关部门委托,围绕省委省政府重大战略问题进行专题研究,此类研究主要有省政府研究室委托的《河南省新型城镇化系列调研》、省商务厅自贸办的《中国(河南)自由贸易试验区建设模式》、省建设厅的《县级城市、中心镇建设管理和发展研究》、省工信厅的《河南省民营企业发展问题研究》等,研究成果均实现了政策转化。

二、纳米材料研究的成果转化

2015年获批的河南大学纳米杂化材料应用技术国家地方联合工程研究中心,2017年被遴选为首批河南省重大新型研发机构,2018年获批河南省纳米杂化材料专业化众创空间。2020年,张治军教授领军的纳米材料产业化创新工作室被评选为河南省教科文卫体系统"示范性劳模和工匠人才创新工作室"。2021年获批河南省首批中试基地,已累计获批国家级科研平台1个、部级科研平台2个,省级科研平台10个。

当前,我国纳米材料的研究与技术开发多集中于高等学校和科研院所,并呈现各自为战、重基础轻应用、大量共性实验设备重复购置、中试实验设备和场地奇缺的局面。同时由于缺乏有效的交流机制,生产企业的技术需求难以获得及时有效的支持。为改变这种现状,张治军教授率领团队于2017年牵头组建了"河南省纳米材料产业技术创新战略联盟",省内20余家高校、科研机构和企业参加。同时,该联盟与国家纳米科学中心等国内9家单位共同发起组建了全国"纳米科技产业技术创新战略联盟",有效促进了高校、科研院所和企业之间资源的高效对接,成为推动研究机构科研成果向企业转化的重要桥梁。中试实验平台在服务于产业联盟的同时,也起到了将纳米材料产业向河南省集聚的作用,成为纳米材料规模化制备与应用工程技术开发高地。

纳米材料研究团队率先采用液相原位表面修饰技术制备有机－无机纳米润滑抗磨材料,并应用于摩擦学领域的研究,对纳米尺度表界面化学反应开展了深入的基础研究,提出了可反应性纳米微粒的微观反应机理,建立了"类高分子合成反应"模型,制备了一系列在有机介质中良好分散性的金属、氧化物、硫化物、氟化物等纳米材料;系统地研究了多种纳米微粒作为润滑油脂添加剂的摩擦学行为,提出了在纳米尺度下影响润滑抗磨效果的主要原因不再是固体微粒自身的晶体结构,而是固体微粒与摩擦副形成的"微区固溶体"的学术观点,并在国际上首先将纳米材料作为润滑油脂添加剂及涂层材料应用于摩擦学的研究。采用液相原位修饰技术,将功能性有机化合物结合在二氧化硅纳米微粒表面,从而制备出有机－无机纳米二氧化硅杂化材料。该方法改变了二氧化硅的表面极性,调控了干燥过程的聚集状态,从源头上解决了二氧化硅在有机介质中难分散的问题,赋予二氧化硅更多的功能性,使其能在涂料、油墨、橡胶、塑料、胶黏剂、低渗油田开发、重金属污染土壤处理等众多领域广泛应用,取得了系列创新性成果。张治军主持完成国家"973计划""863计划"等国家级项目8项,获国家技术发明奖二等奖1项,省部级科技进步一等奖3项、二等奖3项,发表SCI论文300余篇;授权国家发明专利75件,其中工业化转化25件,取得科技成果转化费用4 000余万元。

近年来,项目团队成果先后得以转化实施,培育孵化转让企业15家。2012年,以油溶性纳米铜合金发明专利及生产技术,孵化了南通众诚生物有限公司,转让费用1 260万元,并协助建设年产400吨规模化油溶性纳米铜生产线,企业累计销售量已达3亿元。2013年孵化企业北京中博纳科技有限公司,近三年新增利润1 200余万元。先后与中科院深圳先进技术研究院、香港应用技术研究院、国家纳米中心、胜利油田、中原油田、江苏油田、江苏汇众石油化工有限公司、郑州东申石化科技有限公司、鹤壁联昊化工有限公司等多家高校、企业和科研院所建立合作开发关系。2015年,以高分散性锑掺杂二氧化锡产品孵化了济源市舜峰纳米科技有限公司,已实现200吨级工业化生产。2016年,以高性能纳米二氧化硅项目孵化创立济源海博瑞新材料有限公司,注册资金2 250万元。济源海博瑞公司先后对河南大学21项纳米二氧化硅相关专利成果转化,并委托技术开发项目3项,合同到账总额1 450万元,2019年投产的年产20万吨特种纳米二氧化硅生产线已经开机运行。

2020年1月10日,2019年度国家科学技术奖励大会在北京人民大会堂召开,河南大学作为第一完成单位,由张治军教授主持的"高性能节能抗磨纳米润滑油脂关键技术与产业化"项目摘得2019年度国家科学技术发明二等奖,实现了河南大学在国家"三大奖"上的新突破。这是河南大学进入"双一流"建设高校以来,在科学研究领域的又一座里程碑,对学校的建设与发展起到了有力的推动作用。

三、黄河学研究的重要影响

2002年90华诞之际,河南大学整合地理学、经济学、历史学、考古学、中国文学等传统优势学科,创建了教育部人文社科重点研究基地"黄河文明与可持续发展研究中心"。2012年,联合北京大学、西北大学、山东师范大学、安阳师范学院、希腊爱琴大学、中国科学院地理科学与资源研究所、中国社会科学院、黄河水利委员会、河南省社会科学院等机构,组建"黄河文明传承与现代文明建设协同创新中心",并被认定为河南省首批协同创新中心,2018年申报认定为"黄河文明省部共建协同创新中心"。

近年来,"黄河学"两个研究中心围绕"黄河学"学科建设,聚焦"黄河文明传承与转型""沿黄地区制度变迁与经济发展""黄河生态与可持续发展"三大特色研究方向,承担了一批国家级和省部级重大重点项目,出版《黄河保护和发展报告》、《黄河开发与治理60年》、"黄河文明的历史变迁"丛书、《大黄河风采》、"黄河文明与可持续发展文库"、《黄河流域方志集成》、《殷墟甲骨文书体分类萃编》(16册)、"河南大学考古中原系列丛书"(古都系列5册)等标志性成果;发表高水平学术论文1 631篇,其中SCI/SSCI/A&HCI论文145篇,CSSCI论文1 026篇。在《人民日报》《光明日报》《经济日报》《中国社会科学报》《河南日报》上发表理论文章60余篇。

2018年,建成"黄河学综合数据库",包括黄河地名数据库、黄河文明文献数据库、家谱数据库、甲骨文全文数据库、甲骨文语料数据库、甲骨文字库等。"黄河云大数据平台"建设取得阶段性成果,为黄河学与黄河文明研究提供了坚实的数据支撑。2020年10月,黄河学科研团队研发全国首款AI甲骨缀合产品——"缀多多",创新了甲骨缀合算法,首次实现了人工智能批量缀合甲骨,可广泛用于重要出土文献的数字化修复,推动了古汉字文化的传承与创新。

研究中心积极服务国家战略和社会发展,积极发挥自身优势,精心组织策划,为区域发展和政府科学决策提供了高水平智力支持。2020年中心成功入选中国智库索引(CTTI)来源智库,2021年中心入选河南省重点智库。

研究中心聚焦黄河流域生态保护和高质量发展国家重大战略。一是策划组织召开首届黄河(生态)经济带发展战略高层论坛,提出构建黄河"生态－经济－文化"一体化发展支撑带,连续举办每年一届的黄河流域生态保护和高质量发展高层论坛。二是选派专家赴国家发展和改革委员会,深度参与黄河流域生态保护和高质量发展研究报告的论证和撰写,在黄河流域的主要定位、高质量发展的主要任务、文化传承与发展等方面,为国家战略的出台提供了研究支撑,该研究报告由国家发改委提交到国务院审议并获通过;应邀参加国家发展和改革委员会、国家文化和旅游部的专家座谈会、专题课题研究和有关规划编制。咨政报告"加快新旧动能转换推动黄河流域经济高质量发展的对策建议"被教育部采用,载于教育部《高校智库专刊》。三是深刻解读黄河流域生态保护和高质量发展。在《人民日报》《光明日报》《河南日报》、河南卫视《对话中原》、河南广播电视台《黄河新时代》等媒体平台对黄河流域生态保护和高质量发展重大国家战略进行解读和阐释。

两个中心以"黄河文明传承弘扬"和"沿黄地区可持续发展"为己任,提出了创建具有中国特色、中国风格、中国气派的"黄河学"的宏伟目标。依托两个中心,论证建设"黄河学"哲学社会科学创新平台,提出建立和发展以黄河及其流域人地系统与文明演化为研究对象的"黄河学",把"黄河学"作为长期培育和建设的重要方向。围绕"黄河学"学科建设,两个中心先后在《光明日报》《河南日报》等刊发《黄河学:黄河文明研究的创造性转化》《谈黄河文明的变革精神》《黄河文化的历史意义与时代价值》等重要文章。"黄河学"综合数据库获中西部高校综合实力提升专项经费支持。两个中心独立招收培养博士后研究人员、博士研究生和硕士研究生,2020年,申请的"黄河学""甲骨学与古代文明"两个自主设置交叉学科博士点在教育部备案。

四、校办产业改革

学校于1992年1月成立校办产业管理委员会,下设办公室(即原"校产办"),代表学校对校办产业进行管理和指导。2000年7月,成立河南大学校办产业集团总公司,对校办产业进行清产核资、产权界定、资产评估,在此基础上调整产业结构,把高新技术产业作为校办产业的发展方向。2005年10月,成立河南大学资产经营有限公司。自2009年开始,学校提出了资产公司"以稳定促发展"到"以发展促稳定"的两步走发展战略:通过学校政策扶持、"资产公司"自筹等方式,基本解决了历史遗留问题;通过关停并转、资源整合等方式,对原学校及所属二级机构出资兴办的企业进行了关停并转,基本实现了学校产业规范管理的目标。同时,通过无形品牌、技术成果参股等方式,组建了一批服务社会、服务学校教学科研和教职工生的新型产业。

2018年7月,学校按照上级要求,对学校原来的校办产业管理委员会办公室和"资产公司""两块牌子、一套人马"的管理模式进行调整,撤销原校办产业管理委员会办公室机构,调整"资产公司"领导班子,为"资产公司"按照现代企业管理模式实现企业化独立运营创造了积极条件。"资产公司"始终坚持把公司的发展战略和经营思路统一到国务院关于高校所属企业体制改革精神上来,聚焦学校教学科研,创办与学校教育科研紧密关联的教育、文化和科技产业,学校产业服务社会的能力得到进一步提升。

2019年1月,学校"资产公司"注资成立了教育产业发展有限公司,通过两年的资源开发、整合,基本形成了河南大学学前教育和基础教育新的品牌体系,即河南大学附属实验幼儿园、河南大学附属实验学校(小学、初中、高中)、河南大学附属外国语学校(小学、初中、高中)。同时,集聚国内兄弟院校、科研院所优质教育资源打造基础教育研发团队,完成了支持基础教育办学的学校管理体系、课程教学体系、明德教育体系等三大体系建设,形成了稳定的合作办学模式:品牌管理模式(公立、私立)、品牌服务模式(公立、私立)、全托管模式(公立、私立)等。至2021年底,已经签约附属实验学校3所,预计2022年有两所学校建成。2020年签约1所全托管公立学校,公司建立的教育教学支持体系在托管学校进行教学实践成效显著,各学段进步明显,得到了社会的高度认可。"资产公司"两年多教育产业的探索实践,为学校聚合教育资源集团化办学奠定了良好的基础。

自2019年11月起,随着《河南省教育厅、财政厅关于省属高校所属企业体制改革试点工作的通知》《河南省人民政府办公厅关于印发河南省高等学校所属企业体制改革工作实施方案的通知》的下发,学校成立了以党委书记、校长为组长的企业体制改革工作领导小组,负责领导推进所属企业体制改革工作。领导小组下设办公室,负责统筹协调、指导推进具体工作。明确学校二级单位主要负责人为本单位所办企业体制改革工作的第一责任人,进一步压紧夯实责任。

2020年12月18日,学校党委常委专题会议审议并原则通过了《河南大学所属企业体制改革工作实施方案》。方案立足学校稳定大局和服务学校"双一流"建设大局,科学规划了学校产业未来的发展方向,合理谋划学校保留管理产业的"4·4+"运营模式,即4个产业板块:组建河南大学文化出版传媒集团、河南大学教育产业集团、河南大学科技产业集团、河南大学教服产业集团。4个研发平台+成果孵化双擎联动模式：河南大学深圳研究院＋河大（深圳）科学研究有限公司、河南大学规划设计研究院＋河南大学规划设计有限公司、河南大学纳米材料工程研究中心＋河南河大纳米材料工程研究中心有限公司、河南省时空大数据产业技术研究院＋河南省时空大数据产业技术研究院有限公司。

根据《河南省财政厅关于河南大学所属企业体制改革工作实施方案的批复》的有关精神，学校党委多措并举，成立工作专班，进一步压实工作责任，跟踪改革工作，涉及改革的单位建立企业改革工作"日清零"机制，攻坚克难，按照时间节点扎实推进改革工作。截止到2021年12月，学校所属49家企业，完成改革任务25家，视同完成改革任务22家，完成率约96%。通过改革，学校所属企业由49家缩减到20家，清理率达59%；学校以事业法人身份原直接投资企业10家，改革后仅保留1家，清理率达90%；保留管理企业中，与学校教学、科研紧密关联企业19家，关联契合度达95%；校内服务企业1家，仅占5%，基本达到学校所属企业瘦身、聚焦、提质、增效的目的。资产公司正在按照现代企业制度的要求完善体制机制建设，争取为学校"双一流"建设与服务社会做出贡献。

第三节　社会培训与扶贫抗疫

一、扩大社会培训规模

社会培训是河南大学服务社会与人才培养的重要工作。1997年，省委高校工委、省教育厅在河南大学建立河南省高校干部培训中心。2004年省委组织部在河南大学建立河南省干部教育培训中心河南大学干部培训分部。经过多年的积极探索和不懈努力，干部培训中心构建了涵盖政治、经济、文化、高等教育等领域的培训课程体系，形成了一套较为完善、规范有序的管理制度，建设了一支由省内外知名高校和科研机构的专家学者、有关部门和高校领导以及河南大学骨干教师组成的专兼职师资队伍。截至2021年12月，已成功举办13期市厅级干部研修班、25期县处级干部进修班、45期高校中青年干部培训班、4期全省高校组织部长培训班、8期教育厅直属机关处级干部集中轮训班、10期全省高校基层党支部书记培训班，累计培训县处级以上干部1万余人。

为理顺培训管理体制，2021年5月，学校党委对部分机构设置进行调整，干部培训中心不再挂靠党委组织部，保留名称独立设置，撤销干部培训中心内设机构；

撤销挂靠远程与继续教育学院的培训中心;远程与继续教育学院更名为继续教育学院,与干部培训中心合署办公。学校继续教育实行二级管理体制,继续教育学院是全校成人高等教育、自学考试、干部培训和社会培训的管理与服务机构,干部培训中心承办干部培训业务,专业教学学院承办与其学科和专业相对应的学历继续教育和社会培训业务;教师教育学院是学校中小学、幼儿园教师培训的管理与服务机构,基础教育研究院承办中小学、幼儿园教师培训业务。

多年来,学校专业技术人员继续教育工作取得很大发展。2014年,学校获批河南省专业技术人员继续教育基地;2019年9月,获批人社部国家级专业技术人员继续教育基地,并获建设经费290万元,为河南大学开展高端培训打开了发展空间。为加强基础条件建设,"河南大学继续教育培训网络学习平台(高校教师系列)"正常运行,学校每年组织申报和实施国家人社部和省人社厅高级研修项目。2017年,学校承担省政府办公厅系统处级科级干部培训、省发改委系统干部培训、省收费还贷高速公路管理有限公司科级干部培训、洛阳613所党支部书记培训、焦作市解放区国税局干部培训、新乡市中小学教育与传统文化培训等社会短期培训工作,共培训1 050人。承办了开封市退役军人事务局2018级、2019级军转干部的培训工作。根据军转干部的具体情况,提供模块化、个性化和菜单式课程,采用混合培训模式,注重专业能力和综合素质的培养和提升,对促进培训学员从军队人才向地方经济建设人才转型发挥了重要作用。学校坚持发展意识、质量意识、品牌意识,充分挖掘校友、合作单位等社会资源,主动联系政府、企业和行业等社会客户,开发定制性和菜单式培训项目,更新培训模式,实现多方共赢,共同发展。

在师资配置、培养方案、培训模式、教学管理等方面精心组织。重视师资配备,聘请校内外专家、省内外名师和双师型教师,优化师资队伍结构。科学设计培训方案,不断调整课程结构,实现理论课程与实践课程、必修课程与选修课程、专题课程与微课程的有机结合,根据学员的差异化需求,开设大量的"菜单式"选修课程,要求学员每人选修2—3门课程,实践性课程不少于50%。同时,注意创新培训模式,采用专家讲座、专题研讨、案例赏析、观摩考察、交流反思、说课试讲、拓展训练、同行评议、网络研修、校本研修等多种方式进行培训,促进学员学用结合。坚持严格管理,学校成立领导组,负责组织协调工作,制订具体实施细则,规范培训流程,加强过程监管,完善质量评估和绩效考核机制。细化人文关怀,开展多种文体活动,丰富学员课余文化生活,增进学员互识与交流、互相学习、共同进步,彰显学校的人文关怀。

近年来,学校还充分利用学校师范教育优质资源,承担国培、省培计划以及地市教师培训和校本培训,每年培训人次达到5 000以上。

二、完成定点扶贫任务

河南大学作为一所地方高等学校,从新世纪之初,就开始响应党中央的号召,派驻扶贫工作队,承担扶贫开发与精准扶贫工作。二十年来,学校投入了大量的人力物力,帮助多个乡村实现脱贫目标,受到各级领导表扬与驻村群众的好评。

2016年至2022年,学校连续派出三任驻村工作队赴开封市祥符区曲兴镇双楼村扶贫攻坚,助力乡村振兴。学校党委宣传部、艺术学院、新闻与传播学院、国际教育学院、体育学院、法学院等单位,组织大学生理论宣讲、普法宣传、关注留守儿童、课业辅导和送文艺下乡活动9场次,参与师生100余人次。同时,学校帮助成立双楼村"农民合作社",在明伦校区旁设"双楼村农民合作社特色农产品销售点",仅2017、2018年两个春节期间,合作社年货营业额即达100余万元。2018年夏,学校开展了暑期三下乡赴双楼村社会实践活动暨捐赠仪式,校工会捐赠圆形会议桌椅一套,河大资产经营有限公司捐赠电脑50台,商学院捐赠会议桌椅50套,国际教育学院捐赠价值5 000元文体用品,附属小学捐赠儿童双人床50张,校医院捐赠文体用品价值3 000元。2019年驻村工作队为双楼村申请乡村振兴示范项目资金500万元。双楼村主干道和主要巷道全部实现水泥硬化,两侧植树种草实现绿化,全部安装路灯,广播覆盖全村,村容村貌焕然一新。2020年5月,河南大学出资40余万建造的温室蔬菜大棚投入使用,先后种植了优质密瓜和西红柿等经济作物,为村里产业蓄力、带贫减贫和村集体经济发展带来良好示范效应。六年来,驻村工作队开展的一系列有效帮扶举措,使双楼村在产业发展、教育教学条件、人居环境治理、乡风文明、基础设施建设等方面均得到显著提升。2019年双楼村被祥符区授予"基层党建红旗村"荣誉称号,被开封市爱国卫生运动委员会授予"市级卫生村"称号。2020年圆满完成脱贫攻坚战收官工作。

在杞县葛岗镇西空桑村,学校投入专项资金支持驻村第一书记工作,先后引进帮扶资金500万元,累计安排完成村内主干道公路建设、电力升级改造、贫困户危房改造、小学球场硬化、村委建设、农田打井、"河大林"建设、贫困户脱贫养殖及《西空桑村村志》编写等10余项工作。借助西空桑村"伊尹故里"这一历史传说,结合村情提出了以"发展伊尹文化"为主线,以"建设伊尹故园"为目标,形成将西空桑村打造成乡村旅游带动绿色种植与农家乐一体化发展的工作思路。西空桑村党支部连续两年被评为"县优秀基层党支部",西空桑村被开封市授予"最美宜居乡村"荣誉称号。

为了使通许县前付村早日脱贫,学校规划设计研究院为前付村制定土地规划、产业规划、旅游规划等多规合一的长远发展规划,为未来建设发展指明了方向。校领导和各二级单位60余次入村调研、开展帮扶。学校在前付村投入资金70万元修建村内道路990米；投入资金75万元建设村内排水系统；投入资金20万元治理村内废弃坑塘，建设文化长廊。投入资金开展基础设施建设，新建党员宣誓墙、乡村大舞台和文化广场1 094平方米。安装广场健身器材，修建公共厕所，为村民提供娱乐健身场所。更换LED路灯95盏，安装覆盖全村的400万像素的高清摄像监控系统，有效预防重大治安案件，维护了村内治安稳定。先后向竖岗二中、前付小学捐赠价值11.3万元听力设备及480套桌椅，价值8万元的图书，一套交互式白板系统，一个信息化教室，一个多媒体教室。争取开封市交通局资金50万元，修建村内道路800余米。争取通许县交通局资金70万元，修建村环线及扶贫基地道路。引进河南稼瑞农业科技有限公司投资100万建设蔬菜大棚。依托学校现代农业与生物技术研究院与兰考县张庄村的鑫旺水产养殖基地开展合作共建，在前付村成立"河南大学现代农业与生物技术研究院养殖推广基地"，教村民养殖南美白对虾。改善前付村种植结构，在蔬菜大棚种植澳洲紫白、哈密红薯等优良农作物品种，提升农产品的附加价值。承包村内蔬菜大棚农产品销售，在22号家属院设立农副产品销售点。建设"河大大爱、前付风华"大美前付微信公众平台，开展网络电商平台销售服务。在扶贫基地安装监控12台，维修村内损坏监控5台，购买打草机2台、洒水车1辆、小型挖掘机1辆、抽粪车1辆，美化前付村人居环境。针对村民反映较为集中的道路排水问题，学校拨付专项资金75万元建设村内排水系统。通过三年的努力，前付村在2020年实现了集体经济良性发展和贫困人口全部脱贫，获2019年开封市"基层党建红旗村""脱贫攻坚红旗村""产业兴旺红旗村"和"开封市文明村"荣誉称号。河南广播电台、《河南党刊》对驻村第一书记梁刚同志的防疫扶贫事迹进行了报道。新华网、《光明日报》、人民网、光明网、中国文明网、《中国青年报》等众多媒体，都对河南大学发挥专业优势助力脱贫攻坚工作进行了报道。

2018年初，学校根据省委组织部《关于2018年选派优秀年轻干部到贫困县挂职锻炼的通知》精神，经学校党委研究，选派校纪委副书记、监察处处长张润泳同志挂职担任嵩县县委常委、副县长。学校成立脱贫攻坚工作领导组，由党委书记、校长任组长，党委办公室、组织部、校长办公室、发展规划处等职能部门为成员单位，全面做好统筹协调。学校投入脱贫攻坚专项资金，按照校地双方共同拟订的《"校地结对帮扶"精准扶贫行动实施方案》推进工作，确保学校成为挂职干部开展工作的坚强后盾。

2018年，党委书记卢克平两次到嵩县开展"校地结对帮扶"工作对接。学校结合实际情况，积极开展特色帮扶工作。一是智力帮扶。2019年7月至12月，地理与环境学院专家团队为嵩县田湖镇17个村庄开展村域面上调查和村民入户调查，提出村庄规划编制建议。10月至11月,商学院、文学院、药学院专家团队赴嵩县与商务局电商中心、两程故里与家风教育基地、洛阳顺势药业有限公司开展调研交流,提供专业支持。10月至12月,学校遴选32名优秀师范类应届毕业生赴嵩县中小学实习,与当地教师交流教学教法,提升中小学学科教学水平。2020年10月29日,淮河医院与嵩县卫生健康委召开工作座谈会,进一步深化校地结对帮扶工作,提升基层医务人员的综合服务能力。

二是科技帮扶。2018年9月学校第一附属医院和嵩县人民医院签订医疗集团合作协议,对嵩县人民医院提供全方位支持。2019年5月,学校技能人才代表、第一附属医院医护人员10余人赴嵩县旧县镇开展剪纸艺术讲座和健康知识讲座,并为当地学校捐赠了学习用品。暑假期间,土木建筑学院70余名师生赴嵩县黄庄乡进行对口专业帮扶;地理与环境学院"投身乡村振兴,服务三农工作"乡村规划博士服务团11名成员到嵩县古城村开展乡村规划知识宣讲,制作村级规划;新闻与传播学院"推普脱贫攻坚"社会实践博士服务团12名成员到嵩县三合村"手绘小镇",结合嵩县"旅游扶贫示范县"的发展需求,深入开展"推普脱贫攻坚"活动。8月,淮河医院在与嵩县相关医院充分调研对接的基础上,开展医疗技术、医疗设施、人才培养等项目帮扶,帮助两家医院实现二级保健院和二级乡镇卫生院达标,持续提高县乡两级医疗卫生机构的服务能力和水平。生命科学学院油菜研究团队配合嵩县全域旅游发展战略,在做好实地调研的基础上,调整嵩县农作物种植结构,指导贫困群众推广种植油菜优良品种。在嵩县建立了跨湖大桥油菜观光种植区、叠翠山花木+油菜观光种植区、环陆浑水库生态种植区。充分发挥油菜的观赏、菜用、油用的多功能性,推进农业生态旅游资源开发。药学院康文艺教授作为国家食用菌加工技术研发专业中心主任,2019年受聘为嵩县食用菌种植科技顾问,长期指导嵩县食用菌种植和产业发展,得到了当地企业和农民的一致好评。2020年9月24至26日,黄河文明省部共建协同创新中心与相关科研机构联合协办了嵩县"黄河文化与二程理学"高层论坛。

三是培训帮扶。2018年12月,学校投入经费近10万元,为嵩县乡科级党员干部和中青年党员干部开设培训班;先后选派了20余名农业方面的专家,根据嵩县经济发展的需要,有针对性地开设了现代农业、中药材种植、食用菌栽培、民俗旅游、乡村振兴等方面的专项培训;派出体育、音乐、美术专业教师为总计700余名体育、音乐、美术教师开展教学技能提升专题培训。干部培训中心先后三次组织高水平专家赴嵩县为领导干部做"不忘初心、牢记使命"主题教育专题培训。

四是人才帮扶。学校积极鼓励和支持有实力、有条件的二级学院师生到嵩县开展创业孵化项目,积极引导优秀毕业生到嵩县就业创业,共有15名毕业生在嵩县就业。

五是消费扶贫。学校在网站主页推介"嵩县旅游精准扶贫公益爱心活动",积极发动教职工参与嵩县公益事业奉献爱心。校工会先后组织购买嵩县626余万元农副产品,全部完成了在扶贫832平台采购贫困地区农副产品预留份额。

学校把嵩县作为爱国荣校教育基地,分批组织各二级学院教职工生到嵩县重温办学历史,增强与嵩县人民的血肉联系。在原河南大学医学院医院旧址投资400余万元建设河南大学嵩县办学纪念馆,完成后将成为学校爱国主义教育的重要基地,不断提升广大师生助力嵩县发展的使命感与责任感。为此,新华网、光明日报、人民网、光明网、中国文明网、《中国青年报》刊发《让科技和知识造福人民》的文章,对河南大学发挥专业优势助力脱贫攻坚工作进行了报道。挂职干部张润泳同志被河南省委、省政府评为河南省抗击新冠肺炎疫情先进个人。

三、积极组织抗击疫情

2020年伊始,突如其来的新冠肺炎疫情发生在武汉。学校领导班子按照党中央、国务院、省委、省政府及开封市委、市政府的决策部署和"坚定信心、同舟共济、科学防治、精准施策"的总要求,把驰援武汉、做好疫情防控作为压倒一切的重大政治任务,积极完成各项抗疫工作。

1月24日,学校成立新型冠状病毒肺炎疫情防控工作领导小组,党委书记、校长任组长,其他校领导任副组长,全面负责学校疫情防控工作的组织领导和督查督办。学校20余个相关部门组成领导小组办公室,各负其责、分工协作。庚子除夕,校党委书记卢克平带队赴疫情防控一线检查指导工作,并看望慰问一线教职工。

2020年1月25日,学校根据省委省政府统一部署和省卫健委统筹安排,选派淮河医院、第一附属医院52名医务人员组成援鄂医疗卫生队驰援武汉。淮河医院接到通知后,通过医院各科室、各支部广泛动员,在不到两个小时的时间内迅速组建一支26名队员的医疗队。1月26日学校举行淮河医院、第一附属医院52人组成的支援医疗队出征欢送仪式,开封市市长高建军、校党委书记卢克平、校长宋纯鹏、校党委副书记雷霆、副校长孙功奇以及相关单位负责人参加送行仪式。学校援鄂医疗卫生队成立两个临时党支部,有27名同志在武汉抗疫一线递交了入党申请书,在省卫健委援鄂医疗卫生队第一批"火线入党"的7名同志中,学校就有5人。学校医务人员在抗疫一线英勇战斗,表现突出,3月1日,学校印发《关于表彰援鄂医疗卫生队及队员的决定》,授予河南大学淮河医院援鄂医疗卫生队、河南大学第一附属医院援鄂医疗卫生队"抗疫先进集体"荣誉称号,授予李磊、郭俊华等52人"抗疫先进个人"荣誉称号并每人发放奖金3 000元,对奋战在抗疫一线的同志进行及时表彰激励。

面对突如其来的严重疫情,学校广大医务人员白衣为甲、逆行出征,诠释了医者仁心和大爱无疆的奉献精神。尤其是驰援武汉的52名医务人员,视疫情为命令,召之即来,来之能战,战之能胜。他们以对人民的赤诚和对生命的敬畏,争分夺秒,连续作战,承受着身体和心理的极限压力,舍生忘死挽救生命,胜利完成了任务,为河南和河南大学赢得了荣誉。

2月2日,校党委书记卢克平主持制定《关于加强党的领导紧紧依靠师生员工坚决打赢疫情防控阻击战的通知》。2月15日,校长宋纯鹏亲自撰写《如何做好目前学校疫情防控及其相关工作——校长宋纯鹏答记者问》在学校网站发布。学校领导多次以现场或视频会议形式,组织制定分管部门和负责专班的工作方案,安排部署疫情防控相关措施,指导各单位开展疫情防控工作,带头为疫情防控捐款,慰问一线工作人员等。

学校教育发展基金会设立"河南大学抗击新型冠状病毒感染肺炎基金"项目,定向接受广大师生和校友的爱心捐赠,收到捐赠款170余万元。校党委书记卢克平、校长宋纯鹏主持召开校党委常委会扩大会议暨疫情防控工作领导小组会议,研究决定设立1000万元预备基金,开通专门账户,专门用于学校疫情防控工作。

学校印发《关于进一步加强疫情防控工作组织领导有关事项的通知》,并建立专班推进机制,组建了宣传舆论、维稳、医疗保障、医疗物资保障、教职工、学生、外籍教师和留学生、离退休人员、外来人员管理、监督、信息收集研判等11个工作专班。每个专班均由学校领导牵头负责,机构健全、职责清晰、要求明确、措施有力。学校各二级单位结合本单位实际,分别成立相应工作专班,制定各自工作方案。学校内部建立了"领导小组—工作专班—各单位领导小组"三级垂直指挥系统,形成了"学校—学院—年级—班级—寝室"五级疫情防控体系,疫情防控指挥与工作网络细致严密。

根据教育部、省教育厅关于延长寒假推迟开学的安排部署,学校制定了延期开学期间学生管理和教学工作方案,开发了"河南大学网络教学信息采集与交流平台",采集数据24万余条,收集学生建议4300余条。2月17日,学校"开学第一课"正式开课,网络教学活动有序开展,学生积极性和参与度很高,效果较为理想。

学校实行"一人一册",建立个人信息档案和信息动态数据库,精准掌握每位师生员工的行程轨迹、身体状况和疫情接触史等。实行疫情信息"日报告""零报告"制度,按照信息报送机制汇总统计,并按要求报送上级有关部门。学校发文严禁举办一切聚集性活动,禁止师生未接到通知时提前返校,对校园实行封闭管理,凭证进入校园并测量体温,举办小型会议须全员佩戴口罩且会后对会场做消毒处理。

2020年3月26日上午,河南省委书记王国生、省长尹弘、省政协主席刘伟,学校领导卢克平、孙君健到郑州东站迎接学校淮河医院、第一附属医院援鄂医疗队

52名医务人员凯旋,开封市人民与河南大学领导老师们夹道欢迎。此后,在开封市市民广场,开封市委书记侯红、市长高建军等市领导,学校党委书记卢克平、校长宋纯鹏、副校长孙君健等与开封市人民一道举行热烈的欢迎仪式。至此,河南大学驰援武汉抗疫任务圆满完成,在百年老校历史上写下了光辉的一页。

自疫情发生以来,学校有关部门及专家在《人民日报》《光明日报》《河南日报》等校外媒体发表抗疫宣传类文章60余篇,编制《河南大学新型冠状病毒感染肺炎疫情防控知识宣传手册》,学校官网累计发布疫情防控相关内容489条,新冠肺炎专题新闻216条,阅读量达65万。学校官方新媒体5个平台共计发布344条防疫抗疫推送,总阅读量、点击量超过1 000万。学校教师及校友创作的《长江、长江,我是黄河》《暖城》《国歌在这里响起》等抗疫歌曲在社会上引发强烈反响。2020年9月8日上午,全国抗击新冠肺炎疫情表彰大会在北京召开。河南大学抗体药物开发技术国家地方联合工程实验室获全国抗击新冠肺炎疫情先进集体,作为河南省唯一接受表彰的高校单位,实验室主任李霞作为代表出席表彰大会。

第九章　文化建设

河南地处中原,是中华民族的重要发祥地之一,是早期中华文明的核心区,拥有丰富的文化资源和深厚的文化底蕴。中原文化是中华文化的重要组成部分,是民族文化之根,中原文化蕴含着中华民族生生不息、发展壮大的丰厚滋养。作为河南省成立最早的高校,河南大学承担着传承中华文化和中原文化的重任。学校把文化传承作为历史使命,把文化建设作为教学、科研实践环节的延伸和重要组成部分,采取行之有效的措施,推进中原文化交流,促进文化产业发展,弘扬中原优秀传统文化,凝练和发扬"河大精神",精心培育校友文化,为推动中华文明、中原文化的发展和河大精神的传承做出了应有的贡献。

第一节　弘扬中华优秀文化

一、普及中华文化

中华民族历史悠久,中华文化源远流长。传承与普及中华优秀传统文化是一个潜移默化的过程,是一项长期而艰巨的任务。河南大学教授、博士生导师王立群自2006年登上央视《百家讲坛》,走上传统文化普及之路,这一"走"就是十几年。他先后在《百家讲坛》主讲了11个栏目,从汉代风云人物系列《王立群读史记》到《王立群读宋史》节目,以及《千古名医华佗》《王立群说成语》《中华百家姓》等,所讲述的历史故事超过了400期。在《百家讲坛》进行系列讲座的同时,王立群在讲稿基础上整理出版了与《史记》《宋史》有关的10余种图书,畅销数百万册,在国内乃至世界华人圈内深受欢迎与好评,达到了他所说的"用知识影响社会,用文化指引人生"的效果。

2013年以后,年已古稀、心脏下了支架的王立群依然不肯休息,多次应邀作为全国青歌赛、中国诗词大会评委在央视亮相,并参加《百家讲坛》特别节目《平"语"近人——习近平总书记用典》的录制,以"经典释义人"的身份解读中华优秀传统文化精髓。王立群多次参加国家和省有关部门组织的多项文化交流活动,宣讲中国传统文化和中原文明,促进国内外文化交流,尽显河南大学风采,为宣传河南的今日风貌做出了突出贡献。由于王立群在海内外学术界及民间良好的声誉及影响力,2012年5月国务院侨务办公室批准在河大设立"华文教育基地"并举行了挂牌仪式。

2016年5月17日,王立群作为河南省唯一的特邀教师代表参加在北京召开的中国哲学社会科学工作座谈会,受到习近平总书记的亲切接见和热情鼓励。

河南大学教授、博士生导师程遂营于2018年任河南大学文化产业与旅游管理学院院长。程遂营是河大继王立群之后,在央视《百家讲坛》赢得极好声誉的专家之一。2014年国庆前夕,由他主讲的"六大古都"系列节目在央视《百家讲坛》热播。该节目以古都为线索,带领观众重温我国古代璀璨的物质文明和精神文明,引发人们对于传统伦理道德和民族精神的思考,有利于传统文化的传承与发展。其后,程遂营拓展、深化相关课题,于2016年"十一"黄金周期间再次主讲长达15集的《黄河上的古都》。2019年1月1日至15日,他所讲述的《丝绸之路上的古城(第一部)》即"陆上丝绸之路"部分在《百家讲坛》再次播出,而《丝绸之路上的古城(第二部)》即"海上丝绸之路"部分则在4月17日至5月1日的央视《百家讲坛》播出。2020年1月,程遂营又将海上丝绸之路的文化故事带到了菲律宾中央大学,受到该校师生的热烈欢迎。此次交流旨在探索与"一带一路"沿线国家重点高校在人文领域的合作,助力中华优秀传统文化走向世界。2021年,程遂营在央视《百家讲坛》栏目继续推出《长江边的名城》(第一部)16集,成为其在《百家讲坛》栏目推出的第5个系列节目。他主讲的《中国古都文化》在中共中央宣传部"学习强国"平台《慕课》栏目全集播出。程遂营始终将讲好中国故事、做好文化传承作为自己的肩头重任,先后在《河南日报》《光明日报》发表文章,介绍自己在古都研究方面的思考和成果。他撰写的《踏访丝路古城　演绎丝路传奇》在2019年4月25日《人民日报(海外版)》发表。他还出版有《唐宋开封生态环境研究》《河南旅游历史文化》《中国旅游文化》《程遂营讲六大古都》《黄河上的古都》《丝绸之路上的古城(第一部)》等专著,其中《程遂营讲六大古都》被翻译成俄文,由俄罗斯作家出版社出版发行。

二、传承宋代文化

开封是中国历史文化名城,中原经济区核心城市之一,有"黄河上的明珠"之称。历史上的开封是八朝古都,有"汴京富丽天下无"的美誉,北宋东京汴梁更是当时世界第一大城市。开封的文化积淀深厚,民间、民俗文化丰富多彩。河南大学利用在开封办学的地理优势,积极挖掘宋文化资源,成立了宋文化研究院。作为开封市政府的合作共建单位,宋文化研究院积极协助市政府举办一系列高水平学术论坛,为开封市"文化+"工程提供智力支持。

2011年9月17日,第7届宋代文学国际学术研讨会在河南大学举行,来自国内外的170多位研究宋代文学的专家学者参加研讨会。2012年8月20—21日,"宋都开封与10至13世纪中国史"国际学术研讨会暨中国宋史研究会第15届年会在河南大学举行,230位来自不同国家和地区的宋史研究学者汇聚一堂,共同探讨宋代历史。2014年,宋文化研究院协助市政府承办"世界客属第27届恳亲大会"及"宋代地方政权、民间力量与基层治理"青年高层学术论坛。

2011至2016年,宋文化研究院每年发布系列研究课题,为开封市文化建设提供切实方案。河大诸多专家学者在开封城墙规划、世界客属恳亲大会布局、中国文化中的汴京元素、宋代饮食等课题方面,贡献了自己的聪明才智,诸多优秀研究成果集结成册,先后在河南文艺出版社、河南人民出版社出版"宋文化研究丛书"3辑,打造了河大宋文化研究的品牌。2018年,学校与上海古籍出版社签订战略合作协议,拟在5年内出版"河南大学宋文化研究丛书"二三十种,作为河大宋文化研究的代表性成果。

2017、2019、2021年,宋文化研究院作为主要承办单位,承办了第2、4、6届开封市和杭州市共同主办的"两宋论坛",传承弘扬两宋文化。2020年10月18日,河南大学中原发展研究院在杭州举办第5届两宋论坛,河南、浙江两省和杭州、开封等地的省、市有关领导和研究机构、高校专家学者50余人参加论坛。

三、弘扬黄河文化

河南大学注重黄河文化的传承,依托黄河文明与可持续发展研究中心等智库平台,连年组织暑期黄河流域西北三省考察活动,将黄河文化融入研究生课程体系、教学体系和教材体系,探索跨学科教育教学新模式。多次举办"黄河学"系列、黄河生态保护和高质量发展高层论坛和黄河文明大讲堂。2019年4月,策划组织召开首届黄河(生态)经济带发展战略高层论坛,推动黄河流域生态—经济—文化一体化支撑带建设上升为国家战略。当年4月26日,与中国地理学会黄河分会、河南省高校智库联盟在开封联合主办首届黄河(生态)经济带发展战略高层论坛,论坛的主题为黄河经济带发展战略,来自国务院发展研究中心、水利部黄河水利委员会、中国科学院地理科学与资源研究所、北京大学等20多个单位的50余位专家、学者与会。

2019年9月18日,习近平总书记在郑州主持召开黄河流域生态保护和高质量发展座谈会并发表重要讲话指出,黄河文化是中华文明的重要组成部分,是中华民族的根和魂,要推进黄河文化遗产的系统保护,深入挖掘黄河文化蕴含的时代价值,讲好"黄河故事",延续历史文脉,坚定文化自信,为实现中华民族伟大复兴的中国梦凝聚精神力量。为深入贯彻落实习近平总书记讲话精神,河南大学教授苗长虹、艾少伟、牛建强等先后在《光明日报》《河南日报》发表文章,对黄河流域生态保护和高质量发展重大国家战略进行解读、阐释和论证,苗长虹、胡全章、田志光等受邀在开封电视台围绕"讲好黄河故事 再现黄河神韵"谈黄河与开封的渊源与发展,王震中、艾少伟应邀做客《黄河新时代》系列报道第6集《文化聚力》,苗长虹应邀做客河南卫视《对话中原》谈让黄河成为造福人民的幸福河等,为弘扬黄河文化贡献智慧。

学校积极推进全省高校特色文化智库建设。2021年主办第13届"黄河学"高层论坛暨黄河文化与文旅融合发展研讨会,承办人力资源和社会保障部"黄河流域生态保护和高质量发展高级研修班",参加河南发展高层论坛濮阳黄河文化研讨会,服务"母亲河畔的中国——溯源黄河文脉 讲好黄河故事"采访团走进河南大学,着力发掘黄河传统文化。与中国历史研究院签署共建黄河文化研究院合作协议,以黄河为主题,在《人民日报》《光明日报》等中央报刊上发表20余篇理论文章,获批国家社科重大、重点项目,文旅部黄河文化专项4项,首倡"黄河保护与发展"智库联盟建设,入选河南省重点智库行列,创新构建基地智库新格局。

学校出版社围绕"深入挖掘黄河文化资源,讲好黄河故事"这一主题,组织各方力量,策划出版"黄河文库"系列丛书。"黄河文库"共有四部分内容,即自然黄河、人文黄河、文学黄河、区域黄河。《文学黄河》是其规模化的起始,内容包括古代诗歌、古代词曲、古代谣谚、古代散文、神话传说以及现代诗歌和散文等,共10本。书中还编配了2100余幅黄河或与黄河有关的图片,图文并茂,互为助益。"黄河文库"系列丛书对黄河文化进行系统的研究和整理,对于保护、传承和弘扬黄河文化,具有重要的推动作用。

自古以来,齐鲁文化与中原文化水乳交融、胶漆相投,共同构成华夏文明的精髓,而串连两地的正是我国的母亲河黄河。2021年8月6—18日,由河南大学美术学院、山东省日照市文化和旅游局主办,山东省日照市美术馆承办的"潮起意生·河南大学美术学院黄河文化主题创作邀请展"在山东省日照市美术馆开幕。本次展览涵盖了河大美术学院42位教师的85件作品，包括中国画、书法、油画、水彩、版画、综合材料、摄影、雕塑等多种类型。集中表现黄河的自然、人文、历史和生态，凸显中原画风的地域特色及广阔视野，以视觉方式奏响黄河主题乐章。河大美术学院组织教师以黄河文化为主题创作了大量美术作品，通过举办展览来庆祝中国共产党成立100周年，讲好黄河故事，弘扬黄河精神，落实中办、国办《关于全面加强和改进新时代学校美育工作的意见》要求，弘扬中华美育精神，以美育人，以文化人，以美培元，具有重要的现实意义和深远的历史意义。

四、传播民俗文化

走进河南大学明伦校区文物馆一楼文化主题展厅，几十幅剪纸作品错落有序，浓淡相宜，一一映入眼帘。远远望见巨幅剪纸作品《清明上河图》规模宏伟、结构严密，人与物远近疏密、起伏有节，别有一番神韵。其剪法传神、技巧独到、工艺繁杂，使得前来参观者无不叹为观止、称赞叫绝。这幅历时数月精心剪成的巨作出自张朝晖之手，这个展厅也相应被称为"张朝晖剪纸艺术展厅"。张朝晖是首届"开封工匠"，他的剪纸艺术工作室被河南省教科文卫体工会授予"技能人才创新工作室"；他不仅是河南省民间工艺美术大师，还有着中国民间文艺家协会会员、河大文化产业与旅游管理学院副教授等多重身份。借助河大文旅学院提供的良好平台，他把剪纸技艺带入大学课堂，在河南开创了非物质文化遗产进大学课堂的先河。

河南大学特聘教授高有鹏，是我国著名民俗学家、著名长篇历史小说作家、河大的博士生导师、河南省学术带头人，曾任河南大学黄河文明与可持续发展研究中心副主任，在河南大学讲授民俗学多年，长期致力于中国民俗文化的弘扬与传播。他在央视《百家讲坛》讲的《过年》在海内外引起强烈反响；他曾在省委宣传部组织召开的全省宣传文化干部培训工作会议上纵论文化兴国，畅谈实现中华民族伟大复兴与全面理解认识文化遗产问题；他曾提出"保卫春节，守护民族文化传统"；并在"清明文化名家报告会"上开坛设讲，在《南方都市报》香山讲坛讲述宋代风俗。2012年，高有鹏撰写的《中国民间文学通史》出版，全书300多万字，分1、2、3册，是我国第一部关于中国民间文学历史发展的文学史。他还先后出版《河南民间文学史》《中国民间文学史》《中国现代民间文学史论》《中国庙会文化》等专著，出版百万字长篇历史小说《袁世凯》《清明上河》等文学作品。高有鹏集30年心血独立完成500万字的学术著作《中国民间文学发展史》2套20卷，纵贯古代、近代、现代不同社会历史阶段，全面梳理中国民间文学的历史发展及其与中国文学的文化联系，努力构建中国民间文学理论体系，这是中国民间文学研究领域的一部杰作，被《中国出版年鉴》称为中国民间文学史之集大成者。这部巨著对于树立文化自信,传播中华优秀传统文化,讲好中国故事,向世界展示中国,具有非常重要的现实意义和理论价值。

五、凝练体育文化

太极拳是人类非物质文化遗产项目,而这个项目是由河南大学代表中国向联合国教科文组织申请获批的。作为我国传统武术类非遗项目中仅有的人类非物质文化遗产,太极拳发源于河南焦作温县陈家沟,拥有300多年的发展历史,是享誉世界的中国文化瑰宝,也是学校努力打造的一张金色名片。河南大学根植中原文化沃土,一直致力于中原文化的传承,把太极拳作为重点推广项目给予大力支持,将增强学生体质与弘扬中华优秀传统文化相结合,走出了一条"全民练太极,太极惠师生"的学校体育特色发展之路。作为武术段位制一级考评机构和考试点,河大近十年在武术段位制推广方面做了许多卓有成效的工作。

2014年,为响应教育部和国家体育总局关于中国武术段位制进校园的号召,学校将原来比赛中采用的简化24式太极拳调整为孙式太极拳四段,以推进太极拳学习与普及的标准化、规范化、品牌化,并在原有本科生比赛的基础上,开始举办研究生太极拳比赛。太极拳比赛已成为学校学生活动特色项目,目前本科生已举办17届,研究生已举办7届,每年有万余名学子参赛。该活动项目于2018年荣获全国礼敬中华传统文化优秀成果河南省二等奖。在全校师生的共同努力下,河大被评为中国武术段位制进校园示范单位,成为太极拳在高校传承的重要阵地。

2019年4月18日,河南大学第17届学生太极拳比赛在金明、明伦校区同时开幕,来自两个校区的35支队伍,近8 000名本科生齐聚绿茵场,身着太极服,迎风挺立,共舞太极,精彩的表现不时赢得在场观摩师生的阵阵掌声。10月30—31日,河南大学第7届研究生太极拳比赛在明伦、金明校区先后举办,全校34个参赛队3 000余名研究生参加本次比赛。10月30日晚,学校在大礼堂举办2019太极拳高峰论坛,通过名家专家论坛、太极拳展示、师生互动等形式,重点突出太极文化与太极精神的宣传教育,生动展现新时代研究生素质教育的成果。赛场学子的一招一式,尽显太极神韵与学子青春风采。

河南大学利用处于中原地区的地理优势,高度重视中华武术的传承,于2019年相继成立武术学院、中原武术研究院、少林文化研究院和太极文化研究院。当年与少林寺签订联合培养少林功夫国际武术师资合作协议,自2020年开始,从武术与民族传统体育专业招收的本科生中选拔30名学生进行定向培养,毕业后由少林寺安排直接到海外的少林文化中心担任少林功夫教练,到世界各地弘扬中华民族传统体育文化。同时在全球招收包括普通进修、本硕博在内的汉语授课武术专业国际生,让中华传统武术在国际舞台上传递更多中国声音,在"走出去"与"引进来"相结合中坚定文化自信。

2021年1月18日,河南大学一场别开生面的汉语桥武术"云"体验项目吸引了来自吉尔吉斯斯坦民族大学、泰国清莱皇家大学、希腊爱琴大学的百余名师生在"云端"相聚。武术学院教师通过直播讲授"少林拳""太极拳"等课程,亲身体验,实时互动,师生相隔万里,却又"面对面""零距离"接触,"云"武术给学生们带来既紧张又真实的奇妙体验。此外,网络视频课程"'云'游少林寺""'云'游陈家沟"又使大家足不出户就可以欣赏到中原美景,了解中华优秀传统文化,领略中国功夫。丰富的项目内容、新颖的教学方式、精彩的课程讲授,这些都让参加此次项目的学员们纷纷惊呼:"'云'上武术体验好极了,再有类似项目一定还要参加!"2021年9月24日,在第14届全运会武术散打项目比赛中,河南大学武术学院获得男子团体冠军、男子75公斤级冠军、女子团体第5名的好成绩。

河大武术学院院长、博士生导师洪浩教授自幼与武术结缘,是河南省第一位民族传统体育学专业博士,中国武术七段,国家体育总局武术研究院青年学者工作委员会主任委员,中国体育科学学会武术与民族传统体育分会副秘书长,国家级武术裁判员。他先后主持国家社科基金课题2项,主持省部级课题15项,发表学术论文100余篇,出版学术专著17部,曾参与《〈中国武术段位制〉管理办法》《武术功力竞赛规则》等武术标准的制定。2018年,受少林寺委托,承担少林功夫段品制研制项目。2019年"少林功夫段品制系列教程"由人民体育出版社出版,当年11月15日在河大举行首发式,引起强烈的社会反响。少林功夫段品制培训工作自2019年实施以来,已先后举行5期初段位培训班、3期中段位培训班,共有1 200多人参加培训,奠定了少林功夫段品制国际国内推广的基础。2020年,由洪浩担任主讲的少林功夫精品课程受到学生的一致好评。他多次担任全国武术比赛裁判长、中国武术段位制国考考评长。曾获全国体育新苗奖,并应邀到日本、意大利、美国、希腊、法国等国展示和推广中国武术。

举行大型排舞展演:2021年5月29日,"庆祝中国共产党成立100周年——百城联动/百首原创/百万同跳大型排舞展演"河南主会场活动在河南大学明伦校区大礼堂广场开幕。活动现场,当国家体育总局规定曲目《没有共产党就没有新中国》、河大原创曲目《颂党扬辉光》等先后在大礼堂前广场、东操场的上空响起时,数千名青年学生身着统一服装,伴随铿锵的音乐节拍,边唱边舞。他们脸上洋溢着灿烂的笑容,动作整齐划一,娴熟地展示着排舞动作,彰显了学子们的蓬勃朝气,展示出广大师生喜迎建党百年的昂扬风貌。开幕式导入演出,通过红歌传唱、党徽传递、精神传承,反复唱响改编版《唱支山歌给党听》,共同抒发以老中青三代为代表的全体河大人心中的爱党情怀,致敬伟大的中国共产党。改编版《唱支山歌给党听》从单声部的传统旋律到二声部的轮唱到三拍子的律动变化到大段器乐化的呈现再到转调的齐唱,通过老年党员、中年党员、青年党员、全体党员和青年学子传递式的歌唱,艺术地呈现了伟大的中国共产党使命担当薪火相传,寓意着党在百年征途中,从星星之火到燎原之势,不断壮大,不断发展,不断注入新鲜血液。整场开幕式演出和展演震撼人心,赢得在场观众的阵阵热烈掌声。

举办健身操舞比赛:2021年5月29、30日晚,由校党委宣传部、工会、党委教师工作部、体委策划,党委宣传部、工会主办,体育学院、音乐学院承办的"中国梦·劳动美——永远跟党走"河南大学教职工健身操舞比赛在大礼堂广场隆重举行。广场上千人舞动,华灯闪烁,喜乐回旋,汇聚成一片光与热的海洋。古朴的校园建筑与活力四射的健身操舞交相辉映,交织绘就成一幅洋溢着幸福与欢乐、建设"双一流"的激情和团结奋进的河大精神、浓浓爱国爱党情怀的绚丽画面。河大教职工用这样一种特别的方式致敬党的百岁生日,表达投身教育、热爱祖国的无限热情。在两个晚上的比赛中,50支队伍、近3 000名教职工把对党和国家及学校的热爱融入优美舞姿里,展现出推动学校发展的无穷力量,向党献出了一首别样赞歌!作为河大特别策划的一场向党献礼的盛筵,师生参与度高、覆盖面广是本次比赛活动的一大特点。从幼儿园小朋友到已退休的老教授,从专职教师到管理人员,从党员干部到非党员师生,河大教职工生用行动实践着团结进取的河大精神,用满腔热血舞动着爱党爱国的情怀。

六、打造艺术精品

举行马可作品音乐会:马可是中国近代著名作曲家、音乐教育家。1935年9月至1937年12月在省立河南大学化学系学习。河大是马可音乐创作的起点,他在这里结识了音乐家冼星海,积极投身革命歌曲创作,领导创建河大"怒吼歌咏队",开展抗日救亡歌咏活动,走上了革命音乐的道路。他一生致力于民族音乐研究,创作出200多首(部)脍炙人口的作品,在歌曲和歌剧创作、音乐理论研究方面都做出了重要贡献,为人民留下了丰厚的文化遗产。

年华似水流,峥嵘岁月稠。与母校阔别76年之后,马可的作品在母校的舞台上再次呈现。2013年12月24日,学校在明伦校区大礼堂举行"纪念马可诞辰95周年——人民音乐家马可作品音乐会"。音乐会分为"怒吼的河大人""时代的唱响者""人民的音乐家"三个篇章,全面、客观地呈现了马可先生音乐创作的整体面貌。在坚实有力、豪迈热烈的《咱们工人有力量》之后,马可的两个女儿马海星、马海莹被迎上舞台,整场晚会的气氛达到了高潮。本次音乐会选取马可从20世纪30至

70年代创作的20多首乐曲,艺术学院的师生们经过3个多月的精心筹备、刻苦排练,以独唱、对唱、重唱、小合唱、民族管弦乐演奏、歌剧选段表演等多种艺术表现手段,将一首首传唱久远、脍炙人口的歌曲生动细腻地展现在观众面前。学校师生通过挖掘排演马可作品,探讨其艺术成就及特色,赋予马可音乐新的时代内涵。纪念马可,不仅是表达对人民音乐家的怀念和对其艺术成就的崇敬,学校师生还将演绎马可作品作为教学研究成果和实习实践活动,传达出时代最强音。

1964年,中国音乐学院成立时,马可在周恩来总理的指示下,参与筹建中国音乐学院并担任副院长。2014年9月18日,"中国民族音乐的丰碑——马可作品音乐会"在中国音乐学院音乐厅精彩上演,河南大学师生与中国音乐学院师生同台演绎马可音乐作品。时值中国音乐学院举行50周年庆,两校师生精心排演,诠释人民音乐家的经典创作。

为答谢中国科学院和中国社会科学院为服务河南教育和发展所做的贡献,河南大学艺术学院师生于2014年5月8日和9日,分别在北京中国社会科学院研究生院和中国科学院大学礼堂演绎了两场别开生面的音乐会,诠释时代歌者、人民音乐家马可经典作品的魅力与辉煌。马可的女儿马海星、马海莹、马海玲出席音乐会。2014年,马可作品音乐会被确定为河南省高雅艺术进校园的品牌栏目之一。从此时到2017年,马可作品音乐会先后在省内兄弟院校巡回演出14场,受到广大师生的热烈欢迎。

创作和演出多媒体音画剧《星空》:2018年9月6日,在河南最美教师颁奖典礼上,以身挡车勇救4名学生因公殉职的河南省信阳市浉河区董家河镇绿之风希望小学教师李芳,被授予"河南最美教师特别奖"。李芳在危险面前的奋不顾身,在生死之间的伟大抉择,体现了蕴含在一名普通人民教师身上的人性光辉和师者大爱。为表彰李芳的英雄事迹,教育部追授她"全国优秀教师"荣誉称号,同时要求全国教育系统深入开展向李芳同志学习的活动。李芳还入选"中国好人榜",并荣获2018年度"全国最美教师"称号。为响应省委、省政府向李芳学习的号召,完成河南省2018年最美教师颁奖典礼的演出任务,河大新闻与传播学院、音乐学院、附属小学和开封文化艺术职业学院的相关师生积极投入到情景剧《星空》的创作与排练中,仅用一个月左右时间,就圆满完成了演出任务。

《星空》整部剧分为《初心》《使命》《抉择》三幕,综合运用朗诵、舞蹈、歌曲等多种艺术形式,分别从求学、择业到坚守讲台,生动讲述李芳在成长历程中的心路变化。无论是勤奋学习、待人热情的少女李芳,追逐梦想、毅然从教的师者李芳,还是以身挡车、舍身救生的勇者李芳,都在这部舞台剧中被展现得淋漓尽致。李芳用她那崇高的理想信念和付诸行动的大爱之举,诠释着一名人民教师和共产党员的坚定信仰和崇高追求。2019年11月26、28日,由河南大学师生根据最美教师李芳事迹创作的多媒体音画剧《星空》进京演出,在教育部和北京师范大学连续演出两场,教育部机关和直属单位全体干部1 000余人以及北京师范大学500余名师生观看了演出。

教育部党组书记、部长陈宝生在观看演出之后说:"李芳老师用自己的生命为我们塑造了新时代英雄教师的形象。教育部号召全国教育系统学习李芳,就是想以李芳这种家国情怀、英雄情结,赋予我们的下一代英雄基因,把英雄的种子撒在他们的心里。《星空》这个作品,通过老师演老师、学生演学生这样一种形式,塑造出李芳这一英雄形象,很接地气。这对我们正在开展的'不忘初心、牢记使命'主题教育,更好地履行立德树人神圣使命,尤其是贯彻落实好刚刚印发的《新时代爱国主义教育纲要》具有重要意义。"河南省委高校工委、河南省教育厅把观看《星空》纳入全省教育系统"不忘初心、牢记使命"主题教育中,河南大学党委也把该剧作为开展"不忘初心、牢记使命"主题教育的有力载体。自2019年4月15日在学校大礼堂首演以来,《星空》在校内先后演出3场,观看师生约6 000人次,师生每每沉浸其间,无不动容。

创作和演出民族音乐剧《香玉号》:2018年9月15日、16日晚,由河南大学音乐学院师生倾力打造的国家艺术基金项目——大型原创民族音乐剧《香玉号》在大礼堂隆重首演。该剧全景再现抗美援朝战争时期,人民艺术家常香玉义捐战斗机的革命壮举,致敬她的爱国主义情怀及"戏比天大"的敬业精神。《香玉号》继承河大武秀之教授"三结合"理念,将欧洲《茶花女》、民族《白毛女》、中国《七仙女》的唱法结合起来,开创了民族音乐剧之先河,将家喻户晓的"香玉剧社号"故事唱新唱活。这既是传承,也是创新,其艺术特点被定义为"讲民族故事,设中国唱腔"。12月16日,北京梅兰芳大剧院迎来民族音乐剧《香玉号》的结项汇报演出。演出获得巨大成功,受到专家学者和观众的一致好评。2019年1月,教育部下发"高校原创文化精品推广行动计划",旨在打造接地气、传得开、留得下的原创校园文化精品,切实推动以文化人、以文育人,繁荣校园文化,滋养师生心灵,涵育师生品行,引领社会风尚。河南大学原创民族音乐剧《香玉号》入选教育部"高校原创文化精品推广行动计划"。至此,该剧已完成首演两场和巡演20场。原计划2019年开展全国巡演,因遭遇疫情而未成行。

2016年11月,学校申报的"豫剧文化艺术传承与保护基地"获批中华优秀文化艺术传承基地。这是国家支持高校创建的第一批中华优秀文化艺术传承基地,也是河南省第一个中华优秀文化传承基地。此次获批显示了河南大学在人文社科研究领域的新突破,也与学校长久以来在文化保护与传承领域做出的努力密不可分。根植于中原文化沃土,沐浴中原文化成长的河南大学在文化建设方面有着其独特的文化自信,这种自信来源于文化积淀与创新发展。河南是戏曲大省,作为中国第一地方戏剧种的豫剧,在河南有着深厚而广泛的社会基础。河南大学所在地开封更是豫剧母调祥符调的发源地。河大与豫剧的缘分源远流长,早在20世纪30年代,河大知名校友樊粹庭就致力于豫剧改革,主张破除陈规,改良豫剧,推动了豫剧的进步发展,被誉为"现代豫剧之父"。1986年,武秀之教授创办民族歌剧专业,开创了"三结合"(美声、民族、戏曲三种唱法结合)模式,由此奠定了学校戏剧人才培养的坚实基础。河大艺术学院一大批优秀教师锐意进取,使戏曲学专业发展取得丰硕成果;地方戏研究所多年来为河南以豫剧为主的地方戏曲研究做出了较大贡献,特别是2013年出版的大型戏剧文献《樊粹庭文集》(5卷),是在樊粹庭改良豫剧以来对河南豫剧全方位的梳理与研究。学校戏剧与影视学是河南省一级重点学科,表演(戏剧)专业入选2020年度河南省一流本科专业建设点,学校拥有河南省唯一的戏曲艺术硕士专业学位点。豫剧文化艺术传承与保护基地的获批,为河大提供了新的发展机遇。学校将以课程建设为基础,打造全校通识性豫剧精品课程;以实践工作坊为载体,形成豫剧艺术传承与保护的长效机制;以社团建设为平台,营造学生学习体验豫剧艺术文化的良好氛围;以保护性研究中心为支撑,搭建豫剧文化艺术传承与保护的科研智库;以成果展示为途径,为豫剧艺术文化传承与保护提供不竭动力。2021年,学校与河南电视台戏曲品牌栏目《梨园春》联合开展"戏曲文化周"系列活动,以促进传统文化与大学文化的共赢发展。

举办戏剧专业系列学术活动:2021年5月22日,为庆祝中国共产党成立100周年,认真学习贯彻习近平总书记给中国戏曲学院师生的重要回信精神,由河南大学、河南省文联主办,河大音乐学院、省戏剧家协会、教育部中华优秀传统文化(豫剧)传承基地承办,河大音乐学院戏剧系协办的"薪火"——戏剧专业系列学术活动在河大明伦校区举行。该活动由河大戏剧专业发展图片展、戏曲演唱会、传统戏曲守正创新座谈会三个子活动组成。在观看图片展时,省教育厅党组书记、厅长郑邦山动情地说:"河南大学戏剧与影视学作为河南高校本学科领域唯一的重点一级学科,培养了大批优秀戏剧人才。历经百余年办学,河南大学既有厚重的戏曲教育积淀,又有丰厚的艺术人才培养经验。一代代戏曲艺术人才传承与创新前辈艺术家宝贵的艺术遗产,使戏曲文化生生不息、历久弥新。"下午4时,"薪火"戏曲演唱会精彩上演。除了音乐学院戏剧系师生,演唱会还邀请到贾文龙、王惠、苗文华、王红丽、陈淑敏等5位中国戏剧梅花奖获得者,还有外国留学生、学校部分优秀校友、河大附中附小学生、开封市豫剧院以及音乐学院戏剧表演专业成教生等。大中小学生与梅花奖艺术家同台共唱红色经典剧目,传承红色基因,弘扬戏曲文化,讴歌中国共产党百年光辉历程和丰功伟绩。整场演出戏韵芳华、高潮迭起,在全体演员与在场师生《没有共产党就没有新中国》气势磅礴的歌声中落下帷幕。晚上7时30分,传统戏曲守正创新座谈会在小礼堂召开。与会专家对学校戏剧研究扎实的办学根基和所取得的成就表示认可,并围绕高校戏曲人才培养模式、戏曲艺术的守正与创新等议题,发表了建设性的看法和观点。

第二节　传承"河大精神"

一、"河大精神"的形成

河南大学位于黄河南岸素有"北方水城"之称的开封市,母亲河的水滋养了一代代河大学人。河大明伦校区北依宋代铁塔,东临明清古城墙,校园内的两通贡院碑向人们昭示着这个地方是中国科举制度的终结地,厚重而凝重的近代建筑群无声地诉说着河南大学曾经历过的曲折艰难的历史。1912年,林伯襄等有识之士在河南贡院的旧址上创办了河南大学的前身——河南留学欧美预备学校,开启了河南新式高等教育。1922年在预校基础上成立的中州大学,是中原第一所现代大学,1927年改名为河南中山大学,1930年为省立河南大学,1942年升为国立河南大学。河大校训"明德新民、止于至善"出自《礼记·大学》开篇:"大学之道,在明明德,在新民,在止于至善。"这句话言简意赅地道出了办大学的原则在于彰明美德,启民心智,修身育人,在达到完美的境界之前毫不动摇和停止。1936年河南大学南大门建成后,学校就将校训用柳体金字镌刻在正门内侧的门楣之上。八字校训耀眼夺目,发人深省,给予河大学子以光大学术、弘扬文化的启示,一入校门便生起对国家、民族至高无上的历史责任感。徜徉在明伦校区,就仿佛穿行在一座历史博物馆。2017年4月,教育部部长陈宝生视察河大时感叹说:"一进入河南大学,就感觉悠然的岁月飘来了书香。"

河南大学是一所有着优良革命传统的高校。1931年九一八事变后,河大以兄弟般的情义,接纳从关外被迫撤出的东北大学,两校在同一个校区共同办学近两年时间。1935年"一二·九"运动爆发,河大通电全国,声援北平学生,并以卧轨行动,请愿南京政府抗战。1937年卢沟桥事变后,河大师生积极投身抗日救亡运动,马可、邓拓、赵毅敏、尹达、王国权等一大批青年学生投笔从戎,走上抗战前线。1937年豫北豫东相继沦陷,河大被迫南迁,开始了长达8年的抗战办学历史。学校先后辗转迁徙至信阳鸡公山,南阳镇平,洛阳栾川、嵩县,在潭头办学长达5年之久。1944年5月,日寇入侵潭头,制造了骇人听闻的"潭头惨案",河大师生遇难9人,被俘20多人。学校被迫再次转移到南阳荆紫关,陕西汉中、宝鸡等地,直到抗战胜利才重返开封。正如创作于1940年潭头时期的河南大学校歌所唱的："嵩岳苍苍,河水泱泱,中原文化悠且长。济济多士,风雨一堂,继往开来扬辉光。四郊多垒,国仇难忘,民主是式,科学允张,猗欤吾校永无疆。"抗战把给予中华民族的"百折不挠、自强不息"的精神也给予了河南大学,让优秀的革命传统在这里生根发芽,使这所大学充满着家国情怀,充满着砥砺前行的坚定信念。河大的学生号称"铁塔牌",意谓敦厚朴实,经得起千锤百炼。如今,校歌已成为每届新生的"开学第一课",更是学校重大活动和重要节庆日的必唱曲目,时时提醒着河大师生勿忘国耻、砥砺前行。

2012年是河南大学建校100周年。学校认真研究、回顾总结100年来的办学历史,编辑出版了《河南大学校史》等纪念河大建校100周年系列丛书。100年来,河南大学走出了一条独特的发展道路。从20世纪初到2012年,河南大学历尽磨难、饱经沧桑,从这里走出的数十万名学子,以各自的奋斗和努力,为中华民族的复兴繁荣做出了贡献。河南大学正是因为拥有众多的优秀学子而赢得了社会的尊敬。辉煌的背后是筚路蓝缕的艰辛,艰辛的背后是绵延不绝的精神。河大在百年的办学实践中,得益于源远流长、博大精深的中原文化的浸润,形成了"团结、勤奋、严谨、朴实"的校风,造就与熔铸了深厚广远的河大精神,这就是"前瞻开放、面向世界,坚持真理、追求进步,百折不挠、自强不息,兼容并包、海纳百川,不事浮华、严谨朴实"。河大精神展现了河南大学囊括大典、网罗众家、兼容并包的宽广胸襟,体现了河大追求真理、刚正不阿的个性品格。正是这样一种一脉相承的"河大精神",才使河大历日久而弥新;众多大师执教杏坛,造就了一代代和国家民族命运相维系的政界要人、科技巨匠和文化先锋。百年河大的历史,是一部创业奋斗的历史,是一部耕耘收获的历史,也是一部培植河大精神的历史。优秀的大学精神是河南大学重要的文化和精神遗产,是今天办学育人需要汲取的丰厚营养,也是学校不断前进的动力和源泉。

"百折不挠、自强不息"的精神内核成为催生河大蓬勃发展的强劲动力。建校之初,经费困顿,战乱不已;抗战8年,敌前办学,辗转播迁;院系调整,折枝为林,无私奉献。这所大学数易其名,几经拆析,直至1984年5月才恢复河南大学校名。但无论名字如何变更,河大始终坚守信仰,植根中原沃土,致力于为民族复兴培育栋梁。"智山慧海传真火,愿随前薪作后薪"。承载河大精神的,是耕耘于此的学者,是受教于此的学子,他们从教从学的流风余韵、著书为文的断霞散彩,他们夙兴夜寐的身影形象、宵衣旰食的历历往事,无不彰显着河大精神。河大学者把敬畏与低调植入心底,把骨气与自信融入生命,心系国家,潜心科研,深稽博考,在一代又一代的传承中沉淀出独具风韵的人文精神。校长宋纯鹏从"一个课题、两位老师、三间房子"做起,用33年带领生命科学学院师生一路披荆斩棘,破茧化蝶,其课题组获得国家自然科学二等奖。张治军教授带领科研团队为我国纳米材料的产业化、集群化发展和高技术产业的技术进步做出积极贡献,荣获2019年度国家科学技术发明二等奖。王家耀院士、秦奋教授牵头的"智能化地图综合与多尺度级联更新关键技术及应用"项目荣获2020年度国家科学技术进步二等奖。"莎学研究"专家李伟昉教授在英国文学和西方文化的长廊里,实现了学术研究的一个又一个飞跃,他和他的"莎士比亚与跨文化研究中心"团队,为推动中西方文化互鉴不断结出令人赞誉的硕果,坚定了中国文化自信……2017年9月,河南大学入选国家"双一流"建设高校。经过数十年的卧薪尝胆、数十年的追求奋斗,河南大学终于重返高等教育"国家队",开启了崭新的征程。

二、"河大精神"的传承

"河大精神"深厚广远,内涵丰富。传承"河大精神",是当代河大人义不容辞的责任。"河大精神"涉及学校工作的方方面面,体现在广大师生员工的言行举止当中,尤其与文化传承、校园文化建设、学风建设、素质教育、精神文明建设、爱国主义教育、思想政治工作和社会主义核心价值观教育等有着密不可分的联系。学校逐步完善大学文化传承体系,把"河大精神"融入文化建设中去。学校长期积淀形成的"百折不挠、自强不息"的精神文化,在学校办学的各个历史阶段都得到了彰显和诠释,并一脉相承延续至今,始终激励着全校师生员工奋勇前行。

2011年4月1日,河南大学"明德讲坛"首场报告开讲。"明德讲坛"取义于河大校训"明德新民、止于至善",在学校百年历史底蕴之上,集名家思想精髓,续德育大业百年薪火,侧重于对大学生政治思想的引领和立德树人的指导,是学校实施优秀学生成才提升体系的重要组成部分,也是文化建设的重要载体。到2021年底,开展了18场专题辅导报告。

2012年以来,学校以习近平新时代中国特色社会主义思想为指导,深入进行学风建设,广泛开展素质教育,以"做文明人,办文明事"为主题,积极开展精神文明品牌创建活动。推行大学生宿舍"单元文化工程",开展争创"校园之星"活动,引导各学院培育出一批学生工作品牌;开展"践行价值观,文明我先行"主题创建活动,推进"一院一品"等群众性精神文明创建活动,打造各具特色的精神文明创建品牌。把加强精神文明建设与传承"河大精神"结合起来,以形式多样各具特色的活动为载体,对师生员工进行潜移默化的教育和引导。在2014级本科生开学典礼上,校长娄源功发表讲话,要求河大师生"让河大精神伴你一路同行"。在2015级本科生开学典礼上,娄源功校长再次勉励新来的"河大人"学会读书,学会说话,学会做人,学会做事,走好人生的每一步。

2016年2月,河大抗战时期潭头办学旧址成为河南省第7批文物保护单位,被列为近现代重要史迹及代表性建筑;同年10月,河大抗战时期潭头办学旧址纪念馆被省委宣传部命名为河南省第6批爱国主义教育示范基地。2017年该馆获批教育部第3届礼敬中华优秀传统文化特色展示项目。2018年9月,在中国人民抗日战争暨世界反法西斯战争胜利73周年之际,河大党员干部、师生校友代表先后赴信阳鸡公山、南阳镇平、荆紫关、洛阳潭头、嵩县、陕西宝鸡、汉中等地,重走抗战办学路,树立抗战办学旧址纪念碑,向肝胆相照、情深似海的当地人民群众表示诚挚的感谢和崇高的敬意!2018年,校长宋纯鹏携校友任鲁豫、孟宪明做客央视《百家讲坛》系列节目《我们的大学》,深情回顾校园生活,讲述他们眼中的河南大学。宋纯鹏用小麦、棉花和大豆3种常见的农作物与河南大学作类比,他说:"河大的精神像小麦一样赡足万类,像棉花衣被天下,像大豆兼容并包。"他勉励河大青年学子将"百折不挠、自强不息"的河大精神代代传承。此后,宋纯鹏校长在不同场合,多次提到新时期传承"河大精神"问题。在河大第十八届教职工代表大会暨工会会员代表大会第三次会议的报告中,宋纯鹏说,2020年以来的成绩来之不易,得益于各部门各单位围绕学校发展大局,改革创新、担当作为,积极应对一切困难和挑战;得益于全体师生员工无私奉献、艰苦奋斗,生动诠释着"百折不挠、自强不息"百年河大精神的时代内涵。2021年,在"开学第一课"上,宋纯鹏说,新时期河大振兴艰难探索更具时代意义。如果从重构综合性大学建制,以恢复校名为标志,历经省部共建、谋定百年名校振兴,入选"双一流"建设高校行列,绘就世界一流大学宏伟蓝图,几代河大人的坚守复兴初衷,矢志不渝,艰苦奋斗,安于清贫,默默奉献,愈挫愈奋,至今仍在复兴之路上艰难前行。一幅无私奉献、艰苦创业的集体群像,屹立在河大历史上。依靠坚定的信念支撑,河南大学在新的历史时期形成了新的理想的"图腾",这是新时期百年名校振兴的精神体现,她的精髓在于"无私奉献,艰苦创业",这是大学精神的新发展,也是河大人志气、骨气和底气的真实体现。在2022年新年贺词和寒假务虚会上的讲话中,宋纯鹏说,建校105周年时,学校入选国家"双一流"建设高校,我们牢牢把握住这个重大历史机遇,站在新的起点重整行装再出发。经过全体师生员工的无私奉献、艰苦奋斗,我们历经曲折,高质量完成了首轮"双一流"建设,顺利开启了第二个周期的征程,一流大学的建设目标变得更加清晰,更加接近,我们行进到了又一个新的里程碑!五年来,我们见证着一个又一个具有里程碑意义的河大时刻。过去五年,尽管学校处在负重前行、爬坡过坎的艰辛探索阶段,但事业发展依然取得了突破性进展和历史性成就。这都是大家齐心协力、共同努力的结果,是全校师生员工艰苦创业、无私奉献的结果。

2019年1月,河南省高校首个文化传承与创新研究中心在河南大学成立,以着力推动中华文明、中原文化、河大精神的研究、传承创新为宗旨,开展了卓有成效的工作。注重加强全校文化传承、文化建设的顶层设计,加大对理论专家和文化学者队伍的支持力度,产出了一批高质量的研究成果。《百年存照:聚焦时代链条上的国家青春记忆》《"维护文化":一块牌匾背后的抗战办学往事》《一所大学与一条大河的款款深情》《河南大学,那些时光深处的建筑》《星空不语 大爱有声》《追寻河南大学医学的百年传奇》《把中华优秀传统文化播洒世界》等20余篇学术和文化类文章分别发表于《人民日报》《光明日报》《中国社会科学报》《中国教育报》《中国青年报》《河南日报》等,产生了良好的社会反响。2019年,在中华人民共和国成立70周年之际,学校通过举办"砥砺奋进·河大70年"发展成就展、教职工合唱比赛、群众文艺会演、音乐会、美术作品展等丰富多彩的活动,大力培育和践行社会主义核心价值观,凝聚起"双一流"大学建设的磅礴精神力量。

坚持价值引领和文化涵育相结合,充分发挥"感动河大"人物、"身边先进典型"和"抗疫英雄"等模范集体和个人的表率示范作用,展示异彩纷呈的校园文化和师生良好的精神风貌,用榜样的力量激励广大师生砥砺前行,进一步提振精神,鼓舞士气。2019年以来,一批批文化展板出现在学校教学楼的走廊和教室内,展板主题包括"平"语近人——习近平总书记用典、社会主义核心价值观、河大校史、近代建筑群等,吸引了不少师生驻足观看。这是学校开展楼宇文化建设的成果,通过在教学楼布置展览、悬挂图片、摆放文化创意造型、设计带有文化元素的指示标识等,打造体现河大特色、具有浓郁人文气息的楼宇文化,提升校园文化品位,激发广大师生爱校荣校的情怀。在推进校园文化建设过程中,学校将精神文明创建、基础设施改造、文化项目建设等工作统筹考虑、一体推进,校园面貌焕然一新。校区主干道都以河大名家的名字命名,带有校徽、校训等文化元素的休闲座椅,以及极具创意的景观雕塑分散在校园各处,在为广大师生带来便利的同时也成为校园"网红打卡地"。

2020年6月,文化传承与创新研究中心主任王明钦教授主持申报的《我国应对重大突发公共事件中的民族精神研究(1949—2020年)》获批国家社科基金国家应急管理体系建设研究专项立项,成为河南省唯一获批项目。同年9月,在抗战胜利75周年之际,河南日报报业集团推出大型纪录片《读书就是战斗》和报告文学《烽火壮歌》,宣传弘扬河南大学抗战办学精神和家国情怀,产生了强烈的社会反响。2020年10月,河南大学文化传承与创新研究中心获批成为河南省社科联人文社科重点研究基地。

2021年,学校大力加强文化阵地建设,实现了基层学院全覆盖,立项文化传承创新专项研究课题35项。组织校内外专家通过咨询会、座谈会、线上交流、实地调研等方式,对学校的校园文化建设工作进行整体设计规划,并及时跟进郑州校区建设初具规模的形势,适时启动郑州校区文化建设规划和楼宇、道路、广场、湖泊等命名工作,使河大的精神和文化得以在郑州校区传承发扬。2021 年《中原智库》中,王明钦、耿明斋、艾少伟等 3 位教授分别刊发重要理论阐释文章。研究中心主办"中国陶瓷文化之乡助力乡村振兴"文化论坛,实现了高校送智下乡,以文化传承助力乡村振兴。学校凝聚甲骨文与古代文明交叉学科建设重点方向,着力推动甲骨文等"冷门绝学"建设。王蕴智教授在安阳市主导规划建设中国文字博物馆,助推漯河市创办以汉字文化教育系列为主题的许慎文化园,为中国汉字文化保护传承做出了突出贡献。学校积极参与教育部第 6 届"礼敬中华传统文化"活动,组织留学生参与《国际在线》"老外看河南""秋韵开封、汴地等你"系列报道,向世界呈现文旅河南、出彩河南的新形象。留学生刘汴京参加央视《回声嘹亮》大学生主题活动,节目组围绕刘汴京同学在中国留学期间学习中国文化,包括中文、古诗词、戏曲、武术等的经历进行访谈,多维度展示刘汴京带来的中国故事,受到广泛关注。

学校以学科发展史编纂和文化阵地建设为抓手,强化学院文化建设。为深入贯彻落实习近平总书记关于"重视历史、研究历史、借鉴历史"的指示精神,深化百年河大校史和专题史的编研,2019 年启动学科发展史编纂工程,陆续推进 18 个学科完成学科发展史的编纂工作。2020 年聚焦新农科、新医科、新工科、新文科建设亮点,在《河南日报》《中华读书报》推出《河大"新三科"阔步"双一流"》《新文科之思》系列报道。2021 年为迎接 110 周年校庆,学校在组织人员编写 2012—2021 年校史的同时,还编著出版《河大记忆》《河南大学珍品档案》《我们一起走过——河南大学"双一流"建设新进展》《河大人物》《河大故事》《止于至善——河南大学百年学术经典》《河南大学与中国高等教育》《统战忆往》等系列图书,并制作完成河大建筑宣传片、新版《河南大学画册》和《大学之道》校情片等,旨在全方位、多角度地展示河大在百余年发展历程中的人文积淀和深厚底蕴。同时组织开展内容丰富的中原文化论坛、座谈、讲座等,着力挖掘校史文化资源,推进科举文化、建筑文化、红色文化等专题研究和宣传报道,在《人民日报》《光明日报》《中国教育报》《中国青年报》等高端媒体积极发声,讲好"河大故事"。实施新时代河大精神传承与创新、新时代教育文化塑造工程,对明伦校区校史馆进行升级改造,在金明校区内环路建设"四史"与校史相结合的文化廊道,传承弘扬河大精神。深入挖掘河大校史特别是我党早期在河大开展革命活动的历史,梳理总结河大党建发展史,筹拍大型纪录片《寂静的群山》,创作长篇报告文学《习习春风暖》,讲好河大党建故事。围绕李大钊曾来校演讲"大英帝国主义者侵略中国史",在河大六号楼打造以中国共产党早期革命活动为主题的思想政治工作和文化阵地,得到中央党史学习教育督察组的充分肯定。选送的《焦裕禄:绿我涓滴,会它千顷澄碧》《一生科学救国梦 大国脊梁赵九章》和《播撒革命火种不忘初心如炬》3 个作品,被教育部选入全国高校思想政治工作网《百年珍贵记忆——全国高校庆祝中国共产党成立 100 周年原创精品档案》。在教育部关工委2021年"读懂中国"活动中,选送作品《讲好入党故事,传承红色基因》荣获最佳短视频奖,是河南省高校唯一获奖作品。在"100年党史100问"——"永远跟党走 奋斗新征程"庆祝建党100周年活动中,全校师生积极通过省教育厅"豫教思语"微信公众号、河大青年微信公众号答题,参与总人数达3.2万人,取得了全省一等奖的好成绩。在全省教育系统"百首红歌接力唱——永远跟党走 奋斗新征程"现场展演中,作为全省首棒传唱,参展的作品《把一切献给党》获评特等奖。

学校通过举办社会主义核心价值观大讲堂,开展"弘扬社会主义核心价值观短剧大赛"等活动,以庆祝新中国成立70周年、改革开放40周年、建党100周年等重大活动为契机,以快闪、群众会演、成就展等形式,深入开展中国特色社会主义宣传教育;通过组织开展"我与两个一百年""我和我的祖国"等主题教育活动,推动社会主义核心价值观内化于心,外化于行。积极探索"思政＋音乐"模式,创作《歌声中的党史》微党课,让师生在歌唱表演中接受红色教育,坚定理想信念。近年来学校先后建成治淮精神陈列馆、读书吧、明德法学堂、文化长廊、党员活动室、院史馆等特色场馆,涌现出"卓越生科沙龙""灯塔寻红""至善学生艺术团"等思想政治工作品牌,"春晖行动"获批全国高校思想政治工作精品项目,凝练了"学无止境、境如生命"的生物学学科文化精神。2021年学校着力建设各具特色的高品位学院文化、学科文化,大力推进文化育人体系建设。展龙、林志友两位教授入选2021年文化名家暨"四个一批"人才、"万人计划"哲学社会科学领军人才(理论界),赵建吉入选中宣部宣传思想文化青年英才。在省委宣传部、省委高校工委、省教育厅联合开展的"100部电影进课堂"和"红动中原 跨越时空的思政课"——河南省高校学生参演革命电影微视频展播活动中,参赛作品《丹心沃中华》《恰同学少年》分别荣获百部红色经典电影剪辑比赛二、三等奖。各学院通过组织师生进行思想文化建设,武装了脑子,打牢了底子,锤炼了班子,从硬件到软件,学院面貌为之一新。

第三节 培育校友文化

河南大学校友文化的开展最早可追溯至20世纪20年代,《大公报》上发表的《河南留学欧美预备学校同学会筹备会启事》拉开了学校校友工作的序幕。该启事写道:"查母校自民国元年成立至十一年,改为中州大学。其间曾办英文科一二三期,德法文科各一期,共计毕业五百余人,只以散处各地,以致情感生疏,失去联络,同学等有见及此,爰发起组织同学会,由旅汴同学先行成立筹备会,务乞各地校友见报后,即将本人服务状况及通讯处,函寄开封游梁祠东街四号,万康民同学收转,以便于最近期间,开成立大会,是为至盼。"

学校于1985年成立校友会,1988年得到省政府批准;1994年7月向国家教委、民政部申请登记注册并更名为河南大学校友总会,当年10月国家教委批复同意,1995年3月获民政部批准。如今,河南大学校友总会已发展成为颇有影响的全国性社会团体,在海内外60余万校友中产生了重要影响。学校高度重视校友工作,2018年6月将校友工作办公室、教育发展基金会秘书处两个单位合并,从党政办独立出来,成立校友工作与教育发展基金会办公室。同年底,印发《关于加强校友与基金工作的意见》,提出建立校院两级管理机构,各学院设立校友分会,实行校友与基金工作考评机制。2019年出台《关于加强地方校友组织管理的指导意见》,举行河南大学校友总会第八届会员代表大会暨2019年校友工作研讨会。通过教职工校友联络员、毕业生校友联络员、校友与基金工作大学生志愿者,构筑起校友联络员三大梯队。

2012年以来,河南大学地方校友组织队伍不断发展壮大,武汉、重庆、贵州、珠海、西藏等地校友会相继成立,各地校友会活跃度明显提升。目前境内39个(省内18个,省外21个)校友会和1个MBA非区域性分支机构,境外6个国家和地区(美国、德国、澳大利亚、加拿大、中国台湾、中国香港)成立了校友会。校友总会积极参与支持地方校友会的换届大会及其他重要活动。2014年11月,河南大学海南校友会在海口市召开换届大会。2015年1月,以"中国经济新常态与可持续发展新趋势"为主题的河南大学郑州校友会年会在河南广播大厦举行;同年9月,美国校友会第3届理事会召开,选举产生了第4届理事会成员。2018年10月,台湾校友会举行换届大会,钱建嵩先生担任新一届台湾校友会理事长。2020年12月,河大深圳校友会换届暨2020年校友大会在深圳研究院召开。2021年1月,河大商丘校友会换届大会暨2021新年联谊会在商丘市成功举办;河大江苏校友会第四届理事换届大会暨2021年年会视频会议于开封、南京、深圳三地顺利召开。

1987年委托上海校友会创办《河南大学校友通讯》刊物,开设《今日河大》《总会动态》《学院活动》《校友活动》《校友风采》《校友文萃》等栏目,每年出版两期,后交由校友总会主办,目前已出版65期。2018年开通校友总会微信公众号"铁塔风铃",设置《河大新闻》《校友论坛》《校友风采》《基金动态》《校友文苑》等栏目,推送文章近千篇,加强了校友与母校之间的联系,已成为对外展示学校发展成就与校友风采的一个窗口。校友总会还建有网站、抖音、微博、校友社交服务平台等新媒体宣传矩阵,以开展丰富多彩的海内外校友活动,团结广大校友,增进校友对母校的感情。

校友文化的形成,在于大学与校友之间的良性互动,在于校友活动和校友工作的积极开展。校友总会在长期的工作实践中,逐渐形成了以特色活动为抓手,以宣传矩阵为纽带,以文创产品为载体的校友文化体系。校友是弘扬大学精神的主要力量,是传承校园文化的优秀群体;母校是校友们最难以忘怀的牵念和向往的精神家园。为进一步打造具有河大特色的校友文化及交流平台,构建校友与母校发展共同体,自2019年以来,学校连续三年举办秩年返校活动。2019年9月21日,在新中国70华诞及河大建校107周年之际,学校迎来了"那片云彩"——首届校友返校日。近1800名"铁塔牌"学子回母校再聚首,校园内到处洋溢着老友相见的喜悦与激动。2020年9月19日,第二届校友返校日活动以线上形式举行,直播了"因为有你"专题视频。2021年9月25日,第三届校友返校日活动以"永恒的爱"为主题,通过"云返校"视频直播的形式进行,众多校友通过网络广泛参与活动。截至当日24时,有近6万名校友观看了直播。

学校积极邀请各界校友,开展校友论坛,通过学术报告、讲座、座谈会等形式,分享校友成果和成功经验,凝聚校友智慧,助力学生成才,支持母校发展。活动开展以来,通过线上线下相结合的方式,已举办各类学术报告、励志报告上百场,在广大师生中产生了良好效果。2019年以来,学校发起"毕业季1元捐"活动,倡议毕业生每人捐1元钱,主要用于救治罹患重大疾病和遭遇重大意外伤害的学生。不论捐款金额多少,重在参与,贵在坚持,旨在通过捐赠行为本身,凝聚越来越多毕业生的拳拳爱心,让涓涓细流汇成大江大海,把感恩母校和学生彼此关爱的种子根植于学子们的心田。

2020年7月,为践行习近平总书记"绿水青山就是金山银山"的理念,凝聚河大师生、校友之力,保护环境,带动更多的人投身公益事业,河大师生代表联合沿途校友会(开封—山西太原—内蒙古呼和浩特—内蒙古通辽)把充满象征意义的黄河水、铁塔湖水、镜如湖水以及汾河和大黑河河水带到通辽,将它浇灌在河大公益林。为传播中原文化,延续母校情怀,2021年7月,学校举办"爸妈的大学"暑期研学活动,旨在通过丰富多彩的学术讲座与体验活动,让校友子女在寓教于乐中了解博大精深的中原文化和自强不息的河大精神。来自河南省18地市的20位河大校友子女参与本次活动,他们在追寻河大精神的同时,彼此建立了深厚感情,留下了最深刻的感动和最纯真的友谊。为营造热烈、喜庆的校庆氛围,给校友们提供一个抒发表达对母校情感的平台,激发广大师生和校友爱校、兴校和荣校的热情,2021年9月开展了校庆"五个一"倡议活动,即一段祝福、一段回忆、一组文章、一份名册、一份礼物。该活动一经推出,就得到各地校友的积极响应,校友们纷纷用实际行动为母校110华诞献礼。

从河大走出的60余万名校友无一不情系母校。尽管他们阅历不同,行业不同,但聚在一起,就有"铁塔牌"情结,就是一个"河大缩影",都在各自不同的领域发光发热,为服务社会贡献力量。2019年9月,为展示校友风采,展现学校育人成就,学校举行"寻找最美校友"活动,历时半年,通过单位推荐和层层选拔,最终张效房、孔芙蓉、岳光鑫、马国强、秦俊、刘向阳、魏军委、赵要风、闫俊华等9位河大校友获此殊荣。

为支持学校发展建设,涌现出了一大批热心公益、情系母校的爱心企业家,如刘向阳、但斌、魏军委、董献仓等,他们纷纷慷慨解囊,捐资助学。河大1980级校友、北京校友会会长、居易国际集团董事局主席刘向阳2015年向学校捐资800万元,用于母校郑州校区南大门建设;2019年再次提出捐资1000万,设立向阳基金,资助优秀学子成才。河大体育学院校友、深圳东方港湾投资管理股份有限公司董事长但斌继2020年向母校捐资1699万元之后,2021年2月再次向母校捐资1600万元,用于母校教育事业发展。

为真实记录河南大学医学院160位藏族校友在内地刻苦学习、在雪域高原无私奉献的故事,2020年暑期,学校派人专程赴藏,拍摄《汉藏两地书》纪录片,以此致敬西藏基层医疗卫生事业的坚守者们。2021年6月23日《汉藏两地书》纪录片在央视频道推出,8月16日光明日报以《倾情育才赋高原——河南大学与藏族学子的故事》为题作了专题报道,12月该纪录片荣获中国高等院校影视学会2020至2021学术推优活动暨第十一届学院奖教师组纪录片二等奖;8月同名图书出版发行。

至善岂有终极日,征途正未有穷时。河大人对"明德新民、止于至善"的校训和"团结、勤奋、严谨、朴实"的校风铭记于心,无论是在民族危难之际,还是在家乡受灾之时,其表现出的天地无私、大爱无疆的精神令人动容,一次次的爱心善举,成为托举起爱与希望的磅礴力量。为铭记历史,珍爱和平,进一步发扬"百折不挠、自强不息"的河大精神,2018年7月,学校举办以抗战办学纪念碑立碑、重走抗战办学路为主题的抗战办学纪念系列活动。校友总会第一时间联系信阳、南阳、洛阳及陕西校友会,在当地政府和校友的大力支持下,很快就在信阳鸡公山,南阳镇平、荆紫关,洛阳嵩县、潭头,陕西汉中、宝鸡等抗战办学旧址上,相继竖起七座纪念碑。这不仅是对学校在抗战期间艰难办学历史的重温与回顾,更反映了河大学人对教育报国的执着追求和初心坚守。

2020年上半年新冠肺炎疫情期间,为全力支援学校开展医疗救治和防控工作,美国、德国、澳大利亚校友会和上海、浙江等地校友会纷纷行动,响应母校募捐抗疫的号召。校友总会联合郑州校友会、河南省大中专毕业生就业促进会,充分发挥校友优势,动员校友企业为母校应届毕业生就业做贡献。在短短不到一周时间内,主办单位组织100余家企业,提供了将近2000个工作岗位给河大应届毕业生。海外疫情暴发后,美国、德国校友会积极配合省委外办及驻美、驻德使馆,第一时间组建守护豫籍留学生群,及时发布防疫信息,帮助使馆发放抗疫物资,组织抗疫讲座。3月17日,为帮助河南在美留学生做好疫情防控,第一批饱含着母校师生牵挂的4 000只口罩向美国校友会寄出,于4月20日顺利抵达。同时,学校为德国校友会寄去的6 500只口罩,也于4月21日抵达。2020年7月,河南大学美国校友会受到驻纽约总领事馆表彰。2021年2月,由于在新冠疫情防控工作中表现突出,河大校友工作与教育发展基金会办公室获集体嘉奖荣誉称号。2021年7月,河南多地因强降雨发生严重洪涝灾害,河流漫堤决口,百姓被水围困,牵动着全国人民的心。洪水无情,人间有爱,河大各地校友组织闻"汛"而动,情系母校,点滴善举汇成爱的海洋。美国校友会捐款5万余元,委托校友总会帮助购买物资救助受灾民众;上海校友会法学分会49位校友向法学院受灾学生捐款近3万元;山西校友会47位校友为水灾后母校维修事宜捐款近万元;学校体育系86级校友但斌第一时间向郑州市红十字会捐款100万元;政治系87级校友魏军委调配抢险车辆物资设备,带队在郑州校区开展排涝工作;教育系92级校友、南开大学李晓兵教授向学校捐赠价值20余万元的医疗防疫和抗洪救灾物资。

第十章 基本保障

图书馆、实验室是学校教学、科研的重要支撑平台,是培养创新型人才、产出科研成果、进行文化建设、开展社会服务的基础和保障。智慧校园建设是教育信息化的必由之路,是实现教育现代化的重要步骤。出版社、学术刊物是展示学校教学、科研和文化建设成果的重要载体,而后勤管理与服务、基本建设、校园安全保卫、资金的筹措与管理则是学校各项工作正常进行的可靠保证。档案馆、三个医院、附中、附小、幼儿园不仅为学校教职工生提供服务,解除后顾之忧,而且是学校对外服务的重要窗口,是学校人才培养实践环节的见习、实习基地。2012 至 2021 年,随着国家对高等教育投入支持力度的不断加大,河南省出台了一系列法规政策,大力支持河南大学的建设和发展。学校围绕资源保障体系结构转型,提升资源竞争意识和能力;强力推进基础保障能力建设,学校的办学条件和校园环境都得到了较大程度的改善,教学科研的基本保障工作也取得了显著的成绩。

第一节 教学科研保障体系

一、图书馆的现代化建设

图书馆是现代大学的三大支柱(教师队伍、实验室建设、图书馆)之一。河南大学坚持实行图书馆、院系资料室两级藏书体制和总分馆管理体制,采取行之有效措施,切实加强文献资源建设,现已基本形成了以宋代研究文献和河南地方文献为特色,以生物学一流学科为主体,以其他学科所需文献为基础的馆、院两级藏书体系,基本形成了文理并重的纸质文献和电子文献共存的文献资源收藏体系。乘着中西部高校提升计划的东风,学校逐年加大图书资料及电子文献购置资金的投入,不断改善图书馆的基础设施和环境条件,使图书文献资源建设步入了发展的快车道。2012年以来,图书馆共采购中文图书318 172种、763 465册,外文图书18 817种、20 299册;累计订购中文期刊20 918种、45 008份,订购外文期刊1 393种(含院系)、2 324份(含院系);订购报纸870种、1 818份;订购中文数据库252个,外文数据库250个。接收社会各界及河大出版社赠书18 909种、35 777册,接受捐赠期刊1 566种。截止到2021年底,图书馆藏书总量5 595 218册,期刊23 877种,电子图书6 926 392册,中文电子期刊1 597种,外文电子期刊2 694种,中外文数据库198个。图书馆形成流通性藏书和参考性藏书两大部分,其中流通性藏书书库12个,参考性藏书书库22个。另外,河南大学文库作为特色参考性藏书书库,1992年开始建设,到2021年底已收藏图书两万余册。2019年以来,图书馆与教育发展基金会联合开展"让爱在书香中传承"的活动,以募捐来的基金采购图书,现已购图书700余册。

随着科学技术的发展,学校加快了图书馆文献信息化建设的步伐。2014年以来,建成自助借还系统试点书库,逐步开展流通、阅览自助借还服务;完成图书馆教学实训平台建设;把原有的"妙思"图书管理系统更换为SirSi图书集成管理系统,完成文献集成管理系统数据环境安装,实现了图书的自助借还。对院系资料室"妙思"管理系统进行升级,完成中心服务器及全校35个单位资料室客户端的安装、调试和运行。实施图书馆无线网络建设项目,实现了无线网络全覆盖;按照学校统一安排,将图书馆网站并入学校集群管理系统,提高了网站的安全等级。完成图书馆服务器虚拟化,完成IP通的安装、调试,为读者远程访问图书馆提供服务。改造图书馆机房,建成拥有一体化UPS、发电机、精密空调、报警系统的模块化机房,改善了图书馆设备的运行环境,以保证核心设备的安全运行。完成两个校区电子阅览室、视频点播室共276台计算机(终端)的更换。采购服务器21台、磁盘阵列11套、计算机(终端)551台、其他设备509台(套),能够实现在线访问的数据库有99个,基本满足全校师生教学、科研需要。2020年,为应对新冠病毒疫情,图书馆与数据商合作,实现了读者对图书馆资源的校外利用。

2012年开始建设宋代文献中心,主要通过自建"宋人著述目录数据库""宋人著述全文数据库""后人研究宋代著述目录数据库"等来实现。经过十年坚持不懈的努力,这些数据库已经建成并向全校师生开放。2014年成立古籍数字化中心,对馆藏珍稀古籍进行数字化加工,共数字化善本图书113种。建成馆藏新中州报(1917—1927)数据库和馆藏金石拓本数据库并向全校师生开放。2015年启动机构知识库建设项目,建成河南大学机构知识库。2016年成立古籍修复室,现已修复各种文献6 822页。

2014年11月,经多方艰苦努力和认真细致的准备工作,学校正式获批建设教育部部级综合类科技查新工作站。查新站自成立以来,完成国内、国外查新报告2206件,查收查引论文、图书、专利文献82438篇,论文查重14601篇,解答各类参考咨询21758人次,传递文献252篇/册。学校与信阳师范学院、平顶山学院、黄淮学院、南阳理工学院、南阳师范学院、河南理工大学、周口师范学院、许昌学院、商丘师范学院签署合作协议,开展科技查新、查收查引等业务合作。

2014年以来,申报获批"河南大学论文产出能力及学术影响力统计——基于发文量统计"委托研究项目,依托项目出版《河南大学论文产出能力及学术影响力分析报告》等共计75期。为学校提供2018年河大ESI论文新增引用频次资料及2020年新增引用次数,2019年ESI 22个学科期刊目录,河大ESI社会科学总论论文清单,河大SCIE论文及其他引频次等特色学科服务。编制《河南大学专利分析报告(2016年度)》《河南省战略性新兴产业发明专利统计报告(2014—2015年,2016年1—2季度)》。与省知识产权事务中心合作完成《河南省战略性新兴产业发明专利统计报告(2014—2016年)》《河南大学论文产出能力及学术影响力分析报告(2016年专利部分)》《河南大学专利分析报告(2014—2019年)》,为学校近十年专利情况做分析报告,参与省专利信息中心的专利分析项目,举办河大高价值专利培育项目工作会。2020年7月,河南大学入选第二批高校国家知识产权信息服务中心。

学校连年开展各种主题的"读书月"活动,号召学生多读书,读好书,并设立了读书奖。图书馆连年开展各种主题的文明优质服务竞赛活动,设立咨询平台,开展在线咨询和文献信息传递,通过博客、邮箱、微信、QQ等进行阅读推广和文献信息咨询服务。文献信息研究所连年被评为校级重点研究机构。2012年"图书馆学"被遴选为河南省第8批重点二级学科,2016年考核结果合格。2012年获批"文献信息学"二级学科硕士授权点,2014年开始招生,现已招收6届12名文献信息学硕士研究生,已有3名学生高质量完成硕士学位毕业论文,被授予硕士学位。2017年"图书情报与档案管理"被遴选为省一级重点学科,聘请研究人员20人,成立创新团队,围绕图书馆理论与实践研究、文献整理研究、文献著作权研究3个方向从事教学和学术研究,2020年中期考核合格。2020年申报图书情报专业硕士学位点,2021年7月获教育部批准。

制定科研奖励办法,设立科研项目基金,鼓励员工结合岗位工作进行应用研究。2012—2021年,图书馆人员在国内外期刊、报纸上发表论文681篇,获得各级各类项目168项,获奖118项,出版著作53部。

2013年学校被中国图书馆学会授予"2012年全民阅读先进单位"光荣称号;2014年被中国图书馆学会授予"全民阅读示范基地"荣誉称号;2014年获"全国古

籍保护工作先进单位"荣誉称号;"晨读经典"案例荣获中国图书馆学会阅读推广委员会"2014年高校阅读推广活动"优秀案例一等奖。2021年,省高校图书情报工作委员会和省图书馆学会授予河大图书馆党史学习主题教育活动最佳组织奖;图书馆参加省高校情景剧展演活动,被省教育厅授予一等奖;图书馆参加第二届省高校大学生"青春心向党·诵赞新时代"主题朗读大赛,被省高校图书情报工作委员会授予优秀组织奖。

二、实验室的建设与管理

河南大学的实验室建设与管理工作由实验室与设备管理处具体负责实施。秉承"打造一流科学研究平台、搭建一流教学实验平台、建设一流实验教师队伍、提供一流管理服务"的工作理念,学校着力优化整合实验室资源,凝练方向特色和研究优势,将实验室做大、做强、做优;深化管理机制体制改革,探索建立新时期实验室管理运行新模式,全面提升实验室建设管理水平。十年来制定、修订《教学类实验室设置管理办法》等8个规章制度,并采取行之有效措施狠抓落实,使学校实验室管理工作更加科学、规范、高效。截至2021年底,新增教学实验仪器设备15 535台(件),价值2.87亿元;教学实验用房增加16 000多平方米,教学实验基础设施条件明显改善。组织开展教学实验室效益考核,实现"建—管—评"闭环管理,不断提高建设资源投入效益,促进实验室全面提质。

2018年在省人社厅组织下,河大参与起草《河南省正高级实验师资格申报评审条件(征求意见稿)》,首次设立正高级实验师职称,提高了广大实验教师的积极性、创造性。通过培养、引进等方式提高实验教师队伍学历、职称层次,逐步形成了一支高学历、专业化的实验教师队伍。学校现有专职实验教师194人,其中博士研究生学历57人,硕士研究生学历58人,占59.28%。现有正高级实验师3人,高级实验师84人,实验师71人。

2014年以来增设考古与文化遗产保护实验中心、现代物流模拟专业教学实验室、电子信息技术实验室、建筑技术实验室等。组织开展2020～2021学年教学实验室绩效考核,形成教学实验平台绩效考核报告,在教学实验室设置、资金投入、评优奖先等方面发挥重要指导作用。学校现拥有各类教学实验平台47个,其中公共基础实验室4个,专业基础实验室11个,专业实验室30个,专业实训中心2个,分布在9个学科领域23个学院(部)。共开设实验课程484门,实验总学时19 175学时,年实验总人时数3 752 273人学时。教学实验平台使用面积556 624平方米,拥有教学实验仪器设备49 267台件,价值4.9亿元。支撑3个国家级、13个省级实验教学示范中心及2个国家级、18个省级虚拟仿真实验教学中心的建设任务。本科实践教学学分占本专业总学分的比例平均为27.41%,其中理工农医相关专业均高于25%,文科经管相关专业均高于15%,确保符合人才培养质量要求。

2012—2016年,中西部高校综合实力提升工程为河大设置实验室设备建设项目62个,投入建设经费1.83亿元,其中人文社会科学、公共实验教学、医学实验教学、理工科实验教学等29个教学平台,投入设备购置经费0.795亿元;对协同创新中心、人文社科类创新研究平台、自然科学研究创新平台、医学科研创新平台等33个科研平台,投入设备购置经费1.04亿元。中央财政支持地方高校发展建设为河大设置实验室设备建设项目21个,投入建设经费1.16亿元,其中对13个实验教学平台投入7 000万元,对8个科研平台投入4 600万元。该阶段的建设项目惠及全校在建的45个教学实验室,投资总额达到1.495亿元,占学校平台建设总投入的49.95%。

由于教学实验硬件条件的明显改善,本科人才实践育人能力大幅提升,实验课从2011年的341门次增开到396门次,实验教学服务能力从2011年的249.71万生学时增加到275.85万生学时。科研实验设备投资总额1.498亿元,是河大建校史上对科研仪器设备投入的新高,占比50.05%,首次高于教学类仪器设备投入比,表现出学校由教学型向研究型大学的转变,正逐步在科技创新领域布局。截止到2015年底,学校在账单价10万元以上大型设备1 136台,价值6.37亿元,其中单价40万元以上大型设备400台,价值4.82亿元。这期间新购置仪器设备多是行业领域的基础研究设备,与学校科研平台发展水平和发展目标定位相适应。

在实行多年部分设备专管共用、学校补贴运行费的基础上,制定《大型设备有偿使用管理办法》《大型设备管理和操作培训制度》等,实施大型设备有偿共享管理改革,在提升设备利用率和保证资金建设效益方面作了初步尝试。上线大型仪器开放共享平台,对在账大型仪器设备逐步梳理,分批入网,实行开放共享。本阶段的建设从管理机制到资金投入,为学校入选"111计划"和"双一流"高校奠定了良好的设备基础条件。

2017—2021年,教学科研仪器设备建设以积极适应学校研究型大学建设转变需求为主要目标,仪器设备种类以专业大型科研投入为主,为支撑学校实现科研平台的重大突破、通过一流学科专业建设加强人才培养发挥积极作用。通过中央财政资金、"双一流"建设资金设置实验室设备建设项目98个,投入建设经费3.46亿元。其中以在建的47个教学实验室教学实验设备的更新更替、创新性实验教学项目实验设备新增投入、新专业实验实训设备投入为导向,设置教学类实验设备建设项目50个,投入建设资金1.23亿元;以各级各类科研平台学科专用型大型仪器设备、学科通用型科研设施设备分布布局为导向,设置科研类实验设备建设项目48个,投入建设资金2.2亿元。这期间教学实验设备增加15 009台套,设备价值达到

3.84亿元。教学实验实践基础设施条件改善明显,为优化人才培养模式,提升实践育人水平起到了良好的支撑作用。与此同时,布局生物学一流学科研究所需的各种生物组学研究平台、作物改良中心、人工气候室、高通量表型中心和生物学分析测试中心等多个学科专用、通用科研设施设备平台,为一流学科建设和生物类学术研究奠定了特色鲜明、功能齐备的硬件基础。

紧抓"双一流"建设重要发展机遇期,进一步加强学校科研设施和大型科研仪器设备开放共享体系建设。对贵重科研资源合理科学布局,仪器信息实时开放,仪器及技术人才资源实行共管共享、专管共享,考核激励举措并行,切实实现建设效益。2016年以来,大型仪器共享平台扩充院级管理功能,实现校院两级信息开放,统一调度共享。完成与河南省科研设施与仪器共享平台的数据对接,实现大型仪器校内外信息开放,为共享奠定基础。截止到2021年底,纳入大型仪器共享平台的教学科研仪器设备1 081台,50万元以上(含50万元)仪器设备372台,总价值约5.37亿元,占开放共享仪器设备总数的34.41%;10－50万元仪器设备709台,总值1.95亿元。"十三五"期间,新增入网管理单价10万元以上仪器441台,价值3.18亿元,规模较之前增加114.84%。接收校内外测样申请7.7万余次,处理检测样品50.23万个,仪器共享测试时长达到60.9万小时,充分发挥了仪器设备的建设效益。在省科技厅、财政厅、教育厅组织的全省高校科研院所及企业共同参与的科研设施和仪器共享绩效评价工作中,2018－2020连续三年河南大学被评为优秀单位,2018、2019年连续获得高校排名第一。

三、网络与智慧校园建设

2012年学校获批为河南省和教育部第一批信息化试点高校。通过申请中西部高校综合实力提升工程、中央财政支持地方高校改革发展项目专项资金以及银校合作等多种途径筹措建设经费,不断加大投入,积极推进智慧校园平台体系建设。2014年以来,完成全校有线网络大二层扁平化升级改造,实现金明、明伦校区双链路及校园主干网万兆互联,关键设备双机热备和网络一体化实名无感知认证。完成金明、明伦两校区校园无线网一二三期项目。采购部署站群平台,实现数据中心双活系统的搭建和管理,公共教学区及学生宿舍区实现校园网无线全覆盖,极大地方便了师生的用网需求。办公区和室外重点公共区域实现校园网无线全覆盖。完成校园网主干设备、认证服务器、DNS、防火墙、数据中心核心设备以及应用系统的IPv6升级,全网支持IPv4/IPv6双栈协议,校园网核心业务系统和Web站点均可通过IPv6进行访问,并部署上网行为审计设备,对校内上网行为做到可定位、可追溯,大大提高了网络信息的灵活性、安全性和稳定性。2021年,郑州校区进行基础网络一期工程建设,采用最先进的 SDN 组网技术,有效降低网络构建成本,提高了网络运行效率。完成 21、22 号家属院运营商网络与校园网互联互通。到 2021 年底,开封明伦、金明和郑州龙子湖三校区网络出口带宽由 4G 逐步提高到 52G(办公区出口带宽 14G,学生宿舍区出口带宽 38G),增长了 13 倍。有线网络信息点由 10 000 余个增加到 31 896 个,增长了 3 倍,并覆盖学校所有教学、办公、宿舍区域。无线 AP 由 520 余颗增加到 13 300 余颗,增长了近 26 倍,实现金明、明伦校区及郑州校区一期网络工程所有室内场所和室外重点公共区域的无线覆盖。加快建设校际主干网络,实现郑州、开封两地三校区网络万兆互联互通,为师生的工作、学习、科研和生活提供高质量基础网络保障。

2014 年以来,建成学校云计算应用数据中心、中心机房和网络运行机房,目前数据中心运行有虚拟机 565 个,虚拟 CPU 3 100 颗,内存 9T,存储 363T。数据中心机房现已托管服务器 118 台。升级改造校园一卡通系统,实现了虚拟卡功能。部署一卡通大数据分析平台,提高数据挖掘能力,为领导决策提供数据。完成郑州校区校园一卡通系统一期建设,8 栋学生公寓安装了用电安全控制系统,餐厅实现了人脸识别支付,初步满足第一批入驻师生的生活需要。智慧校园平台整合 30 个校内信息系统和业务数据,实现业务系统之间的统一身份认证,统一消息,统一门户,建设主数据管理平台和数据交换平台,解决了各业务系统数据独立不互通的信息孤岛问题。目前基础数据平台数据量超过 1 500 万行,提供数据接口 166 个。升级完善融合办公自动化(OA)系统和网上一站式服务大厅,实现全校各单位业务流程在网上一站式服务大厅办理。全面推进办公自动化应用,努力提升信息化管理水平。上线智慧校园掌上门户"今日校园"App,集成各类微应用,提供掌上办公和交流平台,为教职工生提供更加便利的线上服务。站群系统目前共上线站点 304 个。2019 年建设校级虚拟仿真实验平台,目前已完成 10 个学院、24 个虚拟仿真实验平台的接入。完成大数据平台部署,为数据治理和大数据应用场景建设打下基础。

2016 年部署数字资源云管理平台。2019 年部署新生报到系统,实现手机自助扫码报到。完成 Eduroam 部署,实现国内外高校 Eduroam 联盟成员用户无线网络接入漫游服务,学校师生在国内外所有 Eduroam 联盟成员单位均可免费使用学校上网账号上网。开通 CARSI 资源共享服务,全校师生可通过学校统一身份认证在校外直接访问图书馆的中国知网、万方等数据库资源。2020 年完成学校 3 个会议室及 42 个学院部门视频会议终端设备的建设与部署。

购置和部署 Blackboard 网络教学平台和河大智慧教学一体化平台(学堂云+雨课堂)。目前智慧教学一体化平台上共有师生 34 946 人,其中教师 1 781 人,学生 33 165 人,课程数 1 758 门。Blackboard 网络教学平台共有师生 10 487 人,课程数 352 门。学校两地三校区公共多媒体教室及智慧教室由 2012 年之前的 163 个增加到286个(开封校区254间,郑州校区32间),增长了近2倍。目前共建设智慧教室50个,占全校公共多媒体教室的17%,实现了教学互动化、学习泛在化、管理科学化、评价数据化,为课堂教学活动创造现代化教育条件,实现现代信息技术与教育教学的深度融合。

加强网络和信息安全管理,增强网络信息安全防护能力。采购网络安全服务,提高学校信息系统的整体安全防护能力及校内服务器的安全性,所有安全设备日志留存不少于6个月,满足《中华人民共和国网络安全法》及上级单位的监管要求。完成智慧校园平台、网站群系统、虚拟仿真实验教学共享平台的定级备案和等保测评工作,满足合规合法要求,促进学校信息化建设稳定、健康、可持续发展。

四、档案的管理和利用

河南大学档案馆馆藏档案保存有国立河南大学、女子师范学校、郑州艺术学院、河南开封高中、开封师范学校、原开封师范高等专科学校、开封医学高等专科学校、新开封高等师范专科学校、河南大学等9个全宗,包含建校以来的党群、行政、教学、科研、基建、财会、外事、人事、声像等9个类别的档案。2015年成立河南大学档案工作委员会,极大地推动了学校的档案管理工作。学校在办公用房整体紧张的情况下,为档案馆增加办公用房11间,使档案管理用房总面积及库房面积相较于十年前(总面积830余平方米、库房面积400余平方米)增加了一倍以上;购置安防系统,做到库房门禁和监控系统全覆盖;购置84组档案密集架,提高了库房利用率;购置档案数据库光盘硬备份系统、光盘打印刻录一体机、高清扫描仪等设备,提升了档案信息化处理能力和工作效率。

根据工作需要,档案馆重新修订了消防安全管理、保密、档案查(借)阅、库房管理等制度及工作职责、查询指南、阅档须知等,制订校史馆参观须知和科技、人事、文书档案利用流程等,并将其制作成展板展示在办公楼内;编写《档案工作管理规范与业务标准》发放给全校各专兼职档案员,并对2010年刊印的《档案管理手册》进行修订。分批推进馆藏档案数字化,完成本专科生学籍档案、部分研究生档案、文书档案永久卷的数字化,累计完成数字化加工1 613 303页,著录条目446 126条,改变原来的人工服务模式,提高了工作效率。

为更好地适应多元化的档案利用需求,更换了更为先进的档案综合管理平台,开通档案馆微信公众号协助提供查询服务。探索服务创新模式,近年来由于学历认证、档案审核、审计等需求的增多,档案馆每年平均为学校各项工作和校友的档案服务提供6 000余人次的查询服务。为此设置了专门的档案查询窗口,开通档案查询申请邮箱,申请人只需将相关证件及需求发至邮箱审核,即可享受到档案材料复制件邮寄服务。学校重视专兼职档案员业务素质的提高问题,每年都选派10人次以上的专职档案员参加各级档案培训班、档案会议等。2012年召开首次全校档案工作会以来,多次开展对兼职档案员的培训和业务指导,建立起一支素质过硬的兼职档案员队伍;邀请档案方面的专家来校开讲座,有针对性地开展专兼职档案员的业务培训。

校史馆认真做好校史讲解接待工作,每年为新生入学、社会各界参观等提供约1万人次以上的接待服务;建立起一支学生讲解员队伍,每年由专人负责学生讲解团队的解说培训;及时更新展厅内容,多次对展厅展示内容进行重新设计布局;利用多种媒体形式展示学校历史发展与人物风采,建立虚拟校史馆网站,在展厅内设置多媒体显示屏等;在本科生中开设"大学人文传承"选修课,发挥校史育人作用。启动符号馆的建设,设置知名人物、知名校友、重大专题等专栏内容,展示学校在校生、校友、教职员工的代表性成就,以与校史馆展示学校发展历程、学科建设成就形成互补。

积极开展档案、校史宣传和交流活动。2015年8月,学校在新、老校区制作和竖立"国立河南大学复校纪念碑",并隆重举行纪念碑揭幕仪式,以纪念世界反法西斯战争及中国人民抗日战争胜利70周年。2017年4月,与文学院、市文联、汴梁晚报、邓州市姚雪垠文学馆在河大举办"追求·奋斗·文学马拉松——姚雪垠文学生涯70周年图片展";同年5月,由河大主办的"双一流"建设背景下河南高校校史馆建设与育人论坛在金明校区举行。2018年10月,由中国高等教育学会校史研究分会主办、河南大学承办的中国高等教育学会校史研究分会(2018)第15届学术年会在河大举行。

自2016年以来,每年的"国际档案日"档案馆都主动开展主题活动,印发档案宣传册页,面向广大师生开展档案宣传,普及档案知识。积极参与行业学术交流活动,2017年加入中国高等教育学会档案工作分会,成为理事单位,积极承担中高档的课题科研任务;承办全省首届校史馆服务育人论坛,与郑州大学联合倡议成立河南省校史研究与服务联盟;发起成立河南省档案学会高校分会,成为副会长单位。

2012年以来,档案馆在各级刊物上发表学术文章98篇,主编专著21部,参编6部,主持科研项目6项。校园口述史取得阶段性成果,共选择33位专家学者进行访谈,整理了大量音视频及文字材料,为110周年校史编研积累素材。2013年学校被省档案局评为省直单位文件材料归档工作先进单位,8人被评为先进工作者。2016年在省档案局执法检查工作评比中学校再次被评为先进单位。2013—2018年连年被省档案学会评为先进单位。

五、出版编辑事业的发展

2012年以来,学校党委行政充分认识到出版编辑事业对学校教学科研等工作的支撑作用,加强了对出版编辑部门的领导,促进了出版编辑事业的快速发展。

河南大学出版社自1985年2月成立以来,经过30多年艰苦创业,现已发展成为资产总额超两亿元,编、印、发配套齐全,图书结构合理,在全国具有较大影响的中上等规模的高校出版企业。迄今已出版高校教材、学术专著、大众读物等各类图书5 000余种,其中高校教材和学术专著占80%以上,并有300余种图书获得省部级以上奖励。

2012年以来,出版社坚持为社会主义文化教育事业服务的宗旨,聚焦举旗帜、聚民心、育新人、兴文化、展形象的使命任务,坚持把内容建设、质量建设、出版好书放在首要位置。在主题出版方面,推出了《生也沙丘 死也沙丘——焦裕禄的生前身后事》《红旗渠的基石》《红烛之芳——记一位人民教师的壮美人生》《雷锋精神薪火相传:"时代楷模"邓州"编外雷锋团"的故事》《治淮精神 历久弥新——新中国治淮与卫生工作回顾》《海上丝路古城》《丝绸之路上的古城》《剪纸中国》等一大批唱响主旋律、传播正能量、弘扬社会主义核心价值观和中华优秀传统文化的精品图书。《九曲流沙》获河南省"五个一工程奖";《红旗渠的基石》是河南省唯一一个入选国家2016年主题出版的项目;《丝绸之路上的古城》(英文)被评为中宣部2020年对外出版采购类项目,受到省委宣传部通报表扬;"中华源·河南故事"中外文丛书荣获2020年度对外传播十大优秀案例,2020年地方优秀外宣书籍一等奖,中宣部优秀外宣品一等奖第一名。

在学术出版方面,依托河南大学丰厚的学术积淀,不断整合出版资源,积极打造学术精品。近年来策划出版了"中原作家群研究资料丛刊"、"人文科学译丛"、"河南文学评论家文丛"、"深扎"文丛、"赫尔墨斯国际前沿论文书系"、"新时代美学译丛"、"海外中国研究精选"等一批颇具分量的学术专著,逐渐形成国学与西学并重、基础与前沿相携、融会中外、贯通古今的鲜明出版特色。

随着一系列精品图书陆续问世,出版社在重大出版领域不断取得新突破。《袁世凯全集》是国家重大文化建设项目"清史工程"子项目之一。出版社为此专门成立项目部,抽调精干力量承担编辑工作。经过8年的精编精校,大型清史文献丛刊《袁世凯全集》于2013年底出版,并通过国家清史办的审核验收,获得学界专家的高度评价。《中华大典》是以古文献汇编的形式,参照现代图书分类法编纂的一部巨型类书。出版社自2006年获准承担《中华大典·农业典》的编纂出版工作以来,做了大量的采集文献和建库工作,组织调配各专业精尖人才,历时12年,于2017

年底完成《蚕桑分典》《茶业分典》《农书分典》《农田水利分典》《农业灾害分典》《畜牧兽医分典》6个分典,共计13册2 723万字的编纂出版工作,并以优秀等级顺利通过国家结项验收。2021年隆重推出国家出版基金项目《皮亚杰文集》,这是迄今为止收录皮亚杰著述及相关文献最全的大型书系。共10卷本,总字数约1 900万字,第一次系统展示了皮亚杰学术思想的全貌与精华、张力与辐射、侧重与流变,具有十分重要的学术意义和深远影响。《狱中札记》是西方马克思主义研究最重要的经典著作之一,入选中宣部组织的大型出版工程"国外马克思主义和社会主义研究丛书"。

在教育出版方面,坚持为高校教学科研服务的宗旨,充分挖掘省内外优秀作者资源,先后开发了"大学生职业发展与就业指导""大学生创新创业教育""英语博士文库""电子商务职业细分化岗位导向型规划教材""全国高等学校医学护理类规划教材"等系列教材。2013年承担司法部编写的全国《罪犯教育系列教材·文化教育》出版任务,成为我国司法系统首套通过教育部审定的监狱系统使用的国标教材。截至2020年底,高校教材获省级规划教材立项94种。在2020年省教育厅公示的河南省本科高等学校"十四五"规划教材拟立项建设名单中,河大出版社占35种(含修订),其中5种教材为重点立项;《现代钢琴集体课教程》《新课程历史教学论》《人力资源管理教程》《大学体育教程》分别荣获省首届教材建设一、二等奖。面对"三科"教材统编新形势,出版社在巩固和加强原有出版特色的基础上,努力开辟新业务,加大自主研发和教材读物出版领域的投入,策划了一系列受政策影响较小、可做空间较大的市场图书,如"中原文化读本""黄河文化读本""劳动教育教材"等。

河南大学出版社2017年相继荣获河南省首批版权示范单位、全国版权示范单位称号,成为河南省唯一一家获此殊荣的出版单位。2018年荣获第七届中国国际版权博览会"金慧奖"优秀企业奖。2021年荣获首届河南省教材建设奖、教材建设先进集体称号。

学校的重要期刊一共有九种。

《河南大学学报》:《河南大学学报》社会科学版设有《"新时代"思想理论研究》《政治学研究》《管理学研究》《法学研究》《宋代研究》《文学研究》《语言学研究》《教育学研究》《文化与传播研究》《编辑学研究》等10个栏目。其自然科学版设有《地理环境与资源开发》《生命科学》《自动化基础理论与信息技术》《建筑环境与结构》《数学研究》《化学与化工》等6个栏目。其医学版设有《药学研究》《基础与临床》《综述》《人文医学与医学教育》等4个栏目。2014年《河南大学学报》3种期刊陆续使用知网的网上投稿系统,实现了投稿、审稿等流程的电子化。《河南大学学报(社会科学版)》的《编辑学研究》栏目获教育部名栏建设工程,该刊被评为全国高校精品社科期刊。2016年《河南大学学报(社会科学版)》的《编辑学研究》栏目获名栏建设优秀奖(全国有25家期刊)。2019年《河南大学学报(社会科学版)》荣获全国高校社科名刊荣誉称号。

《史学月刊》:《史学月刊》是教育部名刊工程建设期刊,首批国家社科基金资助期刊,曾多次荣获国家期刊奖,是国内历史类刊物发文量最大的专业期刊。近十年共发表论文2 019篇,被《新华文摘》、《中国社会科学文摘》、中国人民大学书报资料中心等全文转载730篇。该刊每年定期组稿构建中国特色哲学社会科学体系专栏,从历史的角度阐释中国道路、中国精神、中国力量。其选编论文始终坚持质量优先,所发论文大多在学界影响较大。近十年先后主办了5期新史学青年论坛。该刊一直是南京大学中国社会科学研究评价中心的CSSCI来源期刊、北京大学中文核心期刊、中国社会科学院社科核心期刊A类核心期刊。在国内各种权威期刊检索和评价系统中,该刊稳居各类期刊排名中历史类综合指数前3名。2012年入选首批国家社会科学基金资助期刊,2014年荣获全国高校社科名刊,2015年荣获全国社科百强期刊、中国国际影响力优秀学术期刊,2019年再次荣获全国高校社科名刊。

《数学季刊》:《数学季刊》是以刊登数学学科中具有创造性、代表学科水平的科研成果为主的综合性学术刊物,始为中文版,现为英文版。在退出中文核心后,其学术影响力和社会地位受到一定影响,期刊发展态势低迷。学校迅速做出应对,2019年对编辑部成员进行职位调整和人员变动,人员体系趋于专业化,最大限度地顺应时代传播环境的改变。2020年《数学季刊》启用线上投稿系统,加大对外宣传力度,多次走进全国性学术会议,大大提高了期刊知名度。《数学季刊》现为美国《数学评论》、德国《数学文摘》、《中国学术期刊》综合评价数据库,《中国学术期刊(网络版)》和JST日本科学技术振兴机构数据库的文献源或源泉期刊,被中国知网、维普、万方等数据库收录。2019以来多次荣获中国学术期刊影响因子年报统计源期刊。近十年发表了一大批高质量高水平的科研学术论文,在学术界引起强烈反响。《数学季刊》借助河南大学深厚的历史文化底蕴和现代化技术取得了快速发展,有充足的信心能够再创辉煌。

《化学研究》:《化学研究》主要刊载化学及相关学科的基础理论研究和应用研究的最新成果及综述性文章(中文、英文),是美国化学文摘和俄罗斯文摘杂志固定收录期刊,《中国科技论文统计源期刊》(中国科技核心期刊)、《中国核心期刊(遴选)数据库》全文收录期刊,《中国学术期刊综合评价数据库来源期刊》《中国学术期刊(光盘版)》入编期刊,中国期刊网上网期刊,万方数据系统科技期刊群上网期刊,维普《中文期刊服务平台》收录期刊,超星数字图书馆收录期刊,《科学引文数据库》(SCD数据库)收录期刊。设立栏目《研究快报》《研究论文》《进展与评述》等,2020

年每期刊物封三整版对封面文章作者进行介绍;《研究快报》改为《前沿与亮点》栏目。

《心理研究》:《心理世界》于2008年起更名为《心理研究》,自2010年至今共出版68期,累计发文近900篇。被中国人民大学主办的报刊资料复印中心主办的《心理学》全文转载54篇,几乎在《心理研究》上发表的所有学术论文都被该期刊列入目录索引名单。《心理研究》多次被评为河南省一级期刊,影响因子在同行期刊中名列前茅。2021年5月,南京大学中国社会科学研究评价中心发布最新版中文社会科学引文索引(简称CSSCI)来源期刊、扩展版期刊目录,《心理研究》首次进入CSSCI扩展版来源期刊目录。

《汉语言文学研究》:《中学语文园地》2009年停刊。沿用原来刊号,《汉语言文学研究》于2010年创刊,是面向全国公开发行的中国语言文学类专业学术刊物。截止到2021年底,共发文895篇,人大报刊复印资料全文转载76篇。2018年被中国社会科学评价研究院评定为"2018年度中国人文社会科学期刊AMI综合评价"A刊扩展期刊。刊物以习近平新时代中国特色社会主义思想为指导,坚持文化自信,贯彻"百花齐放,百家争鸣"方针,繁荣人文科学研究。崇尚学术中有争鸣、争鸣中有宽容、宽容中有立场的办刊理念,关注学术前沿,跟踪学术争鸣,创造学术精品。以服务学科建设及发展为办刊目的,常设栏目包括《中国古代文学研究》《中国近世文化研究》《中国现当代文学研究》《文艺学研究》《比较文学与世界文学研究》《史料与阐释》《语言学研究》《出土文献与古文字研究》《青年论坛》等,并特邀各研究领域的专家学者主持凸显自身学术研究特色的专题栏目。自创刊以来,得到海内外诸多名家学者的支持,并逐渐形成自己的办刊风格。在坚持专业性、学术性的同时,能够从人文社会科学的视野出发,跨越学科界限,推动中国文学研究的视域拓宽与范式转换。积极搭建学科交流平台,刊行10余年来,常设栏目刊发国内外知名专家学者的稿件近百篇。该刊对青年学者的学术成长也有所助力,他们的来稿在支持刊物的同时,自身也逐渐成长起来,在各自的研究领域逐渐或已经成为颇有建树的新锐学人。刊物先后刊发30余篇河南大学文学院教师的稿件,为河大的学科发展尽了一分力量。

《圣经文学研究》:《圣经文学研究》创刊于2007年,由河南大学圣经文学研究所主办,自2010年起被中国学术期刊网络出版总库、万方数据收录,2014年起成为中文社会科学引文索引来源期刊。2017年,河大圣经文学研究所与香港中文大学崇基学院神学院联合注册出版《圣经文学研究(国际版)》。该刊常设《中国语境中的圣经阅读》《圣经在中国》《圣经汉译研究》《圣经与文学艺术》《希伯来圣经研究》《新约研究》《多样性圣经研究》《马克思主义与圣经研究》《圣经与古代世界》《认识名家》等栏目,致力于打造一个立足于中国的全球性学术平台,聚焦国际圣经学术前沿，汲取中国文化和智力资源，推动圣经学术研究深入发展。该刊是目前唯一一个以圣经为研究对象的汉语学术刊物。刊物的首要定位是汉语语境中的圣经学术研究，即推动中国和海外汉语学者从中国以及世界不同地域的处境出发，以汉语的知识、思想、文化和文本资源切入圣经学术研究，从而丰富中国学术，也为国际圣经研究做出独特贡献。据中国知网公开发布的数据统计，2007年至2021年该刊共发表论文545篇，累计被下载101 135次，被引用502次。

《外文研究》：《中学英语园地》2013年停刊，以此为基础，《外文研究（季刊）》于当年创刊。《外文研究》是国内外公开发行的学术期刊，刊发外国语言学、外国文学、翻译理论研究、外语教育教学研究等方面的学术成果。办刊宗旨是立足学术研究前沿，展示原创性研究成果，以促进外国语言文学研究的繁荣与发展。自创刊至今，共刊发国内外专家学者的稿件500多篇，极大地提高了刊物的学术影响力。该刊被中国知网、万方数据库、人大复印报刊资料、超星期刊域出版平台、中国社会科学院中国社会科学评价中心《中国人文社会科学期刊评价报告（AMI）》引文数据库、中文科技期刊数据库（维普）、科学引文数据库（SCD）和国家哲学社会科学学术期刊数据库（NSSD）收录。2014年成为国家新闻出版广电总局认定的全国第一批学术期刊。2015年河南省第9届社会科学期刊综合质量检测中《外文研究》获得一级期刊的荣誉，2017年省第10届社会科学期刊综合质量检测中再次获得一级期刊荣誉。

Exploration：2021年1月15日创刊，面向全世界发行，期刊由河南大学主办，Wiley出版集团出版发行，重点发表与推广打破学科界限的交叉学科研究最新成果及前沿进展，旨在打造中国特色、河大标签的顶级综合性国际学术期刊。期刊围绕基础研究、临床医学、新型材料、药学、物理、化学、信息学、人工智能、统计学、遗传学等学科进行跨学科创新和交叉研究，助推国家科技事业发展。期刊抢抓新兴交叉学科发展的战略机遇，立足国情、面向世界、探索未来，坚持"精品至上"，特色发展，合作共赢，争突破、筑长板，引领发展方向，走一条可持续的办刊之路。

2021年8月17日，河南大学主办的国际综合性期刊 *Exploration* 首期封面文章正式上线发表。文章题为"From Mouse to Mouse—Ear Cress: Nanomaterials as Vehicles in Plant Biotechnology"，是涉及生物、纳米、医学等多学科交叉领域的综述论文。该综述文章由宋纯鹏教授领衔，联合多个国家、多个学科、多个领域的领军人物（包括中国科学院院士唐本忠、樊春海，美国科学院院士 Paul S. Weiss，澳大利亚科学院院士 Ashley I. Bush、John W. Patrick、Martina M. Stenzel 等）共同撰写。第一作者为我校生命科学学院夏雪博士，宋纯鹏教授、澳大利亚科学院院士 John Patrick 教授及 Tina Offler 教授为共同通讯作者。12月，期刊在通过全球最具影响力的开放存取期刊目录（Directory of Open Access Journals，DOAJ）评估后,正式被 DOAJ 数据库收录。期刊由国家纳米科学中心梁兴杰教授任主编,河南大学师冰洋教授任执行主编。自 8 月份上线首篇文章至 2021 年底,已正式出版 3 期,发表国内外知名科学家团队的研究型论文及综述文章共计 30 篇。期刊目前有 74 位编委会成员,来自 9 个国家和地区,其中包括中国两院院士 12 位,国家杰出青年基金获得者 21 位,2021 年度全球"高被引科学家"28 位。

第二节　后勤管理与服务

一、注重后勤的内涵发展

2013 年 5 月,学校继续深化后勤管理体制改革,将接待服务中心并入后勤服务总公司,后勤服务总公司更名为后勤集团总公司。2018 年 6 月,根据《河南大学机构设置方案》,总务处、后勤集团总公司合署办公。总务处、后勤集团总公司作为为学校教学、科研和师生工作、学习、生活提供保障服务的校内组织机构,旨在打造与建设"双一流"大学相适应的后勤保障服务体系。从此,后勤发展进入内涵建设新阶段。总务处、后勤集团总公司抓住这一历史机遇,大力推进规章制度建设,健全党委会会议、党政联席会议等民主决策制度,积极探索实施精细化管理,不断完善后勤管理体制和运行机制,创新管理模式,提升管理水平和服务能力。在保障学校中心工作正常运转的基础上,积极推进高效后勤、质量后勤、节约后勤、文化后勤、平安后勤"五个后勤"一体化建设,推动形成全员、全过程、全方位"三全育人"新格局。

后勤集团总公司组建后,为适应后勤社会化改革,加强规章制度的管理体系建设,优化规章制度内容体系,按质量管理要求着力构建科学的制度体系。2013 年以来,先后制定、修订学生住宿管理、校园保洁、饮食服务、物资采购、车辆管理等多项管理制度;针对实际操作中出现的问题,对员工考勤、营业房管理、零星维修方面的规章制度进行修订完善,对各项规章制度进行细化,使其更具针对性和可操作性。进一步强化检查考核,提高制度执行力,用制度来规范经营管理行为。各部门层层抓制度建设与落实,抓规范化管理与服务,积极探索建立结构合理、层次清晰、权责明确、运转高效、行为规范的工作体系。经过几年来的不懈努力,基本上构建了运转高效的管理模式、科学完备的管理制度、充满活力的后勤文化。后勤的决策力、执行力、控制力以及管理效率与水平显著提高,有力地保障了学校各项事业的平稳健康发展。

2019年学校申报5个标准化学生食堂、9栋标准化学生公寓,经省教育厅高校后勤"双评"工作专家组对创建工作进行检查评估验收,河南大学4个食堂被授予标准化学生食堂称号,1个食堂被授予标准化示范学生食堂称号;4栋学生公寓被授予标准化学生公寓称号,5栋学生公寓被授予标准化示范学生公寓称号。至此,开封明伦、金明两校区15个学生食堂、56栋学生公寓楼,标准化食堂和标准化学生公寓建设达标率100%,其中,7个食堂被评为示范性标准化学生食堂,14栋学生公寓被评为示范性标准化学生公寓。2020年,"河南综合改革试点高校后勤'三全育人'改革研究"获省教育厅立项,河南大学作为全省高校后勤"三全育人"改革试点牵头单位,参与了《河南省高等学校后勤"三全育人"改革的指导意见》的拟定。同时,学校总务处、后勤集团总公司申报的"全国试点高校后勤'三全育人'改革研究"重点课题获中国教育后勤协会课题立项,使得学校后勤的"三全育人"工作走在了全省高校的前列。

二、提升基础设施的水平

积极拓宽资金来源渠道,加强基础设施建设,是后勤的重要工作任务之一。学校努力争取中央专项、省财政奖补资金和竞争性拨款,积极筹措社会资金,充分发挥学校教育发展基金会和各学院筹资的积极性,同时高度重视项目管理绩效,以提高资金使用效率。落实资金的项目,直接进入项目库,列入项目管理办公室管理范围,按照项目管理机制进行科学规范管理。十年来,300多个项目得到有序推进。其中,投入资金约3.8亿元,实施校园及家属区水、电、暖管网升级改造工程,学生公寓整修和校园环境整治等民生工程建设。既保证了项目质量和进度,又规避了廉政风险,保证了人员安全,在管理体制上还积累了一些经验。

圆满完成学生宿舍楼和公共教室整修、供暖设施改造等基础设施建设任务。借助校市合作平台,家属区附近的万胜路完成提升改造,金丰苑中路建成通车,金明校区水系和涧水河连通一体,校园和家属区周边环境发生了很大变化。争取政府政策资金支持,利用国家清洁能源政策扶持,推进学校122栋建筑66.02万平方米外墙保温和学生公寓改造项目,改造后的老旧建筑综合能效提升30%以上。协调省市供电公司支持专项资金约600万元,用于学校供电"双回路"和电力增容项目改造。历时两年多,彻底解决了两个校区供电"双回路"及学生公寓空调用电问题。争取省发改委、供电公司支持,免除了1 200万元"双回路"供电高可靠性费用。引进社会资本为校属7 000多间学生公寓安装了空调。引入社会力量投入5 000万元资金重建明伦校区学五学六食堂,以改善师生用餐环境。积极申请省主管厅局专项对公寓、食堂等基础设施进行提升改造。争取开封市供电公司、城乡一体化示范区及校园周边村委会投入1700万元,对社会化公寓空调线路进行改造,引进社会资金为东苑、北苑学生公寓安装3000台空调,实现了校内外学生公寓空调全覆盖。争取开封市资金5000万元,完成苹果园新、老区等7个家属区的基础设施改造。完成明伦校区自来水增压改造项目,彻底解决了高层用水难的问题;完成地下管网整体设计,根据资金到位情况,逐步推进地下管网更新重建工程。全力做好郑州校区学生入驻前后的后勤保障工作。

为进行公用房资源存量改革,学校于2015年3月发布《公用房管理暂行办法》,初步提出公用房定额核算、超定额有偿使用的管理办法。2017年学校进入"双一流"之后,公用房资源尤其是实验学科用房已远远不能满足相关学科发展的需要。2018年学校对历史文化学院等5个单位公用房进行优化调整。同年12月印发《教学与科研单位公用房有偿使用管理暂行办法》,按照有偿使用、零起点收费的原则统筹推进公用房管理,并配合校/院(实验室、中心)二级财务管理制度改革开始实施。3年来,该办法得到有效执行,取得了良好效果,优化了公用房资源配置,激励各教学科研单位提高公用房的调节使用效益和资源流动,公用房的配置进一步规范,更好地为科技创新、成果转化提供服务支撑。

2021年完成21、22号院商业用房招租工作。依靠学校与开封市建立的"校市协商平台",与开封市政府签订框架协议,将绿地创客中心12号楼1.7万平方米房屋作为学校科研用房,十年租金由市政府和示范区承担。与有关单位协调沟通,租赁中科国际大厦3万平方米房屋作为学校科研用房,缓解了公用房紧缺的压力。

2010年以来,学校先后建成21、22、31号家属院,6264户教职工搬入新居,极大地改善了住房条件。在安排教职工入住新居的同时,学校及时开展住房清查工作,尽量收回成套旧房,以解决其他教职工的住房问题。根据学校《住房校内交易流转管理办法(试行)》,总务处、后勤集团总公司网站设立住房校内交易流转平台,及时发布求购和转让信息,帮助教职工逐步解决住房供需困难。

三、环境建设与文物保护

2014以来,学校先后制定和实施了一系列加强校园卫生管理的规章制度,推动实施校园环境卫生网格化管理,以及生态绿化系统和水系规划建设。为建设绿色校园,总务后勤每年都要补栽各类果树苗木两千多株。学校积极与市里联系,2019年涧水河工程顺利通水,并完成金明校区水系266米护栏安装及投放观赏鱼、放养天鹅,以美化校园环境。2020年5月,为筹备110年校庆,学校成立明伦校区综合治理工作组,对校区内违建进行摸底排查,依规依法逐一清理销号。经过大量艰苦细致的工作,校内4处违建被拆除,校园环境进一步得到有效整治。2021年上半年,学校研究制订校园环境提升和生态水系建设计划,高起点、高标准打造校园景观精品,使水系景观真正变成校园流动的风景。明伦校区主要以提升景观为主,金明校区主要以绿化美化为主,绿色校园工程正在分步实施,已完成大礼堂前花园等5处约两万平方米区域铺设草坪、环境改造和景观提升工程。一园一景、一路一景,彰显百年"河大精神"和文化的生态文明型校园正逐步形成。

2012年以来,先后对东西12斋房进行整修改造,对7号楼进行地基防渗加固和本体维修,解决了屋面大面积漏雨和地下渗水问题。2015年学校研究制定了《早期建筑保护管理暂行办法》,为学校第六批全国重点文物的保护工作提供了制度保障。2016年启动《河南留学欧美预备学校旧址保护规划》。2018年河南留学欧美预备学校旧址消防工程经省文物局审批立项,2020年完成设计编制等前期工作,2022年5月经过严格招标,选定施工单位,6月开始进场施工。2020年安防工程立项,大礼堂本体维修工程立项。

2016年学校被评为省直教育机构节能工作先进单位,2017年被省教育厅评为能源资源节约工作先进单位,2019年被省教育厅评为2018年度省直教育公共机构节能环保工作先进单位。2018、2019年总务处、后勤集团总公司被评为省普通高等学校后勤工作先进集体,2020年被评为中国教育后勤协会高校餐饮工作先进集体、省高校学生公寓疫情防控先进集体。

四、加强校园的安全保卫

校园安全保卫工作认真贯彻落实习近平总书记总体国家安全观,牢固树立"保安全,促发展,助力双一流,建功新时代"工作目标,提高政治站位,做好顶层设计,加大资源投入,狠抓工作落实,确保校园的安全稳定、和谐有序,为"双一流"建设提供坚强保障。保卫处(党委保卫部、人民武装部、军事理论教研部)作为校园安全的主责单位,扎实开展智能安防体系建设、智慧交通规划建设、双重预防体系建设,从细从严从实做好校园政治保卫、消防安全、治安管理、国防教育等工作,校园整体安防能力持续增强,各类案件发生率逐年降低,师生安全感和满意度大幅提升,"平安校园"建设不断迈上新台阶。

学校高度重视维稳工作,校党政领导每年都亲自部署,与各单位签订维稳工作目标管理责任书。保卫处与地方政府部门联合行动,每年至少两次对宿舍园区及其周边开展非法宗教排查工作。2015年以来,制定《维护学校稳定、防止和处置突发事件的预案》《抵御和防范宗教渗透实施办法》,查处校园涉及宗教案件6起,成功教育转化了多名学生。学校从2013年开始接受维吾尔族学生且数量逐年增多,

2021年达到152人,是全省接受维吾尔族学生最多的高校。为加强对维吾尔族学生的管理,保卫处与学校相关职能部门密切配合,与新疆内派教师、各学院辅导员一起,坚持"严、爱、细"的工作方针,大力开展爱国主义和民族团结教育活动,帮助学生树立正确的大局观、民族观、宗教观。现已有多名维吾尔族学生入党或积极要求入党,5人参军入伍。此外,充分利用现代化媒体技术,查处各种利用微博、微信发表不正当言论事件多起,查处利用翻墙软件浏览境外网站人员多名,参与处置各类群体性聚集事件10余次。

学校投入大量资金提升校园人防、物防、技防水平,校园安保能力大幅提升。积极探索校园治安管理的新方法、新思路、新模式,完善治安管理条件设施,提高依法管理的能力和水平。学校每年与各单位签订安全稳定工作责任书,编印《大学生安全教育手册》,向新生免费发放,并开设安全教育大课堂。2018年学校与各单位签订综治平安建设工作保证书,采取强力措施,严格治理校内机动车辆和共享单车乱停乱放问题。2019年以来,进行安全隐患大排查4次,处理群体聚集事件6次。

学校把消防安全作为校园安全的重中之重,把维护师生生命安全、确保优秀近代建筑群和重点实验室的消防安全作为常抓不懈的工作。十年来校内没有发生过大的火灾事故。制定完善《消防安全管理规定》,在经费紧张的情况下,拨出专款作为消防专项经费。每年初与各单位负责人签订消防安全管理目标责任书,推行"消防自管、隐患自除、责任自负"的消防安全管理模式,建立学校—责任单位—科室(教研室)—个人的层层责任机制。每年邀请市消防支队及其他消防安全管理部门的专家,对师生分类开展消防安全知识讲座,以增强师生员工的消防安全意识,掌握防火、灭火知识及扑救初起火灾和自救逃生等技能。利用"5·12"全国防灾减灾日、消防进军训、"119"消防安全日等节点,开展消防安全知识宣传和普及教育活动。每年的消防安全宣传月,针对重点场所组织相关人员普及用电、用气知识和初起火灾扑救方法,推动新消防法和《高等学校消防安全管理规定》的贯彻落实。

学校把国防教育作为高校立德树人的重要抓手,通过讲座、微信群、微视频、公众号,以及发放宣传资料、国防进军营等形式开展国防教育和征兵宣传。多次组织师生到驻汴部队参观,组织辅导员参加开封军分区安排的高校辅导员征兵业务培训。通过多种渠道宣讲入伍优惠政策,及时向青年学生答疑解惑。2015年协助退役士兵成立退役士兵协会,2017年挂牌河南大学征兵工作站。2020年7月,邀请军事科学院研究员、战略学博士生导师姜春良少将做国防教育报告。2012—2021年大学生应征入伍840人。自2016年国家设立退役大学生士兵专项硕士研究生招生计划以来,共有20余名退役应届毕业生成功考入"双一流"高校。

学生军事技能训练主要由解放军战略支援部队信息工程大学派出的学员承担,每年军训教官160人左右,参训新生约13 000人。军训时间一般为新生开学后第二周,训练时间14天,成绩载入学生学籍档案。2019年依托武术学院增加了擒敌拳操练,2020年增加了轻武器训练、战场救护等内容。2014年秋季开始开设"军事理论"课程。为提高军事理论课教师的教学水平,多次派军事理论课教师参加国家级、省级军事课相关培训班。2015年6月学校与省教育厅联合在河大举办河南省军事理论课骨干教师培训班。2014年组织编写《大学生军事理论教程》,由学校出版社出版。2020年依据教育部、中央军委有关文件精神对教材进行了修订。

学校于2016、2019年连续两届获"平安校园"荣誉称号,2017年被评为开封市消防安全先进单位,2019年被评为河南省征兵工作先进单位,并被开封市城乡一体化示范区、平安建设工作领导小组评为"平安建设优秀单位"。2016至2018年连续3年被评为河南省高校维稳安保工作先进单位,2020年成为省国防教育模范高校创建考评达标单位,2021年12月顺利通过省国防教育模范高校检查考评。

第三节　校区与住宅建设

一、开封两校区建设

明伦校区2021年启动了玫瑰苑体育馆和铁塔湖景观提升这两个项目的建设。其建设资金均为校友但斌与学校共同承担。体育馆位于校西门西月路北侧原篮球训练馆和教育购物中心地块,建筑总高11.92米,总建筑面积4 245平方米。建筑北侧为篮球馆,南侧为3层办公楼,总投资约3 000万元。铁塔湖景观提升项目南起三观园北侧,北至学11公寓东侧,南北长约240米,主要有步道、木平台、码头、添香台、樱花园、矮墙坐凳及安全设施等。学苑食堂项目由福建厦门源昌集团捐资与学校共同建设,总投资约5 000万元。项目位于明伦校区西部原学五、六食堂位置,综合教学楼西侧,校西门南侧。食堂主入口靠近东侧教学楼,后勤出入口位于西侧,在南侧设置教职工入口,食堂周围有道路与校园道路体系相连。项目总建筑面积9 580平方米,3层。

金明校区大规模的基建完成以后,近年又陆续增建一些项目,并对已建成投入使用的项目进行完善。完成消防设施维修工作,总面积约50万平方米,所有工程维修后均经第三方消防检测机构检测合格。对整个校区的基础设施进行升级改造,对校区进行美化与亮化,新建东大门,东围墙拆墙透绿。实施校区外环健康步道及文化走廊建设工程,步道全长约4千米。

2018年新建作物逆境适应与改良国家重点实验室大楼。该项目位于金明校区图书馆以北、学术交流中心以东，其北面为护理学院和生物实验种植用地，东侧为计算机学院，总建筑面积8 507平方米，总投资5 000万元。这是河大、开封市、河南省高校第一个装配式钢结构建筑。这种预制装配式建筑新模式不仅大大缩短了工期，还实现了节能70%、节水50%、节约模板80%、减少建筑垃圾70%以上，具有现场装配率高、建设速度快、绿色环保等技术优势。该项目审批用时1个多月，主体施工用时3个月，整周期用时7个月。自投入使用以来，在国家重点实验室建设运行论证会及教育部"双一流"建设中期评估中得到专家指导组的充分肯定和高度评价，并受到全校师生的好评。

二、郑州校区的建设

河南大学郑州校区位于郑东新区龙子湖高校园区东北部，北临连霍高速公路和规划中的城市主干道新龙路，南侧、西侧被贾鲁河环绕，东侧为四港联动大道，整个地块呈三角形，由明理路东侧和西侧两部分组成，环境优美、交通便利，区位优势明显。校区占地136万平方米，规划建筑面积96万平方米，计划招收学生总人数为11 000人。

2012年，河大郑州校区项目成功获批为河南省第一批重点项目，其后每年都是省重点项目。2013年至2015年主要是征地、拆迁补偿、填土、拉围墙以及向省主管部门申报可研报告和初步设计，2016年获批专项资金1亿元，成功申报并到账省级统筹基建资金1 009万元。2018年争取到省基建配套资金3 300万元。2019年除国家专项资金外，争取到省配套资金6 670万元。河南大学新版事业单位法人证书申请成功，单位住所为"河南省郑州市郑东新区明理路北段379号"。河南大学郑州校区注册地的获批，实现了河大人几十年来在省会城市办学的梦想，形成了开封明伦校区、金明校区和郑州校区"两地三校区"联动办学的发展局面。2020年将河大郑州校区申请为郑州市一类民生工程，为校区秋冬季扬尘管控期间正常施工提供了保障。

河大郑州校区总体规划由华东建筑设计研究院完成。整体规划突出健康愉悦的校园气氛，区域分明，统筹山脉、水脉、人脉、文脉，处处大气，脉脉相通；建筑以砖石结构为主，体现朴素淡雅的风格，巧妙利用户外自然空间组成庭院，呈现出整体美和深邃美；重现隽永流长的古典韵味，保留传统院落的景观元素，从外部形态和精神内涵上既传承古典庭院的精髓，又糅合现代校园生活整体布局，利用庭院的交错与水系的流动，体现自然之美。将各个书院式教学组团与综合楼一起，在空间形态上形成"中"字型布局，寓意河南大学是地处"中州"的大学，彰显博大精深的中原文化深情滋养着这所历经沧桑的大学。在传承百年河大建筑灵魂的同时,兼顾现代校园绿色、和谐理念。仰望南大门"明德新民、止于至善"的校训,俯瞰整个校区建筑布局,富有民族气派、古朴典雅的建筑显得格外庄重大气、意蕴深邃,延续着百年河大的精神文化,注入了百年河大的根脉和基因,与富有现代气息的郑东新区相得益彰、融为一体。校门口校友捐赠的象征大河奔流气势宏伟的巨石,开天地混沌,启日月精神,将为代代学子开启智慧、立业天地。

2012年6月17日,河南大学郑州校区(时称河南大学国际学院校区)奠基仪式在郑东新区龙子湖畔隆重举行。郑州校区的开工建设,奠定了河南大学郑汴两地办学、一体发展的百年基业。建管委办公楼于2013年1月31日开工,至9月1日完工,历时8个月,建筑面积2709平方米,完成投资600余万元。2014年12月29日,文科组团桩基开始施工,标志着校区建设实质性开工。2015年6月17日,校大门土建工程开始施工,12月28日大门主体完工。2016年9月12日,文科组团项目中、南组团主体结构封顶,年底完成二次结构施工;完成理科教学组团中、南组团桩基工程。2017年完成文科组团中、南组团安装工程;9月1日,理科组团中、南组团开工建设,年底完成基础工程。2018年文科组团中、南组团二次装修全面展开,理科组团中、南组团主体完工,并同步进行安装工程。2019年4月17日,郑州校区工程总承包(EPC)一期项目开工仪式隆重举行。此次开工项目总建筑面积约18万平方米。该项目的开工标志着郑州校区建设进入全面展开的新阶段。工程总承包(EPC)模式开河南省高校基建领域的先河。同年4月23日,河大郑州校区南大门落成典礼暨向阳基金捐赠仪式隆重举行。南大门由河大1980级校友、北京校友会会长、居易国际集团董事局主席刘向阳捐资建设。作为新校区的形象之门、礼仪之门,其与明伦校区南大门在外形上一脉相承,以1∶1.5的比例实现复制。12月30日,文科组团中、南组团及理科组团中、南组团竣工验收。2020年1月10日,郑州校区EPC项目一期首栋学生宿舍楼封顶,当年校区工程总承包二期工程有序开工建设。截至2021年9月底,已完成建设工程约20.57万平方米,包括文理科组团的中南组团约7.4万平方米,学生宿舍(一期)约9.3万平方米,学生食堂约3.87万平方米。在建项目约12.8万平方米,包括文理科组团北组团约4.8万平方米,科技实验创新楼约4万平方米,棉花生物学国家重点实验室大楼约4万平方米。校长宋纯鹏拜会郑州市政府领导,恳请市政府给予支持。七个项目实行督办机制,为郑州校区的启用扫清了障碍。

2021年9月25日,在河南大学109岁生日之际,河大郑州校区正式启用。宋纯鹏校长在启用仪式致辞中说,郑州校区的建设真实地记载了河南大学跨越发展的艰难历程,真实地体现了河大人百折不挠、自强不息,无私奉献、艰苦创业的精神,也真切地见证了省委、省政府和郑州市委、市政府对高等教育事业的家国情怀与强力支持！河南大学国际教育学院、人工智能学院、时空大数据研究院、新型城镇化与中原经济区发展研究中心等单位的教职工生首批迁入郑州校区,当年秋季学期共入住本硕博学生2 600余人,其中新生740人。首先启用的教学楼为九章学堂和友兰学堂,两栋教学楼分别以河大校友赵九章和冯友兰的名字命名。

三、教职工住宅建设

2010年7月,学校印发《金明校区教职工住宅购房方案》,决定启动建设21、22号院专家公寓。2011年暑假期间,3 000余名教职工按照学校制订的分房方案挑选了住房。21号院位于金明校区南侧,占地约9万平方米,总建筑面积约15万平方米,共建设952套住房。该小区于2010年11月开工,2012年主体工程竣工验收,2013年配套工程施工完毕,小区整体验收并入住。22号院位于金明校区北面东京大道以北,东临黄河水利职业技术学院家属区里仁居,西隔东陈庄路与商住小区橡树庄园相望,北临复兴大道,占地约14万平方米,总建筑面积约47万平方米,均为18－31层的高层住宅楼,共建设住房2 443套。该小区于2012年初开工建设,2015年主体工程竣工,2016年8月完成后期建设与交房工作,车位和储藏室分别于2019年6月和2020年1月交付使用。

2012年12月,经十七届第二次教代会代表团长联席会议通过,学校印发《龙子湖校区31号院专家公寓集资方案》,31号院的规划建设正式启动。31号院位于河大郑州校区明理路以西贾鲁河以北,占地面积13.2万平方米,建筑规模约为53.12万平方米,其中地上建筑41.99万平方米,地下建筑11.13万平方米,共建设28层住宅楼17栋、住房2 869套。该小区2014年5月完成桩基工程,10月土建单位进场施工;2015年11月16日17栋楼主体封顶。2016－2018年完成内外装饰及室外配套工程,2019年初完成17栋楼及相关区域车库的竣工验收。2019年4月向郑州市地铁公司申请开通地铁1号线河南大学新区站,经多次沟通协调,于9月3日经过专家评审,11月21日地铁1号线河南大学新区站正式通车。2019年7月整个小区竣工验收交付使用。2020年21号院更名为新民苑,22号院更名为至善苑,郑州校区新建的31号院更名为明德园。

第四节　资金筹措与管理

一、提高财务管理水平

学校实行"统一领导、分级管理、集中核算"的财务管理体制,财务处牢固树立"以学校发展为中心,以教职工生为根本"的工作和服务理念,探索完善"业财融合"的现代财务管理模式,不断提高管理、服务水平,增强财务保障能力,积极为学校各项改革和事业发展提供保障,为学校"双一流"大学建设和内涵式发展做出了重要贡献。

多渠道筹措办学经费,保障学校事业快速发展。2012—2021年累计实现综合收入217.92亿元,实现了办学经费的稳定快速增长。其中财政主渠道资金161.92亿元,同比增长超过40%;强化造血功能,实现教育事业收入38.1亿元,学费平均缴费率超过98%;制定激励政策,持续加大培育,实现科研事业收入7.83亿元,与同期相比翻了一番,竞争性科研事业收入年均增长21%。在经费支出管理上,强化预算导向作用,突出重点,有保有压,盘活存量,用好增量,量力而行,尽力而为,财力持续向民生保障和高水平大学内涵建设项目倾斜。保障民生(人员经费支出)104.33亿元,高水平大学内涵建设(教学科研)66.88亿元,贷款还本付息11.4亿元,郑州校区建设投资9亿元,开封两校区校园环境基础设施改善投资2.91亿元。

2012年综合收入超过13亿元。抢抓省政府化债契机,圆满完成化债任务,贷款由最高的18.7亿元下降至9.9亿元,减少利息支出5 000万元;按照省直驻郑事业单位标准全额兑现绩效工资,自筹资金发放精神文明奖,学校财务步入良性循环状态。2013年落实普遍提高奖补、特色优势学科和急需紧缺专业建设奖励、中央财政支持地方高校建设等资金,争取省政府比照中西部高校综合实力提升拨付等量资金,首次获批博物馆建设补助专项,全年综合收入16.6亿元。2014年度收入总额为17.16亿元,财政拨款占比达67%,主渠道作用凸显。总支出中用于保障民生的支出和教学、科研支出较上年大幅增长,按照郑州同城同待遇标准兑现绩效工资,自筹资金提高精神文明奖发放标准,总体贷款规模进一步下降,财务风险大幅降低。2015年在全省经济形势严峻的情况下,实现总体收入19.04亿元,增幅达16%,稳居全省高校前列。为缓解教职工购房压力,学校一方面积极协调四大国有银行提供优惠贷款服务,另一方面积极争取政策支持,实现教职工公积金支取全覆盖,为全校教职工支取公积金两亿多元。2016年根据《百年名校河南大学振兴计划(2011—2020年)》和学校综合改革方案编制《河南大学财务保障规划(2016—2020年)》。年内总收入18亿元,迈阿密学院建设和郑州校区一期工程建设获财政资金支持,并获批生均拨款增量资金。5月份正式启用金明校区报账大厅,实现新老校区联网办公。

2017年贯彻落实学校"一条主线、两项工程、三项基础保证"工作思路,深挖潜力多渠道筹措事业发展经费19.8亿元。依据学校《一流学科建设高校建设方案》制定《河南大学一流学科大学建设资金规划(2018—2020年)》,得到教育部、省政府的肯定和批准。成立财经工作委员会,进一步规范财经管理工作。2018年获批"双一流"建设资金,实现收入21.73亿元。保障民生需求,支持内涵发展,稳运转控运行,降低财务风险,财务运转平稳,支出结构优化。年初自筹资金1.42亿元,配套"双一流"建设,确保项目提前启动;积极争取省委省政府政策支持,将"按部属高校1.2万元标准核拨生均基本经费、扩大专项经费使用自主权、调整学费收费标准政策、探索发行教育专项债券"四项政策建议列入《关于支持郑州大学、河南大学"双一流"建设的若干意见》。2019年聚焦"双一流"建设目标任务,多渠道筹措办学经费27.69亿元。学校办学条件不断改善;治理能力不断提升,顺利实施校院两级财务管理体制机制改革、资源有偿使用改革等;民生工程进一步完善,教职工收入稳步增长,师生获得感进一步增强。2020年克服疫情不利影响,全年实现综合收入29.8亿元。融资模式实现新突破,成功发行公办高校专项债券,融资1.5亿元用于郑州校区建设;加强银校合作,在工行智慧化校园建设基础上,与建行、农行签署全面战略合作协议,争取项目资金1.5亿元;参与制定河南省学费标准调整方案,积极推动学校学费标准调整,每年增收近千万元。2021年保障能力、管理水平和服务效能稳步提升,全年实现综合收入35.1亿元。根据省委书记楼阳生两次来校调研指示精神,积极申报建设项目,获批"双一流"建设资金5.37亿元;成功发行省公办高校专项债券3亿元用于郑州校区建设;积极争取省财政对郑州校区建设的资金支持,落实专项资金2.19亿元。

聚焦"双一流"建设,用好用活财政资金。在首轮"双一流"建设中,学校落实、筹措"双一流"建设资金25.12亿元,其中中央专项资金1.04亿元、省级财政专项资金17.98亿元、学校自筹6.1亿元,全部用于"双一流"建设项目。在项目执行过程中,强化资金支付进度监控,多部门联动、多节点督促,严格按照建设方案和资金使用规划,有序推进项目进程,保证资金使用效益。

为推进郑州校区建设,学校财务积极探索融资路径,多方筹措建设资金。积极争取并落实中央财政、省级财政建设资金共3.76亿元;瞄准政策前沿,探索PPP、BT、融资租赁等融资模式,2019年成功入选河南省专项债券项目备选库,2020、

2021年先后发行河南省公办高校10年期专项债券1.5亿元、3亿元;2021年结合建设规划科学测算支付进度,共争取郑州校区建设财政专项资金20亿元;深耕银校合作有利条件,拓宽银校合作项目资金适用范围,争取投向郑州校区项目资金1 600万元,为2021年9月郑州校区顺利启用提供软件设施保障。

深化校院两级改革,加强预算绩效管理。为推动管理重心下移,激发学院办学活力,学校制定并实施校院两级财务管理体制改革方案,为学院量身定制预算管理、经费分配、绩效考核等管理制度。改革实施以来,学院经济活动的政策性、事业发展的计划性、预算编制的科学性、拓展资源的能动性、支出安排的效益性不断增强,统筹财力支撑事业发展的能力不断提高。根据上级预算绩效管理要求,稳步推进重点项目全过程预算绩效管理,建立以第三方评价为主,项目实施单位、项目主管部门、财务处等多部门分工协作、共同参与的绩效评价方式。校院两级财务管理体制改革的顺利推进,为实施人事分配制度改革、资源有偿使用改革提供了资源保障,为学校校院两级改革打下了坚实的物质基础。

二、发挥审计工作效能

学校审计处主要负责全校财务审计、工程审计、领导人员经济责任审计、合同会签和大额资金支付审签等审计业务。紧紧围绕学校中心工作,出实招,求实效,聚焦审计中发现的问题、不足,立审立改、审改结合、以审促建,为推动学校"双一流"建设发挥了积极作用。10年来学校先后修订并实施《内部控制审计实施办法》《审计整改工作实施办法》《绩效审计实施办法(试行)》等10多个审计工作制度和规定,内审制度日臻完善。

2012至2017年,审计工作主要是严格工作程序,强化服务意识,突出审签重点,规范审批手续,强化对重点领域和薄弱环节的审计监督。在财务收支审计、工程审计、合同会签、大额支付审签等领域做出了积极贡献。2018年以来,工程审计实行"2+1+1"审计模式。对合同金额20万元以下的工程项目,实行工程招标控制价和工程结算"双备案""双随机",学校工程管理部门将工程项目招标控制价和工程结算审计结果报审计处,审计处对备案项目进行随机抽查。要求抽审平均不少于30%,覆盖面要达到60%;对项目合同金额20万以上200万以下的工程项目实行关键环节审计,200万元以上工程项目实行全过程审计。此审计模式使学校大中型工程项目实现审计全覆盖,审计成效明显提升。截至2021年底,完成全过程审计项目9项,金额13 382.70万元。正在开展的全过程审计项目17项,合同金额12.05亿元。审计在工程成本控制、工程质量监督方面发挥的作用进一步彰显。特别是推进实施的200万元以上重大项目委托全过程审计,项目委托从无到有,审计声音由弱变强,其委托审计成效正逐步为工程管理部门和施工单位接受和认可。

为进一步推动内控体系建设,完善内部治理结构和治理体系,2021年学校对校院开展财务管理体制改革政策落实情况专项审计,通过审计作出客观评价,提出可行性审计建议,促进健全学校预算管理,激发学院办学活力,推动学院加快内涵发展。为加强对重点领域、重点环节的监督,加强过程审计,通过"过程审计"促进"过程管理",提高资源使用绩效,对学校2019年度中央财政支持地方高校改革发展资金项目中的平台建设项目实施绩效审计,从决策、管理、产出、效益等方面,综合衡量项目资金使用和管理,以提高学校重点项目绩效管理水平。

经济责任审计由点到面,分批压茬推进。2018年12月,为开展集中换届后正处级干部离任经济责任审计,学校借力社会审计机构,采取"嵌入式"审计等方法提高审计工作效果。自2017年至2021年底,共完成正处级领导人员经济责任审计70项。学校在经济责任审计方面的经验做法《创新方法,多措并举,河南大学探索高校经济责任审计路径》在省审计厅2020年9月《河南内审工作咨询(第二期)》全文刊发。2020年12月2日,在省审计厅举办的全省内审工作培训会上,河南大学作为全省高校唯一受邀代表以《创新审计方法,河南大学内审工作取得新成效》为题做了典型发言。

2018年9月,国家审计走进高校"礼赞新中国奋斗新时代"主题宣传教育活动在河南大学成功举办。本次活动由国家审计署审计宣传中心、中国青年报社主办,河南省审计厅、河南大学共同承办。活动的圆满举行,充分展现了全校师生及审计人员的良好素质和积极向上的精神风貌,受到审计署和省厅领导的一致好评。

三、严格发展基金管理

河南大学教育发展基金会成立于2011年,是由河南大学发起设立,经国家批准在民政部备案注册,以教育部为业务主管单位、民政部为管理机关的全国性、公益性非公募基金会。2016年被认定为慈善组织。基金会以"善款善用、严格管理、高效运作、公开透明"为指导思想,围绕学校"双一流"大学建设目标,助力学校事业发展。2014年和2021年,基金会两次被评为4A级全国性社会组织。基金会设理事会,理事会下设执行机构秘书处,负责日常事务。2018年6月之前秘书处挂靠校党政办公室,此后改挂到新成立的校友工作与教育发展基金会办公室。基金会设监事,负责监督理事会遵守法律和章程。基金会建立了较为健全的内部管理体系和规章制度,2012年以来先后制定修订《河南大学教育发展基金会章程》《河南大学教育发展基金会捐赠管理办法》等14个规章制度,以保证基金会各项工作规范、高效、有序进行。

基金会充分利用学校办学优势和优质资源,积极谋划捐赠项目,广泛捕捉信息,拓宽筹资渠道,2012年以来,共完成协议捐赠总额1.55亿元,捐赠到账资金1.4亿元,配比资金到账4 023.4万元,公益事业总支出7 673.22万元。除资金捐赠外,学校还收到口罩、车辆、树木、书籍、电子屏等大批实物捐赠。

2018年11月学校出台《关于加强校友与基金工作的意见》《捐赠收入财政配比奖励资金分配使用暂行办法》和《引进社会捐赠资金奖励暂行办法》,初步建立社会筹资工作的校院两级管理体系,通过校内捐赠配比、捐赠奖励及校友与基金工作考评机制,进一步调动全校各单位、教职工募捐的积极性和主动性,形成了全校广泛参与社会筹资工作的新格局。

学校于2012年6月启用"河南大学教育发展基金会"标识,并向社会公布。加强网站建设,及时在网站上公布工作年报、捐赠情况、支出情况、审计情况等,主动接受社会监督。开通公众号"铁塔风铃",发布捐赠新闻,宣传捐赠人物,开展项目巡礼,公众号影响力在全校公众号中名列前茅。

营造慈善文化,培育捐赠意识。积极宣传捐赠企业和人物,走访校友与捐赠人,联络感情,增进互信,加深友谊。设立"心系母校·毕业季1元捐""让爱在书香中传承·图书馆新书认捐""一百〇七载弦歌不辍 百席座椅美名永扬·户外座椅认捐""十年树木 百年树人·校园树木认养"等小额捐赠项目,得到广大校友的热烈响应和积极捐赠,营造了捐赠文化,增强了学生的感恩意识。

贯彻落实民政部《关于广泛引导和动员社会组织参与脱贫攻坚的通知》要求,积极参与产业扶贫和教育扶贫。设立开封市祥符区半坡店乡常庄村定点扶贫项目、开封市通许县竖岗镇前付村定点扶贫项目,以及河大"抗战办学、感恩助教"等扶贫项目。2020年上半年新冠肺炎疫情期间,基金会快速反应,设立抗击新冠肺炎疫情基金,得到海内外校友、广大教职工生和爱心人士的积极响应,有近7 000人参与捐赠,捐赠货币资金达175.2万余元。2021年河南"7·20"洪灾时,基金会奔走倡议,协调美国校友会5万余元捐赠支援浚县受灾群众;协调上海校友会4万元、大公网30万元捐赠资助受灾学生;郑州校区受灾严重,1987级校友魏军委、1994级校友李玉华等迅速组建救援队,调配装备,奔赴现场救助。

四、完善招标采购制度

学校国有资产管理办公室(简称"国资办")于2010年4月成立,挂靠财务处。2011年3月,学校成立国有资产管理委员会,统一领导全校的国有资产管理工作;成立招标管理委员会,负责学校各类招标的管理和协调工作,委员会下设招标管理办公室(简称"招标办"),挂靠在审计处。2014年6月,招标办并入国资办,审计处

(招标办)合同监控与管理科、招标管理科、政府采购管理科划归国资办。2018年6月校党委印发机构设置方案,决定独立设置校直属机构国有资产管理办公室、招标工作办公室,两个正处级单位合署办公。2019年8月校党委决定学校招标工作由招标办统一管理,原龙子湖建管委招标部划归学校招标办。

2012年学校采购了国有资产信息管理系统,逐步对学校资产进行信息化管理。2019年资产管理信息系统升级换版。据统计,从2010年至2021年,账面显示已转固资产总额399 558.25万元,新增资产225 167.51万元,处置资产18 293.84万元。

招标工作牢固树立为教学科研服务的意识,认真履职尽责,注重加强校内外沟通协调,以"不隔天、不过夜"的工作态度,加快办事节奏,科学安排,交叉进行,努力提高招标采购效率。几年来,招标办手中没有积压一个招标采购项目,即使在新冠疫情防控期间也克服种种困难强力推进。2014年以来,学校制定修订《招标采购管理实施办法》等8个管理制度,建立招标采购信息网,凡集中招标采购的项目,除按要求在上级指定的媒体公开相关信息外,学校统一发布招标采购信息和公示招标采购结果,扩大社会知情面,接受各方监督。据统计,自2010年至2021年,全校共组织集中招标采购项目1 977项,合计预算金额980 653.75万元,中标金额875 371.79万元,节约预算资金105 281.96万元,节支率10.74%。自2009年9月合同统管以来到2021年底,共审签合同11 000项,涉及金额1 157 266.15万元。

新冠疫情发生后,学校迅速制定《疫情防控采购和资金支付便利化实施办法》,开通绿色通道,组织完成防疫物资紧急采购会议8场,采购金额476.8万元。启动疫情防控期间招标采购新举措,保证"双一流"项目、重点科研平台建设、教职工住房和学生公寓建筑清洁取暖能效提升、公寓电力增容、公寓空调租赁项目等重点工作的顺利进行。2020年3月9日,政府采购信息网以《河南大学招标工作办公室:战"疫"、业务两手抓,采购进度"不失速"》为题,对河大疫情防控期间推进防疫物资和重点项目招标采购工作进行了宣传报道。

2012年至2021年,学校连续多年被省财政厅评为河南省资产管理先进单位,2019、2020连续两年入选国家政府采购宣传媒体《政府采购信息报》、政府采购信息网评审的全国政府采购十强高校、先进高校。《河南大学小型修缮工程采购实施办法》被评为全国政府采购十佳内控制度。

第五节　医疗保障与基础教育

一、河南大学校医院

校医院自2012年以来,以开展"三好一满意""医疗质量提升年""亮出形象正党风,医德建设争先锋"等活动为抓手,着力提升医疗和服务质量。2013年6月院领导班子换届后,确立了"健康管理立院、医疗质量兴院、特色专科强院、科学规范治院"的工作思路,依托淮河医院医疗资源,提升医疗服务水平,在做好师生健康服务的同时,开展医疗社会服务工作。当年成为市区新农合定点医疗机构,2014年成为市重症慢性病定点医疗机构。2013年10月至2016年6月,淮河医院专家定期来院坐诊查房,以确保医疗质量。2014年4月安装信息管理软件系统,初步实现了信息化管理。同年6月安装体检信息管理软件系统,实现了教职工健康档案管理信息化。2016年医院领导班子再作调整,将医院定位确立为面向全体师生员工,贯彻预防为主,为提高师生健康服务,履行好公共卫生服务、预防保健、基本医疗和健康教育四大职能,为学校创建"双一流"大学提供保障。2017年3月举办健康知识讲座比赛,筹建健康教育教研室,选拔优秀医务人员担任授课教师,开展健康教育进基层工会、进学院、进新生军训连队等活动。2019年以来,贯彻落实《健康中国行动(2019—2030)》,制定实施《河南大学师生员工健康管理方案》。

每年组织、指导各学院开展结核病、艾滋病等传染病宣传教育活动,学生肺结核筛查率100%,指导各学院做好结核病、水痘等传染病防控工作。在2014、2015年埃博拉出血热疫情防控中,严格检测来自疫情国家留学生的健康状况,确保校园安全。自2018年始,对新生入学体检开展HIV病毒知情同意检测,检测率达90%以上。2019年修订《突发公共卫生事件应急预案》《传染病防控应急预案》《结核病防控工作实施方案》,使全校公共卫生事件应急处置、传染病防控、结核病防控工作有了制度保障。2020年初新冠疫情突如其来,校医院在第一时间成立防控领导小组,组织全院职工严防死守、科学防控,在学校疫情防控中发挥了重要作用。院党总支获省高校工委第二批通报表扬,6名职工获学校表彰。校医院及时总结防控工作经验,建立完善"学校—学院—班级"三级传染病防控机制。2012年以来,完成门诊接诊任务12.3万例次,收住院病人2 514例次。每年完成两万多名教职工生健康体检。自2018年开始,编印学校教职工年度健康体检报告。

二、河南大学淮河医院

河南大学淮河医院经过60余年的发展,始终秉承"厚德 精医 博学 笃行"的院训,逐渐形成了技术力量雄厚、特色专科突出、多学科综合协调发展的优势格局。现有南北两个院区,占地7.08万平方米,建筑面积11.04万平方米,核定床位2 000张。有6个省级重点学科、1个省重点培育学科,形成多个优势学科群。医院加速推进区域性医疗中心建设,2019年门、急诊量87.5万人次,住院量7.5万人次,手术量1.6万人次。拥有许多先进的医疗仪器设备,以腔镜、内镜下治疗为代表的各种微创手术、与DSA等影像技术融合的手术已成为常规诊疗项目。

医院是河大临床医学专业主体教学单位,承担医、药、护本科生和研究生部分课程教学任务,设有内科学、外科学等22个教研室,1个实验教学中心,开设本科生专业课程30门,为本科生授课的高级职称人数有209人,本科毕业生连续8年居河大研究生录取率第一名。临床医学是硕士一级学科授权点,是省第8、9批一级重点学科。医院现有硕士生导师165人,在读硕士研究生188人。2014年获批国家首批住院医师规范化培训基地,包括22个专业基地。2018年8月获批国家普通外科学专科医师培训基地,现有住培学员560人,其中2019年招收学员165人,住培结业考试通过率89%。2015年以来,有多名住院医师和带教老师荣获"全国十佳住院医师"和"全国住院医师心中好老师"称号。医院近3年来获批科技部重大专项(子项目)、国家自然科学基金等各级纵向科研项目156项,荣获省、市级科技成果奖、论文奖24项,发表科研论文近千篇。

三、河南大学第一附属医院

2012至2021年是河南大学第一附属医院快速发展的十年。2020年医院获批成为国家三级甲等医院,实现了管理与服务能力的再提升。2012年8月省卫生厅批复河大一附院设置床位数3 000张,其中现院区1 000张,新院区2 000张。2013年7月,经河大党政联席会议研究,同意将原医专校区转让给医院使用。现院区占地6.67万平方米,建筑面积11万平方米,开放床位1 900余张;新院区规划占地18.53万平方米,建筑面积33万平方米。

医院坚持"大综合、强专科"发展战略、"一院两区建设、一院两级管理"发展战略。"笃、优、专、精,高质量可持续"发展战略,深入推进"名医、名科、名院"建设。

现有省医学重点学科10个、省重点培育学科3个、省教育厅重点学科4个、省直医疗机构医疗服务能力提升工程专科建设（培育）项目2个，省区域医疗中心1个，市区域医疗中心3个，市重点学科4个，形成了重点学科群，建立了包含94家医疗机构的医疗集团。医院有国内一流的先进设备，有功能完善、设施齐全的复合手术部和重症医学部。在复杂心脏病手术、心脑血管病介入治疗、多学科微创治疗、神经疾病综合治疗等技术方面已达到国内先进水平。作为开封市唯一一家拥有救援直升机起降坪的医疗机构，承担着多项医疗航空紧急演练、培训和救援任务。

医院是河南省培养高级医疗卫生人才教学基地，是临床医学一级学科学术学位和临床医学、口腔医学专业学位硕士研究生授权单位，承担着河大临床医学、口腔医学、药学、护理学等专业的本科生和硕士生的教学和培养工作。近十年来完成国家、省、校级教改项目百余项，获批国家、省、校级大学生创新创业项目百余项，培养了大批高端医学人才。目前，医院拥有省神经疾病国际联合实验室、省医学肿瘤分子免疫重点实验室等9个科研机构，科研立项总数400余项，其中获批国家自然基金项目24项，累计荣获地厅级以上科技成果奖80余项。

十年来，医院坚持公立医院的公益性，积极承担社会责任，履行社会义务。着力推进健康扶贫、对口支援，积极开展"明天计划""脑瘫患儿医疗减免项目"，选派专家援疆援非。医院以文化建设激发精神动力，于2019年成功举办建院70周年庆祝活动。作为省级文明单位标兵，医院先后获全国百姓放心医院、全国样板党支部、全国青年文明号等多项荣誉。

四、河南大学附属中学

河大附中是省教育厅直属3所重点中学之一，是省首批示范性高中，首批省普通高中多样化办学示范学校。学校以立德树人为根本任务，继承发扬百年办学文化传统，尊重学生不同潜质，注重学生多元智能发展，以高品质多元课程体系建设为引领，以信息化教改实验为动力，以综合素质评价为抓手，以教师队伍建设为保障，创新人才培养模式。承办国家级"宏志班"，努力为品学兼优、家庭贫困的学生提供享受优质教育资源的机会，彰显"宏志"精神，丰富学校文化内涵。学校实施岗位聘任制度，努力造就一支师德高尚、业务精湛、结构合理、充满活力的高素质专业化教师队伍。近十年来从教育部直属重点师范院校引进优秀毕业生100多人，为学校发展注入新的活力。

2015年召开教改实验动员会，成立教改团队，提出以创建"信息化互动高效课堂"为目标，通过信息化教学带动学校发展，逐步形成具有河南特色、附中内涵的教改模式。2016年开通"附中在线"网络教学平台和校园OA系统，建设了微课、虚拟、同步互动等教室和3D创新实验室。2017年启动平板教学活动,在外出调研和反复论证的基础上制定平板教学实施方案,并与省实验中学、河南师大附中、郑州外国语学校、郑州一中建立了共建共享优质网络课程资源互动平台。学校将信息技术融入教育教学全过程,运用信息技术逐步改变原有的教育教学过程与模式,突破传统教学活动的时空限制,实现以知识传授为主的教学方式向以能力素质培养为主的教学方式的转变,进一步提升教育教学的效率与质量。近十年来,每年的高考升学率一直名列开封市前茅,先后成为北大、清华、浙大、中国科技大等重点高校的优质生源基地。

学校进一步加大对外交流与合作办学的力度,2012年以来先后与日本、美国、加拿大、意大利、韩国等国的大学或中学开展文化交流活动,建立了友好合作关系。2021年10月16日,"百年恰是风华正茂——河南大学附属中学庆祝建党100周年暨建校100周年"庆典活动在校本部隆重举行。

2016年,河南大学与开封市城乡一体化示范区管委会签订投资建设"两校一园"(河南大学附中、附小、幼儿园)项目合作协议。根据规划,附属中学初中部一期3栋建筑于2021年12月底完工并具备竣工验收条件。二期项目施工许可手续办理完成,已开始施工。三期已出具图审合格证,现正在进行招投标工作。2017年9月,河南大学与郑东新区管委会达成关于合作举办基础教育学校的战略框架协议,决定在郑东新区合作创办河南大学附小、附中。合办学校为双方共同举办的公办学校,是河南大学直属附属学校。2017年9月,河大附中郑州校区录取初中一个班;2018年8月26日,河南大学附属学校(河大附中郑州校区)正式挂牌。

五、河南大学附属小学

2012年以来,河大附小为提高教师素质,开办了各种专题讲座,邀请相关专家开展课堂学习研究、微视频制作等专项培训,校长王萍先后为全校教师举办专题讲座5次。作为学校人事制度改革试点单位,附小于2015年7月开始实行用人制度改革,实行教师岗位全员聘任,面向社会公开招聘专业教师,先后招聘人事代理教师26名。全员聘任的实行充分调动了全体教师的工作积极性,学校的办学质量明显提高。

附小坚持在每周五下午第二节课后分别开展低年级和中高年级兴趣走班活动。兴趣班种类繁多,以年级为单位实行走班制,学生可根据自己的兴趣爱好,选择自己喜欢的兴趣班。同时由附小教师任教开设的特长班,于每周二到周四下午三节课后,全校各年级分别开设,对有特长的学生进行有针对性的辅导。兴趣班、特长班的开设提升了学生学习的兴趣和积极性,促进了学生全面而有个性地发展。

在市中、小学生汉字大赛中,河大附小荣获季军;校篮球队、啦啦操队在市、区比赛中也名列前茅;市经典诵读大赛、语文朗读大赛、演讲比赛、儿童广播故事大赛等,河大附小都取得了优异成绩。

每年秋季,学校组织全体学生到农庄或农业科技馆开展学农实践活动。同学们参观蔬菜、果树、大豆、玉米等,走进田间地头,体验采摘花生和水果的过程,深刻感悟劳动的艰辛与可贵,也懂得了成长要靠自己的双手去拼搏。学校还组织学生到科普基地参观,走进河大生命科学学院实验室,通过"小小植物大大奥秘"知识科普活动、"动、植物标本展"、"显微镜下的奇妙世界"、"动、植物的小秘密"、"用标本留存美好"等活动,引导学生认真观察、动手操作,开启神奇的探索之旅,培养学生的创新精神和实践能力。2016年以来,附小建立了社团管理和备案制度,规范社团管理,共开设社团课程29个。附小坚持科研兴校,通过多种途径提高教师的科研能力和水平。2013年至今,附小教师主持或参与部级课题1项、省级课题20项、市级课题11项,获省级优秀成果一等奖6项、二等奖1项,市级优秀成果一等奖4项,30多名教师在省、市级优质课比赛中取得优异成绩。

六、河南大学幼儿园

2012年以来,河南大学幼儿园以"将幼儿园建设成为孩子们的花园和乐土,促进每一位幼儿富有个性地全面、和谐发展"为办园目标,改变了之前室内环境玩具少、无功能区域划分、设施设备破旧、教育观念小学化的情况,开展区角活动,不断改善环境,提高教师专业化水平,将区角活动建设成为一日生活和教学的核心与枢纽。当年10月幼儿园顺利通过省级示范园验收。

在区角活动开展的基础上,幼儿园提出"以区角活动为主体,集体教学为补充"的特色园本课程。加强课程建设,通过园本教研,有效地促进教师专业成长。在不断改善软硬件条件的同时,大力推进人事制度改革,面向社会公开招聘人事代理教师,稳定幼儿园师资队伍。实行岗位聘任制,明确工作职责,推进科学高效管理。2018年2月,软硬件均升级后的伙房荣获省级餐饮服务"互联网+明厨亮灶"示范单位;同年10月,顺利通过省级示范园复验,幼儿园知名度不断提升。2019年以来,全体教职工牢固树立"为学校双一流建设做好后勤保障"的思想,以规范管理为中心,以加强教师队伍建设为重点,以培养幼儿良好行为习惯为目的,提高保教质量,确保幼儿园持续、健康、协调发展。2020年2、3号楼进行了全面升级改造和装修。其后,幼儿园从12个教学班增至17个,幼儿人数从360人增至480人。

为保障孩子在园生活质量,除提供最优质的教育资源外,幼儿园加强对教师专业技能的培训及考核,使教师的专业素养逐步提高。2019年9月,两位教师参加河南省幼儿园实录型优秀游戏活动案例比赛,分获一、二等奖。作为省级示范幼儿园,河大幼儿园在省域、市域内发挥着示范和引领作用。近年来多批次接纳河大教育科学学院本科生、研究生实习和见习;承担国培、骨干教师研修;帮扶多所幼儿园发展,努力促进教育资源共享,让更多的孩子享受更优质的学前教育。

第十一章 党的建设

十年来,校党委坚持把党的思想政治建设摆在首位,认真学习党的十八大、十九大精神和习近平新时代中国特色社会主义思想,贯彻落实《中共中央关于加强党的政治建设的意见》,不断坚定"四个自信",树牢"四个意识",做到"两个维护",在思想上、行动上与党中央保持高度一致;坚持和完善党委领导下的校长负责制,严格落实新修订的学校及学院领导班子工作和议事决策规则,加强党对学校工作的全面领导;牢牢扛起全面从严治党主体责任,建立和完善管党治党制度体系,扎实推进纪检监察体制改革,认真落实中央八项规定精神,大力开展专项整治工作,持之以恒正风肃纪,党风校风学风进一步好转。在思想文化建设上,牢牢掌握党对意识形态工作的领导权,认真落实意识形态工作责任制,宣传思想工作和阵地建设不断加强,主旋律更加响亮。"大统战"格局逐步形成,离退休干部工作进一步加强,工会和共青团作用更加彰显,为学校的"双一流"建设汇聚了磅礴力量。

第一节 思想政治建设与宣传工作

一、重视理论宣传教育

思想政治建设与宣传工作是党的建设的核心工作。十年来,校党委坚持用党的创新理论武装师生,切实推动习近平新时代中国特色社会主义思想入脑入心。持续学习宣传贯彻习近平新时代中国特色社会主义思想和党的十八大、十九大精神,学校以党的创新理论学习为中心,每年度举行校党委理论学习中心组(扩大)学习,编印《理论学习参考》专刊,发放《习近平谈治国理政》(三卷)、《习近平总书记系列重要讲话读本》等学习材料。重点学习贯彻党的十八大、十九大精神,总体国家安全观,习近平总书记关于思想政治工作、意识形态工作、网络意识形态工作、教育改革发展、高校党的建设和领导班子建设、疫情防控工作的系列重要讲话精神,习近平总书记在中国共产党成立一百周年、"七一勋章"颁授仪式、全国脱贫攻坚总结表彰大会上的重要讲话精神和省第十一次党代会精神。并邀请河南省委原书记徐光春、《求是》杂志社原社长李捷、中央保密办副主任杜永胜等专家做辅导报告。

在思想政治建设中不断创新学习形式。深入开展党的群众路线教育实践活动、"三严三实"专题教育、"两学一做"学习教育、"不忘初心、牢记使命"、党史学习教育等主题教育活动,先后召开中国共产党河南大学第十次、第十一次代表大会,坚守初心,凝心聚力。进一步完善推动学习宣传贯彻习近平新时代中国特色社会主义思想走深走实的细化措施,并创新学习方式。如出台《关于健全和完善理论学习制度机制推动党员干部理论学习提质增效的通知》;校领导深入全校各基层单位、学生社团,全面准确、广泛深入宣讲党的创新理论;学校组织校党委理论学习中心组走进濮阳开展党史学习教育实地调研,在郑州校区开展"双一流"建设专题论坛交流等。2021年伊始,"河南大学"学习强国号上线,成为学校深入学习、宣传、贯彻习近平新时代中国特色社会主义思想的又一重要阵地,为河南省高校首家。学校充分利用"学习强国"、"河南大学"学习强国号等理论学习平台,筑牢学校深入学习、宣传、贯彻习近平新时代中国特色社会主义思想重要阵地。

坚决打好意识形态领域风险防范化解主动仗,牢牢掌握意识形态工作领导权、主动权。意识形态工作是党的一项极端重要的工作。学校修订出台意识形态工作、网络意识形态工作责任制实施办法及相关配套文件32项,强化责任意识,扎紧制度藩篱,确保学校意识形态领域可管可控。2021年,修订出台《河南大学进一步加强论坛、讲坛、讲座、年会、报告会、研讨会等阵地管理实施细则》,严格按照"学术研究无禁区,课堂讲授守纪律"的原则,实行哲学社会科学类报告会等"一会一报"制,严格落实网上审批程序。2019年以来,认真落实省委巡视"回头看"意识形态工作专项整改,顺利通过上级对学校开展的两次意识形态工作督查检查,推动第三批8个基层党组织意识形态阵地建设,实现基层教学党组织全覆盖,并对全校14个基层党组织开展政治理论学习专项督查。每季度召开一次意识形态工作协调联动会议,完善意识形态领域突发事件应急处理机制,加强日常监测预警,对于敏感信息及时发出预警信号,实时跟进舆情发展趋势,按时撰写舆情分析报告。

以疫情防控的生动实践作为鲜活教材开展思想政治工作,深入贯彻落实立德树人根本任务。落实省委宣传部"八大工程",为积极应对新冠肺炎疫情冲击,学校认真组织好"思政第一课",组织开展"把灾难当教材,与祖国共成长"主题教育,举行"抗疫英雄"先进事迹报告会、"脱贫攻坚"省级示范宣讲暨李霞同志先进事迹报告会等,做好疫情防控期间思想政治工作。出台《河南大学加强思想政治理论课教师队伍建设实施办法》,深入学习贯彻全省学校思想政治理论课建设工作座谈会精神,举办深入学习和贯彻落实习近平总书记"思政课是落实立德树人根本任务的关键课程"高端学术论坛,举办大学生学"习"论坛等活动,让思政课真正"活"起来。从"思政课程"到"课程思政",浸润式思想政治教育体系做到全覆盖,让学生真学、真懂、真信、真用。

二、推动精神文明建设

十年来,学校在精神文明方面贯彻"大创建"理念,坚持高起点定位、高标准要求、高质量建设的方针,积极拓展途径,创新方法,丰富创建内涵,提高创建水平,为学校的健康发展提供了有力的精神动力。学校继2009年1月荣获"全国精神文明建设工作先进单位"称号、2011年12月荣获"全国文明单位"称号后,2012年又荣获"河南省文明标兵学校"称号。

深化认识,强化领导,完善文明建设保障机制。学校成立由校党委书记、校长为主任,主管副书记等校领导为副主任,有关职能和工作部门主要领导为成员的精神文明建设委员会,把精神文明建设纳入事业长期发展规划,作为学校建设发展的重要内容。每年拨出专项经费,用于各项精神文明建设工作。自2009年8月始,学校设立文明创建科,配备专职工作人员,负责全校各项创建工作正常有序开展。把量化管理手段引入文明创建中,先后制定了《河南大学精神文明建设奖惩规定》等,出台文明标兵单位、文明教工、文明学生、文明班级等一系列规章制度,有效促进了精神文明建设工作的制度化、规范化和科学发展。

武装头脑,塑造精神,夯实文明建设思想基础。学校坚持把社会主义核心价值体系建设贯穿到精神文明建设各个领域。以学习型党组织建设为载体,以领导干部为重点,以师生党员为主体,采取多种方式,扎实开展社会主义核心价值体系学习教育,凝聚广大师生共同奋斗的理想信念。学校重视师德师风建设,出台师德师风建设系列文件,选树"身边先进典型",常态化开展"师德标兵""师德先进个人""教学优秀奖"等系列评选活动,开办"师德论坛",开展教师回报社会、学习道德模范等系列活动,涌现出王立群、张治军、李申申等一批全国、全省师德先进典型。学校重视实践育人,每年组建校、院两级实践服务团队200余支,深入开展形势政策宣讲、科教兴农、爱心支教、文化采风、送医送药等志愿服务、社会实践活动。2015年学校实现教职工志愿者全员注册,每个单位都成立了教职工志愿服务队,结合本院特色与学生组织共同开展志愿服务活动,有效促进了学校志愿服务品牌化、体系化。培育出"母亲助学金""蒲公英文化艺术服务团""研究生西部支教团""法律服务中心""大学生文明观察员"等志愿服务精品项目,多次荣获国家级、省级荣誉。学校于2016年获批河南省首批志愿者培训基地,4年来培训全省志愿者6万余人次。与开封市多个单位挂牌成立了河南大学志愿者实践基地,与河大社区建立帮扶对子,与焦裕禄干部学院合作共建"焦裕禄精神研究院",与兰考县结对共建新时代文明实践中心。通过帮扶共建活动,进一步拓展和延伸了学校精神文明创建活动的领域和覆盖面,为建设文明河南、文明开封贡献了力量。

求实求效,群策群力,彰显文明建设勃勃生机。学校坚持丰富与拓展同步,以群众性主题创建活动为载体,不断提升创建档次,丰富创建内涵。先后开展了"聚人心,促创建,为母校华诞添彩""中国梦·河大梦·我的梦""做文明人,办文明事,创建文明校园""讲文明 树新风 做文明有礼河大人""师生文明素养提升工程"等主题创建活动,通过活动开展,在全校形成了处处讲文明、人人都参与的良好局面,有效地带动了学校各单位及学校党建、思政、教学、科研、管理等各个方面的工作,极大地促进了学校中心工作的开展。充分运用线下阵地和网络新媒体平台,建成了治淮精神陈列馆、明德法学堂、读书吧等意识形态阵地,获批"社会主义核心价值观短句大赛""学习工作站"等一大批全省高校思想政治工作品牌。加强日常监测预警,及时发出问题处置和风险提醒单,切实打好风险防范化解主动仗,确保学校意识形态领域可管可控。

党委高度重视校园文化建设,出台了《关于进一步加强校园文化建设的实施意见》,大力加强校风、教风和学风建设,传承和丰富河大精神。学校打造了诸如名家讲坛、周末文化广场、太极拳比赛、校园歌手大赛、大学生网络文化节等一大批受益面广、影响力大的校园文化品牌活动,丰富了师生的业余文化生活,提高了校园文化活动的层次和品位。启动楼宇文化建设工程,设置景观造型、宣传栏、座椅等,把良好校园环境建设成厚植文明的沃土。学校充分挖掘建校百年来积淀的校史资源,建立河南省爱国主义教育示范基地"河南大学抗战时期潭头办学旧址纪念馆",基地获批全国"礼敬中华优秀传统文化"特色展示项目。

三、强化新闻舆论工作

在党委的正确领导下,学校以《河南大学报》为主阵地,高举中国特色社会主义伟大旗帜,以马克思列宁主义、毛泽东思想、邓小平理论、"三个代表"重要思想、科学发展观、习近平新时代中国特色社会主义思想为指导,全面贯彻党的十八大、十九大和习近平总书记系列重要讲话精神,紧紧围绕学校中心工作,坚持正确舆论导向,改进新闻报道质量,提升报纸内涵品位,为学校"双一流"建设营造了浓厚的舆论氛围。

统筹并参与了党的群众路线教育实践活动、学校"两学一做"学习教育、改革开放40周年系列纪念活动、新中国成立70周年系列庆祝活动、"不忘初心、牢记使命"主题教育等重大主题活动,入选"双一流"建设高校、庆祝建校105周年暨学科建设工作会、医学院揭牌、建筑学中药学专业评估、本科教学工作审核评估等学校重要工作,以及各级领导来校考察调研、学生开学季毕业季等重要内容的宣传报道工作,围绕这些工作产出了一大批高质量新闻稿件和图片,在满足自身报纸编辑工作需要的基础上,同时向学校官方网站、新媒体平台、校外各级媒体平台输送,新闻宣传报道质量广受肯定。

校报出版报纸共计240余期,包含800余万文字,图片1800余幅。在报纸编辑出版过程中,坚持"政治家办报"原则,落实"贴近实际、贴近生活、贴近师生"的要求,在编辑、文字、排版、校对、印刷等方面坚持高标准、严要求,稿件编辑坚持"三审三校"制度,出错率极低,报纸出版质量不断提升。在上述背景下,校报共有100余件新闻作品获河南省高校校报好新闻奖,10余件作品获全国高校校报好新闻奖,多篇作品获河南省新闻奖。2013年,在河南省委高校工委、河南省教育厅组织的全省高校校报评估中,《河南大学报》被评为"河南省优秀校报"。

校报在明伦校区、金明校区综合教学楼、食堂、图书馆、学生公寓等人流较为集中的场所放置的报架由2014年的15个,发展到2015年的53个,再到2019年的72个。其数量变化反映了校报的供不应求及发行渠道的普及扩大。

校报积极适应融媒体发展需求,在报纸编辑出版及相关管理工作中,创新新媒体手段。打破纸媒局限,开通"线上阅报",将传统纸质报纸变成网上电子报,同时与新媒体互动融合,推出系列报道,使得阅览方式多样化,满足不同人群的需要,不断拓宽受众范围。组建校报发行微信群,加强校报发行工作的监督与反馈工作。发行部同学完成各自负责区域的报纸发行工作,及时上传图片,便于老师第一时间了解该区域的报纸发行情况。老师和同学们也通过微信群发布报纸发行中存在的漏洞及问题,便于发行员及时跟进和反馈。

自2012年起,《河南大学报》大学生通讯社开启了第二个"十年"发展历程。通过十年时间的不断探索,校报学生记者队伍管理机制更加成熟,运行更加高效,社员素质能力明显提升,并逐步形成"稳重、踏实、肯干"的工作作风和社团文化。学生记者们在学校大大小小的新闻采写活动中广受肯定。十年间,校报组织开展学生记者新闻采写、摄影、技术等专题培训共计400余次,征稿、素质拓展等各类活动共计100余次,培养学生记者近2000人。校报大学生通讯社连续多年被评为"十佳校园媒体"。

四、创新新媒体平台建设

知常明变者赢,守正创新者进。随着移动互联网技术的蓬勃发展,新媒体已然成为宣传思想、舆论引导、政论服务的主战场、主阵地、最前沿。学校主动探索新媒体发展规律,分别于2010年、2012年开通河南大学官方微博、河南大学官方微信,成为国内较早开通官方双微的高校之一。目前,学校新媒体建设已涵盖官方微博、微信、QQ空间、QQ智慧校园号、河大抖音、哔哩哔哩等平台。面对新时代舆论传播格局的深刻变化,河南大学新媒体建设开拓进取,矢志创新。截止到2021年,学校官方微博粉丝数量50余万,官方微博推送7 000余条,总浏览量1.7亿,荣获"2021年度最具影响力校园官微";官方微信订阅用户数量突破21万,推送380余次,总阅读量630万,入选"首批高校思政类公众号重点建设名单",为河南省内唯一入选建设高校官微,入选中国大学官微五十强;QQ、抖音、B站、视频号等平台入驻粉丝数量均已突破10万。学校官方新媒体注重做大网上主题宣传,构建新媒体宣传矩阵,创优在线传播内容,确保全年新媒体宣传工作长流水,不断线,努力书写新时代教育宣传工作的"奋进之笔"。

多年来,学校新媒体建设围绕中心,服务大局,凝聚合力,同频共振,逐步形成了"定位差异化、内容栏目化、活动品牌化、管理规范化"的运维格局,成效显著。

一是建章立制,建立健全融媒体运行制度。成立河南大学融媒体建设工作领导小组,制定《河南大学融媒体建设实施方案》《河南大学融媒体中心章程》等20余项规章制度。整合学校媒体资源,搭建了多维立体、校院全覆盖的网络宣传矩阵,构建了政治素养高、业务能力强的网络思想政治工作队伍,优化了融媒体集约流程,对优质素材实行"一体策划、集中采集、分级开发、全媒发布、深度评估",运用形式多样的传播技术,打造以"视觉"为中心的融媒体传播平台,制作一批有温度、有情怀、有思想的融媒体作品。

二是应对重大舆情与舆论引导,坚持正确舆论导向,积极回应学校及师生们的关切,关注学校热点舆情并及时反馈。截至目前,河南大学官方新媒体各平台运维平稳,在全校上下营造了良好的舆论氛围。

三是强化队伍建设。学校每年组织网络文化建设与管理专题培训、新媒体学生记者培训,邀请学界、业界知名学者来校进行业务指导。积极创造交流实习机会,委派师生参加全国性新媒体培训会议,开阔宣传视野,提升工作能力。为树立典型、凝聚力量,学校每年都开展新媒体年审、网络"七个一"工程以及十佳微博微信、十佳新媒作品等评选表彰活动,充分调动全校各单位新媒体建设队伍的积极性和主动性。

四是注重增强媒体舆论传播力、引导力、影响力、公信力。十年来,河南大学官方新媒体各平台先后荣获"全国教育微信首批50强联盟""中国大学新媒体百强之优胜高校""全国高校优秀官方微博""河南省十佳微博平台""优秀高校官方微博""全国高校十佳原创内容奖""全国高校十佳视觉设计奖""全国高校十佳运营创新奖""中国大学官微五十强""全国高校最具人气奖""河南高校最具影响力官方微博""微博2020最具影响力官微""2020年度优秀高校媒体"等殊荣。2019年底,参与全国高校"西蓝花之战",河南大学荣登榜首,赢获"一吨西蓝花","西蓝花事件"成为学校发展史上的网络典型案例。2020年9月,参与全国高校"我为母校赢西瓜"活动,河南大学断层出道,再次荣登榜首,赢取10吨扶贫助农西瓜。2020年开学季,参与全国高校"加油!开学季"活动,成功摘获全国亚军,赢得3吨可乐。2021年,《微视频中的红色河大》《少年》等作品迅速被央视频、新华社官微、光明日报官微等重要媒体平台转发推送;"程民生教授寄语毕业生"相关微视频播放量累计8亿多次,进入微博全国热搜前十;宋纯鹏校长的"开学第一课"当日参与网上课堂人数达9万,让师生们在频繁"出圈"的正能量中受到感染和教育。由于融媒体建设卓有成效,学校成功获批全省高校"融媒体+育人"工作试点单位,社会影响力、知名度与美誉度不断提升。

第二节 干部队伍与组织建设

一、推进干部制度改革

根据《关于坚持和完善党委领导下的校长负责制的实施意见》,学校制定了《中国共产党河南大学委员会工作规则》《河南大学党委常委会议事决策规则》等规章制度,不断完善领导班子工作运行机制和议事决策形式。修订完善《河南大学处级领导干部选拔任用管理工作条例》《河南大学科级机构设置及科级干部选拔任用管理工作条例》等,进一步完善干部选拔任用机制,按照政治坚定、能力过硬、作风优良、实绩突出、师生信任的要求选拔干部。注重发现、储备和选拔使用年轻干部。

出台《河南大学中层领导人员选拔任用管理办法》,切实做好每次干部集中换届工作,换出精气神,激发正能量,让能作为者敢作为,让敢担当者能担当。加强集中换届后领导班子思想政治建设,进一步探索出建立领导班子、领导干部定期综合研判制度。研究制定了《河南大学干部监督评价体系》,突出问题导向,强化责任担当,抓好关键少数。

研究制订处置"不作为、乱作为"办法,加大对"不担当、不主动作为"干部的问责和组织调整力度。加大干部监督力度,督促和引导领导人员忠于职守、敢于担当、积极作为、清正廉洁。严肃查处在干部推荐中拉票、说情、打招呼等违纪违规行为。

认真履行党管人才职责,做好省优秀专家管理服务工作。组织博士服务团、驻村干部、定点扶贫干部开展地方服务工作。

抓好校内干部培训,是学校建设高素质干部队伍的重要环节。学校成立了以党政主要负责同志为组长的干部培训领导小组和办公室,建立河南大学干部培训中心,作为专门承担干部培训任务的工作机构。十年来,培训中心不断加强自身建设,形成了极具特色的培训模式,并积极同校内外培训机构合作交流,与"三学院三基地"、上海交通大学、西北大学、延安干部培训学院等校外培训单位建立良好合作关系,实现师资与课程共享。更新培训管理理念和部分软硬件设施,启用新网站和微信公众号。

为促进干部思想观念、思维方式的转变和业务水平、管理能力的提高,培训中心大力加强校内干部教育培训,认真贯彻落实中央和省委干部教育培训规划的相关要求,研究制定《2019－2022年河南大学干部教育培训规划》,分级分类强化干部专业化、执行力和治理能力培训。以校内外调训、换届后全员培训、"双一流"建设专题培训等方式,加强干部教育培训和实践锻炼,提升干部队伍的思想政治素质和办学治校能力。加强干部培训中心师资库建设,不断完善培训课程体系。加强干部培训阵地建设,构建干部教育培训立体格局。2019年,实现学校中层领导人员和党支部书记分类培训全覆盖,首次采取"校内＋校外"形式对"双带头人"教工党支部书记进行培训。助力校地结对帮扶,举办嵩县2020年乡科级干部和中青年干部培训班,并多次安排专家提供送教服务。认真完成省委组织部、省委高校工委、省教育厅交办的市厅、县处、高校等各类培训任务,受到委托单位和参训干部好评。

二、开展思想政治教育

按照上级部署和要求,结合学校实际,以学校领导班子、处级以上党员领导干部和管理服务部门为重点,深入开展了以为民、务实、清廉为主要内容的党的群众路线教育实践活动,扎实开展"三严三实"专题教育、"不忘初心、牢记使命"主题教育,深入推进"两学一做"学习教育常态化、制度化,广大党员理想信念更加坚定,党性更加坚强。利用"学习强国"学习平台等多种载体,面向干部师生开展多形式、分层次、全覆盖的学习宣传和教育培训系列活动。随着学习的不断深入,党员干部"四个意识"不断增强,"四个自信"更加坚定,"两个维护"更加自觉。认真落实"三会一课"制度,逐步规范主题党日活动,加大教师党支部书记"双带头人"培育力度,截止到2020年,"双带头人"占比达99%,基层党支部组织力明显提升。进一步严格程序、优化结构,按照发展党员规定,坚持政治标准,执行发展计划,落实"双推双评三全程",保证发展党员质量,每年发展党员2 000余人;认真开展党员组织关系集中排查,党员队伍建设成效显著。以优异成绩通过基层党组织建设工作专项评估,获评全国党建工作标杆院系1个、全国党建工作样板支部4个。认真落实新时期好干部标准,完善机制,匡正风气,以换届为契机建好各级领导班子,推进干部轮训教育,从严加强干部管理监督,选人用人公信力、干部队伍活力和干部能力素质明显增强。

三、重视基层组织建设

为强化基层党组织政治功能,更好地发挥基层党组织的战斗堡垒作用和党员的先锋模范作用,校党委积极推进基层组织和党员队伍建设,不断推进基层党建工作创新,增强基层党组织活力,健全和巩固基层组织和党员创先争优的长效机制。

围绕服务型、创新型、学习型党组织建设,落实基层党建工作责任制,推进基层党建创新工作,确保基层党组织有资源、有能力为师生服务。加强党支部建设,引导党支部围绕教学科研工作,开展系列主题党日活动。强化党员身份意识,发挥党员的教育服务和引领示范作用。加强和改进党员队伍建设,完善党员发展程序,把思想入党、对党忠诚作为政治标准放在首位,注重在高层次人才、青年教师中发展党员,不断优化党员队伍结构。以入党积极分子在线学习系统为依托,加强对入党积极分子的培养教育。

严格落实基层党建工作责任制,推动基层党组织书记切实履行第一责任人的责任,推动领导班子成员认真执行"一岗双责",落实分管领域党建工作责任制。认真落实基层党政联席会议制度和"三重一大"制度,进一步完善并监督执行好"两项制度"。完善基层党建工作述职考评机制。开展党员组织关系集中排查工作。以"全面从严治党"为主题,组织开展年度基层党建创新立项工作。以"基层党组织书记素质提升工程"为抓手,着力做好基层党组织书记的学习培训,引导基层党支部坚持"三会一课"制度。改进党校教育模式,优化党校教育平台,充分发挥网络、微博、微信等新媒体在党校教育中的作用,大力开展基层党员干部教育培训工作。

校党委把2019年作为"支部建设年",用"四个意识"导航,用"四个自信"强基,用"两个维护"铸魂,努力营造良好政治生态。深入学习贯彻《中国共产党支部工作条例(试行)》,继续实施教师党支部书记"双带头人"培育工程,加大基层党建经费投入和条件保障力度,推进党支部标准化、规范化建设。加强党员教育管理工作,规范落实"三会一课"和主题党日活动制度,探索推进党员纪实描述、分类量化工作,积极稳妥处置不合格党员。严把发展党员政治关,合理控制规模,优化队伍结构,提高发展质量。做好党建专项评估和党建创新项目管理工作。严格落实基层党建工作责任制,加强党建述职评议考核,健全创先争优、晋位升级机制。

着力推动党的组织和党的工作全覆盖。推进"智慧党建"和基层党建工作创新,积极探索出党建与教学、科研、管理有机融合的"党建+"模式。深入开展"两化一创",加强基层党支部标准化、规范化建设。做好党建示范创建和质量创优工程中期验收,创建省级、国家级标杆院系和样板支部。加强基层党建条件保障,推动二级党组织全部建成标准化党建活动室。进一步加强在高层次人才和青年教师中发展党员工作。动员支持基层党组织、广大党员在抗击新冠肺炎疫情、脱贫攻坚、"双一流"建设等工作中积极发挥作用,选树先进典型,开展党内表彰。

第三节　党风廉政与纪检监察

一、持续加强廉政教育

学校党委、纪委高度重视党风廉政建设工作,认真落实全面从严治党"两个责任",健全完善责任体系,压实管党治党责任,将学校全面从严治党和党风廉政建设工作贯穿到学校事业发展全过程、各方面。2014年,制定《关于落实党风廉政建设党委主体责任和纪委监督责任的实施意见(试行)》,2020年、2021年,分别修订完善中共河南大学委员会《履行全面从严治党主体责任清单》、中共河南大学纪律检查委员会(监察专员办公室)《履行全面从严治党监督责任清单》,进一步厘清党委、纪委在党风廉政建设中的责任定位和职责分工,明确责任主体,充实责任内容,强调各级党组织对党风廉政建设负主体责任,各级领导班子主要负责人要履行好第一责任人职责,班子其他成员履行一岗双责。牢固树立党风廉政建设主体责任就是政治责任,不落实就是严重失职的意识。

开展廉政主题教育。把党风廉政教育和党纪法规教育纳入校园文化建设和学校宣传教育总体部署,列入干部教育培训规划,贯穿于以党员领导干部为重点的师生员工的培养、教育和管理全过程。深入开展十八届、十九届中央纪委和省纪委历次全会精神学习教育,引导党员干部准确理解和把握关于全面从严治党、党风廉政建设和反腐败斗争的新论断、新部署、新要求,增强"四个意识",坚定"四个自信",做到"两个维护"。以学校领导和中层领导人员为重点,组织中心组专题学习,邀请省纪委监委、省检察院等有关领导专家做专题辅导报告,组织开展学习焦裕禄品质、弘扬焦裕禄精神活动,发放《镜鉴》《警鉴》《清风传家》《严以治家》等学习材料,开展任前廉政谈话,向新任职领导人员赠发党纪法规合订读本等,教育引导党员干部准确把握新时代深入推进全面从严治党向纵深发展的精髓要义。在扎实开展"三严三实"专题教育、"两学一做"学习教育、"不忘初心、牢记使命"主题教育和党史学习教育中,认真组织学习贯彻《中国共产党廉洁自律准则》《中国共产党党内监督条例》《中国共产党纪律处分条例》《中国共产党问责条例》等,对党员干部进行理想信念、党章党规党纪教育,使党员干部知敬畏、存戒惧、守底线。

开展警示教育,筑牢拒腐防线。定期通报全省、教育系统和学校查处的典型案例,召开全校党员干部廉政教育警示报告会,组织全校党员观看《镜鉴》《永远在路上》《零容忍》等警示教育片,组织全校中层以上领导人员到河南省第一监狱接受警示教育,到重点领域相关单位做专题廉政警示教育报告等,持续增强遵纪守法、拒腐防变的自觉性。

丰富廉政文化。开展校园廉政文化创建活动,获批河南省廉政文化"六进"活动示范点,组织优秀廉政戏剧《全家福》在学校巡演,举办党风廉政建设和"两学一做"学习教育主题图片展。在"喜迎党的十九大,讲忠诚、守纪律、做标杆"主题演讲比赛、河南省"我与宪法"优秀微视频征选、河南省高校廉政文化建设征文评选、廉洁教育优秀案例征集评选、廉政文化作品征集评选、学习宣传贯彻"两法"优秀微视频征选、书画摄影作品征集等评选活动中屡获佳绩。

二、持之以恒强化监督

坚持学校党委全面监督、纪检监察机构专责监督、党的工作部门职能监督、党的基层组织日常监督、党员民主监督,推动审计监督、民主监督等有机贯通、相互协调。突出监督重点,创新监督手段,不断提升监督实效,持续规范权力运行。

抓实抓牢政治监督。把政治监督作为根本职责,融入日常,做在经常,以政治监督的具体化常态化保障落实"两个维护"。2021年,制定《河南大学服务保障现代化建设政治监督重点事项工作台账》,细化29项落实措施,以有力监督推动有效落实。强化对贯彻党章和其他党内法规、遵守政治纪律和政治规矩、执行党的路线方针政策和重大决策部署、严肃党内政治生活等情况的监督,对全校各级党组织落实全面从严治党情况、党建工作情况进行调研督查等,对全校所有单位开展"政治体检",督促各级党组织加强政治学习,严肃党内政治生活,净化党内政治生态,建设正气充盈的党内政治文化,推动全面从严治党向基层延伸,确保党的路线方针政策和党中央重大决策部署在学校不折不扣落实,为学校全面从严治党持续向纵深发展打下坚实的基础。

做实做细日常监督。制定实施《河南大学重点领域关键环节监督办法》,围绕学校中心工作,对干部人事、财务管理、经费管理、招生考试、招标采购、基建修缮、资产管理、学术研究和对外合作等9个重点领域、157项关键环节、194项主要事项开展监督检查。切实关注民生,加强对金明校区、郑州校区教师周转房建设项目等涉及学校全局和师生切身利益重大项目的监督。强化对"关键少数"的监督,督促"关键少数"特别是"一把手"履行好管党治党责任,落实好党中央重大决策部署,严格约束言行,严格家风家教,讲政治、勇担当、善谋发展、严守纪法,带好队伍。持续对省委巡视反馈意见整改落实情况进行督查督办,推动巡视反馈问题整改扎实开展。根据学校整改方案和督查工作实施方案,开展对全校巡视整改工作的监督检查。2018年省委巡视后,对28个责任单位提交的整改自查报告进行集中审查,并进行实地督查,向3个单位下发督办通知。2021年巡视"回头看"后,运用"查、听、谈、测、评、议"6种方式开展督查,下发3份督办通知单,督促相关的13个部门推进整改落实工作,确保巡视整改落地见效。

健全完善权力运行监督制约机制。督促相关部门单位排查廉政风险点,确定风险等级,编制权力运行流程图,制定防控措施,建章立制等,建立健全风险防控机制,从源头和制度上深化廉政风险防控,有力有效推动权力依规依纪依法运行。加强对纪律执行情况,贯彻落实中共中央、国务院《党政机关厉行节约反对浪费条例》等以及校务、院务、党务公开等情况的监督检查,聚焦"监督的再监督""检查的再检查",督促建章立制,堵塞漏洞。提高制度执行力,确保权力正确运行。

三、认真抓好作风建设

认真落实中央八项规定精神。把落实中央八项规定精神上升到旗帜鲜明讲政治的高度来认识和把握,作为重点任务和经常性工作来抓,驰而不息纠治"四风"。紧盯元旦、春节、国庆、中秋等重要节点,下发纪律要求,对党员干部廉洁自律工作提出明确要求。畅通信访举报渠道,加强对党员干部廉洁自律执行情况的监督检查,对校内经营性餐厅酒店公务接待、公务车辆管理使用等情况开展现场监督检查,严防节日腐败,坚决制止餐饮浪费行为。通过召开会议、印发文件、网站发布、微信推送、发放教育宣传材料等途径,传达上级关于落实中央八项规定精神和厉行节约的要求和典型案例等,开展教育提醒。针对廉政风险点和问题易发多发领域,开展监督检查,督促有关职能部门加强制度建设,提高制度刚性约束力,以有效监督推动学校落实中央八项规定精神常态长效。

扎实开展专项治理。按照上级纪委部署,开展党员干部出入隐蔽场所违规吃喝专项治理、领导干部违规在学会协会等社团组织兼职取酬、违规收送红包礼金等专项治理,对违规公款购买消费高档白酒集中排查,开展整治"帮圈文化"专项排查,深入整治形式主义、官僚主义问题。通过持续正风肃纪,全校党员干部落实中央八项规定精神和反对"四风"的自觉性、坚定性得到了切实增强,呈现出风清气正、干事创业的良好氛围。

四、坚持"三不"一体推进

坚持"严"的主基调,在一体推进"三不"方针方略指引下,深化以案为鉴、以案促改,强化不敢腐的震慑作用,增强不能腐的约束功能,巩固不想腐的思想根基。制定实施《河南大学关于推进以案促改制度化常态化的实施办法》《河南大学开展以案促改专项工作方案》等,建立健全"党委统一领导、纪委主导推进、部门密切配合、案发单位具体落实"的领导体制和工作机制。坚持把以案促改作为一体推进"三不"的重要抓手和有效载体,充分发挥查办案件的治本功能,围绕查办的每一起案件尤其是严重"四风"问题,深入开展教育警示,剖析案发原因,整改突出问题,扎紧制度笼子,推动标本兼治,实现查办一起案件,教育一批干部,健全一套制度,纠治一类问题,统筹联动,同向发力,效应叠加,风清气正的政治生态更加巩固。

严格规范执纪执法,强化不敢腐的震慑。严肃查办案件,严格规范程序,严守安全底线。实事求是运用"四种形态",坚持用好用活第一种形态,抓早抓小抓常,教育管理好多数。把握好适用第二、三种形态的不同条件和工作标准,依规依纪分类处置信访事项和问题线索,认真做好审查调查工作,严肃追责问责。2012年10月以来,给予45人党纪处分。其中,开除党籍4人,留党察看7人,撤销党内职务2人,党内严重警告19人,党内警告13人;涉及学校中层正职领导人员9人、学校中层副职领导人员6人、科级12人。坚持一案双究,严肃追责问责。严格处分决定执行,做好审查调查"后半篇"文章,提升党风廉政建设和反腐败工作质效。通过查办违纪案件,维护纪律的严肃性,教育和挽救犯错误的党员干部,发挥了警示作用。在查处案件的同时,及时澄清不实举报,扶正祛邪,保护党员干部干事创业的积极性。

坚持深化标本兼治,筑牢不能腐的笼子。将严格执纪执法与严密制度、严格要求、严肃教育结合起来,针对监督检查、审查调查发现的问题,有效运用纪检监察建议,向案发单位印发以案促改通知书,指导开展以案促改工作。督促相关单位深刻检视案件背后的体制机制问题和制度漏洞,督促学校及有关部门对现有规章制度进行清理、评估、修订,制定完善工作规则和管理制度,堵塞漏洞、完善治理,建立健全权力运行监督制约机制,依规依纪依法行使职权,持续提高查办案件的综合效应,不断提高以案促改、以案促治的自觉和质量。开展对制度执行情况的监督检查,逐步完善事前、事中、事后的监督机制,有力推动了学校权力运行监督体系和治理能力的现代化。

发挥教育警示作用,增强不想腐的自觉。坚持有案必改,对所有查办的违纪违法案件均在一定范围内通报,在案发单位开展警示教育,深刻剖析案件发生的深层次原因,找出案发规律,深挖案件反映出的思想教育、监督制约、体制机制等方面的问题,着力把"不敢"的案例资源转化为"不想"的教育资源,引导党员干部树立廉荣贪耻的价值取向,涵养廉洁文化氛围,汲取教训、提高觉悟,夯实不忘初心、牢记使命的思想根基,让"不想"真正入脑入心,"三不"同向发力、效应叠加、一体推进取得扎实成效。

五、深化纪检监察体制改革

认真贯彻落实党中央、中央纪委、国家监委关于纪检监察体制改革工作部署,省委、省纪委关于省管高校纪检监察体制改革统一安排,准确把握改革目标要求,积极稳妥推进学校纪检监察体制改革。

制定改革实施方案。印发《河南大学纪检监察体制改革工作方案》,从总体要求、领导体制、职责权限、机构设置、人员编制、职数配备、时间安排等方面对学校纪检监察体制改革做出详细安排,确保省委、省纪委监委工作部署在学校落地落细落实。

"七个有"基本落实到位。2019年7月,河南省监察委员会任命学校纪委书记为河南省监察委员会驻学校监察专员,省监委驻河南大学监察专员办公室与学校纪委合署办公。2019年12月,撤销学校监察处,设立了综合室和三个纪检监察室,内设机构由1个增加至4个,人员编制由10人增加至15人。2020年1月,经省纪委监委和省委高校工委批准,学校第十一次党代会选举产生了新的纪委领导班子。通过校内选调优秀年轻干部、公开招录博士研究生等方式,配强了纪检监察干部。按照上级相关要求和依纪依法安全文明办案工作需要,建设了规范的一类、二类谈话室。

完善了运行体制机制。找准职责定位,明确主责主业,持续深化"三转",做到不越位不错位不缺位,依纪依法履职尽责。修订制定了规范性的内部工作制度,以职能分离、机构分设为基础,以工作对接、协调运转为前提,以精准处置问题线索、实事求是运用"四种形态"为主线,以强化统一指挥调度为保证,建立健全了信访受理、问题线索管理、审查调查、案件审理和监督检查等相互协调、相互制约的工作运行机制,形成党的纪律检查和国家监察相互融合、相互衔接、互为一体的工作格局。

履职尽责更加有力有效。改革后,校纪委依据党章党规,围绕监督执纪问责履行党的纪律检查职责;省监委驻学校监察专员及其办公室依据宪法、监察法,根据省监委授权,行使监督调查处置等国家监察职权。学校纪检监察机构以党的政治建设为统领,紧紧围绕高质量发展履职尽责,协助党委履行全面从严治党主体责任,聚焦立德树人根本任务,围绕学校中心工作,强化政治监督,做实日常监督,严格审查调查,精准执纪执法,持续深化"三不"一体推进,全面提升正风肃纪反腐效能。

第四节　统一战线与离退休工作

一、强化政治引领和队伍建设

河南大学是知识精英荟萃的地方,也是民主党派在河南的主要发源地。加强多党合作,发挥民主党派和党外人士参政议政、建言献策、民主监督的作用,对学校各项事业的健康发展非常重要。十年来,学校党委为进一步做好统战工作,始终坚持"长期共存、互相监督、肝胆相照、荣辱与共"的政治方针,认真贯彻落实《中国共产党统一战线工作条例》《中共河南省委关于加强新形势下统一战线工作的意见》,不断加强对民主党派的思想政治引领,支持民主党派加强自身组织建设和思想政治建设。

学校共有中国国民党革命委员会、中国民主同盟、中国民主促进会、中国民主建国会、中国农工民主党、九三学社6个民主党派基层组织,党派成员和无党派人士千余人。学校党外人士具有文化层次高、专业分布广、综合能力强、政治觉悟好等特点,在学校的建设发展中发挥着不可替代的作用。2016年,党委统战部协助6个民主党派和侨联完成基层组织届中调整及市委换届工作。2018年6月,校党委印发《河南大学党员领导干部与党外代表人士联谊交友制度实施办法》,明确校级党员领导班子成员与党外代表人士联谊交友的名单,要求基层党组织各委员与本单位党外代表人士交友联谊,并就联谊交友的有关问题做出规定;同年10月,学校调整了统一战线工作领导小组,校党委书记卢克平为组长,副书记雷霆为副组长,相关职能部门和学院党组织负责人为成员,领导小组办公室设在党委统战部,部长李文山担任办公室主任,这些措施强化了校党委对统一战线工作的领导。

统一战线领导组坚持双月学习制度,就十八大、十九大等时政热点进行集中学习和讨论,增进理解,深化认识。围绕党的群众路线教育、"不忘初心、牢记使命"主题教育等实践活动,召集各统战组织负责人、无党派人士代表举行座谈,围绕学校重大事项征求党外人士意见,凝聚人心,汇聚力量。2018年4月,党委组织各民主党派、统战团体负责人赴驻马店市确山县红色教育基地接受革命传统和多党合作历史教育。2019年1月,"河大统战"微信公众号注册,2月底完成审核认证,正式上线运营。该公众号是学校统战系统唯一的新媒体宣传平台。2019年10月16日,《河大统战》(内部刊物)杂志创刊,这是学校统战系统宣传习近平关于加强和改进统一战线工作的重要思想、党的统一战线方针政策、省市和学校统一战线工作开展情况的纸质媒体。以课题引领、微信公众号上线以及《河大统战》杂志的创办,充分体现了校党委对统战理论学习和宣传的高度重视。

根据《2010—2020年党外代表人士教育培训改革与发展纲要》和《中共中央关于加强新形势下党外代表人士队伍建设的意见》,校党委加大对党外代表人士尤其是党外干部的教育培训和实践锻炼。自2014年开始,连续选派20余人参加中央统战部主办的高校中青年党外知识分子理论研究班、河南省社会主义学院民主党派干部培训班、河南省委党校中青班等各级各类培训活动;每年推荐1名无党派人士参加省委统战部统筹安排的挂职锻炼;推荐无党派人士李恒担任中央统战部党外知识分子建言献策信息员等。2014年,为深入贯彻中共中央关于加强新形势下党外代表人士队伍建设的实施意见,中共河南省委统战部下发了《关于进一步加强党外代表人士实践锻炼的意见》,明确将河南大学确定为河南省党外代表人士实践锻炼基地之一,接受来自各省辖市、省直单位、省管高校的党外干部挂职实践锻炼,当年接收两名党外干部来校挂职锻炼。目前,学校共完成了五批挂职党外干部的考核测评工作。

二、重视组织侨务和宗教活动

根据有关文件精神,围绕台海热点问题,校党委结合国内国际形势,坚持开展涉台教育宣讲活动,在广大师生中普及有关知识,营造共同关心、支持和参与对台工作的良好氛围。2014年,中华救助总会理事长、河南大学台湾校友会会长、河南大学原校长张鸿烈之子张中正先生带领的台湾中华救助总会参访团来校参观访问,党委统战部组织相关人员热情接待,搭建两岸交流平台,为全面深入合作创造契机。2015年,党委统战部先后组织接待了"第十四届台湾高校杰出青年赴大陆参访团""河南经贸考察团台湾代表团",安排来访人员在学校参观访问,并与代表团成员互动交流。

支持校侨联组织开展的各项活动,走访慰问归侨侨眷,务实解决侨务困难。每年在学校范围内开展归侨信息统计工作,就学校教师中的归侨数量、身份属性、学历和职称层次进行摸底。自2015年起,按照河南省人民政府外事侨务办公室、河南省财政厅、河南省人力资源和社会保障厅联合下发的《关于调整早期归国华侨退休生活补贴标准的通知》的要求,协调人事处对符合标准的归国华侨退休生活补贴进行调整。为河南大学省侨联委员参加省侨联九届、十届全委会议提供协助,鼓励支持校侨联负责同志参加省侨联主办的省辖市侨联、省直管县(市)侨联负责干部培训班。和香港轩辕教育基金会保持常态联系,通过接洽和认真组织,完成基金会针对河南大学学子每年定期助学金的发放。2018年1月,河南省第十次归侨侨眷代表大会在郑州召开,学校归国华侨姬新颖和归国留学人员刘霜、万绍贵带着校党委的嘱托,应邀出席会议。2019年6月,省侨联召开侨情专报工作推进会,会议聘请学校国际汉学院院长刘绣华教授,省侨联常委、中国侨界贡献奖获得者、医学院副院长姬新颖教授为河南省侨联侨情咨询特聘专家,这是河南省聘请的首批侨情咨询特聘专家。2020年4月30日,开封市侨联召开十届四次全委会,河南大学侨联被评为2019年度"全市侨联工作先进单位",姬新颖、田柯分别被评为"开封市归侨侨眷先进个人""开封市侨联系统先进工作者"。

2018年8月、10月,省教育厅副厅长刘昭阳、省委统战部副部长梁险峰先后带领省委专项督查组来学校开展基督教工作专项督查。学校以此为契机,建立健全宗教工作三级网络两级负责制,将统战、宗教和民族工作纳入干部考核体系、党建与思想政治工作考核体系以及党校学习内容,构建了党委统一领导、统战部牵头协调、有关部门和二级党组织共同参与、分工负责、密切配合的"大统战"格局,民族宗教工作受到前所未有的重视。党委统战部牵头,相关职能部门和学院配合,对全校师生宗教信仰情况进行全面摸排,组织任课教师和辅导员签订宗教工作承诺书,建立完善涵盖教材引进、课堂教学、图书采购与管理、校园管理、食堂宿舍管理、学术交流、科研立项、基金管理、外事管理等各环节的全方位、立体式宗教工作"双防"体系。2019年7月5日,校党委印发《中共河南大学委员会关于加强对信教人员教育引导的工作方案(试行)》,2019年8月6日,省委高校工委、省教育厅下发《高等学校"双防"宗教工作指南》,学校起草的《高校图书馆(室)藏书、期刊等排查及后期管理双防工作制度》《高校涉宗科研机构、专业人员双防工作制度》入选。2020年12月10日,由省委高校工委专职委员何秀敏担任组长的省委统战部、省委高校工委督导检查组一行7人,对河南大学"双防"宗教工作进行全方位督查。其间,督查组成员与校领导班子成员、相关职能部门负责人、基层党组织书记、统战委员、辅导员、教师代表和学生代表进行分组访谈,查阅档案资料,深入金明校区、明伦校区食堂、宿舍进行了实地考察。

2018年10月,学校组织近万名本科生和2 000多名研究生参加河南省大学生民族宗教理论知识网络竞赛,总答题4万人次,并获得优秀组织奖。同期,组织参加河南省大学生"中华民族一家亲,同心共筑中国梦"主题演讲比赛,获三等奖。2019年11月25日—12月1日,学校组织2019级12 000余名新生参加河南省第七届大学生中国特色社会主义民族宗教理论知识网络竞赛。竞赛前夕,学校共组织动员44次,宣传政策65场次。由于前期工作充分,督促有力,学校在河南省竞赛中取得平均分优秀、304人满分的成绩。2019年6月,河南省高校"中华民族一家亲,同心共筑中国梦"主题演讲比赛在河南师范大学落幕,学校在比赛中获得一等奖和优秀组织奖。2021年,学校获河南省第九届大学生中国特色社会主义民族宗教理论知识竞赛优秀组织奖。

三、努力提升参政议政的水平

党外代表人士参政议政是统战工作中重要的一环,也是学校民主政治生活的重要内容。校党委经常接见并勉励代表、委员们要不辱使命,积极履职;鼓励他们在各级"两会"中充分展示河南大学形象,深入基层了解地方经济、社会、民生状况,互相交流情况,立足河大和开封,着眼河南,结合自身优势,多献睿智之言,推动地区经济社会的发展。目前学校共有各级人大代表10人,其中全国人大代表1人,省人大代表4人,市人大代表5人;各级政协委员38人,其中全国政协委员1人,省政协常委1人,省政协委员7人,市政协副主席1人,市政协常委9人,市政协委员20人。在校党委的关心、支持下,学校各级代表、委员们积极行动,开展深入社会的各类考察调研活动,了解开封地方各行各业最新进展,了解我省社会经济发展的现状、问题及痛点、难点,探索结合自身专业优势服务社会的有效途径,为参政议政、献言献策提供现实支撑。2018—2021年,学校共提交257件政协提案,其中全国政协提案14件,河南省政协提案22件,30余件提案获得市级以上表彰或被政协会议采纳。

2019年3月,全国政协十三届二次会议在北京召开。全国政协委员、校长宋纯鹏提交了《关于将"沿黄生态经济带"上升为国家战略的提案》《关于补齐中西部高等教育短板,支撑区域经济协调发展的提案》《关于在中美贸易竞争背景下加强知识产权人才培养的提案》。2020年5月21—27日,校长宋纯鹏赴京参加全国政协十三届三次会议时,建议统筹谋划地方"双一流"高校发展,释放更多政策空间,推动地方"双一流"高校快速健康可持续发展。建议在豫筹建"黄河国家实验室",

推动国家重大科技创新平台立项,开展战略性、前瞻性、基础性、系统性、集成性科技创新,着力突破世界前沿重大科学问题,集中攻克关键核心技术,率先建成引领世界水利科技发展高地、国内生态环境科技创新高地,为推动黄河流域生态保护和高质量发展提供科技支撑和智力支持。

2019年1月,学校召开省市"两会"代表委员会前会,听取代表委员意见,集中代表委员智慧,为代表委员在省市"两会"上提出高质量的议案提案进行讨论研究。在随后召开的政协河南省十二届二次会议上,学校7名省政协委员参加会议。秦奋执笔的《关于充分发挥河南大学一流学科高校作用推进郑洛新国家自主创新示范区发展的建议》获得苗琛、傅声雷、汪基德的支持,作为联名提案上交。傅声雷提交了《关于加强多部门联合联动公关、综合防治大气污染的提案》,苗琛提交了《关于加强社区嵌入式小型养老护理机构的提案》,汪基德提交了《关于在河南省科研教学等项目立项中给予民办高校与公办高校同等待遇的提案》。2019年4月,民进河南省委召开2019年参政议政工作会议,表彰2018年度民进省委参政议政优秀成果,汪基德《关于以教育信息化推进贫困地区教育扶贫的提案》获得优秀成果一等奖第一名。

2020年1月8—13日,政协河南省十二届三次会议在郑州召开,学校苗琛、傅声雷、张祎捷、秦耀辰、汪基德、秦奋等委员参加会议。苗琛等就如何推动河南省农业绿色可持续发展提交联名提案《加快农业绿色化转型,促进农业高质量发展》。傅声雷、秦耀辰、汪基德、秦奋等,就加大对高层次人才引进和培养的支持力度、建立定期的高层次人才学术交流机制、积极谋划国家级重大项目和成果、建立高层次人才跟踪机制、黄河流域文化核心区统筹发展、基层教师队伍建设、加强科学数据管理和共享、新型养老探索等方面提交相关提案。民革党员刘涛积极参与民革河南省委组织的2020年省政协大会发言、集体提案征集活动,《振兴黄河流域古都名城文化凝聚高质量发展精神力量》等三项提案被采用。

2020年1月15—18日,政协开封市十二届三次会议召开,对评选出的2019年度优秀政协委员、优秀提案进行表彰。河南大学安国勇、翟秋敏、赵国权、张鹏获得优秀政协委员称号,刘清华等人的10件提案获优秀提案。

2020年6月11日,开封市政协召开十二届三次会议重点提案交办会,安排部署重点提案办理工作,张先飞《提升治理、落实、监管"三大能力"巩固扩大我市"五城联创"成果》和彭宝玉《关于完成我市脱贫攻坚与乡村振兴有机衔接的建议》被列为2020年开封市重点督办提案。2021年,席子明向农工党河南省委提交了14篇社情民意和提案,多数提案和社情民意被有关部门采纳,有的提案还被推荐到全国政协等上级组织,受到相关部门的多次表扬。

十年来,在校党委的正确领导下,学校统战工作在稳定中发展,在传统中创新,取得了较大的成绩,得到了学校和上级有关部门的肯定和认可。如2014—2015年,学校统战部连续两年被中共河南省委统战部授予"河南省统战系统先进集体"荣誉称号;2018年,学校被评为"首批河南省高校统战工作示范单位"和"河南省民族团结进步创建示范单位";2019年3月,学校被授予"2018年度河南省高校统战工作示范单位"称号。2019年6月,学校被中共中央统战部、《中国统一战线》杂志社授予"中国统一战线宣传先进单位"称号。2020年4月,校侨联被评为2019年度"开封市侨联工作先进单位"。2020年12月,河南欧美同学会(河南留学人员联谊会)一届二次理事会在郑州召开,河南大学欧美同学会获"先进集体"荣誉称号。2020年7月,《河南统战工作》2020年第7期刊发《赓续优良传统发挥特色优势不断开创新时代统一战线工作新局面》一文,介绍河南大学统战工作的经验做法。

四、增强为离退休教职工服务的意识

离退休工作是学校党委的一项重要工作。截至2021年12月,河南大学离退休教职工共计2 051人。其中离休干部28人,退休人员2 023人,离退休党员861人。十年来,为加强离退休工作,充分发挥离退休干部的积极作用,学校党委陆续出台了《关于进一步加强和改进离退休干部工作的实施意见》《加强和改进离退休干部工作的暂行办法》等一系列重要文件,逐渐形成了组织和人事部门牵头抓总、离退休工作处组织实施、涉老职能部门协调配合、各二级单位(院、部、处、直属单位)具体落实的工作机制。

学校把离退休党员干部作为践行和传播社会主义核心价值观的重要力量,经常围绕重大政治节点,组织离退休干部深入学习贯彻党的十九大及历届全会精神,认真开展"不忘初心、牢记使命"主题教育,扎实推进党史学习教育,"我看从严治党新气象""畅谈十八大以来变化、展望十九大胜利召开""我看改革开放新成就""我看新中国成立70周年新成就""我看脱贫攻坚新成就"等系列活动。支持各支部开展内容丰富、形式多样的主题党日活动。先后有5个党支部组织党员赴兰考学习焦裕禄精神,2个党支部开展主题教育知识竞赛活动,举办离退休党支部支部书记、支部委员愚公移山精神主题培训班,参加全省离退休干部党组织书记学习贯彻新时代中国特色社会主义思想示范培训班。2020年,离退休第十一党支部被河南省委老干部局授予"河南省离退休干部先进集体"荣誉称号。

围绕中国共产党成立100周年,组织开展离退休干部参加"我看建党百年新成就"系列活动;将颁发"光荣在党50年"纪念章活动作为公开课,结合党史教育,引导党员向老党员学习;在中共河南省委老干部局组织的"学党史、感党恩、讲党史、强党志"微党课评比中,选送的《共产党人的初心与使命》获评精品微党课;在教育

部2021年"读懂中国"活动中,学校选送作品《讲好入党故事,传承红色基因》荣获最佳短视频奖,是河南省高校唯一获奖作品。

关心关爱离退休老同志。十年来,学校坚持并不断完善关心关爱离退休老同志的工作制度。为离退休教职工征订党报党刊;向离退休干部定期通报学校工作;组织离退休干部代表参加全国"两会"精神报告会、学校教代会、理论学习专题报告会、抗疫先进事迹报告会、春节团拜会等重要会议和重要活动;春节前夕以及重要节日走访慰问离退休老同志,看望慰问离世老同志家属,将学校的温暖送到离退休老同志心中;组织开展"敬老月"活动,营造尊老敬老的浓厚氛围;为离退休教职工做好事、办实事,校内媒体协同推送活动信息,尊老敬老、爱老助老蔚然成风。

保障与提高离退休教职工生活待遇。学校按时足额发放离休费、退休人员养老金,为年满70、80、90周岁的离退休教职工发放祝寿金,协助校医院组织离退休教职工进行年度体检,并为行动不便的离退休教职工上门体检;制定《困难离退休教职工补助办法》,对长期患病、家庭困难的老同志,依据实际情况采取具体措施,帮助他们解决困难。十年来,帮扶困难离退休教职工1 000余人次,慰问金发放数额逐年提高。同时倡导各二级单位志愿者面向本单位失能、独居、重病、高龄和困难离退休教职工开展帮扶活动。

为加强信息化建设,提升服务质量,学校建设有"河南大学离退休服务管理系统"和河南大学离退休工作微信群,通过微信群及时发布会议通知、政治理论学习内容、活动要求,发送老同志关心关注的信息,工作效率和老同志的满意度均得到提升。

五、充分发挥离退休教职工的作用

1986年9月,河南大学率先在河南省高校系统成立关心下一代协会。1992年,协会改名为"河南大学关心下一代工作委员会",由于成绩突出,河南大学关工委曾在1995、1999、2003、2007、2011年连续五次荣获"全国教育系统关工委先进集体"称号。2018年,学校关工委顺利完成换届,校党委书记卢克平任主任,党委副书记雷霆和原校工会主席袁顺友任副主任,相关部门负责人任委员。几年来,关工委坚持政治引领,围绕学校中心工作,服务学校教学科研,贯彻中央、教育部、河南省教育厅的工作精神,积极组织一系列活动,取得了很大的成绩。2019年选送的《青年不曾老去,我们正当年少——魏清源教授采访有感》一文参加第一届"读懂中国"征文大赛,荣获省教育厅特等奖;2020年选送的《信仰的力量——采访许兴亚教授》荣获教育部"读懂中国"优秀征文奖,《专一为要,精益为领——采访朱绍侯教授》荣获教育部"读懂中国"优秀短视频奖;2021年选送的《佟培基:锲而不舍,大器人生》荣获教育部"读懂中国"优秀征文奖。学校关工委也在时隔十年之后,又一次被评为"全国教育系统关心下一代工作先进集体"。

河南大学教学督导组成立于1997年,由10多名教学经验丰富且具有高级职称的退休教师组成。他们从"督教、督学、督管"三个层面,每学期对全校课堂教学进行抽听抽查,参与学校教学质量奖评奖和开学教学巡视、期中教学检查、期末考试巡视等工作,在创新人才培养模式、改进师生评价方式、健全基层教学组织、提高教育教学水平、深化教育教学改革、提高人才培养质量等方面做出了突出贡献。退休教师还立足"青蓝工程",配合学院培养青年教师,在学校学科建设和学科带头人后备人才培养方面发挥了重要作用,学校"青蓝工程"曾入选教育部100个创新范例。河南大学学生工作督导组成立于2005年,以"督导结合,以导为主"的指导思想,协助开展思想政治教育,给入党积极分子上党课,参与学生日常管理,配合学校开展"创建文明校园""感恩教育"等活动,教育引导学生树立社会主义核心价值观。

多年来,离退休教职工在学校党委的支持与引领下,为党和人民的事业增添正能量,用自己的实际行动为学校"双一流"建设凝心聚力。2019年,朱绍侯先生"老有所为"的感人事迹,通过参加全国离退休工作"双先"评选,荣获"全国离退休干部先进个人",在学校和社会上产生巨大影响,进一步增强离退休先进典型在全校教职工中的感染力;李申申老师被中国老科技工作者协会授予"2018年度中国老科学技术工作者协会奖";董学芝老师被授予"2019年度中国老科学技术工作者协会奖"。

六、开展丰富的老年文体活动

除了营造关爱离退休教职工氛围外,学校还按照统筹规划、分步实施的原则,不断加大基础设施建设投入力度,在离退休教职工居住集中家属区开辟活动场所,在新建家属区建立活动场所。2016年以来,完成了明伦校区综合活动室、金明校区教职工活动室和河南大学第一附属医院东边家属院活动室的建设。目前,学校离退休教职工专用室内活动场所建筑面积约3 300平方米,室外活动场所2 400平方米,场地布局合理、规模适当、实用性强,基本形成了以明伦和金明校区为主、家属院为辅的离退休教职工学习和活动阵地网络。

学校有信陵诗社、合唱团、摄影学会、棋牌协会、京剧队、腰鼓队、模特队、京剧队和豫剧队等近20个老年文体社团,社团组织有力,常年开展活动。信陵诗社创立于1999年,多年来,诗社围绕"增添正能量·共筑中国梦"活动,特设"放歌新时代·共筑中国梦""歌赞国庆""抗击新冠声援武汉"与"庆祝中国共产党百年华诞"等专栏,引导老同志通过诗词讴歌新时代、赞美新生活、弘扬主旋律,表达对党的无限热爱和坚定信念,通过诗歌赞颂以习近平同志为核心的党中央带领全国人民迅速打响疫情防控阻击战,坚信在党的领导下定能赢得胜利。积极组织老同志参加河南省委老干部局主办的"老年春秋杯·我和我的祖国""点亮河山之美·共享幸福荣光""不忘初心跟党走 赋能助力再出发"原创诗词大赛,1人获二等奖、3人获优秀奖、1人获入围奖。老年摄影学会成立于2002年,十年来,老年摄影学会先后组织会员到皖南、太行、兰考和新县等地采风,在校园宣传橱窗多次举办专题摄影作品展,连续多年举办年度摄影作品展。会员精品频出,每年在《中国摄影报》《中国摄影》《人民摄影》等报刊发表作品数百幅,在各级比赛中都取得了显著成绩,在河南省独树一帜。2021年3月,离退休工作处老年合唱团参加河南卫视快闪节目《少年》的录制,合唱团的老同志积极向上、认真可爱的形象引起网上热议,《人民日报》微信视频号、客户端对此进行了追踪报道,河南省教育厅微信公众号也进行了宣传报道。河南大学老干部管乐团成立于2017年7月,有固定团员52人。平时认真排练,积极参加学校和社会各项活动,曾参与河南大学运动会开幕式,应邀参加漯河市建党100周年广场展演等活动,均引起较大反响。老年乒乓球协会和老年棋牌协会每年举办5场赛事,老年棋牌协会在开封市老年象棋比赛中连续多年荣获团体一等奖,2017年被河南省委老干部局授予"先进社团"荣誉称号。

河南大学老年学研究所于1997年5月正式挂牌成立,为中国老年学与老年医学学会会员单位。2011年以来,老年学研究所为省级以上学术会议组织推荐专题文章20余篇,其中获优秀论文奖20余人次,2人先后被中国老年学与老年医学学会评为老年学研究先进个人。2021年11月,学校从经济学、管理学、社会学、医学、药学等专业中遴选了6位硕士生导师以上的教师做老年学研究所兼职研究员,并推荐为中国老年学学会和老年医学学会会员。2021年,在省委老干部局的支持下,学校成立了"河南省老干部大学河南大学分校",打造提升离退休老同志个人学识和修养的良好平台,为河南省高校首家。2021年,学校离退休工作处被河南省委老干部局授予2017—2021年度"省直老干部工作先进单位""调研信息工作先进单位"等荣誉称号。

第五节　工会与共青团工作

一、发挥工会民主管理职能

学校每年举行教职工代表大会暨工会会员代表大会(简称"双代会")。为实现提案工作的信息化,提高提案工作效率,增加工作的透明度,便于提案工作的办理、监督和落实,从十七届五次教职工暨工会会员代表大会开始,学校启用电子提案系统,实现撰写、立案、签发、交办、办理、答复、评价的网络化运行,并通过系统对提案立案情况及办理情况予以公示,提案工作全过程实现信息化。双代会召开前,校工会邀请专家,开展教代会代表提案知识和能力培训,完善提案撰写、立案、签发、交办、办理、答复、评价的网络化运行,实现立案情况和办理结果两个公开,通过电子提案系统可以随时查看提案办理进展情况。双代会期间,教代会提案委员会认真审查每一份提案,提出审查意见,及时报请有关部门批转办理。在办理的过程中,提案工作委员会加强协调和监督检查,对维护代表参政议政权利、改进学校工作起到积极的推动作用。为进一步加强提案工作的有效性和针对性,提高提案工作办理质量,学校实行提案反馈面对面活动,由提案办理部门负责人向提案人当面反馈提案办理的情况,提案人可以提出质询、督促、监督和检查。并不断加大提案工作的"提、立、办、督"各环节工作力度。十年来,校工会每年平均征集提案 80 余件,立案 40 余项,这些提案及时主动地把广大教职工的意见和建议反映给学校,为学校科学决策、民主决策提供了重要依据。校工会在广泛征求基层工会意见的基础上,每年遴选出重点督办提案,并组织教代会代表对提案办理情况进行巡视。如 2015 年,教代会代表、提案工作委员会成员、提案人、校工会分别对研究生院有关学科建设提案、总务处活动场地修缮提案、人事处人事分配制度改革提案等办理情况进行巡视,听取职能部门相关工作事项、工作政策、办理情况的说明;2016 年,校工会组织教代会代表对总务处办理"学校建立教职工家属房'校内房产证',实行房产校内流转"和"关于公开学校预留房、所交旧房的房源信息及分配情况的建议"提案办理情况进行巡视。

根据《中国工会章程》《学校教职工代表大会规定》的有关规定,学校严格二级教代会和基层工会任期。为做好换届工作,发挥好二级双代会在基层单位民主管理中的积极作用,校工会从规范程序入手,明确二级双代会的组织形式、程序要求、议题内容,促进二级双代会的制度化、规范化建设,推进二级双代会的监督权、知情权和审议权的落实,二级"双代会"的民主管理、民主监督职能进一步凸显。在具体实施过程中,以工会工作先进单位考核为契机,以量化考核的形式,对二级教代会的议事内容、会议程序、经费使用、提案办理、档案材料等做出明确要求,并将召开二级教代会作为评选优秀工会工作单位的必备条件。基层单位把教代会作为民主管理的基本方式,按年度召开二级教代会。在校工会的推动下,二级教代会的议事程序更为规范,议题内容更加丰富,在报告单位年度工作总结和下半年工作安排的同时,二级教代会普遍将财务收支状况、关系学院发展和教职工利益的改革事项交由教代会讨论审议。推进二级双代会的规范化建设,在学校建设"双一流"高校和研究型学院、下移管理重心、提高基层单位办学自主权、建设现代大学制度的进程中起到了积极作用,对基层单位实行民主管理、科学施政、加强监督产生了积极影响。

为传承特色,丰富和活跃教职工的文化生活,发挥各类协会等群众团体的活动积极性,提高教职工身心健康水平,校工会积极组织开展群众性文化、体育活动。积极向省教育工会争取支持与自筹经费相结合,对学校教职工活动中心进行维修和升级改造。在立足现有条件基础上,尽量满足教职工不同的兴趣和需求,增设新的活动项目场地,更换和增置活动器材,努力为教职工文体活动提供更为优质的服务。全校分六大片区每年举办一系列教职工喜闻乐见、有着广泛群众基础的文体活动,如篮球比赛、排球比赛、羽毛球比赛、扑克双升比赛、钓鱼大赛、歌咏比赛、书画摄影作品展等。为协会提供财力和管理支持,并将一些全校性的文体活动交由协会承办,进一步形成协会的凝聚力和号召力,校足球协会、棋类协会、钓鱼协会、羽毛球协会等在校工会的支持下,积极开展活动,内引外联,带动了学校群众性文体活动的蓬勃发展。2015年,举办纪念世界反法西斯战争胜利暨抗日战争胜利70周年教职工歌咏比赛,学校33支代表队、近3 000名师生参与活动。2018年9月6日,由校工会主办、美术学院承办的河南大学"发展·见证"教职工书画摄影作品展开幕。本次画展展期为9月6—16日,共评选出54幅参展作品。2019年4月20—25日,由河南大学党委宣传部、校工会主办,音乐学院承办的"中国梦·劳动美——与共和国同成长,与新时代齐奋进"河南大学庆祝建国70周年教职工合唱比赛在河南大学大礼堂成功举办。

坚持以"女教职工书香阅读""教学技能竞赛"为抓手,在广大女教职工中大力弘扬"自尊、自信、自立、自强"精神,开展社会公德、家庭美德、个人品德教育,教育引导广大女教职工立足岗位,建功立业。开展"拥抱春天·健身无限"女教职工健步走活动、"女博士论坛"、"知性魅力大讲堂"等各种主题教育活动,持续开展"三八节"送慰问、单身职工联谊、"六一特别关爱"等活动,并着力在活动形式、活动内容上有所创新,形成具有学校特色和女性魅力的女工活动品牌。关注女教职工身心健康,通过设立女教职工心理咨询室、进行女教职工专项体检,开展维护女教工权益的各项活动等,推进"女教职工关爱行动"。发扬志愿者精神,为脱贫攻坚贡献女性力量。校工会多次组织女教职工志愿者积极参与"践行新思想·奋进新时代——河南省教科文卫体工会助力脱贫攻坚职工志愿服务活动"。先后多次到河南嵩县、通许县竖岗镇前付村、开封市祥符区曲兴镇双楼村开展助力脱贫攻坚活动,在活动中注重发挥学校女教职工专业优势和资源优势,开展送医送药上门、体检、卫生知识、心理健康讲座等活动,为贫困村送去优质的教育、科技、文化、医疗等服务。组织学校女教职工参加由红旗出版社、中国妇女报社、人民网联合主办的全国"书香三八"读书活动,积极引导女教职工积极参与省、校工会两级"书香三八"读书活动。2017年,全国第五届"书香三八"读书活动共历时一年,以"注重家教家风·培育家国情怀"为主题,全国有25 000多家单位、1 000多万女性参加活动。河南大学附属中学宋珍老师的征文《小院里的那棵梧桐树》获得全国征文类一等奖;校党委宣传部赵雪老师的家书作品《一封刚刚起笔的信》获家书类入围奖;在书画阅读类作品中,档案馆黄雅君老师的剪纸作品《笛声》获得三等奖,第一临床学院刘慧老师的山水画《秦淮忆旧》获得优秀奖。

深入开展"教工之家"建设。把工会组织建设成"教工之家"是工会工作的基本要求,也是广大教职工的迫切愿望。修订完善学校"教工小家"考核细则,进一步明确"教工之家"内涵建设的新目标,规范各项管理制度,强化基层工会作为"教工之家"的服务意识和维权意识,全方位地加强基层工会自身建设。在各基层工会自查自评的基础上,对先进教职工小家进行表彰。开展教工小家建设,以评促建,以优带建,小家建设按细则量化考核,与评优相结合,进一步促进分工会的小家建设。2018年,河南大学化学化工学院分工会获得全国模范职工小家,体育学院分工会获得省教科文卫体工会模范职工小家。

除上述重要工作外,学校工会还协助有关部门,在学校师德师风建设、困难帮扶以及乡村振兴等方面做出了积极贡献。如倡导尊师重教社会风尚,弘扬优秀教师的师德风范和先进事迹,每年教师节前在全校教职工范围内开展师德标兵和师德先进个人评选表彰;积极推荐河南大学防疫一线人员参加省、市劳动模范、五一劳动奖等活动的评选;持续开展教学技能竞赛活动,为优秀人才脱颖而出提供平台。在教务处通力合作下,校工会每年在全校开展河南大学教师教学技能竞赛活动,经个人申报、学院推荐、资格审查、网络评审、会议评审等环节,评选出优胜者,并推荐优胜者参加河南省教育系统年度教学技能竞赛活动;围绕人才兴校战略,校工会积极搭建人才工作平台,大力弘扬劳模精神和工匠精神。向省教育工会申报并获批苗书梅教授宋文化研究"劳模创新工作室"、张朝晖老师中国剪纸艺术"技能人才创新工作室",出台《河南大学工会委员会关于劳模(技能人才)工作室创建工作的实施方案》,在全校范围内开展劳模(技能人才)工作室创建工作和首批工作室认证工作,为劳动模范、优秀技能人才施展才华搭建平台。

  关心困难职工,建立困难职工档案,开展"金秋助学"活动,推进困难教职工帮扶资金筹集。学校困难教职工帮扶资金管理委员会研究确定帮扶对象及标准,制定慰问工作方案。2018年,以学校成立"教职工重大疾病爱心救助基金"为契机,扩大因病致困教职工的帮扶力度和覆盖面,通过学校、省教育工会等帮扶渠道,加大对困难教职工帮扶力度;组织技能人才代表、附属医院医护人员、工会机关工作人员赴校地结对帮扶地区嵩县、通许县前付村、祥符区双楼村开展教育助力脱贫攻坚活动。

  由于工作出色,河南大学工会连年被评为河南省教科文卫体系统工会工作先进单位。

二、重视共青团活动的开展

  学校党委高度重视共青团工作,对专职团干部,特别是校团委领导班子成员的选拔任用十分严格。同时,校党委不间断地选拔团干赴中央团校等进修,有组织地让团干部参加高质量培训学习,使团干部素质不断提高,如2019年组织团干部赴上海交通大学进行学习,2020年赴浙江大学进行培训等。历届校团委书记分别参加了团的第十三次、十四次、十五次、十六次、十八次全国代表大会。

  校团委还坚持每年举办团干部培训班,建立校院两级团校培训机制,成功举办了多期河南大学青年马克思主义者培养工程培训班,联合多部门制定印发《河南大学关于进一步深化实施"青年马克思主义者培养工程"的意见》,形成"分层次、有重点、全覆盖"的青年马克思主义者培养工程体系,从理论培训、红色教育、课题研究、实践锻炼、志愿服务、政务见习、素质拓展、廉洁教育等方面对大学生骨干进行培养,共培养团员干部数万名。在绝大多数基层团委已开办团校和"青马班"的情况下,探索实施党支部引领、驻班教师指导、兼职团干部培养、以老带新等创新模块,探索理论结合实践、活动形式多样的指导模式,进一步构建"青马工程"省校院三级联动培训机制。同时,通过各学院团委,充分调动基层团组织的积极性,组织参加河南省"活力杯"共青团基层基础工作大赛并取得优异成绩,连续3年捧得活力杯。基层组织建设日趋规范,稳步推进"智慧团建"系统建设,规范团员管理、毕业生团关系转接等业务,制定《河南大学共青团"工作到支部"团支部建设提质行动工作方案》,开展落实团(总)支部"对标定级"工作,扎实做好"推优"工作,2012年以来共推荐5万余名优秀团员青年作为入党积极分子。

聚焦思想引领核心任务,认真学习贯彻习近平总书记关于党的群团工作、青年工作和宣传思想文化工作的重要指示精神,组织制定各级各类学习宣传方案;组建专业宣讲团队,打造网络专题团课"海绵课堂",已推出10期课程,多方位为广大团员青年提供坚强的思想保障和强大精神力量。以党的十八大、十九大、团的十八大、十九大,中国共产党成立100周年,新中国成立70周年,纪念五四运动100周年等为契机,校团委积极在全校团员、团干部中开展形式多样的学习活动,如制定《共青团河南大学委员会学习宣传贯彻党的十九大精神实施方案》,组织开展以"做好服务的排头兵"为主题的践行群众路线系列活动、"青春向党,奋斗强国"系列团日活动、"我与时代共成长,争做出彩河南人"征文活动、"爱国荣校"主题学习活动以及"五四精神,传承有我"主题作品征集等活动千余次。围绕国情社情,开展"弘扬黄河文化,汇聚青春力量""把灾难当教材,我与祖国共成长""青春战疫寻访行动"等形式丰富、内容多样的主题宣传教育活动,引导青年学生在实践中践行社会主义核心价值观,活动覆盖面广,效果良好。此外,校团委于2019年起启动河南大学青年讲师宣讲计划,组建多批青年讲师团,着力强化思想引领,并在此基础上持续开展优秀青年寻访行动,组建河南大学青春分享团,通过新媒体矩阵广泛宣传其典型事迹,不断激发青年见贤思齐的内生动力。

紧扣建党100周年主线,校团委始终将加强对团员青年的政治引领放在首位,扎实开展党史学习教育,通过新媒体平台等方式营造比学、赶学的浓厚氛围,为青年学子量身定制"学习菜单",提出研读经典著作、演绎党史故事、合唱红色歌曲等倡议,拓宽网络学习途径,增强团员青年学习的主动性、积极性。开展"学党史、强信念、跟党走"、习近平总书记"七一"重要讲话精神学习等主题团日活动。组织学生讲师深入毕业生团支部开展"讲红色精神,庆建党百年"党史学习教育成果交流会,激励毕业生以史力行,砥砺前进,推动党史学习教育成果转化为"十四五"开好局、起好步的强大动力,"双一流"谋好篇、尽好责的奋进合力。

持续创新学生管理机制,全面服务青年成才,着力提升共青团组织的贡献度。校团委依照《河南大学共青团改革实施方案》要求,积极稳妥有序推进共青团改革,切实提升团组织的吸引力、凝聚力和战斗力。2018年,校团委按照"4+4+X"工作机构设置,充分发挥专业化协同工作平台的作用;严格团干部选拔配备考核制度得到有效落实,专、兼、挂相结合的共青团干部队伍初步形成;面向全校学生选配了2名校团委兼职副书记,校团委各部门配备了1-2名学生兼职副部长,校团委与基层青年的联系更加紧密。全面推进实施"班团一体化",大力推行"团支委领导下的班长负责制"以及"专职团干部蹲班制度",建立健全深入基层、深入学生、深入实际的调研机制,充分发挥学生骨干的模范带头作用,使同学们具有强烈的自我管理、自我教育、自我服务的意识。学生会、研究生会改革工作取得新突破,精简组织部门及成员,构建志愿体制,定期开展学生会组织联席会议,召开学代会、研代会,开展提案征集工作,聚焦权益维护职责,指导学生组织依法依章程独立自主开展工作。

在加强团员思想调研、发挥网上育人功能方面,校团委积极做好河大青年网改版栏目策划工作,相继推出《青春寻访》《出彩青年》《河大记》《海绵课堂》《团课》五大专栏,积极拓展团员青年学习思想道德的渠道和空间。校团委积极开展团中央"青年大学习"活动,将"青年大学习"贯穿团学活动全过程,在校团委官方微信平台"河大青年HENU"设置专项学习链接,为团员青年参与网上主题团课提供多种渠道和平台,并对其学习情况进行监督管理,河南大学现共有团员青年43 498人,每期学习团员覆盖率达80%以上。累计学习人次达70万,学习数量在我省名列前茅。

自2018年起,校团委先后完善了《河南大学学生社团管理办法》《河南大学学生社团联合会理事会制度》,有力地保证了学生社团工作有秩开展;修订了《河南大学学生会章程》《河南大学研究生会章程》,规范学生会、研究生会的工作机制;制定《河南大学"第二课堂成绩单"制度实施管理办法(试行)》,明确了第二课堂的管理制度;制定下发《河南大学共青团改革实施方案》,抓好改革任务落实,大力推进学校共青团建设向纵深发展,基本完成全校学生工作制度体系的构建,进一步提升了学生工作规范化、制度化、科学化的水平,切实提升了团组织的吸引力、凝聚力和战斗力。

大学生社会实践是促进学生素质全面发展、引导学生健康成长和成才的重要举措,是学生接触社会、了解社会、服务社会,培养创新精神、协作精神、实践能力和社会交往能力的重要途径。在过去十年里,全校数十万青年团员以集中或分散的形式参加了社会实践,足迹遍布黄河两岸、京九沿线、革命老区等地方。大学生们采取文艺演出、科技文化活动、社会调查、环保宣传、文化辅导等形式,从事科技文化服务活动,服务当地的经济建设,共建立了社会实践活动基地数百个。《人民日报》《光明日报》《中国教育报》《中国青年报》《工人日报》《河南日报》,以及新华网、中央电视台、中央人民广播电台、中央教育电视台、河南电视台等新闻媒体多次从不同角度对河南大学的社会实践活动进行深度报道,在社会上产生了较大反响。

为深化青年志愿者活动,弘扬时代精神,学校多次开展社会实践活动,全面服务和谐社会建设,并把青年志愿者服务与暑期社会实践活动结合起来,作为社会实践的一种主要形式。扎实推进大学生志愿者暑期文化科技卫生"三下乡"社会实践平台的建设,紧紧围绕学校"双一流"建设目标,坚持以培育和践行社会主义核心价值观、满足人民群众日益增长的社会服务需求为出发点,组建重点团队,实施专项计划,提升活动实效性,突出时代性。2012年以来,全校共组建千余支暑期社会实践团队,多个专项团获批省级重点团队,其中"井冈情·中国梦"实践团队、"青春至昆明·筑梦新时代"实践团队、"村土地利用规划编制志愿服务活动"实践团队等多支团队获批团中央国家级专项实践团队。每年暑期社会实践直接参与师生近20 000人次,实践成果丰硕,实践活动务实有效,广受好评,多次被评为"优秀组织单位",连续多年获社会实践全国先进单位称号,多支团队和个人受团中央表彰。暑期社会实践活动不但使青年学生在实践中增长才干,倡导了良好的社会风尚,同时向社会各界展示了河南大学青年学子投身社会实践的良好精神风貌和建功立业的强烈责任担当。

此外,校团委高度重视大学生志愿服务西部计划工作,传承和弘扬"奉献、友爱、互助、进步"的志愿服务精神,选派优秀学生分赴西藏、新疆以及省内贫困县等开展基层志愿服务。组建中国志愿者扶贫接力计划研究生支教团,分赴敦煌、瓜州等地参加志愿服务工作,参与人数共计百余人。

着力打造以"挑战杯""创青春"系列赛事为主体的具有导向性、示范性和群众性的大学生课外学术科技创新竞赛和大学生创业大赛活动品牌,协调各方资源为学生搭建活动平台,承办2018年"创青春"河南省大学生创业大赛,营造人人参与创新的校园氛围,取得了卓越的比赛成果。自2012年以来,学校共斩获学生国内外大赛国赛奖项27件,省赛奖项240件,其中国家级金奖1件、银奖4件、铜奖21件、优秀奖1件,省级特等奖8件、金奖45件、银奖89件、铜奖98件,多次捧得"优胜杯"。

开展精品校园文化活动,弘扬时代主旋律。持续开展具有传承性、示范性和导向性的各类精品校园文化活动,高扬时代主旋律。组织"思国韵,辩河风"校园辩论赛、校园歌手大赛、河大杯足球比赛、美食文化节、公寓文化节等20余项形式丰富的校级文化活动,丰富学生课余生活。承接上海昆曲团《牡丹亭》、山西省话剧团《生命如歌》大型原创话剧专场演出等多场"高雅艺术进校园"系列活动、白岩松"对白2019"高校巡回演讲、朱迅"那些年我们一起拼过的青春"主题演讲暨《阿迅》新书分享会等"名人进校园"系列活动,拓展学生视野。组织参加"外研社杯"英语辩论赛、大学生艺术展演、大学生科技文化艺术节等大型活动,多项参赛作品斩获国家级奖项。2019年策划推出"我和我的祖国"快闪活动,唱响主旋律,壮大正能量,宣传教育效果良好。各学生组织立足自身优势,开展主题突出、形式多样、贴近青年的文化服务类活动。2012年以来,全校学生组织、学生社团共组织开展校园文化活动5 000余项,充分扩大了校园文化活动的覆盖面和参与面,并对学校精神文明建设起到了积极的推动作用,在校内外都产生了很大的反响。《中国教育报》、《河南日报》、《开封日报》、河南电视台、开封电视台等多家新闻单位对此做过详细报道,吸引了省内外30多家兄弟院校前来观摩学习。

目前校团委拥有学生社团132个,遍及全校各院系,获得1个国家级优秀社团、1个省级优秀社团标兵、8个省级优秀社团、1个省级示范性青年马克思主义社团,并创建了"河南大学学生社团巡礼""河南大学社团文化节"等品牌活动,截至目前已成功举办21届。关注学生社团的舆论导向,严格把控和提高学生社团建设,充分展现了当代大学生的风采和丰富多彩的社团文化。

十年来,河南大学团委紧紧围绕学校中心工作,结合青年学生自身特点,始终坚持用先进的思想武装青年,用科学的理论引导青年,用河大百年历史积淀和深厚的文化底蕴教育青年,促进河大青年积极进取、奋发向上,取得了显著成效。2018年,校团委获"全国五四红旗团委"荣誉称号;同年,在全省教育系统学雷锋活动评比中校团委被评为先进集体;2020年,河南大学青年志愿服务队被评为"全国抗击新冠肺炎疫情青年志愿服务先进集体"。

党的坚强领导是各项事业取得成功的保证。在学校党委的领导下,河南大学已经确立了"中国特色、世界一流、中原风格"的发展道路,明确了"综合性研究型世界一流大学"的办学定位,提出了"实现百年名校振兴、建设世界一流大学"的奋斗目标。在建校110周年之际,河南省委省政府启动了河南高等教育的"双航母"战略,为河南大学量身定制建设世界一流大学的实施方案和支持政策。全校师生员工发扬"艰苦创业、无私奉献"的新时期河大精神,深化改革,激发活力;突出特色,塑造优势;勇攀高峰,强化保障;团结一心,坚毅前行;河南大学"双一流"建设一定能够取得新突破,学校发展的目标一定能够如期实现!

附录

河南大学历史沿革示意图

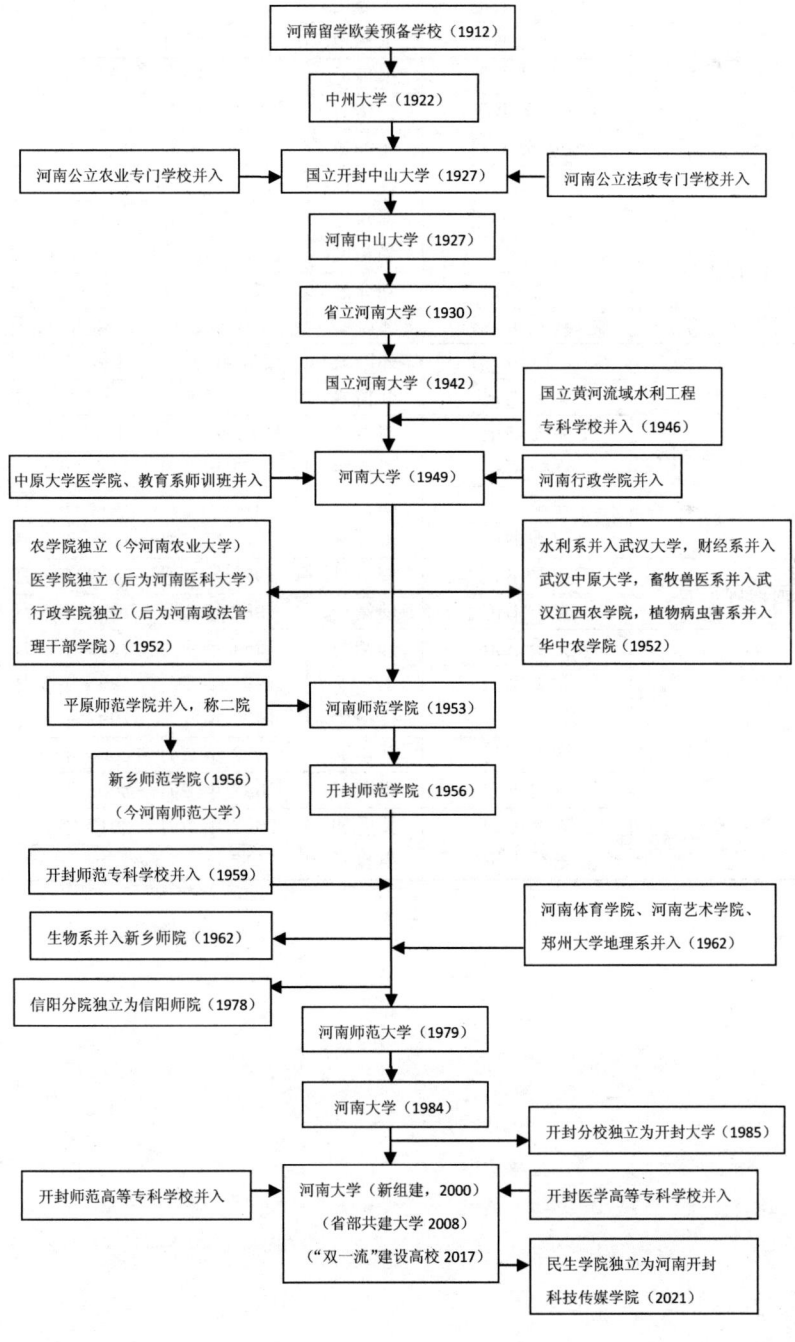

河南大学历任党组织主要负责人

校　名	职　务	姓　名	任职时间
中州大学	党支部书记	于秀民	1925 年—
省立河南大学	党支部书记	王锡璋	1938 年—1940 年
	党支部书记	张传芳	1940 年—1942 年
国立河南大学	党支部书记	张传芳	1942 年—1943 年
	党支部书记	任勖丰	1946 年—1947 年
	党小组长	鲁　放	1947 年—1948 年
	党支部书记	李永珍	1948 年—1949 年
河南大学	党委书记	张柏园	1949 年 8 月—1952 年 10 月
	党委书记	刘介愚	1952 年 10 月—1953 年 8 月
河南师范学院	党委(党组)书记	郭晓棠	1953 年 8 月—1956 年 11 月
开封师范学院	党委(党组)书记	郭晓棠	1956 年 11 月—1957 年 1 月
	党委书记	韩倩之	1957 年 9 月—1966 年 9 月
	党委书记	胡西照	1972 年 11 月—1975 年 3 月
	党委书记	王燕生	1975 年 3 月—1977 年 1 月
	党委书记	白　均	1977 年 1 月—1978 年 8 月
	党委书记	李　林	1978 年 9 月—1979 年 8 月
河南师范大学	党委书记	李　林	1979 年 8 月—1982 年 2 月
	党委书记	韩靖琦	1982 年 2 月—1984 年 5 月
河南大学	党委书记	韩靖琦	1984 年 5 月—1991 年 8 月
	党委书记	王才安	1991 年 8 月—1996 年 5 月
	党委书记	肖新生	1996 年 5 月—1997 年 8 月
	党委书记	孙培新	1997 年 8 月—2003 年 2 月
	党委书记	张秉义	2003 年 2 月—2008 年 7 月
	党委书记	关爱和	2008 年 7 月—2017 年 9 月
	党委书记	卢克平	2017 年 9 月—

河南大学历任校长

校　名	姓　名	任职时间
河南留学欧美预备学校	林伯襄	1912年9月—1916年2月
	丁德合	1916年3月—1918年1月
	李敬斋	1918年3月—1919年8月
	张鸿烈	1919年8月—1922年11月
中州大学	张鸿烈	1922年11月—1927年6月
国立开封中山大学	徐　谦	1927年6月—1027年7月
河南中山大学	张鸿烈	1927年7月—1927年12月
	凌　冰	1927年12月—1928年4月
	查良钊	1928年4月—1928年6月
	邓萃英	1928年6月—1928年11月
	查良钊	1928年11月—1929年5月
	黄际遇	1929年5月—1930年6月
	张仲鲁	1930年6月—1930年9月
省立河南大学	张仲鲁	1930年9月—1930年10月
	赵新吾(代)	1930年10月—1930年12月
	李敬斋	1931年1月—1931年5月
	许心武	1931年5月—1933年8月
	张仲鲁	1933年8月—1934年8月
	杜俊(代)	1934年8月—1935年4月
	杨震文	1935年4月—1935年6月
	刘季洪	1935年6月—1938年10月
	王广庆	1938年10月—1942年3月
国立河南大学	王广庆	1942年3月—1944年10月
	张仲鲁	1944年10月—1945年5月
	田培林	1945年7月—1946年11月
	姚从吾	1946年12月—1948年12月
	郝象吾(代)	1948年12月—1949年5月
河南大学	吴芝圃	1949年5月—1950年10月
	嵇文甫	1950年10月—1953年8月
河南师范学院	嵇文甫	1953年8月—1956年8月
	赵纪彬	1956年9月—1956年11月
开封师范学院	赵纪彬	1956年11月—1963年11月
	曲乃生	1963年11月—1966年6月
	李　林	1978年9月—1979年8月

校　名	姓　名	任 职 时 间
河南师范大学	李　林	1979年8月－1982年2月
	李润田	1982年2月－1984年5月
河南大学	李润田	1984年5月－1991年8月
	靳德行	1991年8月－1995年6月
	王文金	1996年5月－2001年9月
	关爱和	2001年9月－2009年2月
	娄源功	2009年2月－2017年9月
	宋纯鹏	2017年9月－2022年6月
	张锁江	2022年6月－

后 记

2022年9月25日是河南大学建校110周年纪念日。为迎接校庆，学校决定在原有百年校史的基础上，编写出版2012至2021年这十年的校史，旨在总结这十年的办学经验和成就，激发师生员工干事创业的斗志，增进海内外校友对学校的感情，传承和弘扬新时期河大人无私奉献、艰苦创业的精神，扩大学校的学术和社会影响力，进一步推动学校建设"双一流"大学的进程。

学校领导对编写新校史工作高度重视，多次召开专题会议听取汇报，对编写工作给予了多方面的指导。校党委书记卢克平、校长宋纯鹏为本书撰写了前言，各职能部门及时提供素材，主要负责同志亲自审阅和修改稿件，党委宣传部提供了书中照片。2022年6月24日，刚刚受聘担任河南大学校长的中国科学院张锁江院士，在全校工作会议上，就实现百年名校振兴、建设一流大学的工作发表了重要讲话，并同意将这个报告作为本书的代序。校史编撰工作由校长办公室负责主持，校办主任方蒙同志给予了全力支持。编写组的老师不辞辛苦，多方搜集资料，先后七易其稿，四次打印成册，在一定范围内征求意见。在本书付梓出版之时，我们对党办、校办、宣传部、档案馆、出版社以及其他各职能部门、各教学单位提供的支持和帮助，对所有关心校史编写工作的同人，一并表示衷心的感谢！

校史编写组由7位同志组成，马小泉、魏清源任组长，负责统筹全书，审核把关；魏清源撰写序篇和第一章，刘保兄撰写第二、三章，王学春撰写第四、五章，张建东撰写第六、十一章，孙学士撰写第七、八章，邓明灿撰写第九、十章；最后由魏清源、邓明灿负责全书统稿。

这十年是河南大学历史上发展最快、取得成就最大的一个时期，需要写入校史的内容很多，由于篇幅所限，不可能面面俱到；加之时间紧任务重，编写人员水平有限，疏漏和错误之处在所难免，敬请各位批评指正。

本书编写组
2022年7月